年報・死刑廃止2018

オウム死刑囚からあなたへ

インパクト出版会

目次

特集◐オウム死刑囚からあなたへ

検証・オウム法廷と死刑執行　006
江川紹子×安田好弘（司会・岩井信）

13人死刑執行という大量虐殺――この時代とどう立ち向かうか　037
安田好弘

資料・松本智津夫氏の獄中医療報告書　050

オウム死刑囚を語る――弁護人・支援者から　059
伊達俊二（井上嘉浩さんの再審弁護人）■高裁と8月6日に第三回の進行協議が決まっていた……060／堀和幸（新實智光さんの弁護人）■10日前には元気でまた会おうね、と言っていた人が、眠るように亡くなっている……063／新實智光さんの妻から……065／庄子幸一（東京拘置所在監の死刑囚）■獄中で見た土谷さん　保護房から処刑場へ……067／中川智正さんの支援者から……069／堀井準（遠藤誠一さんの再審弁護人）■難しい人間だったけど、でもいい奴だった……070／加城千波（横山真人さんの弁護人）■抗議集会へのメッセージ……071／河井匡秀（端本悟さんの上告審の弁護人）■彼は最後まで再審請求をすることを断りました……072／吉田秀康（小池（林）泰男さんの再審弁護人）■東京拘置所長は、東京地裁の仮の差止め決定を無視し立会人をつけ続けた……076／大木和弘・宮田桂子（豊田亨さんの弁護人）■抗議集会へのメッセージ……080／谷川修真（広瀬健一さんの支援者）■未完に終った『オウム真理教元信者広瀬健一の手記』……084

オウム死刑囚からあなたへ　087

早川紀代秀・オーディン神とともにいく……088／新實智光・恩赦の出願書　補充書1……090／宮前一明・どうして麻原と一緒の刑に 絵画作品集……100／井上嘉浩・詩二篇……102／土谷正実・静かに死を迎えたい……103

袴田事件・飯塚事件　再審開始せず　107

袴田事件の不当決定・小川秀世（袴田事件弁護団事務局長）……108
日本の再審法制の現状と問題点――菊池・飯塚再審事件の経験を通して・徳田靖之……120

二〇一七―二〇一八年　死刑をめぐる状況　139

死刑執行と抗議行動……140

二〇一七年一二月一九日の執行

上川陽子法相は裁判所の判断を差し置いて、自分たちで再審事由がないと判断して死刑を執行した・安田好弘……140／松井喜代司さんの書かれたものから……148

死刑廃止をめざす日本弁護士連合会の活動報告　小川原優之　152

獄窓から描いた「もう一つの日常」　池田浩士　156
第13回「大道寺幸子・赤堀政夫基金死刑囚表現展」表現展

「死刑囚表現展」の13年間を振り返って　太田昌国　164

死刑映画週間7年を振り返って　太田昌国　170

トークショー七日間の報告　可知亮　171

私たちは何を知るべきなのか　オウム死刑報道と「獄友」　中村一成　176
死刑映画を観る

死刑関連文献案内　前田朗　188

死刑廃止に向けた国際的動向二〇一七年　山口薫　209

死刑判決・無期懲役判決（死刑求刑）一覧　菊地さよ子　218

資料・議員からの質問と法務省からの回答　227

死刑廃止運動にアクセスする　232

死刑を宣告された人たち　243

法務大臣別死刑執行記録　271

死刑廃止年表二〇一七　278

特集

オウム死刑囚からあなたへ

オウム死刑囚から
あなたへ

特集⊃オウム死刑囚からあなたへ

検証・オウム裁判と死刑執行

01

江川紹子×安田好弘×岩井信（司会）

EGAWA Shoko

YASUDA Yoshihiro

IWAI Makoto

江川紹子
ジャーナリスト。神奈川新聞記者を経てフリーに。

坂本堤弁護士が行方不明になった89年からオウム真理教の取材を続ける。

著書に『「オウム真理教」追跡2200日』文藝春秋、1995年、

『「オウム真理教」裁判傍聴記1-2』文藝春秋、1996年-1997年）など多数。

安田好弘
弁護士。松本智津夫（麻原彰晃）氏の一審での国選弁護人であり、再審弁護人を務めた。

執行の朝、感じたこと

岩井　今回死刑の執行を受けて最初に感じたこと、それを想定していたか等、まず最初の感想をお話しください。

江川　最初の執行のあった七月六日、朝早く携帯電話も家に置いたまま出かけました。九時ちょっと前に家に帰ると、電話がジャンジャン鳴っていた。この日に執行があるとはまったく想定していませんでした。あるとしても国会が終わってからかと漠然と想像していたので、第一報を聞いた時は驚きました。

岩井　三月、死刑囚の人たちの移送が大きく報道されました。その流れで、執行がくるという感じは持っていたのでしょうか。

江川　それはそうですね。メディアの人たちは、三月の移送から、もうすぐじゃないかと言っていた人もいました。私とちがって、組織的に法務省の取材もされているのでしょうから、そう遠くないのかな、そうだと今回の国会が終わった頃かと漠然とした想像はしてました。

岩井　最初に何を感じましたか。

江川　最初は、「麻原が執行されました」と言われたので、私は麻原一人だと思ってテレビ局へ出かけたのです。想像より早かったけど、そういう時が来たんだな、弟子の人たちとは分けた扱いをしたんだ、それは正しい判断だったな、と思ったのです。しかしテレビ局に着き、弟子も何人も執行されたと聞き、ちょっと愕然としたという感じでした。

岩井　安田さんは、どうですか。

安田　髙橋克也さんが逮捕された時から、確定すれば執行だろうと報道されていましたし、去年の秋頃からは、ある週刊誌などは「執行しないのはおかしい」という記事を掲載していましたから、危機感を持って来ました。私自身は、麻原氏が確定してから、ずっと、彼の弁護人であった者として、彼の命を守るために、執行を一日でも先延ばししようとして、再審請求をはじめとして法的に考えられることをやってきました。年が明けて、いよいよ髙橋さんが確定し、三月に入って、一三人の死刑囚のうち七名が東京拘置所から別の拘置所に移送され、いよいよカウントダウンの状況になったのですが、そういう中でも、三月末という年度末を乗り越え、四月、五月、六月も乗り越え、そして七月末を乗り越えることができれば、政府は、当面、執行ができなくなるだろうと考えていました。これは、八月に入れば、職員の夏期休暇がありますから、法務省も執行の態勢を整えるのは難しくなるでしょうし、九月以降は、いろんな政治日程がありますし、皇室の行事も迫ってきますから、当面は執行できなくなるだろうと考えて、一日一日が戦いの日々という気持ちでやってきました。しかし、結局、七月六日と二六日に執行されてしまいました。

法務省が、今回の執行をしたのは、オウム事件に決着をつけるという意図だったと思うのですが、私は、オウム裁判を経験してきて、これは、政府も裁判所も同じ意図であったと思うんですね、オウム事件を早く終了させ、死刑執行で終わりにする、その延長上に今回の執行があったという感じがします。

そういう中にあって、弁護士の力の弱さを改めて痛感させられましたし、また、政府がいざやろうとする時には、法律の建前とか法律の枠組みはまったく無視されてしまうんだということを、今回思い知らされました。

同日執行をどう考えるか

岩井　江川さんは、今回、弟子の人たちが同時期に大量に執行されたことについては麻原さんの執行とは違うトーンで語られていますが、その違いは、どういう理由からですか。

江川　私は、ずっと麻原と弟子を一緒に執行させてはいけないと言っていました。ひとつは、やはり罪の重さというか、悪の程度が天と地ほども違うと思うのです。麻原という人は、自分を本当に信じ、自分の命や人生までかけた人を、犯罪者にした。一連の事件の首謀者であるだけでなく、自分についてきた人を人殺しにした責任を考えると、その罪は二重に重いと思います。死刑というのは懲役刑と違って年数や仮釈放の時期で違いをつけられない。だったら時期を変えるしかないわけで、少なくとも一緒に執行してはいけないと思っていました。もう一つは、「尊師と一緒に転生した」神話を作らせてはいけないということです。あの教団はそういう物語をでっち上げる、自分たちにいいように利用するのが得意です。そんな彼らに「尊師と縁が深い弟子たちは一緒に転生し、その師弟関係は来世まで」みたいな感じの物語を作らせてはいけないということで反対していました。ところが、同じ日に執行されたのが、いわゆる省庁制の大臣・長官といわれるあの人の側近です。一番近い人と一緒に執行したと聞き、本当になんていうことをしたのか、と思いました。そうすると、「尊師と縁の深い者がこうやって一緒に転生できた」「尊師と六人の弟子」みたいな話を作りやすいじゃないですか。今後の教団の内部の信者への引き締め、あるいは教祖に対する忠誠心を煽るのに利用されるのではと心配です。この二つの理由で、今回のメンバーを選んで一緒に執行したのは非常に残念なことだと思います。

安田　弁護人の立場から見ても、やはりこの一三人の人たちの中に、罪の重い・軽いが歴然としてあると思います。三月に移送があった時に、岡崎一明さんとか横山真人さんたちが移送の対象になっていました。そのことから、私は、罪の重さを考慮せずに、一律に執行するのだなと思いました。しかし、一回目の執行の時に執行された人たちを見ると、罪の重さからすると重い人たちに集中していました。ですから、二回目の執行まで、二〇日間くらいの時間が経ったものですから、世論の様子を見ているのかなとも思いましたが、一度目に執行されず、また名古屋に一緒に移送された岡崎さんと横山さんについては、他の人たちと隔離して、恩赦で対応するのかなとも思いました。しかし、結果を見ると、最初から一三人を処刑するという予定で、そのとおりに事を進めたという感じがします。

法的手続きは無視された

岩井　今回、二回に分かれたとはいえ、七月に一三人が執行されたということで、日本の死刑に関する歴史を見ても、ものすごい大量執行ということは客観的事実です。なぜ七月に、さらになぜ一三人同時期なのか。先ほどの江川さんの言葉では、麻原さんと他の人が一緒になるとは思っていなかったと。

江川　少なくとも四十九日は空けろと私は言っていました。

岩井　ところが当局は事実上同時に執行しました。今年の七月で、なぜ同時なのかということについて、江川さんはどう考えていますか?

江川　多くの人が言っているように、平成のうちに一つの区切りをつけたいという考えもあったのかなとは思います。来年はいろんな行事があるし、今秋は皇室の結婚式もある。秋になると政治日程もある。一三人もの執行をするなら、職員も相当必要だし、警察の警備、公安調査庁の関係とか多くの人を動かさなければいけない。だから夏休みに入る前だったのかな、と。しかし、これは推測にしかすぎません。このような推測をするしかないという状況は、いいことではない。本当はこういうことは人々の推測に任せるんじゃなくて、法務大臣がきちんと説明すべきです。今回のメンバーよりも早くに確定している他事件の死刑囚もいるわけで、なぜ今オウムを選んだのかを説明すべきだと思います。

岩井　江川さんが、Yahoo!ニュースで、オウム事件執行の正当性と今後の課題という文章を書かれていて、髙橋克也さんの裁判が一月に確定しており、刑事訴訟法の「判決確定の日から六箇月以内にこれをしなければならない。」の条文の存在を指摘しています。

江川　そうです、法務省の考えとしてはそれもあるかもしれません。

岩井　そうすると、七月になると。ところが、オウム事件とは別に、先に死刑確定している人たちがいて、それを飛び越えている。それは刑事訴訟法どおりの執行の流れではないわけですね。そこで、未だになぜ七月か、なぜ同時かについてわからなくなります。安田さんから、法的な問題点を含めて今回の執行の特徴については、どう考えていますか。

安田　特徴というよりか、今回執行された人たちについて、現実に、どういう法的な手続きを行っていたかということが問題になるわけです。一三人のうち一〇人が再審を請求していました。初めての再審請求の人も複数人いまして、なおかつその中には再審請求をした直後の人もいましたし、裁判所から意見を求められていた人もいましたし、裁判所と協議が行われていた人もいました。恩赦の出願中の人もいましたし、出願する手続きをとっている最中の人もいました。それから人身保護請求をして、治療の要求をしている人もいましたし、法務大臣に対して死刑執行の中止命令をすべきであるという義務付け訴訟を提起していた人もいましたし、さらに請願をしている人もいました。

　これらの手続は、死刑の是非について見直しをする手続でして、いずれも法律でその手続が保障されているものです。しかし、今回の執行は、それらの手続のすべてを無視して行っています。法律よりも必要性が優先する、必要であれば法律の歯止めを全部無視してでも許されるという、超法規的な先例を作ったのかなと思います。

テロへの断固たる態度の表明なのか？

江川　法務省は、例えばわが国はこういったテロ事件に関しては断固とした姿勢で臨むと堂々と言えばよかったと思うんです。これは一つの方針だと思うんですね。もちろん、それには異論もあるでしょう。それでも、いろいろな意見や批判が出てきて議論のしどころがはっきりすると思うんです。それがなされないというのは、ちょっと残念ですね。

安田　僕はそれとは違う見方をしていまして、テロ事件に対してて正面から対決していって、それを阻止するんだということで今回の死刑が執行されたとするのであれば、当然もっともっと早い時期に行われたと思うんです。もっとホットな時期に。しかし、今回こういう時期に、これだけ時間が経った時期にやるということは、そういうふうな目的のないまま執行されたということは、もっと違う趣旨で、世の中で言われている「けじめをつける」「終了させる」「平成の間に終わらせてしまう」というような、事務処理的な感覚で今回の執行をやったのかなと思います。だからまともに説明ができないし、そういう言葉さえも出てこないのだと思います。

麻原裁判を総括する

岩井　麻原さんの執行についてて話をしていきたいと思います。江川さんからすると、麻原さんの執行は、時期は別として、来るべきものだと思われていたということですよね。

江川　私は、しかもなるべく早いほうがいいと思っていましたので、時期は予想していなかったからビックリはしましたけれども、そうなのかなと、その時はすぐに納得したんです。それは、これだけの事件を起こし、弟子たちを人殺しにし、その家族まで非常につらい立場に置いた。こういう事件を起こした者に、私は死刑以外は考えられないですね。で、司法が死刑を確定させたわけですから、それは速やかに執行してもらいたいという気持ちはありましたし、そうあるべきだと考えていました。

岩井　むしろ当然のことになるわけですね。

江川　はい。何らかの理由があるわけでもなく、いつまでも執行しなければ、司法の判断は何だったのだろう、ということになります。被害者の中には河野義行さんのように加害者を許している方もいますが、希有な例でしょう。被害者の方、遺族の方も高齢になり、亡くなっていく方もいる中で、あの人がずっと生かされているという状況は、やはり納得できないのでは？　遺族の方からもそういう話は聞いています。

岩井　安田さんはいかがですか？

安田　彼については二つの問題があって、彼が実際に事件を指揮・命令したのかどうかという問題と、教祖として、自分のお弟子さんたちが事件を起こし、そして死刑囚という立場に立たされていることに対する責任と、その二つがあったと思うんです。

私が担当したのは、刑事責任としてどういう責任があるのかという問題なので、その時に、基本はなぜこの事件が起きたのかと、どういうことでこういう結果が生じてしまったのかについて、検察官以上に事件を解明していって、その中で真実を見つけていく、そして、それに対応した刑罰というものを論じていくということでした。地下鉄サリン事件とか、あるいは坂本弁護士事件とか、一つ一つの個別事件が起こっているけれども、この全体を通して、どうしてこの事件が起こったのか、そして、どうしてこういう人たちが巻き込まれ、あるいは事件をやってしまったのかに対する解明が、検察も裁判所もほとんどできていないと思うんですね。さら重要だったのは、どうしてこういう事件が起ることを許してしまったのかということも解明されないまま終わっています。弁護人としては、証拠や証言をもとに、依頼者である麻原氏と事実をもっともっと突き詰めていく、他の共犯者とされている人たちとも同じく事実を突き詰めていく、そういう作業が全然できないままに終わってしまった。不全感というか、解明できないまま事件に幕を閉じられてしまったことに対する無念さというものがありますね。

江川　細かいところで関係者の記憶が食い違う部分がないわけではありませんが、いつ誰がどこで何をやった、どういう指示が出た、弟子たちの行為対して教祖はどういう評価をしたのかというような事実関係はおおむね明らかになっていると思います。個々の事件の動機、どういう方向に教団が進んでいたのか、という点もほぼ分かりました。刑事裁判がやるべき真相解明は果たされたと言ってもいいと思います。

日本は、刑事事件としては、この事件によく対応したと思います。村井を殺されてしまったというポカはありました。それから坂本さんのことについては、言いたいことが山ほどあります。けれども、少なくとも地下鉄サリン事件以降のことを見ますと、警察は一人も殺さず全員を生け捕って、時間はかかったけれど裁判にかけた。裁判にはものすごく時間をかけて、中には被告人質問でも二〇回以上もやった人もいる。刑事責任を問うにはそこまで必要ないんじゃないかというぐらいまでのことを、やったと思います。おかげで、私たちはいろんな事を知ることができたわけです。

ただ、これだけの事件を刑事事件として対応するだけでよかったのか。ここが問題だと思います。刑事裁判で誰もが満足する「全真相」を明らかにするという発想は違うでしょう。また、「真相」は関係した個人によっても違います。オウムのような多くの人が関わった事件は、個々人の「真相」を集めて、総合的に検討して、これが真相であろうというところを探していく作業になるんだと思います。
このようにして全体像を考察するには、刑事事件としての事実解明とは別に、いろんな専門家、たとえば心理学者、精神医学者、テロの専門家、弁護士、宗教学者、ジャーナリズムの人だとかが、それぞれの知見を生かしつつ、多角的にやるものであって、日本ではオウムの事件でそこの部分を十分に対応できなかったと思います。
こうした様々なジャンルの人たちは死刑が確定すると普通は会えなくなってしまう。でも、被告人として裁判が行われている間は、みんな裁判のことに関心が集中していて、判決に及ぼす影響なども考えて、言えないこともあるかもしれない。だから、本当はむしろ裁判が終わってから、いろいろなジャンルの人たちが、研究対象として会えればよかったんじゃないか。中川智正には、アメリカの学者が二人会っています。なんでアメリカ人が会って日本人が会えないのか。日本の専門家の方も、どうせ死刑が確定したら会えないと最初から諦めているところがあった。私は、ある専門家に、それはおかしいじゃないか、会わせろと要求して、だめだったら裁判までやるほどの気力で迫らないと実現しませんよと、かなりきついことを申し上げたんですけど、それをちゃんと受け止めてくれて、面会調査を求める申請を出したんです。けれど、その時は既に遅しでした。そういうところは、当局だけじゃなくて民間の研究者とか、私たちも含めて、やはりちょっと足りなかったなというのはあります。
岩井　江川さんは、最低限、刑事責任を問う意味の裁判については、よくやったと。
江川　はい。
岩井　ただ、テロ対策であったり、もしくは心理学的研究であったり、さらにプラスアルファの解明すべきところまで、裁判でやれなかったのは残念に思うけれども、という意見ですか。
江川　いえ、刑事裁判でやれなかったのが残念だと言っているんじゃなくて……
岩井　それは裁判の役割ではない。
江川　はい。なんでもかんでも、すべて刑事裁判に負わせようというのは違うのではないでしょうか。それでも、麻原裁判以外の法廷では、その人の生まれてからの人生を辿るというようなことを、何回も時間をかけ、なぜオウムに巻き込まれたのかを明らかにしようとしている裁判もありました。刑事裁判としてそこまでやる必要があるのかどうかわかりませんが、弁護人が、これはカルト事件だという認識で、そういう見方で裁判官にも見てもらいたいということでやったのだと思います。そのおかげで、本来なら研究部分でやるべきところが、一部裁判でできたというのが、むしろプラスアルファだったと思います。

岩井　安田さんが先ほど言ったのは、刑事裁判の前提である事実自体が解明されていないということですか。

安田　僕は江川さんと違う立場でして、刑事裁判で弁護人がやるべきことは、何をやったかというところだけではなくて、なぜやったのかということも、そして、これからどう生きていこうとするのかをも明らかにするのが弁護人の立場だと思います。被告人と唯一信頼関係で結ばれているのは弁護人ですし、弁護人は被告人の代弁者であるわけですし、またサポーターでもあるわけです。弁護人は、被告人と一緒に考え、被告人が気づかなかったことも探り当てていくわけです。また、その将来についても一緒に考えるわけです。この点において、検察とも裁判所とも、また研究者とも本質的に立場が違います。

確かにおっしゃるとおり、特定の被告人については二〇回近くも被告人質問をやっています。しかし、オウム事件は、本質的には集団事件だと思います。事件に加わった一人一人が、自分の生い立ちから始まって事件に至るまでを語っただけでは、集団としてのオウムの事件が明らかになることはないだろうと思うんです。もちろん、そういうものを一つ一つ寄せ集めていけば、全体が明らかになるかもしれませんが、やはり肝心要の中心人物が、なぜこんなことをやったのかという部分についてまで立ち入って明らかにしていくということがない限り、やはり全体として明らかにならないと思うんです。それがない状況の中では、推論・推察が多くの場面を占めるのではないかと思います。そういう意味で、オウム裁判の中心は、麻原裁判で、その中で何が解明できたかについて、そのために弁護人がどれだけの機会を持てたか、解明について裁判所はその機会をどれだけ保障したかということが、裁判にとっては問われなければならなかった問題ではないかと思っています。

とりわけ、麻原氏は、自分が責任を問われている事件について、正面から向き合うことのないままに終わったわけですから、なおさらだと思います。

江川　一つの出来事を解明するというのは、いろんな人たちのいろいろな証言や、あるいは客観的な事実によって、多方向から光を当てていくものだと思うんです。麻原裁判で全部が何でもできるのかというと、そうではない。事実を語る気のない教祖より、むしろ弟子たちの裁判こそが、オウム事件真相解明の中心でした。

安田　そうは言っていなくて、それを中心にして、それがなくなってしまえば、あるいはそれがないところではなかなか見えないだろうと。

江川　麻原個人の気持ちだとかやりたかった事とか、なぜこんなことをやったのか、こういう指示を出したのかということについて、わからないとだめだとおっしゃいましたけれど、本人はわかってもらいたくないわけですから。だから拒否したわけでしょう？

安田　仮に拒否されたとしても、十分に必要な時間をかけて、議論を重ねていけば、いずれ事件と向き合うことができるようになるんだと思います。そして、事件と向き合うことができて、初めて事件の解明へと繋がっていくわけです。私の経験からしてもそうでした。多くの場合、被告人は自分が犯してしまった事実と向き合うこと自体恐怖ですし、また、罪を逃れたいという気持ちもあるわけですから、なかなか事件と正面から向き合うということは困難です。そのためには、時間と周囲の人の支えが必要だと思いますよ。麻原氏の場合、もともと、目が見えないというハンディキャップがありました。これでは、他の人たちの供述も検証する機会がありませんし、また共犯者の証言さえメモすることもできません、とりわけ多くの共犯者は、法廷で証言を拒否しました、さらに家族や共犯者や信者らとの交通も全面的に禁止されました。

また、社会派からは徹底して批判され嫌悪されるという状態でした。ですから、十分な時間とケアーが必要だったわけです。しかもその上、彼は、途中で精神的な疾患に陥ってしまいました。裁判所は、はなから、仮病と決めつけましたが、時間を置いて、必要な治療をして、弁護人との対話の機会が確保されておれば状況が変わっていたと思うんです。

江川　でも、麻原裁判で明らかに見ていておかしいなという状況になってからも、よその法廷に行ってまともな対応をしていましたよ。

安田　私は、その場面を見ていませんので、何とも言えませんが、私が接していた限りは、まともにものごとが理解できている状態ではありませんでした。

江川　例えば、弟子の法廷で宣誓を拒否するわけです。それは、自分を守るためにものすごくまともな行動と言えます。つまり、目が見えなくて宣誓書を読めない彼に変わって、裁判長は書記官に宣誓書を朗読させて、彼にサインをするよう求めるのですが、彼からすると、耳で聞いたものがそこに書かれているのかどうか自分は確認できないから危なくてサインできない、という対応をするわけです。これは、非常に合理的な行動です。でも、彼は喋りたいから、宣誓をするように説得する弁護士といろいろと応答していたのですが、ある弁護士さんが気を利かせて、「ああ、それだったら自分で宣誓書を書いたら？」と言ったんですね。すると彼は、自分で宣誓文を書き、署名もして、そのうえ余計な書き込みをされないように、余白の部分を切り取ったんです。非常に合理的な行動で、とても心神喪失状態の人の行動とは思えません。そういう時期に、自分の公判ではわけの分からないことを言ったり、居眠りしたりする。弁護人とも意思疎通しない。そういう事実を見ていると、もちろん拘禁反応があったのかもしれないしLSDなど薬物のフラッシュバックもあるのかもしれないけれど、一審段階で心神喪失状態だというのは、ちょっと違うと思いました。

安田　ちょっと議論がすれ違っているような気がするんです。彼が心神喪失状態かという問題ではなくて、彼が事件と向き合って、事件について語るかどうかということが大変重要だと思うんです。被告人ですから、いろいろ防衛的になったり、時には自虐的になったり、あるいは絶望してもう何も喋らなくなったり、いろいろな心理現象が起こるわけですね。そういう人たちに対して、何とか弁護人は励まして勇気づけて、自分のやった事を正面から見つめ直そうじゃないかと、どうだったのかということを解明していこうじゃないかと。そして、自分でわからないところについては、弁護人が一緒になって考えていく。気がつかないところも明らかになっていくんだろうなという中で、初めて事実が明らかになっていくんだろうなというのが僕の感覚です。確かに現象として彼はコミュニケーション能力を持っていたか、あるいは責任能力があったかという問題もあるんですけれど、一番大きな問題は、事件と向き合うことができていない状態で裁判はどんどん進んでしまって、逆に検察・裁判所は彼のそういう態度を利用したというか、乗ってしまったということが大変大きな問題だったと僕は思っているんです。

江川　先生は、人を変えられる自信がおありなのかもしれませんけれども、私なんか見ていて、あの人が態度を変えて本当のことを語るようになるとはとうてい思えない。一〇年でも二〇年でも待てば変わるとおっしゃるかもしれませんが、彼のために裁判を一〇年も二〇年も待っていられませんというのが私の立場です。

安田　結果としてそうなりましたけど、私自身はいろいろと、この時にこういう手を打っていれば、あるいはこの時にこういうことをしていればこんなに時間がかかることがなかったという、それぞれの節目というものがあったと思うんです。裁判の流れの中で。

私が強く言いたいことは二点あるのですが、一番最初の段階で裁判所はこの事件を四年で終わらせようと最初から決めてかかっていたということが一つですね。もう一つは、井上嘉浩氏に対する弁護人の反対尋問を麻原氏が拒否して、弁護人と意見が対立した時に、裁判を一旦ストップさせて、弁護人が麻原氏と議論する機会を設けて、どうしていくかについて話し合う機会を確保すること、それが必要だったと思うんです。あの時に、私は、裁判官に言ったんですよ、このまま裁判を強行すれば、弁護人と被告人との信頼関係が壊れる、これが壊れた状態では、裁判は成り立たないし、真相も解明できないということを、あの時は傍聴人の人に出てもらって、裁判所とやり合ったんですけれど、しかし裁判所は、裁判を遅らせることはできないと聞く耳を持ちませんでした。あの時に、少なくとも一カ月、時間を置いて、私たちが彼と話をしておれば、もう少し違うことになっていたと思うんです。で、この事件の真相を解明するというところに話を戻しますと、真相の多くを知り、また語ることができるのは、彼だと思うんです。

江川　でも、彼は自分では現場に行かないわけですから、現場の真相は知りませんでしょう？

安田　そうです。だから、なぜこの一連の事件を起こしてしまったかという問題ですね。まったく不十分ですが、私の見立てでは、修行中の信者の死亡事件から、オウムの一連の事件は始まっているのではないかと思うんです。その事故を引き受けようとせず、隠蔽しようとしたことから始まっているのではないか。それがオウムの教義がくっつけられて、後の事件に繋がっていったのではないかと思うんです。そして、そこら辺りまでさかのぼっていきたいと思っていました。そして、そうすることが麻原氏と、一つ一つの事件について議論をして明らかしていきたいと思うのですが、それがないから、オウムが必要だったと思うのですが、それがないから、オウムがどんどんモンスター化されてしまって、麻原氏もモンスターになってしまったと思うんです。

江川　いや、そうじゃなくて、初期のことについて言うなら、警察が坂本さんのところで捜査をやらなかったのが問題だと思っています。

安田　そうです。普通だったらあの段階で止まっていたはずです。

江川　だけど、やはり真相というのは、麻原だけが知っているわけではなくて、いろんな人たちの供述や客観的な状況を多角的に見て、これが真相だと到達するものではないでしょうか。しかも、真相というのは、見方によっていくとおりもあるかもしれないですね。

安田　その点は否定しませんが、同時に、主犯とされている麻原氏における真相抜きにしては、不十分だと思います。

江川　本人が喋らなければ真相がわからないというのは、特定個人の自白に対する依存じゃないですか。

安田　そういうことは言っていないんですね。本人が自分のやったことに向き合って、意味づけしていって、何だったのかということを語るということでして、自白というのは、自分が何をやりましたということだけの話で、有罪か無罪かだけの話で、ちょっと違うんですね。なぜやったかというところまでは警察は求めない、それは自白の対象になっていないと思いますけれど。

江川　いや、動機は聞いていますよ。

安田　動機というのはやはり、事件に引きつけられた話として、ものすごい近視的な話にしかならないと思うんですね。しかも、結果から帰納的に説明されがちですから、事実とかけ離れることもあると思いますが。

オウム法廷での弁護活動について

岩井　傍聴をしていた江川さんから見て、弁護人の弁護活動については、どういう評価、もしくは失望、不満がありましたか。

江川　麻原裁判だけでなく、いろんな法廷を傍聴していたので。

岩井　では、麻原弁護団についてはどうですか。安田さんを目の前にしてですが。

江川　かなり残念だった、というのが率直なところです。裁判所のことばかり批判するけれども、ご自身たちの反省みたいなのはないのかなって思いますね。

安田　ありますよ。それはもう、反省だらけです。捜査段階での弁護活動はほとんどしていませんし、そもそも弁護団の作り方そのものが間違っていました。国から選任された弁護人の寄せ集めでしたから、被告人との信頼関係の前提を欠いていました。この点は、根本的に間違っていたという感じがしています。

江川　三弁護士会の寄せ集めのようになってしまったから？

安田　なおかつ、麻原氏ととことん議論し、理解するという姿勢を弁護士が持っていたかというと、その点がまったく不十分でした。彼の話のうち、理解できないところ、納得のいかないところ、そして他の人の話と矛盾しているところについても、議論を欠いていました。さらに、彼が述べるオウム真理教の教義についても理解しようともしませんでした。

江川　でも、それを彼が嫌がったんじゃないですか。
安田　そうではないですよ。彼の言辞に対して、常に批判的に、常に懐疑的に、問題提起をしていく、議論していくことがない限り、理解は互いに深まりませんから、はいはいでは話にならないのです。
江川　そういうことをやろうとしている人が嫌いだったんだと思いますよ。
安田　そうとは、私は実感していません。その余裕がなかった、その壁を乗り越える時期を逸したなという感じがしていました。
岩井　しかし、結果的にはその壁を乗り越えていませんね。
安田　そうですね。
岩井　それはどうしてですか。
安田　事実の解明というのは、おうおうにして、違う事実が出てきた、その時に一体どうしてそういうことになっているのかということをきっかけに議論が始まります。地下鉄サリン事件では、法廷で、井上氏が、東京の阿佐ヶ谷から富士の上九一色村に戻るリムジンの中で、麻原氏から指示されたと証言しました。私たちは、地下鉄サリン事件について、本当に麻原氏が指示したのかどうかについて疑問を持っていました。もちろん、麻原氏もそのようなことはないと否定していました。ですから、井上氏に対しては、反対尋問が是非必要でしたが、麻原氏は、突然、それに激しく抵抗しました。反対尋問をするというのは、自分の弟子である井上氏を汚すことになると言うわけです。しかし、反対尋問をしなければ、井上氏の証言が正しいということになり、地下鉄サリン事件について、絶対的に不利になります。その異常な麻原氏の態度について、麻原氏としっかりと議論する必要がありました。それで、私たちは、裁判所に、裁判の中止を申し入れ、彼との議論の時間を設けることを要求しました。しかし、裁判所はこれに応じませんでした。それで、弁護人に残された手段は、法廷をボイコットして事実上休廷にしてしまうか、麻原氏の意思を無視して反対尋問を強行するかの選択に迫られました。私は、法廷のボイコットを主張したのですが、全員の賛成を得ることができませんでした。それで、やむなく、麻原氏の抵抗を無視して、反対尋問をし続けました。その間、麻原氏は、私たちの尋問の妨害を続けました。その翌日からです。麻原氏との会話ができなくなりました。その状況は、良くなったり、悪くなったりを繰り返しながら、どんどん悪くなり、遂には、まったく、意思疎通もできなくなりました。
岩井　安田さんにとっては、麻原さんと弁護人が対峙するその一カ月間の時間が必要だったと。一カ月というのは象徴的に言っているとは思いますが、その時間を裁判所が認めず審理を強行したために、できなくなっていったと。江川さんからすれば、それは本人が断っている、本人が自ら選んでいるということになりますね。

安田　でも、被告人の人はみんなそうですよ。私たちは被告人から嫌われるんですよ。だって、被告人がやってきた事を暴いていこうとするわけですからね。そのためには、弁護人が最後まで弁護を続けるという腹づもりが試されたり、いろんな支援の人が必要であったりして、初めて議論が進み、事実に対する見直しが始まると思いますが。

岩井　それが、あの時にはなかったと。

安田　もちろん、象徴的な話として言っているだけで、その全部が正しいとは思っていないですけれども、あの時は、私は、間違ってしまったと、あの時は、反対する弁護人の体を捕まえてでも、全員が法廷の外へ出るべきだったのではないかと思っています。

江川　私は、麻原法廷では、坂本さんの事件について、それまでとは違うことがわかるかなと思っていました。特に警察官の証人に対してはいろいろな反対尋問をして、神奈川県警の初期の捜査について明らかにするんじゃないかと期待していたのですが、肝心なことを何も聞いてくれない。地下鉄サリンの時には、警察官の実況見分調書とかのちょっとしたミス、誤記みたいなのを重箱の隅をつつくように聞いたのに。坂本さんの家に、鑑識の人がこれだけ血痕があるとその時点でわかっていた。だったら、なぜ刑事部長が自発的失踪だなんてことを平気で公然と言える状況だったのか。つまり、その人は誰にそれを報告し、どういうふうな形でその情報がどこまで上がっていったのか、そういうことを聞いてくれるのかと思ったら、それは全然聞かなかった。なぜ警察の捜査ができなかったのかというのは、たぶん被告人にとっても不利益な話じゃないので、やってくれればよかったのにと思いました。

安田　そうですか。僕は、そのことに関しては自宅ではなくて坂本さんのお子さんが埋められた場所の実況見分調書などを糸口にして、警察は早い段階からオウムが犯人であると認識して放置していたのではないか、つまり、警察のサボタージュが赤裸々に出てくると思ったんです。また、地下鉄サリン事件についても、警察が事前に情報をつかんでいたのではないかと疑っていました。そして、それらの事実が明らかになると、事件に対する見方も、変わるのではないかと思っていました。しかし、それをやり始めると、裁判所は事件とは関係がないということで制限するわけです。その制限をどうやって突破していくかということにすごい労力を使った印象が残っています。

坂本事件では、坂本さんのＴＢＳから取材を受けた際の言動がきっかけになったと言われています。私たちもそのビデオを見ました。そうしたら、坂本さんの発言は、実に穏やかで、しかも相手の立場を尊重しながらの発言だったんですね。オウムの人たちがそのビデオを見て、それで危機感を持って坂本さんの殺害に至ったというストーリーとは、まったく合わないんですね。しかも、実行の当日は、祝日で、坂本さんが事務所から戻ってくるはずがないのに、帰宅途中の路上で待ち伏せをする。さらに、待っていても戻ってこないので、自宅に行くと、自宅の鍵がかかってなくて、坂本さん一家が自宅にいた。それで、最初は坂本さん一人だけを狙っていたのに、家族一家全員を殺害している。彼らは、一撃で気絶させ、それで注射をすれば死亡すると考えていたのですが、そのようなことはとても不可能でして、全員で襲いかかっています。この事件以前に、彼らは毎日新聞やサンデー毎日の編集長を狙っていました。しかし、それらは、口先だけで、ことごとく失敗していました。それが、どうして、坂本さんにターゲットが変わり、しかも、一家全員を殺害するに至ったのか。さらにそれを、警察が解明を怠ったのか。そういう連鎖がどうして起こってしまったのか。そういうことも、麻原氏はもとより、共犯者にも、詳しく聞き、事件を解明していく必要があると考えていました。

岩井　なぜこの事件が起きたのか。なぜ起こさせてしまったのか。この「なぜ起こさせてしまったのか」という部分には、坂本弁護士事件での初動捜査の問題やその後の警察の問題も入りますね。その点は、江川さんも、なぜ警察はすぐに動かなかったのかと疑問を持っていて、その解明はやはり裁判に期待していた部分もあったのではないですか。

江川　私たちの取材ではわからなかったことなので、聞いてくれるのかなと思ったら、そうではなかったということです。

岩井　この点は、安田さんも江川さんも共通して関心を持っています。それが結果的に裁判に出てこなかったのはどうしてですか。

安田　それは、先ほども言いましたが、裁判所が、事件とは関係がない、あるいはそこまで必要でないということで、尋問を認めなかったことが原因でした。また、警察の捜査関係の証拠の開示も認められませんでした。

江川　でも検察側証人の検察側の尋問時間よりも、何倍もの時間を弁護側は使っているわけじゃないですか。麻原裁判で証人尋問全体にかけた時間は一二五八時間もあって、そのうち弁護側の尋問が一〇五二時間です。裁判で十分に明らかにすべきことが明らかにならなかったのだとしたら、それは裁判所だけの責任じゃなくて、弁護側の関心と力量の問題も大きかったと思うんですね。

安田　しかし、主尋問と違って反対尋問ですから、検察側の主張に沿う証言の真偽を確かめ、検察が触れない事実を聞き出すには、主尋問以上に時間がかかるのは当然だと思いますが。とりわけ、多くは捜査官であって、敵性証人ですから、ますます時間がかかります。もっとも、おっしゃるとおり、自己批判になりますが、尋問時間が長ければ良いという考えがあったことも事実です。

岩井　それは弁護団の中での問題ですね。

江川　でも、それはおたく（弁護団）の中での話でしょうという感じですね。われわれ外部の人間からすると関係ないし、裁判所のせいでもない。

麻原裁判をどう評価するか

岩井　オウム事件の裁判で、何がわかって、何がわからなかったのか、お話を聞いてきました。江川さんからすると、麻原裁判について、少なくとも最低限刑事裁判としての役割を果たしたとの評価がありますね。

江川　それはやったと思いますよ。

岩井　安田さんからすると、事実解明の部分自体が、そもそも不完全だったと。

安田　というか、もともと裁判所はそういうことをやる気がなかったと思います。検察もそうですね。

江川　他の裁判でも、弁護人もひどい人もいましたけれども、本当に一所懸命やっている弁護士さんたちのグループもあって、その中でいろんなことがわかったというのもありました。今の髙橋克也の裁判などを見ていると、あの時の裁判が裁判員裁判じゃなくて本当によかったなと思いましたよ。

岩井　それはどういう意味ですか。

江川　当時の裁判は、時間をかけてじっくりやったから。

岩井　今の裁判員裁判だと、そのようにはできないだろうと。

江川　はい。裁判員裁判では、裁判官はタイムキーパーみたいになっている時もありますよね。尋問の内容も、なるべく短く短く、エッセンスだけという感じになっている。裁判員裁判にはいいところもあるけれど、迅速化がネックになって、じっくり背景も含めた真相にできるだけ近づこうという形にはならない。
安田　それは、麻原彰晃という人の裁判ではなかったからじゃないですかね。裁判所に余裕があった。
岩井　裁判員裁判だと、そのようにはできないだろうと。
安田　それはそのとおり。
江川　そうですよ。私は、麻原か麻原じゃないかとかいう問題ではありません。高橋克也と、同じ立場の信者の裁判を比べて言っているんですが。
安田　それは同感です。しかし、麻原公判と、裁判員裁判でない他の共犯とされる人たちの裁判を比べてみると、やはり大きな部分については、麻原彰晃に対する裁判とそうでない人に対する裁判とで、裁判所の対応も違ったと思いますけれどね。
江川　どうでしょう……？　違っていたのは、裁判所の対応ではなく、弁護人の対応ではないか、という気もしますが。
岩井　麻原裁判において、安田さんが言った真相解明に至らなかった理由があるとすると、それは、麻原さん自身が解明を望んでいなかったことではないかと江川さんから指摘がありました。江川さんは、麻原さんの一審における行動のおかしさは、他のところで合理的な行動をしていることからすると、拘禁反応的なところがあっても、それだけではないということですね。
江川　はい。
岩井　詐病的な部分があると江川さんは見ていますか。
江川　そうですね。
岩井　安田さんは、一審当時で、彼の裁判を受ける能力はどうだったと思いますか。
安田　やっぱり無理だったと思いますね、あの状態では。彼は自分で病気だと言ったことはないし、自分で精神的な問題を抱えているとも言ったこともないんです。僕らの前に現象として現れているだけです。現象として現れている状態の中で、もう一度裁判に向き合うという姿勢を取り戻すためにはどうするのかというところが問題でして。ただ、さらに彼の状態が昂じてしまって、コミュニケーションそのものがとれなくなってしまったというところでは、もう意思能力とかそういう問題に立ち至ってくるわけですけれども、それまで行くまでの間にコミュニケーションがとれなくなったということが問題だと思いますけれどね。

麻原氏に受刑能力はあったのか

岩井　今回の執行について議論を進めます。執行時の麻原さんの精神状態もしくは受刑能力ですが、心神喪失だったか否かについてどう考えていますか。

安田　僕は一〇年ぐらい前に会ったのが最後です。それ以降、会うことを申し入れたけれども会えなかったです。ですから、中がどうなっているか全然わかりません。ところが、たまたま麻原氏に対する人身保護請求事件で、この一〇年間、彼を看てきた東京拘置所の医務部長が、その様子を書いているんですね。ものすごく簡単にですけれど。それを見ると、まったくコミュニケーションがとれていないんですよね。病気であるかどうかは別として、少なくとも麻原氏がコミュニケーションをする能力、つまり相手が何を言っているかを理解し、また自分が何を言いたいかという表現ができていないということが、客観的な資料として出てきています。

江川　ただ、拘置所の職員の報告書では、それなりにコミュニケーションがとれているじゃないですか。

安田　そうですね。しかし、私たちは、拘置所の職員と二回、いわゆる面談というか、事情を聞きました。いずれも、処遇の担当者と医務の担当者です。その人たちは、食事や入浴などはできている、医師による精神診察は行われており、病気は認められないと言いますが、コミュニケーションが取れているとまでは言いませんでした。巷間で言われているような、正常であるというような話はありませんでした。今回の医務部長の報告書で、コミュニケーションがまったくとれていなかったということがはっきりしたと思います。

江川　でも、その医務部長というのも医者ですから、麻原からすると、やはり自分の詐病を見抜かれる可能性のある人です。そういう人たちとコミュニケーションをとらないというのは、それは合理的じゃないですか。

安田　いろいろな推論ができるでしょうが、重要なことは、医務部長が一〇年間コミュニケーションが取れてこなかったということだと思います。

岩井　刑事訴訟法では「死刑の言渡を受けた者が心神喪失の状態に在るときは、法務大臣の命令によつて執行を停止する。」とあります。心神喪失の場合に執行すれば、違法な死刑執行になります。一方で、執行時における精神鑑定が義務付けられていないし、心神喪失か否かについて客観的な記録が存在するのかさえもわからない状態です。安田さんとしては、今回の執行には問題があったと思いますか。

安田　今回の執行は、法律に違反しており、違法だと思います。彼らは、心神喪失でなかったと主張するでしょうが、何よりも問題なのは、それが真実であるかどうかを吟味する機会を誰にも与えないということだと思うんですね。

岩井　江川さんは、心神喪失との関係で、麻原さんの執行自体の問題をどう考えますか？

江川　安田さんは、ご自分の主張に都合のいいエビデンスからそういうふうにおっしゃるけれども、でも、実際に日常接している看守の人たちの拘置所の報告があったりするわけですから、心神喪失状態ではないというふうな判断があったのでしょう。ただ、それをちゃんと証拠化しておかないと、安田さんのような見方も出てくる。だから例えば最後の会話の時の音の記録とかをとっておけばよかったと思います。実際はどうだったのかどうかわからないけれど。私は前から、執行されれば必ずそういうクレームが来るし、裁判も起きるかもしれないから、それに対抗するような証拠はちゃんと作ってやるべきだと言っていたので、あれば一番いいんじゃないかと思います。

安田　そうですね。僕らは今、拘置所に対しては、そういうものはすべて保管するようにという要請書を出しておりますけれどね。でも、麻原氏が収容されていた居房には監視カメラがあって、そのカメラで撮影した映像を、現実に当時の平岡秀夫法務大臣が見ているわけです。ですから、当然そういうものが残っているはずだと思います。しかし、出てくるものは、職員の人の証言であって、運動には歩いて行ったとか、食事は自分で食べるとか、あるいは風呂には自分で行くとか、定期検診には出かけていたという話にとどまり、麻原氏とどのような会話がなされたかという話ではないのですね。特に、それらの記述は、居房の担当者が直接報告しているものではなくて、上司がそれらをまとめた二次資料なんですね。しかも、コミュニケーション、つまり、会話ができたという話ではないんですね。

江川　でも、行きたいものと行きたくないものを自分で選ぶという判断はできる。

安田　しかし、「今日は止めとく」とか、「医師の診察は必要がない」とかという話は全くありません。特に、最近では、訴訟能力や受刑能力があるかどうかについては、コミュニケーション能力があるのかどうかという視点でとらえられるようになっていると思います。自分が感じたこと、自分がやりたいことを、それを相手に伝えることができるかどうか。相手からの助言を理解できるかどうかという視点、つまりコミュニケーション能力があるかどうかを、心神喪失かどうかということを判断する指標にしていると思います。そこからすると、コミュニケーションができたという資料は、職員の報告書からも出てきていないんです。

江川　言われたことの中で、自分の好ましいところには行き、そうじゃないものは拒絶するということは心神喪失でできるのでしょうか……?

安田　コミュニケーションですから。

江川　いえいえ。だから、何をもって心神喪失と言うのかということだと思うんですけれど。

安田　小鳥でも馬でも、ご飯を食べられるということになったら餌場のところに行くじゃないですか。猿だって行くじゃないですか。それをもって能力があるという判断になるんでしょうか。

江川　ご飯とか、そういう生存に関する本能によるものではなくて、例えば運動だって言えば出かけていくけれど、三女たちの面会、弁護士の面会というと嫌だから行かない。こういうことが、心神喪失の人ができるものですか?

安田　それを前提としても、三女たちが面会に来たことが理解できていなかったとしたら、それは当たるんじゃないですかね。

江川　それが風呂なのか運動なのか三女なのか、わからなければ、時々違う判断になっちゃうじゃないですか。うっかり行っちゃうとか。

安田　ですから、「風呂に行かせろ」という言葉があったのなら別ですね。風呂に連れて行ったら風呂に入ると、運動に連れて行ったら運動場に入ると。そういう報告にとどまっています。

江川　発信をしないと心神喪失なんですか?

安田　コミュニケーションができなければ、防御もできないですし、自分に対して死刑が執行されるということも理解できていないと思いますが。

麻原氏は遺骨は誰に渡すと言えたのか?

岩井　麻原さん本人が、遺骨を四女に渡すべきだと、執行直前に自分の意思を言葉で表現したと報道されています。この報道について、安田さんいかがですか。

安田　今までのいろんな資料から見ると、それはちょっと考えられないですし、もしそういうことがあるとしたら、前々からそういう話があってもおかしくないです。ところが、報道を見る限りは、直前にという話なので、そもそも直前にそういうことを聞くのだろうかということも疑問ですよね。しかも、死刑執行を告知したとき、麻原氏がどういう反応を示したかについては、まったく報道がなく、不自然だと思います。

江川　でも、他の人にも聞いていますでしょう？

安田　それは、直前ではなく、普段から聞いているんですね。遺書を書くとか。

岩井　それは、執行の前から聞いておくということですね。

安田　確定した段階で、まず遺書を書かされるわけですし、執行の際も、誰かに何を伝えたいかを聞かれたり、遺品をどうするかを聞かれることはあっても、遺骨をどうするかまで聞かれることはないと思います。ましてや、今回は、遺骨についてだけですから、この点からしても不自然だと思います。

岩井　江川さんは、こうした報道に接して感じたことはありますか？　最後の場面の言葉として報道されたわけですが。

江川　私は、最初は「本当かな？」と思ったのですが、でも考えてみれば、三女は自分の嫌いな弁護人とくっついているわけですよね。その人が三女の代理人でもあるわけで。

岩井　自分の嫌いなというのは、麻原さんが嫌いな弁護人ということですね。

江川　そうそう。しかも、その弁護士さんは安田さんと同じ事務所ですし。だから、やはり嫌いな人たちには会いたくないという判断をしていたことを考えると、それとセットになってない四女を選んだのかもしれない。それに、本人が最初から「四女」と言い出したのではなく、拘置所の人が選択肢をあげた、ということのようですね。「妻もいるだろうし、三女も、四女もいるだろう」と。そうしたら、彼が四女と言ったと。それはそれでありうる話だなと思います。ただ、それは推測にすぎません。「そんなこと言うわけない」と主張している人の言っていることも推測です。だから私は、その場面はできればビデオ、そうじゃなくても音声をとっておくべきだったと思うんですよ。

執行はどんな意味を持っているのか

岩井　最後に、今回の麻原さんの執行がどういう意味を持っているのかについて、話をしたいと思います。被害者のご遺族の方にとって、江川さんもその近くにいらっしゃると思いますが、今回の執行がどういう意味を持っていると思いますか。もちろん、総論的に話せることではなくて個別的なことになると思いますが、江川さん自身はどうお考えですか。

江川　皆さんがたの関心事が麻原の執行にばかり集まっているのが、私からするとすごく不満です。今回の執行というのは、やはりオウムのために、麻原のせいで、また新たに人が亡くなった、ということでもあると思うんです。オウムというカルトが引き起こした事件の重要な生き証人がいなくなってしまった、ということでもある。だから、私にとっては弟子の人たちの執行の意味というのが、すごく重い。なんで死刑廃止の人たちは、こうやって麻原のことばかり言うのかなと思います。特に、「真相究明の会」などと大仰な名前を掲げたグループとかは、三女と組んで麻原のことしか言わないじゃないですか。でも、オウム事件というのは、人生の意味や自分の居場所を求めていた人たちが、「真理」を騙る麻原に引き寄せられ、その人類救済の手伝いをするんだと自分の身を投じたはずが、罪もない人たちを殺し、その結果として自らも命を奪われることになった、執行されたんですよね。坂本さんは、そういう人たちを救いたかった。私たちも彼らを救えなかった。それが、本当に残念です。

被害者の考えは、被害者一人ひとりによって違うと思いますが、特に麻原が執行されたことによって、ある種の区切りをつけられた人はいたと思います。これで別に悲しみだとか喪失感が消えるわけでは全然ないけれども、あの人がずっと生きていたら、もっと納得のいかない思いをしていた人が少なくないのではないでしょうか。

岩井　先ほど、麻原さんの側近が一緒に執行されたことによって、側近も神格化というか、いわば尊師と一緒に遇されると、そういう崇拝的な部分が残ってしまうんじゃないかと指摘されました。江川さんから見て、今回の執行が、残されている信者や、以前オウム真理教にいた人たちにとって、どういう影響があると思いますか。

江川　執行そのものより、それに伴う様々な動きや〝論評〟が及ぼす影響が心配です。皆さん方もそうですし、マスコミもそうです。麻原が喋らないということで「真相は闇の中」のようなことを平気で言うんですね。裁判で明らかになった事実を無視したこういう言説は、歴史修正の根になると思うんです。教団は絶対これを利用して、「こんなに有名な人たちがみんな尊師の死刑執行はおかしいと言っている」、「事件はオウムを弾圧する国家の陰謀である」と言いますよ。それの芽をいっぱい作っている人たちが、たくさんいる。特にひどいのは「真相何とか会」の人たちで、「麻原さんの三女が言うように、地下鉄サリンは麻原が指示したんじゃない可能性がある」などと平気で言う。裁判の傍聴記が、いっぱい出ていますけれども、少しそういうものを読んでから言ってほしいと思うんです。執行に伴う歴史修正に向けての動きが始まっている。それに立ち向かわないといけない、と思っているところです。

私が、オウム裁判の全記録をとっておいてくれと言ったことの理由のひとつは、このような歴史修正を許さないためでもあります。いろんな言説が出回っても、いざとなればこの記録がある。私を含めて、裁判を傍聴した人たちがこの世からいなくなっても、記録を読めば、事件に関わった人たちの証言や供述を知ることができる。一人ひとりは教団の全体像を語ってはいないかもしれないけれど、自分の体験を詳細に語っている。そういう記録を通して読めば、事件の全体像はほぼわかってもらえるんじゃないかと思います。そういうこともあって、死刑となった人たちの記録だけではなく、とにかく全ての事件の記録を残してくれという請願を法務大臣に出していました。全事件の記録が残っていれば、歴史修正を防ぐだけではなく、オウム事件の教訓を学ぶのにも役立ちますし、安田さんがおっしゃっている裁判所の対応、警察の対応をいろんな人たちが後から検証することもできますよね。なので、上川法相が現存するすべてのオウム事件の裁判記録を刑事参考記録に指定して無期限の保存をし、さらに死刑執行に関する行政文書についても永久保存を決めたことは、高く評価していいと思います。問題は、その活用です。保存した記録それをどうやってちゃんと閲覧させてくれるかという次のステップが大事です。検察庁の倉庫に死蔵しておくだけでは意味がないですから。いろんな人たちが声を上げて、どうしたら適切に活用できるかを議論していく必要があると思います。

岩井　言われていたのは、「オウム事件の真相究明の会」のことですね。

江川　そうです。

岩井　今日は「真相究明の会」の人はいないので、そこについて踏み込んだ話はできませんが、少なくとも、歴史修正の主張をしているのではなく、真相究明を求めている会だと私は理解しているのですが。

江川　真相究明をするなら、事実に基づいて行われるべきです。また、麻原判決だけ聞いて、裁判がわかったみたいな感じに言うのも、違うと思うんです。やはり、判決だけじゃわからない。いろんな人たちが、どんな表情で、どんな口調で、何を語ったのか、ということも大事。それから、麻原裁判だけを見てオウム裁判がわかったと思ったら全然違うと思います。オウム事件というのは、死刑になった人たちだけによって行われたものじゃありません。薬物の密造に携わった者がいる、サリンプラントの建設現場で作業をしていた者がいる、拉致監禁や金品を巻き上げる行為に関わった者がいる。そういう様々な事件を含めてオウム事件であり、その挙げ句の果てが地下鉄サリン事件である、とも言えます。

安田　私たち死刑廃止を願う者は、今回の執行について、麻原氏の執行だけを問題にしているわけではないです。例えば岡崎氏に対する執行、横山氏に対する執行などは、あの当時の「オウムを征伐する」というような時代的風潮がなければ、死刑にはならないケースであったと思うんです。井上氏についても、一度は無期の判決が出ているわけですから、やはり、死刑執行については、見直す必要があったと思います。豊田氏や広瀬氏についても、結果は重大でしたが、結果に対する明確な認識があったかどうかや事件を主導したかどうかについて、見直す必要があったと思います。すでに、事件から二〇年以上が経過しているのですから、政府の側からしても見直す必要があったと思います。それから、地下鉄サリン事件が、麻原氏が指示したか指示していないかという問題だけからすれば、私は弁護人として、指示したということに対しては、すごく疑問があると思っています。さらに、その他の多くのオウムの事件の一つ一つを、ていねいに押さえていくことも重要ですが、オウム事件は、麻原彰晃という人が唱えた教義に裏付けられた行動であることも確かで、それを言い出した彼、それによって人を動かした彼、動かされた人だけでなく、動かした人間、動かした組織もしっかり捉えなきゃならないと思うんです。

どういう視点でこの事件と向き合うかという問題なんですが、一番単純な話からすれば、どうやってこのような事件を再発させないかという問題だと思います。しかし、それだけではなくて、オウム事件にかかわった人たちの生き様から自分が何を学んでいくかという、人間の生き方の問題として、それぞれの事件というのはあるわけで、そういうものを学ぶためにも事件の解明が必要ではないかと感じています。そして、オウム事件というのが、現実に存在し、現実に麻原彰晃という教祖がいて、彼に心服した人たちが事件をやらされ、かつやった。これは厳然たる事実なわけです。そして、なおかつ、現在もなお彼を宗教的に師事している人たちがいる。同時にまた、一万人近くいた信者の中で、重大な事件を起こした人たちは百人少しの人たちに限られていて、他の多くの人たちは何も知らなかったし、何もやらなかった人たちだったということも厳然たる事実でして、そういうこともしっかり見ていく必要があると思うんです。そうだとすると、オウムの事件を、麻原彰晃という存在も含めて、歴史から消さないということが必要だと思うんです。事実は事実として、そのまま、残しておくことが必要だと思うんですね。

で、さらに宗教ですから、そのいい悪いは別として、それを信ずる人たちもいるわけです。それはそれで、信教の自由のレベルでしっかりと保護していかなければならないし、尊重していかなければならないと思います。絶対やってはならないことは、いかに危険なものであっても、宗教それ自体を歴史から消してしまってはいけないということだと思うんです。

岩井　いまお二人から、歴史から消してはいけないという同じ指摘がありました。問題は、どういうふうに残すのか、という点が違うのかなと思います。江川さんは安田さんの話を聞いて、どう思われましたか？

江川　まず、客観的な事実として、罪を犯した人は一〇〇人くらいとおっしゃいましたけれど、起訴された人は一九二人いて、完全無罪は二人ですから、約二〇〇人と言ったほうが正しいと思います。また、罪には問われなかったけれど、武装化のための様々な企みに関わった人たちはいました。

安田　刑事事件になったという意味ではそのとおりですね。でも、オウムでなければ事件になっていなかったケースもあると思うんです。

江川　それから、歴史から消しちゃいかんって、消えないですよ。消えないけれども、事実が正しくと伝わるかどうかが問題なんだと思うんです。本当に陰謀論が好きな人がいっぱいいるので、オウムの人たち以外にも。それに、歳月が経つにつれ、オウムについて、ナマの記憶がない人たちが増えていて、そういう若い人たちは、一連の事件は変な奴らが集まってとんでもないことをやったという認識でいる人が、結構いるみたいです。そうではないんだ、普通の人が、あるいは一生懸命ものを考えていた人が巻き込まれていって、被害者や加害者になっていったのがあの集団であり、そこがああいうカルト集団の怖さなんだということも含めて実相をちゃんと伝えていかないといけないと思うんです。どの時代にもとんでもない人というのは時どき現れます。麻原もその一人でしょう。そのとんでもない人のことよりも、むしろそういう人に巻き込まれていく人たちのことを、心理学的にも、精神医学的にももっと研究して、やっぱり人間というのは脆いものなんだ、こういうふうにして人は巻き込まれていくから、そこに注意しようというような教訓が、もっと伝えられればいいなと思ったんです。幸いなことにいくつかの裁判では、その材料になるものも出てきているので、どういう人たちがどのようにしてああいう事件に関わったのかということは、私は伝えていきたいと思います。

誤解していただきたくないですが、私だって麻原にはちゃんと喋ってほしかった。けれど、傍聴を重ねるうちに、それは無理だと分かりました。ただ、喋らなかったのは、安田さんたち弁護士や裁判所のせいではない。やはり彼の問題だと思っています。

最初の方に再審の話が出ていました。私も井上の再審請求の結果を待たずに執行したのはちがうと思っています。だけど、安田さんたちみたいに、死刑を止めるために再審やりますと公言してしまうのは、どうなのだろうか。そうやって、結局、こういうふうに死刑の執行にあたって再審請求していることは全く関係ない、たとえ最初の再審請求であっても関係ない、という例ができてしまったわけですね。そのことで、本当に冤罪の人たちが危なくなるんじゃないんですか？　免田事件のように、何回も再審請求をやって、ようやく認められた人もいるじゃないですか。だけど、死刑の引き延ばしのために再審制度を使うと公言していたら、本当に再審なんて死刑執行とは関係ないよねという雰囲気になっちゃうのが心配です。

安田　それはちょっと前提が違うと思います。やっぱり再審の理由があるから再審をするのであって、むしろ再審の理由があるにもかかわらず、再審をせずに執行されてしまうというのが過去の経験です。再審が大変面倒だからやらないということだってあるんです。再審請求をして、裁判の見直しを求めているわけですから、それについて見直すだけの余裕が国家にあっても、何らおかしくないと思うんです。法務大臣が、理由がないと判断して、死刑を執行することはその権限を越えていますし、とても危険なことだと思います。例えば免田さんが第一次再審、第二次再審とやってきた時に、理由があるなんて思った人はほとんどいなかったと思います。しかし、免田さんは、本当にやっていませんでした。ですから、理由のない再審だと初めから決めてかかるのは、ナンセンスだと思いますね。

江川　だって、おっしゃったじゃないですか。再審を、引き延ばすためにあらゆることをやると。

安田　それは、理由があるからですよ。理由がないのに、再審請求書は書けませんよ。そして、現実に再審請求によって、死刑の執行は止まったわけですから、その効果も期待して再審請求するのも間違っていないと思いますが。現実に、免田さんは、死刑の執行の危険から免れ、えん罪を晴らすことができたわけですから。

江川　裁判でやっていないという主張をしている人と、それからずっと一貫して事実について認めている人と違うと思うんですね。

安田　認めている人は再審をしていませんよ。認めている人は、再審をしようなんて思いませんもの。

江川　再審請求出ていますよ。

安田　オウムの中でも認めていない人、あるいは違ってたという人が再審をやっているじゃないですか。

江川　どうだろう……、認めている人でも再審請求している人はいるじゃないですか。

安田　でも、今回、再審請求で何を主張しようとしたかについて、決めつけだと思いますよ。たとえば、中川氏は責任能力がなかったと主張していますし、新實氏は一貫して内乱であったと主張しています。裁判所が判断する前に、法務大臣が判断したわけですから、そこには、政治的な思惑があったと思います。今回の執行は、再審請求中であっても死刑を執行しても構わないんだという実績を作ったし、一カ月に一三人死刑執行するんだと事実を作ったし、一日に六名の人を執行したという実績も作ったわけです。このことが、これから大変大きな影響力を持っていくと思います。

江川　判決が、必ずしも本人の主張の通りの事実認定しているとは限りませんし、家族などから頼まれるなどして、少しでも長く生かしてあげたいと思った時に、再審よりほかに手立てがないという弁護士の心情は理解できないわけではないですが、安田さんのように、再審のために再審をやったということを公言されるのは、「それを言っちゃおしめえよ」という気がします。ご自分たちの戦略が、逆に事態を悪化させているんじゃないかという、そういう振り返りみたいなものはないですか？

安田　ジレンマとしてあります。しかし、だからと言って、何もしないで傍観するわけにはいかないと思いますよ。それで、誰も、刑事記録を見て、何か再審の理由はないかと一生懸命調査して、再審を請求するんですね。もちろん、再審請求は、権利として法律で認められているんですから、これによって、延命を図ろうとすることは、決して、悪いことではないと思います。もし、これが悪いことであるというのであれば、国会で、しっかりと議論すべきだと思いますよ。そのような議論もしないで、執行する必要があるからとして、再審請求を無視することと自体、大変な問題だと思います。あなた方のやり方が悪いから、相手の悪い結果を誘引しているというのは、それはちょっと本末を逆転した話だと思います。ほかに有効な解決策があれば別ですけど。

「オウム真理教事件」とは何だったのか

岩井　お二人ともオウム真理教事件に関わって、莫大な時間も費やし、過ごしてきたと思います。今回の執行を契機に振り返ってみると、結局、オウム真理教事件とは何だったのでしょうか。

江川　私は、本当にひどいカルトによる事件だったと思います。ああいう集団というのは、そんなにしょっちゅうは出てくることはないかもしれませんが、空前絶後とは言えないと思います。程度の差はあれ、いろんなところにカルト性の高い集団というのは現れます。例えば「イスラム国」なんていうのも、私は相当にカルト性が高いと思っています。移民二世は白人の子よりも差別されているとしても、大学に行ったりしているような前途ある若者までが、シリアの惨状を見て、自分が少しでも役に立ちたいという思いからヨーロッパから「イスラム国」に飛び込んでいくというのは、私にはオウムとかぶって見えるんですね。今後、日本で再びカルト性の高い集団による事件が起きないとは限りませんし、日本の若者が海外のカルト集団に吸い寄せられたり、逆に海外のそうした集団の影響下にある者が日本で事件を引き起こす、ということもありうると思います。だからこそ、あの事件の実相みたいなもの、特にそこに巻き込まれていった人たちの事をちゃんと残しておかなければいけないと思っています。

安田　私の独断ですが、私はオウム事件を特殊なものとして捉えることには違和感を持ちます。戦前の軍国主義やそれを信じて行動した人たちと同じ面があるのではないかと思います。それは、麻原彰晃という特異な人物とその宗教観を頂点とする集団の共同依存が引き起こしたものではないかと思います。彼らは、神秘体験という共通の体験を有していたようですが、そしてそのために非現実的な思考を受容し、もっぱら、自らの宗教観を実現し、同時に教団を防衛するために、サリンなどの化学兵器で武装し、国家を乗っ取り、その主人公となろうとしたのではないかと思います。麻原彰晃には、朱元璋や洪秀全や毛沢東へのあこがれもあったのではないかと思います。

　しかし、そもそものことの興りは、修行中の信者が死亡したことを隠蔽しようとしたことにあったのではないかと思います。そして、その過程の中で、坂本弁護士一家を殺害してしまい、その罪科を免れるために、いよいよ、国家を僭脱しなければならなくなったのではないかと思います。もちろん、現在の日本において、そのようなことができるはずがなく、それさえも分からないまま、彼らは、突き進んでいったのではないかと思います。もちろん、国の方にも宗教団体は悪いことをしないという思い込みもありましたし、立ち入って調査することは信教の自由を侵すことになるという躊躇もあったと思います。また、組織の中に化学兵器を作ることが出来る特殊な能力を有する人がいたということ、さらに国には、化学兵器についての警戒感がなかったことも彼らの行動を容易にしたのだと思います。

何よりも、オウム真理教が閉鎖された社会であって、その構成員が、そのおかしさに気づかなかったこと。また、麻原彰晃という人が目が不自由なために、幹部によってもたらされる情報を客観的に分析できなかったということも大いに原因していると思います。

いろいろな偶然が重なっていますが、決して、防ぐことができなかった事件ではなかったと思います。特に、坂本事件の直ぐ後に、オウムの誤りに気づいて、オウムを抜け出した岡崎氏を警察が補足しておきながら、事件を解明しようとしなかったことが残念でなりません。また、地下鉄サリン事件の前には、彼らが警察による上九一色村への捜索を前にして、不穏な行動を起こそうとしていたことは分かっていたはずです。特に、三月一五日には、地下鉄の霞ヶ関駅に自動式の噴霧装置が仕掛けられていたのですから、なおさらです。

私は、このように考えているものですから、事件は、再犯防止の視点から、徹底的に解明される必要があると思っています。

もっとも、何も事件にかかわっていない、もちろん事件のことをまったく知らされていない、多くのオウムの信者がいることを忘れてはいけないと思います。

繰り返し検証できる態勢を

岩井　この事件、このオウム裁判を受けて、今後、何をすべきでしょうか。先ほど江川さんからは、記録の保管についての提言がなされていましたが。

江川　記録に関して言うと、やっと残ることになった。ただ、残しておくだけでは死蔵しておくことになってしまうので、それをどうやって適切な閲覧にもっていくかということと、当面は、これまで通り検察庁での保管・保存をするとしても、できるだけ早く国立公文書館に移管していくことも求めていかなければならないと思います。国立公文書館であれば、公文書保存の専門家もいますし、プライバシーに配慮しながら記録の開示不開示を適切に決めていく仕組みもあります。それと先ほども言ったように、若い人たちには地下鉄サリン事件や松本サリン事件があったことはわかっているが変な連中が集まってしでかしたことだと思っていたり、あるいは当時もう大人だった人でも、いまだに長官事件はオウムの事件だと思っている人が結構います。だから、とにかく何があったのか、どういうふうにしてああいう所で人殺しになってしまうのか、誰もがああいうものに巻き込まれるかもしれない。やはりどういうことがあったのかというのを、何らかの形で残しておくというのは必要だなと思って、どういうふうにしたらいいか、いま思案中です。

安田　今、オウム事件は、死刑執行によって手じまいされようとしているんですけど、そうはさせてはならないと思います。麻原彰晃という人が存在していたこと、オウム真理教があったこと、そして、その幹部が国家転覆を目指して幾多の事件を起こしたこと、そして、国がこれを防ごうとすれば防ぐことができたことを、しっかりと、事実として歴史に残すことだと思います。とりわけ、過酷な取り調べや、分離裁判による離反の奨励や、拙速裁判や、反省しない信者に対する過酷な量刑など、人権条項を無視した司法の恣意的な運用はもとより、オウム真理教に対する法人格取り消しや、破産による財産の没収など、民事的な問題に至るまで、しっかりと歴史にとどめるべきであると思っています。とりわけ、今回の法律を無視した恣意的な執行については、その前日の夜に、総理大臣と法務大臣が宴会をして、乾杯を繰り返していたことも含めて、残すべきであると思っています。

　麻原氏の遺骨がオウムの信者の人たちの手に渡れば、再びオウムを活性化させるというようなことを危惧していては、真実を残すことができないと思っています。

岩井　どうもありがとうございました。

（二〇一八年八月二二日、赤坂にて）

02

安田好弘

YASUDA Yoshihiro

13人死刑執行という大量虐殺

この時代とどう立ち向かうか

1　執行当日

こんばんは、安田です。どうぞよろしくお願い致します。今日はたくさんの方にお越しいただきまして、ありがとうございます。それから発言者の皆様、お忙しいなか来ていただいて、どうもありがとうございます。感謝にたえません。こういう形で抗議集会を持たなければならないこと自体、たいへん苦々しい思いなんですけれども、私の分かる範囲の話をこれからさせていただこうと思います。

七月六日のことですが、私は朝早くに起きて、大阪で新實智光さんに会うために、午後からは林眞須美さんに会うために大阪に向かっていました。午前七時頃の段階で、私のところに電話があり、どうも執行が今日行なわれるという話が入ってきました。これはあとから分かったのですが、前日の段階で被害者遺族の方に法務省から電話があった、そしてさらに別の被害者の方には、当日の朝六時過ぎ頃に、また違う電話があったという話からこういう話がスタートしているわけです。

ここでまず申し上げたいのですが、そういう話が法務省の方から被害者の方に伝えられる。それはそれでよしとして、当の処刑される人たちには、この段階でもまったく知らされていない。ましてや、家族に対しても、また再審弁護人に対しても知らされない。処刑される当人には、当日、連行される直前になって知らされる、あるいは連行される段階でも知らされなくて、別の用だということで居房から連れ出されて、刑場に連れて行かれて初めて知らされるということがほとんどだと言われています。つまり、処刑される当のご本人はもとより家族や再審弁護人などの絶対に知らされることが必要な人には絶対に知らされることがないにもかかわらず、当局の都合によっては、第三者には知らされるというのが、この日本の死刑の実態だと思うわけです。死刑は、このように当局の都合の良いように思うままに運用されているわけです。死刑の執行は、人の命を奪うというもっとも重い刑罰を科すのですから、その手続は法律で厳格に定めるのが当然でして、これを当局が決めるのは許されるはずがありません。過去、アイツはうるさいから、この際、執行してしまえというような話はいくらでもあったと思います。現実に、永山さんが処刑された時は、再審請求をしようとする矢先に執行されてしまいましたし、あの時の執行は一度に四名執行という異例の多さでしたし、永山さんは連れ出される際、房内で激しく抵抗し、これに対し多数の刑務官が房内に入り、力ずくで制圧したため、その時点で既に死亡したに等しい状態であったのではないかという目撃者もいらっしゃるわけですし、現に、遺体の引渡を請求したのですが、当局はこれを無視して勝手に火葬していまいましたから、その通りだったのではなかったかと思います。

7月6日に死刑を執行された人

松本智津夫さん　（東京）1955年3月2日生まれ
坂本弁護士一家殺人事件 / 松本サリン事件 / 地下鉄サリン事件他。無罪主張。
2004年2月27日　東京地裁（小川正持）
2006年3月27日　東京高裁（須田賢）控訴棄却
2010年9月17日　第二次再審請求
2013年5月9日　第三次再審請求
2015年4月28日　第四次再審請求

早川紀代秀さん　（福岡）1949年7月14日生まれ
男性信者殺害事件 / 坂本弁護士一家殺人事件他
2000年7月28日　東京地裁（金山薫）
2004年5月14日　東京高裁（中川武隆）
2009年7月17日　最高裁（中川了滋）
2010年8月23日　再審請求
2013年4月26日　第二次再審請求
2016年7月22日　第三次再審請求

井上嘉浩さん　（大阪）1969年12月28日生まれ
元信者殺害事件 / 地下鉄サリン事件他
2000年6月6日　東京地裁（井上弘道）無期懲役
2004年5月28日　東京高裁（山田利夫）死刑
2009年12月10日　最高裁（金築誠志）
2018年3月14日　東京高裁に第一次再審請求

新實智光さん　（大阪）1964年3月9日生まれ
坂本弁護士一家殺人事件 / 松本サリン事件 / 地下鉄サリン事件他
2002年6月26日　東京地裁（中谷雄二郎）
2006年3月15日　東京高裁（原田国男）
2010年1月19日　最高裁（近藤崇晴）
2011年12月9日　第一次再審請求
2016年11月1日　第二次再審請求
2018年5月23日　恩赦出願

土谷正実さん　（東京）1965年1月6日生まれ
弁護士サリン襲撃事件 / 松本サリン事件 / 地下鉄サリン事件他
2004年1月30日　東京地裁（服部悟）
2006年8月18日　東京高裁（白木勇）
2011年2月15日　最高裁（那須弘平）

中川智正さん　（広島）1962年10月25日生まれ
坂本弁護士一家殺人事件 / 松本サリン事件 / 地下鉄サリン事件他
2003年10月29日　東京地裁（岡田雄一）
2007年7月13日　東京高裁（植村立郎）
2011年11月18日　最高裁（古田佑紀）
2017年3月9日　再審請求
2018年5月30日　棄却　6月4日　即時抗告

遠藤誠一さん　（東京）1960年6月5日生まれ
松本サリン事件 / 地下鉄サリン事件 /VX襲撃事件 / 弁護士サリン襲撃事件他
2002年10月11日　東京地裁（服部悟）
2007年5月31日　東京高裁（池田修）
2011年11月21日　最高裁（金築誠志）
2016年9月23日　再審請求

ですから、今回の執行も、いつまでも抱えていると警備などで大変だし、この際、平成も終わることだから、一気に片付けてしまって終わりにしようということで、一三名の人たちを十把一絡げのように、まとめて執行したのではないかと思います。このような、死刑の恣意的な運用が許されていいはずはありません。一九八〇年代から一九九〇年代にかけて、死刑執行は一年に一人という状態でした。そして、その間、三年半にわたって、死刑の執行のない時期もありました。ですから、今回の執行は、過去の一三年分の執行を、一ヶ月の間にやってしまったということですから、その重大さはおわかり頂けると思います。

振り返ってみますと、今年一月に高橋克也さんの刑が確定しました。その前から確定を見込んで、死刑執行が行われるだろうということがマスコミでも言われていました。確定が現実になってからは、もういろんなマスコミが死刑が執行されるだろうという話をしてきまして、どう思うかという問い合わせもありました。そしてその人たちの見通しは、遅くとも四月になるまでに、つまり三月中には執行するだろうというものでした。四月になれば人事異動があるので、そうとなれば、新しい体制で執行しなければならないので、準備に時間を要するというわけです。しかし、現実には、四月を越えて、五月を越え、六月を越えて、七月になりました。いよいよ執行されるのではないかと私どもは危機感を抱いていました。というのは八月になりますと、お盆の月ですし、多くの職員の人たちが休暇に入るわけです。そうすると大量執行の態勢はとても組むことができない。とすると、やはり七月中に執行するだろう。八月を過ぎてしまうと、私が聞くところによると政治的な行事があったり、あるいは皇室関係の行事があったりすることで執行しづらくなってしまうのではないか。そうすると七月中の執行、彼らはそれを予定しているという話が伝わってきました。

2 執行阻止のためにしてきたこと

そういうなかにあって、私どもは何としても執行を阻止したいと考えました。オウムの人たち一三人の死刑囚の人がいらっしゃるわけですけれども、まずその中心人物である麻原氏の執行を止めることができれば、他の人たちも連動して止まるだろうと思いました。それから麻原氏の死刑執行を止めるのと同じようなことを、他の人たちにも同時にやっていけば、より強い力になるだろうと思ったわけです。

それでこの間、私どもがやってきたことは、麻原氏に対する再審請求。今度のものは四度目ですけれども、今度の再審請求は、地下鉄の中にサリンを撒くことを決めたというリムジン謀議という謀議の中に、直接一緒に座っていたという青山吉伸さんに話を聞いています。青山さんから、そんなリムジン謀議と

7月26日に死刑を執行された人

宮前一明さん　（名古屋。旧姓佐伯、岡崎）1960年10月8日生まれ
坂本弁護士一家殺人事件等
1998年10月23日　東京地裁（山室恵）
2001年12月13日　東京高裁（河辺義正）
2005年4月7日　最高裁（島田仁郎）

横山真人さん　（名古屋）1963年10月19日生まれ
地下鉄サリン事件等
1999年9月30日　東京地裁（山崎学）
2003年5月19日　東京高裁（原田国男）
2007年7月20日　最高裁（中川了滋）
2010年3月第一次再審請求　即時抗告中

端本悟さん　（東京）1967年3月23日生まれ
坂本弁護士一家殺人事件、松本サリン事件等
2000年7月25日　東京地裁（永井敏雄）
2003年9月18日　東京高裁（仙波厚）
2007年10月26日　最高裁（津野修）

小池泰男さん　（仙台。旧姓林）1957年12月15日生まれ
松本・地下鉄サリン事件等
2000年6月29日　東京地裁（木村烈）
2003年12月5日　東京高裁（村上光鵄）
2008年　2月15日　最高裁（古田佑紀）
2008年12月19日　第一次再審請求　特別抗告中

豊田亨さん　（東京）1968年1月23日生まれ
地下鉄サリン事件等
2000年7月18日　東京地裁（山崎学）
2004年7月28日　東京高裁（高橋省吾）
2009年11月6日　最高裁（竹内行夫）
2011年11月15日再審請求　即時抗告中

広瀬健一さん　（東京）1964年6月12日生まれ
地下鉄サリン事件等
2000年7月18日　東京地裁（山崎学）
2004年7月28日　東京高裁（高橋省吾）
2009年11月6日　最高裁（竹内行夫）
2018年1月25日　再審請求

言われるものはなかったよという新証言を得たわけです。そして青山さんの陳述書を提出し、青山さんの証人申請までして、再審請求をより実効的な再審請求に切り替えていったわけです。

そして同時に人身保護請求もしました。麻原氏が拘置所の中で心神喪失の状態であるにもかかわらず、一〇年以上も拘置されていて治療を受けていないということで、これは違法な身柄拘禁であるから、ただちに治療するようにという人身保護請求をしたわけです。

それから後見人の選任もしました。ご本人がもう意識がないわけですから、自分で意思表示をすることができない。そうだとすれば、後見人が代わって意思表示をしていく必要があるということです。

それからさらに山本太郎議員に依頼して、法務省の矯正局に対して請願をしました。とにかく私どもは一〇年以上麻原氏とは会えていない。生きているか死んでいるか、それさえも私どもは覚知できない。刑務所見学で一般の人も中に入ってみることはできるわけですから、私どもも中に入れるようにしてくれ。そして麻原氏が生きているかどうかだけでも確認させてくれという請願をしたわけです。死刑執行は刑事局がやるわけですが、矯正局という別の部局から、あらたなプレッシャーをかけることができればと思ったわけです。

そして国連の人権担当部署への通報をやってもらいました。国際的な基準からすれば、第一審の判決しか受けていない人を死刑にするのは言語道断ですし、ましてや心神喪失の人を死刑にするのはおよそ許されないからです。私たちは、国連からの日本政府へのアピールを期待したわけです。

さらに、六月に入って、死刑執行義務付け訴訟という、新しい行政訴訟法のなかで認められている訴訟を提起しました。法務大臣に対して死刑執行中止命令を出せ、という裁判を提起したわけです。今までは法務大臣を直接のターゲットにして裁判を起こすということはなかったわけですけれども、法務大臣に対して、事態の重大さを指摘するために提起しました。これについては、なかなか第一回期日が入らないものですから、私どもは訴状を、裁判所からの送付とは別に私どもの手で法務大臣に直接送るということをやりましたけれども、結局、最後は、第一回期日が入れられないまま執行されてしまいました。

それから最後に恩赦の出願をしました。皆さんご存知のとおり、恩赦の出願にも死刑執行を止める力があるわけです。それを私どもは申し立てしたわけです。しかし、麻原氏は恩赦の出願書などおよそ書ける状態ではありませんし、また私ども弁護士宛に委任状を書くこともできませんから、お子さん方がご本人に代わって、恩赦の出願をするということになりました。そうすると拘置所当局は、提出された出願書を、送り返してくるんですね。ご本人は、能力がないんだと事情を説明しても、また送り返してくるわけです。恩赦の受付さえも、彼らは拒否したんです。こういう攻防があったわけです。

そんななかで、今回の執行が行われました。先ほども申し上げたんですけれども、麻原氏だけではなくて、他の人たちも足並みをそろえてやろうということで、私は新實さんにお会いして新實さんの恩赦の出願を手助けしました。それから中川智正さんにもお会いして、恩赦の出願を手助けしました。今まで再審請求をすることによって死刑を一定程度止めることができると思っていたわけですけれども、昨年の再審請求中の三名の死刑確定者に対する死刑執行があったものですから、再審請求だけではダメだ、恩赦の出願というもう一枚のかせを加えようということで、新實さんにもお願いし、中川さんにもお願いして恩赦の出願をしたわけです。新實さんの恩赦の出願については、今日お配りした補充書一（本書六五頁）に、なぜ恩赦を出願するかということについての新實さんの心持ちが縷々書いてありますす。ぜひ、読んでいただきたいと思います。

3 恩赦減刑もなかった

七月六日に七名の人に死刑が執行されました。たいへん甘かったんですけれども、最初は、一三名の人を一度に執行するのではないかと思っていました。ですから三月の移送のあと、もう一回移送して、執行体制を最終的に組む可能性もあるだろうと思っていました。そうすると、どうしても過去の事件が私の頭の中に浮かんできます。幸徳秋水、幸徳事件の場合、二四名の人が死刑判決を受けたのですが、執行の日に二四名のうち半分の一二名の人が恩赦で減刑されています。ですから執行されたのは一二名の人で、一日目に男性一一名が、翌日に女性一人が執行されています。ですから、少なくとも、最低限このぐらいのことは、いくら安倍政権でもやるのではないかという微かな期待がありました。

特に一連のオウム事件を見ますと、横山真人さんの事件では死者が一人も出ていなかったし、その行為態様を見ても、力強く傘で突いたわけじゃなくて、サリンの入った二つの袋を、軽く、弱くしか突かなかった。そのためサリンの噴出量が少なかった。それで被害者の人で死亡した人がいなかった。これは、偶然ではないんですよね。あるいは井上嘉浩さんは一審で無期だったわけです。それが高裁で逆転したわけですから、このように裁判所によって結論が全く違う人を、本当に死刑にするのだろうかと私は思っていました。さらにもう一人、岡崎一明さんです。彼は、坂本事件後すぐにオウムを脱会しています。それだけではなく、警察に自首しています。ですから、死刑というのは重すぎたわけです。私は、淡い期待ですけれども、この三人については恩赦があるかもしれないというふうに思ったわけですけれども、実はそうではなかったわけです。当局は、二〇日間のうちに一三人全員の執行したわけです。

それで昨日、二六日なんですけれども、前の前の日から、木曜日が危ないという情報がマスコミの人からどんどん入ってきていました。金曜日ではなくて木曜日中にやってしまうだろうという話だったわけです。そしてその通りになったわけです。これはおそらくマスコミに当所から事前情報が流れていたからだろうと思います。先ほども申し上げましたけれども、こういう情報が、本人に伝わらずにどうしてマスコミに伝わるのか。そして被害者の人たちにも伝わってしまうのだろうかということについては、やはりこれは理不尽な話だと思います。

4 再審請求中、恩赦中立中、人身保護請求中の執行

さらに今回の執行の問題点について、お話をしたいと思います。先ほども話に出ましたけれども、再審請求中の執行だったということをはっきり申し上げないといけないと思うんですね。処刑された一三人の人たちのうち一〇人が、再審請求中で、しかもそのなかの一人は再審請求をしたばかり。さらに先ほど弁護人の方にお話を聞くと、裁判所との間で協議が、つまり再審請求事件において二者協議という裁判所と弁護人との協議、あるいは検察官を入れた三者協議というのをやるんですけれども、これは非公開で請求人本人は出ることができませんが、裁判における公判廷と同じなんですね。しかも証拠開示が決まったと。そういう状況にもかかわらず、死刑が執行されてしまったということなんです。請求人がいなくなれば、裁判はそれによって終了となります。相続人による死後再審というのがありますが、これは、改めて起こさなければならないことになっています。ですから、死刑の執行によって、係属中の再審請求は、強制的に終了させられてしまうんです。

再審請求と死刑に関しては、再審請求中に死刑が執行できるかという問題があります。刑訴法四七七条二項には、死刑は確定の日から六ヶ月以内に執行しなければならないが、その間に再審請求や恩赦の出願等があった場合には、その手続が終わるまで執行してはならない、という規定があります。しかし、六ヶ月を過ぎた後に再審請求等をした場合にはどうなるかについては規定がありません。これは、六ヶ月以内に執行をすると規定しているのですから、六ヶ月を超えて生きている人はいないという前提だったからだと思います。ところが、法務省は、法律の反面解釈と言って、六ヶ月以内の再審請求等の場合は執行してはいけないと書いてあるから、六ヶ月後の場合は執行できるんだと解釈しています。しかし、このような勝手な解釈は許されるはずがありません。なぜなら、憲法三一条は法律の規定がない限り、人の命を奪うことはできないと、はっき

り規定しています。私たちは法治主義の社会にいます。ましてや、死刑は、人の命を奪うという最大の権力行使ですから、その手続は、すべてについて法律で決めるべき事項であるわけです。法務省が法律の解釈で勝手に決めることは許されないはずです。特に、六ヶ月を経過した後に再審請求等があることを予定していなかったわけですから、反面解釈の余地はないはずです。そもそも、行政庁が法律の規定を解釈するのであれば、法治主義の原則、つまり何事も法律の規定がない限り権限を行使できないという原則から、国家の権力行使を制限する方向で解釈するのは許されても、これを拡大する方向で解釈するのは許されないはずです。特に、再審請求中の死刑執行は、憲法三二条が保障する裁判を受ける権利を奪うものであって許されるはずはありませんし、同時に、裁判所の裁判を強制的に終了させてしまうわけですから、司法権に対する侵害でもあるわけですし、憲法の枠組みからしても許されるはずがありません。

次に、恩赦についてですが、もともと恩赦は君主の恩恵として行われてきたものですから、これを嫌う人も多いですが、現在における恩赦は、国際人権規約B規約の六条四項に、死刑を宣告された人の権利として保障されているわけです。罪を犯した人が赦される権利があるということ、特に死刑を言い渡された人には、赦しを請い、死刑を回避し、社会復帰する権利があるとして、恩赦は、死刑確定者の人権として国際人権法によって保障されているわけです。ところが日本では、恩赦は単なる恩恵であって、権利として規定していないんですね。ですから、恩赦の出願中に刑を執行するということは、国際人権法で保障されている恩赦の出願権を認めないということですから、明らかに条約違反であるわけです。日本では、憲法が最高の規範とされており、その次が条約です。法令は、その下位に位置します。今回の執行は、先に述べました刑訴法四七七条二項という法律の解釈に基づいてその上位の規範である条約に違反しているわけですから、これが許されるはずがありません。

また人身保護請求を補償している人身保護法は、馴染みのない法律ですけれども、戦後、議員立法の第一号として制定されたものです。いかなる不当な拘禁についても、即時に、その拘禁された人が拘禁から解放されるという直接的な救済法なんですね。例えば、他の事件を差し置いてでも人身保護請求事件については、審理しなきゃいけないと規定しています。しかもそれだけじゃないんです。人身保護請求は、それがあった場合、必ず最高裁に報告せよとされており、最高裁は事件の審理がどんな状況であっても、事件を自分のところに引き取って審理できるとされているんです。つまり不当な自由の制限に対しては、憲法的な強さでもって、しかも裁判所が主体となって臨むとされています。まさにヘビアスコーパスの法理なんですね。そして人身保護の決定が出た場合には、その決定は、それ以前の判決の効力を失効させるとされています。

私たちは、麻原氏が、必要な治療を受けることなく放置されているとして、必要な治療を求めて、人身保護請求をしました。その手続の中で、国側は答弁書を提出してきて、麻原氏は病気ではないと主張してきました。そして、その根拠として、東京拘置所の医務部長である医師の過去一〇年間の報告書を提出してきました。そこには麻原氏と接触した際のやりとりが記載されているわけです。それを見ると、麻原氏とは全く言葉が通じていないんですね。Aと言っても関係のないBという答えしか出てこない。Aという趣旨で話していても、全く関係のない反応しか示さない。一〇年間、その連続なわけです。彼らは病気ではないとして、だから治療の必要はないとし、だから人身保護の必要はないと主張していますが、意思疎通はできていなかったんですね。あとでまたお話しますけれども、麻原氏は、このような状態で、果たして自分の遺体の引き取り人を指定することができたかどうか疑わしいわけです。それはさておくとして、人身保護請求がある状態のなかで、なおかつ審理の過程であるなかで、麻原氏を処刑することによって人身保護請求を終わらせてしまうということは、明らかに司法権に対する侵害であるばかりか、人身保護請求制度自体の否定でもあるわけです。

このように、今回の執行は、人命を保障し、死刑を抑制しようという法律をことごとく無視した、違憲・違法な執行だったわけです。

5　大逆事件以前の時代に戻された死刑のステージ

今回の執行が意味するものというのは、先ほども申し上げましたけれども、過去の大逆事件、これは幸徳事件と言われていますけれども、その事件で死刑執行された人は一二名。今回は一三名です。過去、一人の法務大臣が一三名の人を執行したというケースはありませんでした。つまり現在の死刑の状況は、今回の執行によって、約一〇〇年前、一九一一年の幸徳事件の一二名に対する死刑執行の時点以前に戻ってしまったということです。死刑のステージを一気に悪い方向に引き上げてしまったわけです。例えば彼女は、一度に七名の人を執行したわけですから、これから続く法務大臣は、五名や六名の執行についてはもとより、一〇名の執行についても、これが多すぎるという理由で拒否することはできなくなってしまったのです。

こういうふうに一〇〇年前の状態に逆戻りさせられてしまった現状ですけれども、このような状況下において、今後、どのようにして死刑廃止に向けていくかが、改めて問われていると思います。私は死刑廃止というのは政策の実現だと思っていません。思想でもない、価値観でも生き方でもない。単純に政策の実現だと思います。だとすれば、どうすればこの政策が実現できるか。そしてこの政策実現に向けて一歩でも近づけるかという問題であると思います。世論動向や政治の動向からすれば、

7月27日、文京区民センターで行われた執行抗議集会には300名が集まった。

いきなり死刑廃止というのはおよそ不可能ですし、ましてや一年や二年で死刑廃止というのも、現実的ではないと思います。何よりもまず、死刑廃止に向けた環境作りが必要だと思います。であるとすると、死刑判決と死刑の執行を少しでも減らしていくことが必要であると考えます。もちろん、死刑廃止を願う人たちだけではとてもその政策を実現することはできません。死刑廃止に疑問を持ち、あるいは躊躇している人たちの理解と協力が不可欠だと思います。

私は前から申し上げているんですけれども、終身刑を今の状況において導入しよう、そうすることで死刑が一つでも減るし、死刑のハードルがより高くなるし、同時に死刑の必要性がより低くなるし、さらに死刑を頂点とした現行の刑罰制度に流動化をもたらす、つまり死刑制度の見直しをもたらすのではないかと思います。副産物として、無期懲役刑の終身刑化も是正できるわけです。さらに、願わくば、死刑については全員一致制をとり、全員一致の時にだけ死刑は許され、過半数にとどまる場合は終身刑というのが、当面の理想です。その他にも、検察官に控訴や上告を認めない、すべての事件について被告人の上告審までの審査を保障する、死刑が確定した後も国選弁護人を保障する、再審請求中の執行の禁止、恩赦の権利としての保障、死刑の事前告知、執行前の精神鑑定の義務化、公正な第三者の立会の義務化、死刑執行関係資料の開示の義務化等の周辺の権

利保障制度や検証制度の整備や死刑執行者の明示、刑具の確定など、死刑執行をめぐる法制度の整備も同時並行的に行っていく必要があると思います。

6 遺骨を引き渡さず歴史から抹消しようとする国家

最後ですけれども、私が体験したことですが、麻原氏の遺体、遺骨の問題があります。私たちは、奥さんと子供さん方の代理人として、遺体を引き取り、家族だけでお別れをしたいということで、東京拘置所長に対し、遺体の引き取りを申し入れました。そして、遺体搬送の準備をし、また、火葬までの間、遺体を安置する場所を用意し、そして、遺骨を保管する場所も確保し、さらにマスコミや家族以外の第三者に察知されないための準備も周到に整えました。そして、その旨を、拘置所長に伝えました。例えば、遺体を乗せる車両を先に出発させ、それから十分に時間を置いて、荷物配送のトラックに遺体を乗せて、東京の郊外の知られていない安置所に運ぶ等です。また、関係者からは、秘密を保持するとの誓約書ももらいました。遺体を搬送する車両などは、拘置所周辺に待機しました。しかし、拘置所は、言を左右にして、なかなか遺体を引き渡そうとしませんでした。彼らの理由は、遺体を引き渡すと、混乱などが起こるおそれがあるというのです。もちろん、私たちはそれを了解しませんでしたが、やむなく、遺体として引き渡せないならば、遺骨でもいいから引き渡すようにと要求しました。しかし、拘置所は、それをも拒否し、最後には、麻原氏が、別の人を遺体の引き取り人に指定したと言ってきました。それで、私どもは、分骨でもいいと考えているから、その別人とは誰かを明らかにして欲しいと申し入れましたが、しかし、それでも別人とは誰かまでは明らかにしませんでした。ところが、マスコミでは、それが麻原氏の子供さんの一人で、私たちが代理をしていない人だとの報道が始まりました。それで、拘置所はようやく、別人の名前を明らかにし、その人と話をしてくれと言ってきました。つまり、拘置所は、その時点で、問題を、家族観の問題にして逃げたてしまったのです。もっとも、拘置所は、遺族の要求を緩和させるためか、二日間にわたり、遺族に麻原氏の遺体との対面を認め、二回目では、棺の蓋を開け、遺体に触ることを認めるという異例の扱いをしました。昨年の執行の際には、執行された死刑囚のお母さんとの対面を、最初は、遺体を引き取らないなら認めないと言って拒否し、その後の私たちの抗議によって撤回したものの、わずか約五分間だけの対面しか認めず、しかも、棺のプラスティックの覆い越しでの対面しか認めなかったことからすると、今回は破格の取り扱いをしたわけです。

それで、私どもは、家族全員が円満に麻原氏を見送ろうということで、その人の代理人に、話合いを申し入れました。しかし、何の返事もありませんでした。マスコミの報道ですと、その人は、遺体の引き取りを拒否し、拘置所で火葬に付すことを依頼し、拘置所が遺骨を預かることを依頼し、そして、国の費用で散骨をすることを依頼したというわけです。その理由は、麻原氏の連れ合いの人たちに遺体や遺骨が渡ると、崇拝の対象となり、将来、事件が起こる可能性があるというのです。

このように、未だ、問題は何一つ解決していませんが、しかし、私は、この一連の顛末に、大きな違和感が残りました。それは、かつて、GHQが、極東裁判で死刑となった七名の人の遺体を遺族に引き渡さなかったばかりか、ひそかに火葬して、その遺骨を散骨してしまったということと、同じではないかということです。麻原彰晃という人物を歴史から抹殺しようとしている、かつて、共産主義の国家で、政敵として追放した者を写真から抹消するのと同じではないかと感じたのです。歴史的な事実を事実として認めることをせずに、歴史から抹消して、その影響力をなくする、そういうことが、今の国家でも行われていることに、恐怖さえ感じたわけです。

7 この困難な時代とどう立ち向かうか

そしてその延長上にあるのでしょう、執行の前日です。法務大臣を初め、総理大臣も含めて、彼らは、赤坂の私の事務所のすぐ近くの議員会館で酒盛りをしていたわけです。翌日は、七名の人が処刑されようとしているにもかかわらずです。しかも、その二〇日後にはさらに六名の人が処刑されるわけです。法務大臣は、準備完了、一件落着というわけで、酒盛りをしていたのでしょう。かつて、死刑執行に志願して立ち合い、平然と記者会見した法務大臣がいました。彼らは命の尊厳をどのように考えているのでしょうか。これが、彼らの実体だと思います。

かつて、幸徳事件によって日本の状況は大きく変わりました。治安は強化され、人権は抑圧され、社会を暗い雰囲気が覆い、自由や民主主義や平和はますます遠のいていきました。石川啄木もまた徳富蘇峰もそのような予測をしていました。おそらく今回も同じような影響があるだろうと思います。私たちは、これから起こってくる困難な状況をも踏まえていく必要があると思います。先にも述べましたとおり、長期的な展望に立って、具体的に一歩一歩、状況を変えていくしかないと思いますし、そのような気構えが必要だと思います。どうもありがとうございました。がんばりましょう。

(二〇一八年七月二七日、フォーラム90、アムネスティ・インターナショナル日本、NPO法人監獄人権センター、「死刑を止めよう」宗教者ネットワーク主催の執行抗議集会の発言に大幅に加筆)

03

資料

松本智津夫氏の獄中医療報告書

疎乙第3号証
平成30年5月10日

陳述書

東京拘置所　医務部長
法務技官医師　五十嵐雅哉

私は、平成25年4月1日付けで東京拘置所の医務部長（法務技官医師）として勤務しています。

今般東京地方裁判所に係属した人身保護請求事件（平成30年（人）第2号）に関して、当所の医療体制及び当所に収容している死刑確定者松本智津夫（以下「本人」という。）の平成20年1月から現在までの健康状態等について、当職が直接現認したこと、部下から報告を受けたこと及び関係記録から知り得たことを下記のとおり陳述します。

記

第1　医療体制について

1　当所の医務部は、保健課、医療第一課、医療第二課及び医療第三課があり、主として、保健課が一般衛生に関する事項を、医療第一課が精神、神経系疾患の医療に関する事項並びに薬剤に関することを、医療第二課が内科系身体疾患の医療に関する事項を、医療第三課が外科系身体疾患の医療に関する事項をそれぞれ分掌している。

2　現在：医師免許を有する常勤の医師は、医務部長をはじめ、計11名であり、専門分野の内訳は、外科2名、内科7名、精神科1名及び歯科1名である。また、非常勤の医師は、内科1名、婦人科1名及び歯科1名の計3名である。

そのほか、薬剤師3名、診療放射線技師2名、臨床検査技師1名、臨床工学士1名、看護師9名、准看護師11名及び事務係数名の職員を配置している。

なお、当所の医師らで対応困難な傷病者等については、必要に応じて外部の専門医を紹へいしており、専門分野の内訳は、外科3名、肝臓外科1名、脳外科1名、内科3名、循環器内科1名、呼吸器内科1名、精神科1名の計11名を配置し、そのほか、外部医療機関への護送診療の実施などで対応している。

3 医療設備については、当所の医務部は、医療法第7条1項及び医療法施行令第1条に基づく病舎（病院）を開設し、病床を72床付設して入院加療が必要な被収容者を入病（入院）させることができる体制を整えている。そのほか、手術室、集中治療室、人工透析室等を備え、必要に応じて諸検査、各種治療が可能な医療体制を整えている。

また、医療機器としては、X線CT撮影装置、直接・間接X線撮影装置、X線テレビ装置、内視鏡各種、超音波診断装置（エコー）、心電図計、脳波計、臨床化学分析装置、人工透析装置等を備え、必要に応じて諸検査、各種治療が可能な医療体制を整えている。

4 医療体制については、病棟に入病していない被収容者に対する診療は、各居室棟の処遇担当職員が被収容者からの体調不良等の申出を受け、それが医務部に引き継がれて診療を実施することとなる。

通常、あらかじめ居室棟単位で診察日が指定（原則として週に2日）されており、当該診察日に当所の医師をして、必要に応じて招へいした医師又は指定された診察室等において診療を行う、いわゆる「外来診療」を実施しているが、被収容者に対する診療は、被収容者からの申出のみをもって行われるのではなく、被収容者から何らかの訴えがなかったとしても、処遇担当職員又は医務部の看護職員が被収容者の動静を観察した結果、身体的な異常を察知し、診療に至る場合も少なくない。

そして、外来診療の結果、傷病治療のため、当該傷病者を休養患者に指定し、自己の居室において治療を継続（居室休養）する扱いがあるほか、傷病の症状、程度に応じ、当該傷病者を病舎（病室）又は病舎内に完備する集中治療室に収容し、病状等に応じた適切な診療を実施している。

5 緊急時の診療体制

速やかな医療措置が必要とされる場合にあっては、指定の診察日以外でも診療を実施する扱いとしているほか、夜間や休庁日において緊急な医療措置が必要とされる場合にあっては、毎日配置している当直の医師（以下「当直医」という。）が診療を行い、当直医が必要と認めるときには、傷病の種別に対応した医師に登庁を求め、当該傷病者の診療に当たらせる体制を整えている。

なお、当所に専門医の配置がなく、外部からの専門医の招へいも困難な場合や当所の医療機器では診療が困難である場合には、当該傷病者である被収容者を外部の医療機関に護送し、診療を実施することがある。

第2 本人の平成20年から現在に至るまでの診療状況

1 平成20年1月17日、定期健康診断：血圧（138/80）、血液検査、胸腹部エックス線撮影及び心電図検査を実施したが、異常所見は認められなかった。

2 平成20年4月11日、本人の居室にて、精神科医師による診療を実施したところ、医師が声をかけると、本人は立ち上がり歩き出そうとしたため、医師が座るよう指示すると、自ら畳の上に安座した。医師が、心配なことはないか、夜は眠れているかと尋ねると、本人は小声でボソボソと答えてはっきりとした返答はなかったものの、食事はしているかと質問したところ、本人は「バカにしているのか、ばかやろう。」と述べた。その後は、腕を組んで体を左右に揺らしたり、手で体をさするような動作をしていたが、医師が血圧測定をすることを伝えると、本人自ら右腕を差し出すなど、医師の話の内容は理解しているようであった。医師が血圧（124/76）は問題ないことを伝えて診察を終了した。

3 平成20年6月2日、顔に湿疹が認められたため、軟膏を処方した。

4 平成20年7月30日、定期健康診断：血圧（146/82）、体重78kg、頭部CT撮影、胸腹部X線撮影、心電図検査及び血液検査を実施したが、異常所見は認められなかった。

5 平成20年8月3日、本人が両下腿部（ふくらはぎ）にお茶をこぼしたとして熱傷を負ったため、熱傷部位を冷却した上で、軟膏を塗布しガーゼで保護する処置をした。

その後、同月18日まで、両下腿部の熱傷部位を消毒して、軟膏を塗布するなどの処置をした。

6 平成21年2月25日、定期健康診断：血圧（136/90）、体重79kg、頭部CT撮影・胸腹部X線撮影、心電図検査及び血液検査を実施したが、異常所見は認められなかった。

7 平成21年4月17日、本人の居室にて、精神科医師による診察を実施したところ、医師が診察に訪れたことを告げると、本人は、小声で「ありがとう。」と述べ、本日の日付を尋ねると、少し考えて「19」と答えた。そこで、医師が今は19年ですかと問い直すと、本人は、「そうか、19年か、分かりました。」と述べたため、医師が、今日は、平成21年4月17日であることを伝えた。

なお、その他の問診については、笑ったり、顔をしかめたり、小声でボソボソと聞き取れない声でつぶやいたりしてはっきりとした返答はなかったものの、こちらの質問に考えて答えるなど、これまでよりは受け答えがよく、積極的な向精神薬投与等の必要性はないと思われた。

8　平成21年5月26日、左耳付近に擦過傷があったため、消毒をした。

9　平成21年7月15日、定期健康診断：血圧（136/74）、体重76kg、腹囲91cm、頭部CT撮影、胸腹部X線撮影、心電図検査及び血液検査を実施したが、異常所見は認められなかった。

10　平成21年12月9日、定期健康診断：胸腹部エックス線撮影を実施したところ、腸内に貯留便が認められたため、グリセリン浣腸を施行したところ、排便が認められた。血圧（140/96）、体重73kg、顕部CT撮影、心電図検査及び血液検査を実施したが、異常所見は認められなかった。

11　平成21年12月11日、本人の居室にて、精神科医師による診察を実施したところ、本人は、ブツブツと独り言を発するものの、明らかな幻覚妄想は現れていない。また、先日の健康診断は特に大きな問題はないので、心配することはありませんと伝えると、本人は「ちょっと待ってね。」と述べ、少し考え込むが、結局それ以上の発語はなかったものの、こちらの言うことは理解している様子である。これまでの経過から考えて、ストレスによる反応性の要素が強いと思われるが、積極的に投薬などをする必要がある病態を呈しているとは現時点では考えらい。

12　平成22年1月12日、便秘のため、コーラック1回2錠（20回分）を処方した。

13　平成22年7月21日、定期健康診断：血圧（128/80）、体重72kg、腹囲88cm、頭部CT撮影、胸腹部X線撮影、心電図検査及び血液検査を実施したが、異常所見は認められなかった。

14　平成22年12月8日、本人が左膝を痛がっており、原因を確認するものの説明が得られず、運動中に転倒したのか不明であるが、X線撮影検査の結果、骨折はなく、片足立ちはできており、左膝の打撲と考えられたため、経過観察とした。

15　平成23年1月12日、定期健康診断：血圧（120/80）、体重79・5kg、腹囲94cm、頭部CT撮影、胸腹部X線撮影、心電図検査及び血液検査を実施し、腸内に貯留便が認められたが、下剤が処方されているため経過観藻とした。

16　平成23年2月25日、爪によるものか、右眉内側に約1cmの切創あり、軟膏を処方した。

17　平成23年7月22日、定期健康診断：血圧（130/78）、体重78・5kg、腹囲91cm、頭部CT撮影、胸腹部X線撮影、心電図検査及び血液検査を実施し、今回も腸内に貯留便が認められるが、下剤が処方されているため経過観察とした。

18　平成23年9月16日、職員が綿棒を使って本人の耳掃除をしたら、左耳で暗褐色の付着物があったということで診察を実施したところ、左外耳道に赤褐色付着物が見られたことから、痛みがあるか確認したが、小声でボソボソ述べるだけで不明であったため、左外耳炎の疑いとして、同年10月4日まで点耳薬を処方した。

19　平成24年1月6日、本人居室にて、精神科医師による診察を実施したところ、比較的発語が多く、ブツブツ小声で話をするが、内容はほとんど聞き取れない。診察開始時は立ち上がって上衣を脱ごうとすることがあり、入浴時間と感違いしている様子であったが、診察であることを告げると、「ごくろうさん。」と述べた。

基本的な状態は以前と著変なく、言動的な意思疎通は難しいものの、大まかな状況認識はしており、日常生活上も食事をしているなど、これまでの経過と併せ、積極的な治療を要する必要性は少ないと考えられた。

20　平成24年1月18日、定期健康診断：血圧（142/84）、体重80kg、腹囲98cm。頭部CT撮影、胸腹部X線撮影、心電図検査及び血液検査を実施したが、異常所見は認められなかった。

21　平成24年7月11日、定期健康診断：血圧（132/78）、体重79・5kg、腹囲96cm、頭部CT撮影、胸腹部X線撮影、心電図検査及び血液検査を実施したが、異常所見は認められなかった。

22　平成24年12月12日、定期健康診断：血圧（142/88）、体重79kg、腹囲90cm、頭部CT撮影、胸腹部X線撮影、心電図検査及血液検査を実施したが、異常所見は認められなかった。

23　平成24年12月14日、本人居室にて、精神科医師による診察を実施したところ、問いかけに対して、的外れな応答をしており、会話は成立しないが、こちらの言うことは分かっているようで、本人が、ブツブツと小声で話している最中に、医師が体調等問うと、「待ってくれ。」と話を遮ったことへの不快感を示した。

24　平成25年4月9日、いつもは便秘がちだが、本日、軟便により内科医師が診察をし、便がゆるいのかなど質問しても、本人は、「あっ」、「ええ」、「よしっ」などと述べるだけで、会話にならないことから、診察を中止して退室しようとしたら、「ははは」と笑い出す動静があった。整腸剤を処方し経過観察とした。

25　平成25年4月12日、まだ軟便が止まっていないということで整腸剤を増量した。

26　平成25年7月10日、定期健康診断：血圧（128/78）、体重79kg、腹囲96cm、頭部CT撮影、胸腹部X線撮影、心電図検査及び血液検査を実施したが、異常所見は認められなかった。

27 平成25年8月23日、右手甲の腫脹が認められたため、X線撮影を実施したが、骨折などはなく、打撲で皮内出血している印象、医師が手を診察しようとすると、いやがって手を出さないようにしていた。

28 平成25年12月11日、定期健康診断：血圧（135/89）、体重77kg、腹囲91cm、頭部CT撮影、胸腹部X線撮影、心電図検査及び血液検査を実施したが、異常所見は認められなかった。

29 平成25年12月13日、本人居室にて、精神科医師による診察を実施したところ、本人は安座した状態で、腕を組んで右手で左腕を小刻みにさするような動きをしていたため、念のため体温を測ると、36・4度であった。本人に対して健康診断の結果異常がなかったことを伝えると、「時間長すぎたんだろう。」「病気かも。」などと小声で述べ、会話は成立しないが、腕を下ろすよう言いながら腕を触ると、自ら下げたりするなど、こちらの話していることは理解している様である。本人との意思疎通は会話面では不良であるが、こちらの話は理解していると考えられ、日常生活も食事をすることなどできており、積極的に治療をする必要性は感じられない。

30 平成26年1月2日、軟便により診察を実施したが、本人は座布団を枕にして横向きに寝ており、病状について質問するも、小声で何を言っているか分からない状態。体温36・0度。職員によれば、昨日の正月の折り詰めとお菓子は完食したとのこと。整腸剤を処方して様子をみることとした。

31 平成26年2月4日、鼠径部から大腿部にかけて軽度の湿疹があり、軟膏を処方した。

32 平成26年5月17日、鼻のできものがつぶれて、少量の出血があるということで、消毒を行い、軟膏を処方した。

33 平成26年7月16日、定期健康診断：血圧（114/75）、体重75・5kg、腹囲95cm、頭部CT撮影、胸腹部X線撮影、心電図検査及び血液検査を実施したが、異常所見は認められなかった。

34 平成26年12月16日、定期健康診断：血圧（128/74）、体重81・0kg、腹囲96cm、頭部CT撮影、胸腹部X線撮影、心電図検査及び血液検査を実施したが、異常所見は認められなかった。

35 平成27年1月20日、軟便により診断を実施し、医師が薬を処方する旨を伝えると、本人は「薬なんかクソ〜。」と小声でボソボソ述べていた。整腸剤を処方して様子をみることにした。

36 平成27年4月24日、左頬に腫れが疑われたため、診療を実施したものの、医師が口を開けるよう指示しても、本人はもみ手をしながら、「それは無理だろう。」「やっぱ」などと小声でボソボソ述べて従わず、明らかに腫れが認められるようであれば再診することとした。

37 平成27年7月8日、定期健康診断：血圧（118/76）、体重78kg、腹囲96cm、頭部CT撮影、胸腹部X線撮影、心電図検査及び血液検査を実施したが、異常所見は認められなかった。

38 平成27年8月18日、右頬に腫れが認められたため、歯肉炎の有無を確認するため医師が口を開けるよう指示しても、本人は「ハッハッハッ」「ほっときゃいいよ。」などとボソボソ述べて開口しないため、明らかな腫脹が認められたら改めて診察することとした。

39 平成27年9月5日、鼻水を出しているとのことで診察を実施したものの、体温36・3度、朝食も昼食も完食しており、症状に変化があれば再診することとする。

40 平成27年12月16日、定期健康診断：血圧（135/93）、体重79kg、腹囲97cm、頭部CT撮影、胸腹部X線撮影、心電図検査及び血液検査を実施したが、異常所見は認められなかった。

41 平成27年12月21日、定期健康診断の採血後から左前腕部の皮下出血痕があり腫脹はなく経過観察とした。

42 平成28年2月12日、大腸がん検診、便潜血はなし。

43 平成28年5月31日、便秘が続いているため、下剤を処方した。

44 平成28年7月6日、定期健康診断：血圧（127/80）、体重80kg、腹囲95cm、胸腹部X線撮影、心電図検査及び血液検査を実施したが、異常所見は認められなかった。

45 平成28年12月14日、定期健康診断：血圧（130/90）、体重76kg、腹囲94cm、胸腹部X線撮影、心電図検査及び血液検査を実施したが、異常所見は認められなかった。

46 平成29年1月9日、右頬部にわずかな腫脹がみられたため、診察を実施したものの、医師が歯肉炎の確認をするため、本人に開口を指示するが開けようとせず、症状について質問しても返答しないものの、食事はとれているということから、経過観察とした。

47 平成29年2月20日、診察室にて、精神科医師による診察を実施したところ、車いすで移動中、本人は「寒い。」と発言していたとのことであるが、本人は、診察室に入室後は開眼して独り言をつぶやき、医師が診察を告げるが、小声でつぶやいたまま訴えはない。右手をしきりに動かしているため、こちらで手を持ち上げると、震えは止まる。耳元で手を打って音を出すと、びっくりした表情をする。少なくとも聴力は失われている様子はない。筋肉の状態を確認したところ、筋肉の付き方から麻痺がある様子はない。少なくとも現状では明らかな異常体験が生じているようには見えない様子であった。

48 平成29年5月18日：咳をしているとのことで診察を実施したものの、本人の口腔内を診るため、開口を指示しても従わず、呼吸状態を確認しようとしたが独り言を続けており聴診が難しい状態であったが、明らかな異常は認められず、体温も36・1度であったため、経過観察とした。

49　平成29年7月5日、定期健康診断：血圧（126/80）、体重76kg、腹囲94cm、胸腹部X線撮影、心電図検査及び血液検査を実施したが、異常所見は認められなかった。

50　平成29年12月13日、定期健康診断：血圧（136/92）、体重77kg、腹囲94cm、胸腹部X線撮影、心電図検査及び血液検査を実施したが、異常所見は認められなかった。

51　平成29年12月20日、診察室にて、精神科医師による診察を実施したところ、医師が精神科の診察であることを告げると、小声で「これはつまり戦争をしかけられているんだ。」などとブツブツとつぶやいていた声が大きくなる。本人に手足の検査を行うと断った上で、両上肢の二頭筋反射及び両下肢の大腿筋反射状況を確認したが異常はない。続いて、靴下を脱がせて、足裏バビンスキー反射を診ようとすると、急に足を引っ込めて嫌がる様子をみせ、両手指のトレムナー反射を診るときも、力強く拒絶する。本人に靴下をはこうと促し、職員が靴下をはかせようとすると今度は協力的に足を自ら持ち上げる。聴力検査のため、本人の耳元で手を叩くと、ビクッと驚いた様子をみせる。

　聴力や筋力、その他にも異常は見受けられない。視力は不明だが、少なくともこちらが行うとしている診察は見えているがごとく察知しているようである。現状では明らかな精神障害は認められない。

52　平成29年12月25日、発熱あり。体温39・1度。血圧（126/96）、咳や鼻汁が認められるため、感冒薬等を処方し、休養処遇とした。

　なお、同月27日、体温36・3度、食事も完食しており、その後、発熱がなかったことから、同月31日、休養解除とした。

第3　本人の現在の健康状態（精神状態を含む。）等

1　各種検査実施状況

当所では、本人に対し、前記第2のとおり、血液検査のほか、心電図検査、エックス線撮影検査等、本人の状況から必要と認められる諸検査については、随時実施している状況にあり、入所時から現在に至るまで実施した検査の結果、特段の異常所見は認めていない。

2　診療状況

当所では、本人に対し、前記第2のとおり、定期的に諸検査を実施してきたほか、本人からの申出の有無にかかわらず、随時、診療を実施している。

3　現在の健康状態

(1)これまでの本人に対する診察、各種検査等の結果に、何らかの身体疾患を示唆する所見は認められない。

(2)神経学的検査は、本人の協力が得られ

ないため不能であるが、日常生活上も大きな変化は認められず、食欲もあり、食事の様子などから運動機能の障害、失調はないと推認される。

4　本人の精神状態について

(1)　本人には、統合失調症等の狭義の精神疾患を示す所見は認められず、同人の現在の状態は拘禁の影響や極刑判決の確定といった事情が関係しているものと考えるのが自然であると判断した。すなわち、①梅毒の可能性は、入所時の血液検査の結果から否定され、②頭部画像診断により脳萎縮等の異常所見は認められないこと、③薬物精神症（薬物性精神障害）に関しては、仮に逮捕・勾留以前に非合法薬物を相当量乱用し、当該薬物が主因となり、精神症状を示すとすれば、当所入所時にすでに症状が見られるはずであるが、本人については、入所後しばらくの間は通常の会話が成立していることから、薬物乱用後遺症で現在の症状を示しているとする可能性は極めて乏しく、薬物性精神障害も否定され、④内因性の精神疾患（統合失調症及びうつ病）については、精神科医師の診察により、積極的に統合失調症を示す陽性症状が認められなかったこと、うつ病については、日頃の本人の動静観察により確認されている睡眠及び食欲の状況から、活動性の低下が認められず否定され、他方で、⑤本人は当所入所後、20年以上経過していることからすると、被拘束者の現在の状態に拘禁の影響が関係していると考えられる。

(2)　以上のことから、本人については、医師の問診に応じないなど、本人の状態に拘禁の影響や極刑判決の確定といった事情が関係していると考えるのが自然であるが、狭義の精神疾患を示す所見は認められず、また、現状において、自傷他害のおそれは認められず、生命・身体の安全の危険も認められないため、強制的な治療（精神病院収容等）の必要性もないと思料する。

なお、当所においては、強制治療を執らざるを得ない場合でも、拘禁状況下（精神病院での隔離収容と大差はないと思料される。）に置かざるを得ないという点を除けば、一般的な精神病院と同等の水準の治療を行う体制が整備されている。

5　以上の診断結果及び本人の日常生活の動静を踏まえ、本人については、現状において自傷他害のおそれは認められず、生命・身体の安全に対する危険も認められていないことから、強制的な治療の必要性はないと判断したものである。

このような当所の医師の判断が、上記の諸検査結果及び診断結果等に照らして適切かつ合理的であることは明らかであり、本人には治療を要する身体的、精神的疾患があり、当所においてこれに対する治療を怠っているという事実はない。

特集⊃オウム死刑囚からあなたへ

04

弁護人・支援者から

オウム死刑囚を語る

伊達俊一 弁護士

（井上嘉浩さんの再審弁護人）

高裁と8月6日に第三回の進行協議が決まっていた

七月二七日の執行抗議集会での発言に加筆。初出は『フォーラム90』161号（二〇一八年九月一〇日発行）。

みなさん、こんばんは。伊達と申します。私は井上嘉浩君の再審請求の弁護人です。「でした」と過去形で言わざるを得なくなりました。もともと二〇一一年、平成二三年にご両親から相談を受け始めたのが最初です。その後、井上君とは二カ月に一回ぐらい接見を続けてきたのですが、私は今日の皆さんとはちょっと違うんですね。例えば個人的には死刑反対ですけれども、死刑反対論の立場で弁護を引き受けるわけじゃない。ちゃんと再審請求の理由が成り立つこと、新証拠が見つかることが条件だということを彼にはずっと言い続けておりました。それは今でも変わりません。

そのなかで、だいたいこういう証拠が見つかったかなということで、昨年一二月に正式に受任契約を結びました。私と私どもの事務所の若い弁護士、そしてかつて井上君の弁護団に入られていた先生お一人の三名で受任しました。そして三月一四日、彼が突然移管されました。実はその前に再審請求書の文案を何度も何度もすり合わせており、彼もこだわる人ですから、字句の訂正とか表現の訂正をいろいろやっておりました。しかし大阪に行っちゃったものですから、最後の詰めができないまま三月一四日に提出しました。私自身は、実は再審請求が初めてでして、要領が分からずに小川原優之先生にもいろいろ助言を得ていたのですが、高裁から電話があり、本年五月八日から進行協議が始まりました。そして七月三日には第二回目の進行協議。ここで再審請求の決め手となる新証拠が検察官から二週間以内に開示するという約束がなされ、八月六日の第三回進行協議が決まりました。ところが七月六日に死刑執行。報道によると、この七月三日に法務大臣が押印したということですので、非常に何なんだそれは、と思いました。

井上君は一〇の事件で起訴されておりました。そして今回死刑執行された一三人の中で井上君だけが一審が無期懲役です。控訴審以降は死刑になったのですが、裁判官によって認定が違った唯一の元死刑囚です。第一審判決の裁判長は井上弘通裁判官、この方は大阪高裁で本年三月まで長官をされておりまして、假谷事件については逮捕監禁罪に留まるという認定をしました。そして地下鉄サリン事件については後方支援ないし連絡調整役に過ぎない、いわゆる主犯格ではないという認定をしました。その二つの理由から、彼は無期懲役に留まるという認定でした。

ところが東京高裁は原判決を破棄し死刑判決を言い渡しました。假谷事件については逮捕監禁致死罪が成立、そして地下鉄サリン事件については総合調整役であると、ワンランクアップしてしまいました。そして最高裁もそのまま維持しました。私どもが請求した再審対象事件は假谷事件と地下鉄サリン事件です。ご承知のように再審請求というのは、再審請求によって認定事実、刑が軽くならなければならないんですね。そうすると評価の中で例えば主犯格であったのか従犯的な立場だったのかということは、これは実は過去の最高裁の判例でも出ておりますけれども、再審請求としては通らないのです。そうすると罪名が変わらなければならない。井上君に関しましては逮捕監禁罪と逮捕監禁致死罪、これは罪名が変わるわけですけれども、ここに絞ることにしました。

假谷事件は一連のオウム関連事件で有名な事件です。平成七年二月二八日に目黒公証人役場の職員だった假谷清志さんが拉致され、翌三月一日の午前一一時に死亡が確定、要するに死んでいるところを他の信者も見ることになる。中川智正さんも死刑囚ですので、今日は、私、非常にやりづらいんですけれども、井上君と中川君というのは、この事件についてはずっと対立構造になっていました。中川君曰く、午前一〇時四五分から一一時頃までの間に井上君に電話をかけるために外に出た。その間、假谷さんは瞑想室の中に一人、麻酔薬を打たれた状態でいたわけですが、戻ってきたら窒息死していたということになっております。これが假谷事件一連の全ての事件で共通した事実認定となっておりました。

ところが第一審は、中川君による不適切な行為があり、それによって假谷さんが死亡したとした場合、そのことが被告人の関与した行為から生じたものだとは直ちに認めることはできない、不適切な行為があり、それによって假谷さんが死亡した可能性があると言わざるを得ないという認定をしたんですね。私は平成二三年にこの事件の相談を受けたときには、記録を何も読んでいませんでした。判決しか読んでいなくて、認定が違うのはここなんだから、ここについて証拠を集めようと思いました。実はこの假谷事件については、のちのち平田信氏、高橋克也氏両名が共犯者として逮捕されることになるんです。井上君と接見していたときに、「井上君、これはチャンスだ。ここで假谷事件が解明されるかもしれない」と彼と話をしました。そうしましたら、実は高橋克也事件でも従来の認定と同じように、午前一〇時四五分から一一時までの間にその場を離れた時に死んでしまったという認定がされておりますけれども、この平田信事件と高橋克也事件で中川君がどういうふうに証言したかというと、午前一〇時四五分から一五分間部屋を出て、井上君に電話をし、井田君と一緒に上九一色村に来てほしいと伝えたと。その後、死亡したのを発見したと。そして午後一時頃、井上君と中村君と井田君が第二サティアンに来たと。これ両方の事件とも同じく、ずっと彼は言い続けております。

ところが、確定判決後に井上君がご両親を通じて假谷さんの遺族に手紙を書いております。「井田さんに假谷さんをポアさせるとの指示をされた、どうせポアされることになるので、この際ポアできると言われている薬物の効果を確かめてみようと思ったんだ」ということを中川君から告白を受けた。「薬物を点滴してみたところ、假谷さんが死亡したんだ」という告白、殺人の告白を受けたということを、ちょうど私が相談を受け始めた二〇一一年（平成二三年）に假谷さんの遺族に手紙を書くわけです。もしそれが事実であれば、第一審判決が言ったように、「なんらかの不適切な措置」というのが証明できるわけです。

私はまだ最初の段階では記録もそんなに精査していない段階だったのですが、中川証言に対する最初の疑問を感じました。

三月一日午前一〇時四五分から一一時の間に電話をかけて午後一時過ぎに上九一色村にどうやって行ったか、ということです。井田喜広君は当日の朝は杉並道場にいました。そして井上君、中村昇君、松本剛君らは午前八時ごろ甲州街道の高井戸の辺りにいました。中川君からの電話で井上君は今川アジトにいた林武君に電話をして杉並道場にいた井田君を迎えに行ってもらって、世田谷の八幡山の藍屋というファミリーレストランで合流して、出発するわけです。そうしますと一〇時四五分から一一時頃に電話をかけて一時ということは二時間しかない。そんなことができるんだろうかという話になります。実はそんなこと不可能だったんですね。杉並道場から八幡山まで普通でも、本当に車が走っていなければ一四分ぐらいで行きますが、ちょっと渋滞すればこれ平日の水曜日です、三五分くらいかかります。それから東名ルートで行っていますので、八幡山から上九まで一六四キロ。二時間三七分かかります。そして実は三月一日は未明からの大雪で、首都圏は交通が大混乱している。その日の夕刊、こういう記事が各紙どこでも出ています。これも今回高裁に提出しております。高裁のほうでは気象庁から正式な書類を取り寄せられないかと、非常に興味を持っておりまます。ですから不可能なわけですね。で私ども実験してみました。これは全く雪が降っていない昨年の三月一日にやってみました。雪が降っていなくても二時間半ぐらいかかりました。それでますます中川証言に対する疑問が出てきました。雪による影響を考えれば一時頃に着くはずがない。だからもっと早い時間に中川君が電話をかけたのではないかと疑問に思っていました。こういうことを、実は平成二三年、二四年ぐらいから疑問に思っていましたので、井上君に指示をして平田信事件で検察官に聞いてみると。自分は本当にその頃に電話を受けたのかどうかということを検察官に聞いたら、検察官が実は井上君の携帯電話の発信記録を持っていたんです。驚いたことに発信記録を見ますと八時台になっています。九時までは林郁夫氏が假谷さんを看ていましたから、実は中川君もそれを証言しているんですけれども、午前六時から九時までの間、彼は姿を消すんですね。その間に電話をかけたのではないかという発信記録の存在が明らかになったんです。この進行協議のなかで、この発信記録を、実は七月の本来ならば本日我々持っていなければいけないはずなんですね。七月三日から二週間以内に検察官は提出すると。井上君が死刑執行された後、担当検事に電話をかけました。出せと。八月六日の準備ができないじゃないかと。いやもう先生、死刑執行されたじゃないですかと。戸籍謄本上はまだ生きているよと言ったんですけれども。で、どうだったんだと言ったら、井上君の言っているとおりだということになったんですね。彼の場合、冤罪で死刑執行されたんですよ。まあ今日の趣旨と私の今日言いたいこと、言いたかったことが合うかどうか分かりませんけれども、死刑執行に反対する立場のなかには冤罪の人が死刑にされる可能性がある、団藤先生はその論者でしたね。井上君はそうではないかなというふうに思っています。

　私は遺族とともに、もう一度再審請求を検討します。多分やると思います。そして検察官はその再審請求が申立てられれば、いよいよその記録を開示すると約束しております。その時は何らかの形で皆さんに発表できるかと思います。

堀 和幸 弁護士
（新實智光さんの弁護人）

10日前には元気でまた会おうね、と言っていた人が、眠るように亡くなっている

七月二七日の執行抗議集会での発言に加筆。
初出は『フォーラム90』161号

こんばんは。本日はお招きいただきありがとうございます。京都の弁護士の堀和幸と言います。新實智光さんのいわゆる私選弁護人として第一審から最高裁まで約一三年間、東京の尾嵜弁護士と兵庫県の高木弁護士と三人で私選弁護人を担当させていただきました。

　新實君は二〇一〇年に最高裁で死刑が確定いたしまして、その後ずっと東京拘置所におられたので、私自身ずっと面会

するということはなくて、正月に年賀状をいただいたり暑中見舞いのやりとりとということはありましたけれども、あえてわざわざ東京まで行って面会しようという気はなかったわけですが、ご存じのように三月一五日に東京拘置所から大阪拘置所に新實さんと井上さんが移監されまして、これはぜひとも会っておかなければならないということで新實さんにお手紙を差し上げて、面会に行きたいんだけど会ってくれるかなと。たまたま彼からも手紙が来て、ぜひ一度お会いしたい、ということでしたので、さっそく三月二一日、移監の一週間後ぐらいに面会に行きました。約八年ぶりに会った彼は、外見も全く変わっていませんし、言い方、あるいは言う内容も全く変わらない。執行の後、報道では彼の事件当時の映像が出てくるんですけれども、まさにあのまんまなんですね。あのままの顔をずっとされている。とにかく礼儀正しいし、ありがとうございますという感じでした。

私自身は再審請求は担当しておりませんし、恩赦は安田先生が担当されて、やっていただいていたので、私は行っても雑談というか、お互いに情報交換といいますか、ある意味ではたわいもない話を三〇分、一時間話して帰ってくるということが四回ぐらいありました。そのなかで当然、死刑執行についても話題は出るんですけれども、彼はいつ執行されても覚悟はできていると言っていましたけれども、私自身は、通常国会が延期されたんで、会期中はないだろうというような甘い考えを持っていて、六月二六日に面会に行ったのが最後になりました。そのあと報道で七月六日に執行されたということが分かったわけです。

幸いと言いますと変ですが、彼には奥さんがおられて、遺体は奥さんが引き取られて、七月八日の日曜日だったんですけれども、相弁護人から連絡をいただいて、遺体は引き取られて、奥さんの住まいに安置と言いますか、眠っておられる。一緒に行こうということで相弁護人三人で新實さんの遺体に手を合わせることができました。当然、亡くなっているので眠っている顔でしたけれども、首には包帯が巻かれていまして、おそらくなんらかの損傷が首にはあったのではないかと思いました。私は、依頼者が執行されたというのは今回が初めてではないんですけれども、やはり一〇日しか経ってない。一〇日前には元気でまた会おうね、と言っていた人が、眠るように亡くなっている姿を見て、改めて、やはり死刑というのは国家による犯罪であると。〝死刑じゃなくて、もう〝殺〟刑ですよね。そういうことを改めて実感させられました。

もう一つ、これは理屈を超えた話でありまして、それでも腹が立ったんだけれども、国家権力は、死刑は被害者のためであるとか、世論の声を持ち出して正当化して人を殺すと。命で償うのは当然じゃないかと、こういうことを言います。

それならば、殺された方に対して、ひと言でもいいし、一人でもいいから、謝罪に来て当然なんですよ。すまなかったと。国民のため、被害者のために命を落としてくれと。すまなかったと、許してくれと。なぜ国家権力はそれを言えないんですか。おかしいでしょう、みなさん。立たない理屈ですよ、それでも改めて、死刑制度の法的な問題点は別として、僕は本当にそのおかしさを実感することができました。こんなかたちで実感するのは嫌なんですけれども。

新實さんとは、生前、手紙をやりとりしているあいだから、私自身は日弁連の死刑廃止実現本部というところで活動させていただいていますけれども、死刑制度そのものについては反対で、堀弁護士頑張って下さいねと激励をいただいて、廃止のためにはこんなことをしたらいいんじゃないか、あるいはこんな考え方があるんじゃないかというようなこともいろいろ教えていただきました。新實さんの遺志を汲んではありませんけれども、これからも死刑の廃止のために皆さんとともに、あるいは皆さんのお力を借りて、あるいは皆さんに押し上げていただいて、死刑廃止のために闘っていくというのが、これからの私の使命であると改めて実感しました。これからがんばりましょう。ありがとうございました。

新實智光さんの妻から

執行抗議集会へのメッセージ

七月二七日の執行抗議集会へのメッセージ。抗議集会資料に掲載後、『フォーラム90』161号に転載。

七月六日、私はたまたま仕事が休みだったため、朝八時には拘置所に着いていました。朝イチだと接見を、三〇分させてもらえるからです。

受付を済まし、早く会いたいなあと来週の接見申し込み書を書いていたところ、窓口に来てくださいと呼ばれました。八時二五分すぎです。

窓口にいくと、どこかから見たことのない刑務官二人が急いで待合室に来て、今日会えないんです、と言いました。

ちょっとこちらへ、ととても急いだ様子でわたしを拘置所の外にまで誘導し、とにかく待ってもらってても会えないです、と言いました。

ただならぬ雰囲気のため、わたしは、執行ですか？と何度も泣きそうになりながら聞きました。

刑務官は、何も言えないんです、と苦しそうでした。

本人の都合です、て言われたため、本人から連絡来たら会えるんですか？と聞くと、それも言えない、と言われました。

その時に刑務官が、しかるべきところから連絡が、と言いかけとても苦しそうな顔をしました。

わたしはその瞬間執行を悟りました。

時間は八時二九分でした。

すぐに土砂降りの中、支援者のかたに電話をし、執行だと伝えるため電話をしようとした時、時計をみると八時三三分でした。

その後は別の支援者に電話したところ、実は教祖の執行があったと情報がある、昨日の夜にアレフ支部にマスコミが来ていたらしい、とのことでした。

わたしは拘置所の周りから離れることができずにいました。

一〇時過ぎに拘置所から電話がありました。

本日、刑の執行を行いました。本人から奥様への伝言があります。こんな時に申し訳ないですが、遺体と荷物の引き取りに来られますか？とのことでした。

急いで拘置所にいくとマスコミがたくさんいました。

応接室に呼ばれました。

最後どんな様子だったかと聞くと、自分は立ち会っていないが、非常に落ち着かれていたと聞いています、とのことでした。

荷物や領地金の受け渡しの手続きとともに、死亡診断書が渡されました。

執行された時間帯は八時三三分でした。死亡時間は八時四九分でしたので、一六分以上吊されていたことがわかりました。

拘置所が葬儀会社を手配してくれて、マスコミと雨のため、職員のかたが葬儀会社まで車で送ってくれました。

拘置所での夫との対面はできないとのことでしたので、葬儀会社について夫と対面できました。

お昼の一二時半でした。

触れると顔は温かく、夫の胸元は熱いままでした。

わたしの自宅につれて帰りました。

首には包帯が、巻かれていました。めくって見てみると、縄の痕がしっかりと凹んだまま残っていて、紫色になっていました。

首の横から出血したらしく、枕に血が滲んでいました。

夫は大変穏やかな顔をしていました。

わたしは移送翌日から執行の日まで、欠かさず毎日接見にいっておりました。

執行前日、夕方夫と話しました。

明日安田先生が、一〇時半くらいにくるからとのことで、わたしはそれより早い時間にくるね、と言うと、満面の笑顔で、あたりまえ！と夫はいい、じゃあ明日、とお互い笑いながら言い、刑務官に連れて行かれました。

それが夫との最期に交わした言葉でした。

最後の笑顔を忘れません。

夫は安田先生が、いつも来てくれて大変感謝していました。

本当に良くしてくれるんだよね、と嬉しそうでした。

安田先生がしてくださった恩赦請求にも勇気づけられているようでした。

今わたしは、毎日遺骨になった夫に語りかけています。

あの日のことを思い出すのも大変胸が締め付けられるため、このメールを読み返すのもはばかられるため、不出来な文章で、申し訳ございません。

明日このメールが、なにかの役にたてるなら、と思いました。

今までありがとうございました。

今メール作ってるときに、残り六人の執行とテロップで流れました。

ほんとうに言葉になりません。

庄子幸一 死刑囚

（東京拘置所で土谷正実さんと一緒だった）

獄中で見た土谷さん
保護房から処刑場へ

東京拘置所の確定死刑囚庄子幸一さんから支援者へ発信された手紙。七月二七日の執行抗議集会へのメッセージ。抗議集会資料に掲載。

七月六日の朝の処刑は獄中の空気の動きで察知出来た。

いつも来る医務回診の看護助手が違う。運動に配置される職員が違う。いつも九時頃にはある購入品の交付が十一時頃になる。三時から流れる定期の生放送が急に録音の歌番組に替わる。それで確信をした。

それでも七名もの処刑があった事を知ったのは朝の朝刊紙（読売）の新聞の紙面にて名前を確認。

大量虐殺でしかない再審中の者七名中六名また多さは裁判所の判断を待たず憲法の裁判を受ける権利を無視しての大量虐殺！　法を守るべき法相の職責の放棄。

土谷正実氏とは十五年間一緒に生活を共にしたがここ二〜三年彼は精神を病んでいた、突然扉を蹴り大声を出す絶叫、三年間ほど繰り返していた彼、今回の処刑も数日前の大声、扉蹴りで保護房に連行。ですから間違いないと思うが土谷さんは保護房から処刑場へ連行されていったはずです。

それも彼は異常者として処遇されていて所持制限があり食事の箸は紙で作られたスプーン様式のもの、ポリウレタンの使い捨てのめし容器、同じ容器の汁食器。その彼を法務省勤務の精神科医は正常として見殺しにした。許せない。

早川氏も新實氏も共に一緒に生活をしていたが新實氏は途中で部屋の棟が替わったが顔を見れば黙礼をする〃仲間〃でした。この政治的利用をした大量処刑は昭和を隠した様に平成の汚濁を隠す為だけのものでしかないので許してはいけない。馴れ合いのアベシンゾウの一党独裁の中、権力を行使してカケ、モリ、東電を隠す為だけのオウム大量処刑は絶対に許してはいけない。オウムとは何だったのか、確証の無い再審の中、松本氏は語らず語れない中処刑した事は被害者、被害者ご遺族に対しても最高な冒涜でしかなくご遺族へ真実を報せるより世論におもねる天皇利用の政治ありきの法の崩壊。民衆に判りやすく語りかけ今この国の問題を厳しく問い掛けなければならないと思う。怒りは悲しみより苦しい。また悲しみは怒りより苦しい。相反するものだが人は間違いを学び直して再生に生きる心を持っている人であることを知らせる場面があまりにも無い。彼等七人の命を〃無駄に〃政治利用させてはいけない。救援に熱き怒り深い悲しみを綴り、世の中に真実を伝えることを心から願います。

今回の処刑で一番許せないのは再審中のもの、その中の三人が精神的疾患が疑われる問題のある三人を選んでいることである。

東拘の今朝からいつもより静まり返り静かな怒りを秘めた怒りだと僕は信じています。再び大量処刑の無い日々のために民衆の熱い結集の第一歩を新たに刻みつけて頑張る救援紙に共銘します。

急に入った一報に救援の方々も忙しくなっては居りましょうが今より明日の救いの為に怒りを命の火に替えて

常に一人の命も見捨てる事の無い国になる事を今日は独り祈っております。共に闘いの中に!

日々暑くなります。どうぞ御身体ご無理の無いように再なる○○様のご活躍を心から願って居ります。

とりとめのない文章の中に怒りの文字が浮けば幸いです。

七月七日　　幸一

虹生きる古里の上影がかすめる
胸中
大量処刑を知る
我もまた死刑囚徒

湾子独り

怒りを籠めて　七月六日夜

響野湾子（庄子幸一）

大量虐殺　空蝉の　痛々し
金亀子　大量虐殺の　窓打つ夜
天牛や　大量虐殺　夜を切れ
夏草や　大量虐殺　我が血浮く
七夕や　大量虐殺　船沈む
格子黒々　大量虐殺　赤茄子累々
敗戦忌　間近に大量　虐殺す
声持たぬ　大量虐殺　かまどむし
朝揺れて　大量虐殺　梅雨戻る
雨太し　大量虐殺　実梅落つ

（庄子幸一さんから抗議集会に寄せられた句から。）

中川智正さんの支援者から

未来のテロ防止のために文書を書き残す

抗議集会に寄せられた支援者のメッセージ。『フォーラム90』161号に掲載。

執行前の中川の様子は、一部の報道でも出ているとおり、落ち着いていたそうです。

お世話になった方々への感謝と、被害者の方への謝罪を述べたのが最後の言葉だったそうです。

中川の遺品の中に、上告審の期間中に実施した心理テストの写しが残っていました。書きかけの文章が与えられ、それに続いて、被験者が思いついた文章を書いていくテストです。与えられた文章「私が知りたいことは」に対して、中川は「自分の心の奥深になにがあるのか、どうしてこんなことになったのかです」と続けていました。

中川がオウム真理教に入信・出家したのは、突然自分の身に起き出した神秘体験に対応しきれなくなったことが原因でした。いわゆる、幻聴・幻覚や既視感、その他様々な非日常的な感覚に悩まされ、家族友人に相談しても精神科に行っても理解されず解決せず、日常生活が出来なくなった末、頼れるのがオウム真理教だけだったのです。そして、中川自身、自分の状態を理解できないまま、唯一生きていける場所であった教団の中で、一連の犯行に加わることになってしまいました。

どうしてそのようなことになったのかは、公判中の精神鑑定において解離性障害の一種である「巫病」との診断がくだされたことで、かなりの部分、中川は納得がいったようです。ただ、それは中川のすべての疑問に答えるには足りないものがあり、死刑が確定した後の再審請求でも新たな切り口からの精神鑑定を実施する予定でした。中川自身、鑑定にも期待しており、裁判所にも鑑定の予定を伝えていましたが、その実施前に執行されてしまいました。

「オウム事件はすべて解明されていない」とよく言われます。しかし、それを解明するには、中川の例だけみても長い時間が必要です。また、中川は、よく「麻原氏しか知らないことがいっぱいあるんだ」とも言っていました。このような形で終わってしまったのは、残念としか言いようがありません。

中川は、その時々で、未来のテロ防止のために、様々な形で文章や資料を書き残しました。中川以外の複数のオウム元死刑囚も、テロ防止やカルトによる犯罪を予防するための文章を残しているとも聞いています。今後、それらが活用されていくことを切に望みます。

堀井 準 弁護士

（遠藤誠一さんの再審弁護人）

難しい人間だったけど、でもいい奴だった

七月二七日の執行抗議集会での発言に加筆。
初出は『フォーラム90』161号。

遠藤君の上告審から弁護をしておりました堀井でございます。上告審と再審の弁護をしておりました。

七月六日午前八時五四分、刑死。死体検案書にはそう記載されております。遺体の写真が残っております。首を吊ると、縄の跡が残っております。顔はどすぐろい、真っ黒な遺体です。前もって本人が指定した引き取り人の女性がいまして、彼女とは面会をしていたのですけれども。六日にいろいろ東京拘置所とやりとりがありまして、翌七日の午後四時に、弁護人同席でないと引き渡さないということを東京拘置所が言ってきましたので、引き取りに行くということで、私ともう一人の弁護人で、彼女と別々の車で正門から入って、私どもの車には遺品、まあ記録がほとんどですけれども、何箱も引き取って、彼女が遺体を引き取るということであります。一五日に埼玉県の火葬場で火葬に付しまして、その後どうするかについては彼女が決めることだと思います。私は関与いたしません。

再審請求は一昨年九月に第一次の再審請求を行いました。それが今年の五月一五日に地裁で棄却決定が出て、即時抗告をして、即時抗告中に今回の執行がなされたというわけです。当然、新証拠として二点ばかりを第一次請求では付けました。一つは井上君の証拠として採用されていない調書と、もう一つ、N君という教団の幹部。大きい事件には関与していないので、今社会生活を送っているN君という幹部の供述録取書を添付して、井上君の証言の信用性に関する調書、供述書でありますけれども、それを添付して再審請求しましたけれども、一審では棄却になって、即時抗告中でありました。

最後の弁護団会議が七月三日に行われまして、執行は当然、前提としておりません。秋には恩赦請求をしようということで動いており、九月に弁護団会議を入れておりました。今年の一月には移監されるという話が伝わってまいりましたので、東京拘置所に移監をするなという上申書を私の名前で出しております。移監はされない段階で、非常に甘い認識でしたけれども、最初に執行されることはないだろうと、正直言って高をくくっていました。非常に残念です。

遠藤君の人となりですけれども、当然ですけれども、非常にそれなりの、高い

能力を持った、プライドの高い化学者。付き合い方は、正直言って少し難しいところのある人間でした。今週の火曜日、私が再審に引き入れた六二期の弁護士と二人で飲みましたけれども、ひとこと、「遠藤君は難しい人間だったけど、でもいい奴だったね」という話を二人でしました。そのあと六二期の弁護士は号泣をして、三〇分ぐらい飲み屋で泣いておりました。最近はもっぱら、接見はそのY弁護士がやっておりましたので、ひときわ思い入れが強かったのではないかと思います。

今回執行されたなかでは、私自身も何人か接見していて、複数回、接見した人間もおります。例えば土谷君は、ある事情で受けませんでしたけれども、私に私選弁護人を依頼したいという意思を示していた時期もあります。それから横山君については、ごく初期に接見していて、自分は大丈夫だから他の人間を弁護してほしいと言っておりました。いろんな意見など、あまり言いたくないんですけれども、死刑そのものが、それ自体正義に反しますけれども、反感を持たれる方には申し訳ないのですが、人を殺していない人間を死刑にするのは、もう本当に、正義に反します。正義という言葉がある以上、人を殺していない人間を死刑にするというのは本当に正義に反します。そういうことを命ずる人間は、誤っているのではなくて卑劣です。卑劣な人間がこの国の政治を動かしているということを、私は断罪したいと思います。

今日、ここに来る前に遅い昼飯で、そば屋でスポーツ報知を見ていたら永岡さんのコメントが出ていました。今回の六人の執行について、守れなくて申し訳ないというコメントが、永岡さんのコメントとして伝えられています。総理大臣、法務大臣と永岡さん。どちらが人間として立派でしょうか。それは明らかです。この国はやっぱり、そういう人間たちが支配する国にしてはいけません。

今回、正門から東京拘置所に入りましたけれども、東京拘置所、法務省、公安調査庁と警備警察が一蓮托生で動いていることを、ものすごく如実に目の当たりにしました。そういう態勢で今回の執行が行われたわけです。それも皆さん、お分かりだと思いますけれども、ご理解いただきたいと思います。こんなことが二度とないように、努力したいと思います。ありがとうございました。

加城千波 弁護士
（横山真人さんの弁護人）

抗議集会へのメッセージ

七月二七日の執行抗議集会へのメッセージ。
初出は『フォーラム90』161号。

コメント

横山真人さんが亡くなり、本当に残念です。確定後も、事件について語ることはほとんどありませんでしたし、再審請求も何度も説得してやっと了解してもらいました。

「誰にどう伝えても、理解してもらうことはできない」と、いつもそう言っていました。

とても真面目な人でしたが、雑談をしているときは私も楽しくなるような話もしてくれました。

サリンの袋を一つしか突かず死者を出さず、強制捜査をかく乱する目的など知らず、教団内での地位を上げることも関心がなかった横山さんの死は本当に残念です。

河井匡秀 弁護士
（端本悟さんの上告審の弁護人）

彼は最後まで再審請求をすることを断りました

七月二七日の執行抗議集会の講演に加筆。初出は『フォーラム90』161号。


弁護士の河井匡秀と申します。端本悟さんの上告審の弁護人を務めておりました。また後でお話ししますけれども、端本悟さんの再審請求の準備もしておりまして、弁護人になろうとする者ということで、この間、端本さんに面会をしてきました。残念ながら昨日、端本さんは処刑されてしまったわけです。本日は、端本さんはマスコミとかそういうことが非常にお嫌いで、あまり外部に発信するということをされてこなかった方でもありますので、端本さんの人柄とか、この間の端本さんの状況を、私からご報告させていただければと思っております。

まず端本さんのお人柄なんですけれども、ひと言で言えば非常にまじめで純粋、そして非常に正義感も強くて、男気あふれるというか、古武士のような、古風な人柄だったと思っています。自分が正しいと信じたことは信じ込んでしまうようなところがあったのかなという気もしていますけれども、何しろ本当にまじめで純粋で、自分が正しいと信じてしまったことをやってしまったのかなと思います。

私は上告審で弁護人になりまして、その頃にはマインドコントロールは解けていたと思うんですけれども、マインドコントロールが解けた後に、どうして自分はあんなことをしてしまったんだろうということを本当にまじめに純粋に考え続けていらしたのではないかと思っています。拘置所の中でもたくさんの本を読まれたり、あるいは身体を鍛えたりとか、そういうことをずっと続けていらっしゃいました。

端本さんは坂本弁護士事件、そして松本サリン事件の実行犯として関わってしまったわけですけれども、本当に事件について反省し、悔いておられました。特に坂本弁護士事件については、記録を見るだけでも非常に凄惨な現場であったわけでして、非常に痛ましい事件であったわけです。そのなかで実行犯として手をかけてしまったということを、弁護活動のなかで当然こちらもそれは聞かなければいけませんし、いろんな疑問点なども聞いていくわけですけれども、やはりその話をする時に本当に顔が歪むんですね。何ともいえない表情に顔が歪む。本当に話せないというようなぐらい歪んでしまうんですけれども、それでも一生懸命、自分が何をやっていたかということについて、訥々と話してくれました。

あるいは松本サリン事件でも、彼には本当に殺意がなかったということを私は信じていますけれども、自分がしたことによって七人もの方の命が奪われてしまったことについては、本当に深く反省していたと思います。

この間、端本さんと面会を重ねて来て、彼と常々よく話題になっていたのが、事件についてどうしてこういうことになってしまったんだろうということを、何度も言われていました。特に坂本弁護士事件については、本当にこれは悪夢の連鎖としか言いようがない経過で事件が進んでいくわけです。もともとの計画が、坂本弁護士を路上で一発で殴り倒して、気絶させて、その後殺してしまおうという、そんなことできっこない計画です。おまけに行った日が休日だったので、坂本先生も当然出勤していないわけで、路上で襲うなんてもともと不可能なんですね。だからそこで引き返して来ればよかったんですが、泥縄式に本屋で一〇冊ぐらい地図を買うわけです。そして坂本先生の家はどこだと、探すわけです。普通は見つかりっこないんですけれども、たまたま坂本先生のご自宅を見つけてしまう。それでそこに行ってしまう。その時はもう夜中になっていましたから引き返して来ればよかったんでしょうけれども、やっぱり行ってしまうわけです。なぜそこで引き返さなかったんだろう。その後、これも非常に謎が多いんですが、なぜか坂本先生のご自宅の鍵が開いていた。どうして鍵が開いていたんだろうということを、彼は最後まで言っていました。そういった悪夢のような連鎖が引き続き起こってしまって、どこかで引き返せたはずなのに、転々と転がっていってしまって、あのような悲惨な事件に繋がってしまった。ですから、どこかで引き返せなかっただろうかということは、彼は最後まで言っていました。私もこの事件の弁護をするなかで、どうしてこういう悪夢のような連鎖が起きてしまったのか、もう不幸としか言いようがない話だということを、ずっと思っています。

そして平成一九年に死刑判決が確定するわけです。実は上告審の弁護のなかでは、カルトの専門家で、よくテレビにも出ていらっしゃる、当時静岡県立大学におられた西田公昭先生にマインドコントロールについての鑑定をお願いしておりました。西田先生には何度も東京拘置所まで面会に行っていただき、一回三〇分しか面会できないわけですけれども、総計三時間以上にわたって面会を重ねて、専門家の立場で、彼はマインドコントロール下にあったと、当時のオウムの指示、麻原氏の指示に逆らえる状態ではなかったと、こういった鑑定書を作っていただいております。当初はこれを最高裁で出そうと考えていたのですが、非常にいい鑑定書ができたので、最高裁でこれを出しても、いい結果は望めないのではないかと。そうしたらこれは、時期を見て再審請求で使うべきではないかと思いまして、上告審ではこれを温存し、再審請求のために取っておいたわけです。

実はこれは今日、ここで初めてお話しすることですが、端本さんがお亡くなりになったので、お話ししてもいいかなと思うのですが、上告棄却判決後に、実はすぐに再審請求書を仕上げて、西田先生の四五ページにわたるマインドコントロールについての鑑定書をつけ、いつでも再審請求ができる状態にしていました。再審請求をすぐ出して、すぐ終わってしまっても次の請求をするのが大変なので、時期を見て出そうと思っていまして、特に全員の方の死刑が確定したあたりで、これはそろそろ出しておいたほうがいいんじゃないかと思い、端本さんに面会を重ねたわけです。それ以前に、ご本人が署名すればいつでも出せるように、再審請求書と鑑定書の差し入れもしていました。ですが、彼は最後まで再審請求をすることに、首を縦に振ってくれませんでした。

特に今年に入り、執行が近いのではないかということで、かなり面会を重ねてきました。再審請求をしていても死刑執行は止められないかもしれないけれども、やはりこの件については、せっかく西田先生の鑑定書もあり、マインドコントロールはこういうものなんだ、こんなに恐ろしいものなんだということを明らかにしていくためにも、再審請求をしようよと何度も彼に言ったのですが、彼は最後まで再審請求をすることを断りました。どうしてなのかということを何度も何度も彼と話し合いをしたのですが、彼が言うのはこういうことです。やはり本当に申し訳なかったと思う、と。自分がやったことは、とてもじゃないけど許されることじゃない。それに対して再審請求をするなんていうことは本当に申し訳ないと言っていました。

もう一つが、これは彼は直接的には言っておりませんで、私が感じたことですが、やはり命乞いのようなことはしたくないというような、彼なりの気持ちがあったんじゃないかと今では思います。先週、先々週も面会していまして、もう再審請求をしても執行は止まらないということは、最初に執行された七人の例を見ても明らかでしたので、これをやっても止まらないと思うけれども、それでもやろうよと、何度も何度も言いました。それ以外の会話はけっこうしてくれたのですが、この話になると下を向いてしまって、できません、という話だったんです。それはもう、最初に申し上げた彼の純粋さ、真面目さと、本当に事件を反省しているという気持ちから、そういう対応になってしまったんじゃないかと思います。再審請求を準備してきた者としては、本当に最後までできなかったということは本当に残念だと思っています。

　そういった話をするなかで、上告審の弁護を担当した最初から、彼とよく話していたことは、端本さんは早稲田大学法学部の出身で、元々弁護士を志しておられたんですね。私は名張毒ぶどう酒事件の弁護人をやっていたものですから、その話題にもなると、先生、実は僕も名張事件みたいな事件の弁護をしたかったんだよと、先生みたいな弁護士になりたかったんだよということを言われていました。

　実は、私は中央大学なんですけれども、大学一年の時にオウムに勧誘されたことがあるんです。だいぶ議論しましてね、じゃあちょっとこの議論の続きをやろう、行こうよと言われてしまいまして、私は行かずに断って、そのままになったんですが、今にして思えば、もしその場で私が議論の続きなんて言って、ついて行ったら、端本さんと逆の立場になっていたんじゃないか。壁を隔てて、私と端本さんの立場は逆だったんじゃないかということを、本当に常々思いましたし、端本さんともそういう話題をよくしました。逆だったかもね、と。それぐらい紙一重。本当に普通の、弁護士を志し、正義感あふれていた若者が、紙一重で死刑囚になってしまい、私は弁護士の立場でしたけれども、そういうふうになってしまう。それこそが、この事件の、少なくとも端本さんの件について言えば、それが本質だったのではないか。そのことが未解明のまま、今回幕引きされてしまったことが本当に残念でなりません。いろいろな方が言われていますけれども、その点こそが、まさしく解明され、今後の教訓として端本さんや他の方々を処刑はせずに生かしておいて、いまだ解明されていない部分を解明し、今後に役立ててほしかったというふうに、私自身は思っています。

　最後になりますけれども、本当に今回、端本さんの弁護人として、再審請求を準備してきた者として、このような結果になったということは、大変私自身も残念であり、無力感を感じているところです。私の敬愛する安田好弘先生が、死刑事件弁護の厳しさということを常々言われるわけですが、初めてその厳しさというものを、身を以て感じている次第です。しかし、どんなにこの無力感というか、この現実が苦しくても、苦くても、これを受け止めて、飲み下してしまわなければいけないと思っています。その上で今日のこの悲しみ、怒りを決して忘れずに、今後の弁護活動をやっていきたいと考えております。

吉田秀康　弁護士

（小池（林）泰男さんの再審弁護人）

東京拘置所長は、東京地裁の仮の差止め決定を無視し立会人をつけ続けた

七月二七日の執行抗議集会の講演。初出の『フォーラム90』161号に加筆。

ただいまご紹介にあずかりました、吉田秀康と申します。林泰男君の再審請求段階からの弁護人をしております。また、林泰男君に関しましては、様々な行政訴訟をやっておりまして、その訴訟代理人をしております。

昨日、林泰男君に死刑が執行されました。彼の場合は、三月に仙台に移送され、そして七月六日に第一陣の死刑の執行がされ、それを横目で見ながら、たいへんな状況で毎日過ごしていたと思います。林泰男君については、阿部正博弁護士が第一審からずっと活動しており、昨日、阿部弁護士と私の連名でマスコミに林泰男君の死刑に対して厳重に抗議するという趣旨と、非常に残念だという趣旨の声明を流しました。まず、残念だということ。彼の人となりとして、この段階で執行されたということが本当に残念でたまらないというところであります。彼自身、被害者の方々に対して謝罪の気持ちを持ち、最後までその気持ちを持ち続けておりました。彼自身が自らやったことについて反省し、その後、誤った考えを持っていたということに気づき、信者の脱会などについてさまざまな活動をしていました。

彼は、逮捕当初、マスコミに殺人鬼とか殺人マシンというようなイメージを植えつけられたところがあります。しかしながら彼はマスコミで書かれている人となりとは異なり、オウム真理教の入信前から、そして最後、死に至るまで、とても心優しい青年であったということを、私よりも年上ですけれども、そういう青年であったということを皆さんに伝えたいと思います。その例としては、賛否両論かもしれませんけれども、本日の新聞報道にもありましたように、彼はサリンの袋を一つ多く取りました。サリンの袋が一一個あり、それを皆が順番に取っていくわけですが、やはりみんな多くは取りたくなかった。そこで彼は、皆嫌がっていることが分かり、自分から、一つ余るその一つを含めて三つ取ってしまった。

皆が嫌がることを、じゃあ自分がやろうという気持ちをもっていた。それをどう評価するかはいろいろあるかもしれませんけれども、そういう心優しい人であったことを皆さんに伝えたいと思っております。

もう一つ、昨日のマスコミ報道のために配った書面には、死刑執行に厳重に抗議したいということを書きました。

先ほど行政訴訟を起こしていると申し上げました。どういう内容かと申しますと、再審請求弁護人として面会に行くわけですが、面会には拘置所職員の立会いがつきます。しかも面会時間は三〇分です。三〇分という短い時間では、なかなか様々なことを話すことができません。普通の刑事被告人の場合ですと、秘密接見交通権が認められています。時間制限もありません。どうしてかというと、被疑者被告人と弁護人との間で十分な意思疎通をすることは、実質的に被疑者被告人が弁護人から援助を受ける憲法上の権利を保障するために認められているものです。ところが、これまでは、再審請求事件については、この秘密の面会交通権がほぼ認められていませんでした。やっと、平成二五年一二月一〇日の最高裁判決で、再審請求事件でも秘密の面会の利益があるという判決が出されました。にもかかわらず、その後も少なくともオウム真理教事件関係では面会に立会いがつき続けていました。林泰男君自身がやっぱりこれはおかしい、時間をかけて十分な意思疎通もできないし、面会で話をした内容がまるで施設側に筒抜けの状態になる、これでは十分な弁護人の援助を受ける権利が保障されていないということで、阿部弁護士らが、再審請求弁護人としての面会に立会人をつけるな、さらに三〇分の時間制限をするなという差止めの行政訴訟を起こしました。その差止めの行政訴訟を起こすと同時に、仮の差止めも起こしました。これは民事訴訟でいう仮処分のようなものです。これらの訴訟につきましては、昨年一〇月発売の『季刊刑事弁護』92号に細かな内容を書いておりますので、参考にしていただければと思います。仮の差止めについては、平成二八年一二月、東京地方裁判所は、東京拘置所長は私と林泰男君との再審請求の面会については立会人をつけてはいけないという仮の差止め決定を下しました。もっとも、時間制限については疎明が足りないということで却下されました。手前味噌ですけれども、今年四月に有斐閣から発売されたジュリスト臨時増刊の『平成29年度重要判例解説』にも掲載されています。

今後は、立会人なく、自由に、お互いに忌憚なく意思疎通ができると思ったところ、その後も東京拘置所は私と林泰男君との面会に立会人をつけました。東京拘置所長は、東京地裁の仮の差止め決定を無視してまで立会人をつけ続けました。私は、東京拘置所の面会申入票に立会人をつけるなということ、三〇分の時間制限をするなということを、面会の都度、毎回書きました。さらに仮の差止めの決定が出た後は、東京地裁の仮の差止め決定が出て効力が生じているので、立会人を付けるのは違法だと記載したこともありました。にもかかわらず、東京拘置所は六回に渡って、面会に立会人をつけ続けました。他の死刑確定者の再審等をやっている弁護人の方の話からすると、ここまで執拗に立会人をつけ続けているのは、オウム真理教関係の事件と、一部暴力団関係の事件と思われます。私と林泰男君は東京地方裁判所の仮の差止め決定を無視してまで、東京拘置所長が立会人をつけていることについて、さらに国家賠償請求を起こしました。それと同時に東京拘置所長は裁判所の決定を無視するわけですから、これが民事裁判であれば間接強制という方法で強制をすることができるため、東京地裁に、間接強制という方法で立会人をつけることを止めるという強制執行の申立てをしました。これについて、東京地裁は間接強制を一切認めませんでした。理由は、そもそも行政事件訴訟法は、強制執行の規定を置いていないからです。行政事件訴訟法が強制執行の規定を置いていないのは、行政機関が裁判所の決定を無視することは、およそ考えられないことだからということです。でも、東京拘置所長は裁判所の決定を無視したのです。

仮の差止めの決定を無視したことについての国家賠償請求訴訟の判決が、今年の九月に出る予定です。国側も東京拘置所長の行為が違法であることは認めております。さらに林泰男君との面会について立会人がつく、時間制限をすることの差止めの行政訴訟は、今年の二月に結審する状況でした。ところが今年の二月になって、東京拘置所は今年の一月から三〇分の時間制限をしない取扱いとなったと国は主張してきました。そのため、二月で結審する予定が延び、さらにその後の三月、林泰男君は移送されました。行政訴訟では、東京拘置所長は立会人を付けるな、三〇分の事件制限をするなと求めていたのですが、国は、林泰男君は東京拘置所にいないので訴訟要件が欠けるから、この請求を却下しろと主張してきました。現在、差止めの行政訴訟、面会の立会いと時間制限についての国家賠償請求訴訟は残っております。しかしながら今回の死刑執行を受けて、差止めの行政訴訟は、差止めを求める対象である林泰男君がこの世に存在しないことから、この段階で先に進むことがあり得ない状況となりました。裁判に負けそうになったら、拘置所での取扱いを変えて結審を先に伸ばし、そして本人を移送し、そして、死刑を執行する。仮の差止め決定で勝っているわけですから、差止めの行政訴訟でも確実に勝てると思っておりましたけれども、本人の移送、そして死刑執行で、およそ裁判に勝つことはできない状況となりました。このような国の対応に対して、憤りを感じざるを得ません。

そもそも林君は、死刑判決が確定した年の平成二〇年に再審請求をすぐに出しております。六年後の平成二六年に一審で却下されました。すぐに即時抗告をし、現在、東京高等裁判所で係属中です。結局、一度も最高裁に再審請求の内容を審理してもらえませんでした。その再審請求をちゃんとするために、そのためには、ちゃんと面会ができるようにしよう、そうでないとちゃんとした再審の弁護活動ができないということで、差止めの行政訴訟や仮の差止めの訴えをし、仮の差止めではその一部が認められた状況でした。つまり、逆にいえば、再審請求の打合せが十分にできるような面会ができていない状況で、すなわち、まだ再審事件で弁護人から十分な援助を受ける機会がない状況であったのに、林泰男君は死刑を執行されたのです。再審請求は刑訴法上、権利としてあるわけですが、再審請求について十分な弁護人からの援助も受けることができないまま、死刑が執行されたということに、本当に憤りと言いますか、こんなことが許されていいのかという気持ちでいっぱいです。

再審請求人の権利のために、それなりに様々な手法で頑張ってきたつもりですが、それが生かせなくて本当に残念だという気持ちと、こういう対応を行った国に対しては厳重に抗議したいです。

なお、この講演の後の平成三〇年九月一九日、東京地方裁判所は、仮の差止めの決定を無視したことについての国家賠償請求訴訟につき、国に対して、原告の林泰男君と当職に損害賠償を命ずる旨の判決を下しました。

その判決の中で、東京地方裁判所は、東京拘置所長が仮の差止め決定を無視したことについて故意までは認めませんでしたが、「行政庁である東京拘置所長が、行政事件訴訟における最も基本的な法律である行訴法の規定を把握していなかった上、原告吉田による再三の抗議にもかかわらず、行訴法の規定の確認すら怠り、このために違法は本件各処分をしたことは、到底容認しがたいものであって、行政庁に対する信頼を失墜させる異常な事態を生じさせたものといわざるを得ない」と判示した上「極めて重大な過失」が認められると判断しました。

国家賠償請求訴訟は、侵害された権利の事後的な救済をする制度であり、仮の差止めの訴えは、事前救済を求めて提訴したものでしたから、国家賠償請求訴訟でしか救済されないという点では疑問が残るところではありますが、東京拘置所長の行為を「到底容認しがたいものであって、行政庁に対する信頼を失墜させる異常な事態を生じさせた」と断罪した点は、大いに評価すべきものと考えています。

大木和弘 弁護士

宮田桂子 弁護士

（豊田亨さんの弁護人）

抗議集会へのメッセージ

七月二七日の執行抗議集会へののメッセージ（『フォーラム90』161号）に大幅加筆。

豊田亨さんは、自分が生きているというだけで、被害者のご遺族方々には苦痛を与えるであろうし、被害者の方々は何も言わずにお亡くなりになったのだから、自分が何かを述べる立場にはないとして、取材等には一切応じないという態度を貫いてきました。ですから、私たちが述べることができるのは、豊田さんの意思に反しないであろう、ごく簡単なものになります。

豊田さんは一回目の再審請求を二〇一一年一二月に申立て、二〇一七年一一月にこれが棄却されたため、死刑執行のときには、東京高裁で抗告審の段階でした。

抗告審では、精神科医である昭和大の岩波明教授に精神鑑定を求め、オウム真理教（以下「オウム」「教団」といいます）の信者たちの精神状態は「妄想」としか評価できず、正常な判断ができなかったのだから責任能力には問題があり、少なくとも死刑を回避すべきとの内容の意見を頂戴し、裁判所に提出しました。岩波教授は、豊田さんや私たちに断りなく、二〇一八年六月に出版した「殺人に至る『病』精神科医の臨床報告」（ベスト新書KKベストセラーズ）の中で、この意見書の内容について言及されたのですが、執行が近いという危機感から、このことを社会に訴えようとされたのだろうと思います。

修行の名のもとにマインドコントロール、あるいは洗脳をされた結果として、豊田さんは「妄想」状態となったのです。事件当時の豊田さんにとっては、教祖である麻原彰晃（あえてこの名で記します）は、悟りを開いた、人のカルマを見通すことができる超人的・絶対的な存在であり、彼の指示するところは全て宗教的に意義深いものであって、命じられたことに疑問を持ってはならず、命じられたことを完遂することが修行であり、信者が彼の指示に従えば、悟りの道を歩んでいくことができ、その結果、よい人生、よい転生を得ることができるけれども、もしも彼を裏切れば、その信者もその家族も、救いようのない転生を繰り返し、永劫の苦しみを得ることになるということが「真実」であったのです。豊田さんは、教祖の指示のもとで、修行に励もうと思いました。豊田さんは、ヨガなどの抵抗のない修行をしていましたが、出家した後には、徐々に命じられる内容のハードルを上げられ、困難でなぜこんなことをしないといけないのかと思われることを命じられるようになりました。銃器の製造も命じられました。与えられた命令を完遂すること自体が重要で、その目的を考えることはありませんでした。

　豊田さんは、サリンの危険性を抽象的にしか知りませんでした。サリンなどの毒ガスにかかわるワークには全く携わっていませんでしたし、教団内でサリン生成や噴霧実験などで瀕死の重傷を負った信者がいたことも全く知ることはなく（それらの事実は教団の極秘事項でした）、松本サリン事件にしても、教団の壁新聞（教団の関心に従って物事を大げさに書き立てるような）でしか知らなかったのです。豊田さんは、地下鉄の椅子に深く腰掛け、サリンの入ったビニール袋を覗き込むようにして傘で突きました。なぜならば、彼は、「地下鉄線内でこのビニール袋に傘で穴を空けるように」と命じられたので、それを完遂しようと思ったからです。テロを起こすなどという気持ちは全くありませんでした。サリンの毒性を知っている人が、このような態様で犯行を行うでしょうか。殺人の故意すら疑われるような状況だったのです。彼は、自分の行為で多数の死傷者が出るとは思いもせず、また、結果についてもよく知らないまま逮捕の日を迎えました。オウムの教団施設では、外界との接触は禁忌であり、信者たちがテレビや新聞を見ることはありませんでした。豊田さんもそういう状況にありました。

　教団内でサリンに被爆した者の治療をし、サリンの毒性を知悉していた林郁夫さんは無期懲役を言い渡されました。彼が法廷で号泣したのは、自分のした行動がどういう結果をもたらすかを予め予想でき、何がもたらされたのかを実感をもって理解していたからでしょう。無期懲役と死刑とは天地の差があります。

　再審請求ではこのような点を訴えていました。事件から日が経ち、事件を客観的に見ることができるようになり、世界でテロが横溢するようになった今だからこそ、再審においてこのような問題の提起をしたことには大きな意味があったと思っていますが、裁判所の判断の前に執行がされてしまいました。

　再審請求は、豊田さんの死亡を理由に、二〇一八年八月二三日、棄却決定されました。三行半とでもいうべき短い内容でした。

　豊田さんは聡明で、誠実で、私たちは、事件を通じて知り合いましたが、生涯の友だと思っています。被害者団体の方から、彼の高橋克也さんの事件での真摯な証言態度を見たので面会したいというお声もかけていただきました。豊田さんを悪く言う人には私は会ったことがありません。

　「再犯のおそれがない」ということは死刑回避の大きな理由となるはずです。豊田さんは、本来温厚で優しく、教団に関わったために、上記のような状況で事件を起こしたものであり、教団の教義の問題性に気づき、脱会した以上、再犯のおそれもなかったのです。地下鉄サリンの実行犯は、恩赦で減刑されてもいいのではないか、特赦の対象になるよう陳情できないだろうか、再審請求の後には豊田さんの恩赦申請をしてみようか等と思っていました。

豊田さんの両親は、彼がオウムに出家してしまったと知り、彼を奪還できないか、「オウム被害者の会（当時）」に相談をしました。ご両親は、豊田さんがオウムに入ってしまったことが悔しくてなりませんでした。豊田さんの友人たちも、豊田さんの教団からの帰還を心から願い、中には、上九一色村の教団施設まで行って、

「豊田を返せ」

と叫んだ人もいました。

裁判が始まってから控訴審の審理が終わるまで、豊田さんには接見禁止が付されたままでした。その間、親族や友人等とも自由に面会することも、手紙をやりとりすることもできませんでした。また、死刑が確定すると、両親やきょうだい以外には拘置所に予め届け出た五名以内の人としか、面会や通信は自由にできなくなりました。彼を思っている人達はたくさんいましたが、直接彼とのやりとりができないままだった人もたくさんいました。届け出られていた人が、豊田さんの友人や恩師などの消息を書いた手紙は、その部分が黒く塗りつぶされて彼に渡されることもありましたし、彼の手元に届かないままのこともありました。死刑確定者に対する面会、通信の制限の不合理性はかねてから指摘されているところですが、オウムとは全く無関係の社会で正しく生きている人達が豊田さんとの面会や手紙が一切許されない、その不合理性を痛感し続けてきました。

七月六日に、七人のオウム死刑確定者が死刑を執行された後、届出のなかった豊田さんの友人等で彼と会いに行った人も、手紙を出したいと思った人達も、直接彼と接することはかないませんでした。

豊田さんの親族や彼を思う人達は、彼をオウムに奪われ、さらに、今般の執行により、国家によって彼を永遠に奪われた、といえるのではないでしょうか。

豊田さんが再審請求をしていたことについて、彼が死刑を受け入れる態度であったこと等から意外だ、心外だ等いう評価をする人もあったようですが、彼が周囲の人への気遣いを常に忘れない人であったこと等を考えれば、彼がそうしたことには納得がいくはずです。

死刑確定者との面会については、再審請求弁護人との面会についての問題もあります。私たち弁護人が、再審請求の打ち合わせをするために豊田さんと面会をする際には、立会がつき、三〇分ほどの

面会しか認められませんでした。最高裁判所は、平成二七年、死刑確定者の再審弁護人との面会の権利性を認め、原則として立会や時間制限が許されないと判断しました。しかし、豊田さんとの面会には、時間制限は緩和されたものの、最後まで立会がつきました。抗議したところ、拘置所職員からは、法務省から、オウム関係者の再審請求の弁護人の面会には立会を付けるよう命令されているとのことでした。豊田さんはオウムから脱会し、教団関係者の支援を受けていたわけではありません。法務省が判例違反の命令を出していた意味が全く分かりません。

オウムは、暴力団や過激派とは異なり、宗教法人として認可を受けた合法的な集団でした。豊田さんが出家したころには、学者や文化人が教祖を素晴らしいと褒め称え、マスコミでもオウムや教祖が持ち上げられ(バラエティ番組で教祖が悩み相談までやっていました)、若い人達の集まった、正しい修行集団であるかのように取りあげられていました。豊田さんはそれを信じて、オウムで修行するために出家したのです。犯罪をするためにオウムに入ったのではない、テロリストになるためにオウムに入ったのではないのです。今、そんなことすらきちんと報道されていません。実行犯は十把一絡げにされてテロリスト扱いです。

一方で、オウムを野放しにした国や警察、オウムや教祖を褒め称えていた人達やマスコミは、何の責任も問われていませんし、何の反省もしていないようにしか見えません。なぜオウムに宗教法人認可が下りたのか。なぜオウムはあのような広大な土地を手に入れることができたのか。なぜオウムの犯罪の捜査は進まずに地下鉄サリン事件を迎えてしまったのか。なぜマスコミは、あんなに教祖やオウムを持ち上げ、社会に喧伝するような番組や誌面を作ったのか。オウム事件をこのような方向から解析するのは報道の使命ではないのかと思いますが、そのような分析はほとんどされておらず、大きく報道されることもないのはなぜなのでしょう。

再審請求中には執行をしないことが通例となっていましたし、死刑を合憲とする一つの理由は、再審請求や恩赦によって無実の者や十分改悛の情を示した者には死刑の回避ができるということにあります。

再審請求の判断が下る前の、今回の豊田さんへの執行は暴挙といえるものではないでしょうか。

彼を死刑にする必要が本当にあったのでしょうか。

今の政治は、社会は、そして私たち日本国民は、彼を断罪できる無辜な存在なのでしょうか。

平成三〇年九月　日

弁護士　大木和弘

弁護士　宮田桂子

谷川修真

（広瀬健一さんの支援者）

未完に終った『オウム真理教元信徒広瀬健一の手記』

本書のために広瀬さんの思い出を書いていただいた。

七月六日の朝、ネットのニュースで「麻原彰晃こと松本智津夫死刑囚の死刑執行」という文字を見て、気が重くなりました。しばらくすると、他の方たちも執行されたというニュースが次々と入り、気がふさぎました。それは中川智正さんと一度会ったことがあるからですし、支援者を通して井上嘉浩さんたちに親近感を持っていたからです。けれども、あとの六人を続けて執行することはいくらなんでもしないのではないかとも思いました。しかし、それは甘い考えでした。

私が広瀬健一さんと文通を始めたきっかけは、井上嘉浩さんの支援者と話していて、私も誰かに手紙を出してみようと思ったことです。そうして広瀬さんに手紙を書いたら、広瀬さんから返事をいただきました。その返信に「手記を書いたので読んでほしい」とありました。この手記というのは、藤田庄市さんがフェリス女学院大学で大学生にカルト予防のための講義を行う際に、広瀬さんに資料として手記の執筆を求めたのに応じて書かれたもので、「学生の皆さまへ」という題名です。自筆の原稿がネットで公開されています。

この「学生の皆さまへ」を読み、私は冊子にして多くの人に読んでもらいたいと思いました。そこで、その旨を手紙に書いたら、広瀬さんは冊子を作ることを承知してくれました。さらには、「学生の皆さまへ」の加筆、訂正を何度も丁寧にしていただきました。冊子の題名は『オウム真理教元信徒の手記』です。そうして広瀬さんと文通するようになったのです。

東京拘置所に面会に行ったことが何度かあります。手紙の感じでは真面目な堅物というイメージでしたが、会ってみると、よく笑うほがらかな人だったのはうれしい驚きでした。

広瀬さんは他の手記もいくつか書いています。その原稿は、広瀬さんがB4の紙にマス目を引いて作った原稿用紙に書かれています。一度、私が原稿用紙を一太郎で作り、それを送ったのですが、拘置所から文房具は差し入れできないと断られました。

原稿にはところどころ自作の原稿用紙を一行、もしくは数行切ったものを貼り付けてあります。いったん書き終えた原稿を読み直し、訂正する個所を切り取り、そうして貼り付けて訂正しているわけです。すごく丁寧なのです。

それらの手記はオウム真理教や事件についての事実を正確に伝えようとして書かれたものです。いろんな資料を読み込み、細かいところにまで気を配ってあります。英文の心理学の本や論文（学術雑誌）がどの図書館にあるか調べてほしいと何度も頼まれました。そうして、それらの本や学術雑誌を借りてコピーしてもらい、読んでいたそうです。広瀬さんは入信する前は早稲田大学大学院で物理学の研究をしていました。やっぱり学者なんだなあと思いました。

事実を明らかにしたいという気持ちが広瀬さんには強かったのでしょう。ですから、他の被告の方たちの供述が曖昧だったり、事実と異なるものであれば、私への手紙の中で厳しく指摘してありました。

後悔しているのは、『オウム真理教元信徒広瀬健一の手記』を完成してもらうよう頼めばよかったということです。これは「学生の皆さまへ」を加筆、訂正した『オウム真理教元信徒の手記』とは別の手記です。広瀬さんはこの新しい手記をいつか電子出版したいと考えていました。出版社から出すとしたら、原稿に手を入れられてしまうからです。そこで、まずは手記の一部を私のお寺のホームページで公開しました。

亡くなる二カ月ぐらい前に、『オウム真理教元信徒広瀬健一の手記』は完成していないのかと尋ねると、「残りはまだ書いていないが、すぐにでも書くことができる」との返事でした。いつか書いてもらえるだろうと思ってそのままにしていましたが、未完に終わってしまいました。

アメリカの海軍省長官だったと思いますが、「テロについて聞きたいのだが」という申し出があり、広瀬さんは「テロ対策ということであれば協力しないわけにはいかない」と、その長官に会っています。アンソニー・トゥー『サリン事件死刑囚　中川智正との対話』が出版されていますが、アメリカの研究者は熱心なようです。

ところが、日本では行政の人や専門家がオウム真理教事件の死刑囚に会ったとは寡聞にして知りません。少なくとも広瀬さんへの問い合わせや面会はなかったはずです。仮にそうした要望があったとしても、法務省や拘置所が接見許可を出すかどうかは疑問です。なぜアメリカからの要望には応じたのでしょうか。また、こうした事件を繰り返さないために、オウム真理教事件の死刑囚や受刑者の話を聞くよう、政府から日本の研究者に依頼すべきでした。

だからといって、オウム真理教事件がなぜ起きたのか、死刑執行によって真相が闇に葬られた、だから執行すべきではなかったと言いたいわけではありません。それだったら、真相が明らかになれば処刑してもかまわないということになります。

死刑を求刑する検事、死刑判決を出す

裁判官は、必ず「矯正は不可能」と言います。生きていても犯罪を犯すだけだから、これ以上の罪を犯さないように処刑するんだということでしょう。

この「矯正は不可能」という屁理屈はオウム真理教のポアと同じ論理です。この人はこれから悪業を作る、悪業の報いとして三悪趣に堕ちて苦しむことになる、だったら悪業を作る前に殺すことがこの人のとって慈悲になる、ということがポアの論理ですから。ある人が将来、悪業を作るかどうかを麻原彰晃はわかったそうです。裁判官や検事も麻原彰晃のような未来を見通す能力を持っているのでしょうか。

悪いことをしたら悪い報いがあるというカルマの法則の考えが私たちの中にも根づいています。オウム真理教の投げかけた問題は決して他人事ではありません。カルト的教団になぜ入信するのか、どうしたら脱会するのか、自分の問題として考えることが残された私たちの大きな課題です。

オウム死刑囚から
あなたへ

特集⊃オウム死刑囚からあなたへ

05

05–1

オーディン神とともにいく

早川喜代秀

以下に掲載するのは編集部の求めに応じて早川紀代秀さんから送られてきた原稿である。

あたたかいご支援ありがとうございます。

1 3月の移送について

この間の移送は、時期が時期だけに、てっきり執行かと思いました。

夕方の点検が終ってしばらくしたころ、ちょうどリンゴを食べようとしていたやさきに、突然数人が来られて「移送」と告げられ、即房内の荷物全部、ダンボール箱詰めです。入れ終ったものはすべて持って行かれ、後には、お茶もコップもなく、もちろんリンゴは食べそこねて、がらんとした房内で一夜をすごしました。

行き先を尋ねても教えてもらえなかったので、「ひょっとしたら明朝執行か⁇」と思いつつ寝ました。

翌朝は、まだ暗いうちに地下まで連行され、重々しい雰囲気の中行き先を告げられましたが、「着いたら執行か？」との思いは消えませんでした。福岡へ着いてからも、しばらくはそう思っていました。

しっかり執行の予行演習をしたようなものです。

オウムは2度死ぬです。（笑）

福岡が人間味のあるところでよかったです。

あの日以降の日々は、おまけと思っています。

一日一日がありがたく、大切にすごしています。

2 死刑制度とその執行について

死刑制度については、国民が殺生のカルマを負うので、それだけ国民のカルマが悪くなりますから、辞めるべきと思います。

どうにも辞められないのなら、せめて、死刑の基準を明確にすべきと思います。特に共犯がいる場合の基準は、ないに等しいと思います。

オウム事件の場合、共同共謀正犯だからという理由で、自分では一人も殺していない者が死刑で、自分で二人も殺している者が無期というのは、どうみても公正な裁判とは言えません。

また、「共犯」での役割や位置づけ等に多くの事実誤認がみられる中での死刑判決はどうかと思います。

さらに、共同共謀正犯といっても、オウム事件のような、グルと弟子という関係性の中で行なわれた犯行は「共謀」という概念にはなじまないものです。私の判決に出ている事件の動機や目的にしても、グルの動機や目的を推察したものであり、それらは、私達、弟子の犯行の動機や目的とはまた違います。私達弟子は、なぜあのような犯行を命じたグルの指示に従ったのかということを語れても、なぜあのような犯行の指示を出したのかということは推測でしか語れません。これを本当に語れるのは、グルであった松本死刑囚だけです。

私は、オウム事件は、グルとグルの黙示録的宗教幻想を共有した弟子達による宗教テロリズムであったと思っていますが、これが正解かどうかはわかりません。ここでのグルの黙示録的宗教幻想というのは、二一〇〇年から二二〇〇年にかけてシャンバラ国（理想の仏国土）が出現するまで戦いつづけることが使命であるというグルの幻想、つまり、「ヴァジラヤーナのグル」たらんとすることを言います。

このまま刑が執行されたなら、〝正解〟は永遠に謎のままとなるでしょう。

ぜひとも、ご本人の意見を聞いてから、死にたいものです。

3 現在の心境

被害者の方々や、そのご遺族の方々、また何も知らなかった家族や友人、教団の方々に対する申し訳なさは、事件発覚から二三年経った今も薄れることはありません。

真理のため、救済のためと思って戦い、テロを実行して得られたものは苦しみと悲しみでした。

真っ暗な絶望の中でなんとか正気を保てたのは、かろうじて残っていたブッダシャカムニへの信仰心のおかげでした。その信仰心により獄中で修行を始めることができました。そして心の安らぎと歓喜を得ることができました。歓喜は年々強くなり、頭頂の血まめも、直径1cmの黒い円板になりました。

でも、事件の被害者のことを思うと、気がひけます。

事件を起こさず、人々を苦しめること

なく、このような状態が訪ずれていたら、どんなによかったか……そう思います。それは可能なことだったのにと思います。

教団に入った初期のころから唱えていた苦の詞章、

「自己の苦しみを喜びとし、他の苦しみを自己の苦しみとする。」

にあるように、また、聖書の一節とされる次の句、

「彼は醜く、威厳もない。みじめでみすぼらしい。
人は彼を蔑み、見すてた
忌み嫌われる者のように、彼は手で顔を覆って人々に侮られる
まことに彼は我々の病を負い
我々の悲しみを担った」

にあるように、人々に苦しみを与えるのではなく、人々の苦しみを背負うのがボサツであったのにと、改めて思います。

獄中で二〇数年、時間が与えられ反省し、瞑想できたことに感謝します。

家族や友人、支援者の方々にささえられて、今までこれたことに感謝します。

◎シャカムニの前世であり、首吊りし者を加護する神、オーディン神を慕って、
身をすてて　オーディン神と　ともにいく
生死を超えた救済の道

◎敬愛する高杉晋作の師、吉田松陰にあやかって
たとえ身は　博多の獄に　消えるとも
残らざらまし　ボサツ魂

敬具

一八・六・七　早川紀代秀

特集◎オウム死刑囚からあなたへ

05-2

恩赦の出願書 補充書1

新實智光

新實智光さんは二〇一八年五月二三日付で中央更生審査会宛に恩赦の出願をし同六月二八日に補充書1として提出したのが本稿である。自分になにかあれば公表してほしいと言い残していた。

1 無期懲役刑への減刑の恩赦を出願します。

2 死刑判決の問題点

現在、第二次再審請求を平成二八年一一月一日申立しています。原判決は、いわゆる田口事件、坂本事件、落田事件、松本サリン事件、冨田事件、中原監禁事件、水野VX事件、濱口VX事件、永岡VX事件、地下鉄サリン事件、松本剛蔵匿事件について、殺人罪及び殺人未遂罪、監禁罪、犯人隠避罪、犯人隠匿罪、死体損壊罪にそれぞれ問擬しています。

しかしながら、上記各事件は、麻原彰晃氏こと松本智津夫氏を頂点とするオウム真理教と称する組織団体が、我が国の憲法が定める統治の基本秩序を壊乱し、オウム真理教が理想とする国家創設を目的として行った一連の行動の一環です。

オウム真理教が政治上の主義、目的を有しており、そのために大規模な武装化を積極的に推選し、その一環として上記各事件が敢行されたということは、破壊活動防止法第七条の解散の指定を求める旨の公安調査庁長官の処分請求に対する平成九年一月三一日付の公安審査委員会の決定でも確認しています。

そして、我が国の刑法は、このような組織的犯罪については、その特性を考慮し、犯罪関与者の関与形態に応じて処罰することになっています。

従って、原判決のように、上記各事件の一つ一つを個別の犯罪事件と捉えるのではなく、まとめて一つのオウム真理教による組織犯罪として処断すべきです。

出願人については、オウム真理教の組織内の地位からみても、実行行為としての上記各事件の役割の面から判断しても、首謀者、主犯ではなく、従犯として処断されるべきものです。

3 贖罪の思い

或る共犯の死刑確定者が、「人を殺すために出家したわけではない。」と後悔の念を述べていました。私も同感です。ヴァジラヤーナの目的のためには殺人を肯定することは、現在では時代遅れです。私たちの徳が無かった、霊性と知性が足りなかったのでしょう。深く反省しています。

私は今回の事件以前に賞罰はありません。又、逮捕後勾留されてから懲罰もありません。今も大阪拘置所の規則を順守しています。虫も殺生しないよう用心しています。もう殺生の指示をする人はいません。今は償うことだけしか頭にありません。

生きとし生けるもののために私の残された生を捧げます。

「死んで償う」は、確かにカルマは落ちるし、殉死、殉教ですから、超越的な「真理」に自己を犠牲に出来ます。実際、池田大作サリン事件において、私は死にかけ、九死に一生を得ました。しかし、逆説的に、自己を犠牲にできるなら他者も犠牲に出来る、と非難されかねません。

生きとし生けるものとしての「私」と見た場合、どんな悪人であろうが、生きて償うことの方が、慈愛に満ちた行為の選択です。

日本の文化、空気の支配は「死んで償う」ことを強要します。しかし、伝統文化も善きものもあれば、悪しきものもあります。命を軽視する文化は越えるべきものです。日本の文化も進化の途上です。これからも、進化していくと私は信じます。その未来の文化から見れば、「死んで償う」はいかがなものでしょうか？子どもたちに残したい大切な文化でしょうか？　世界の潮流からしても、越えるべきものだということが自ずと明らかです。

私は自分の命を大切にし、他者の命を大切にすることを誓願します。私は他者であり、他者は私である、私と他者は「一」なのです。

今後も、事件の責任を他人に転嫁せず、その責任を真摯に受け止め、反省の日々を送る所存です。

4 真実を明らかにする

ジャーナリストの江川紹子様より、「唯一、当時の心境、事実をありのままに語っている」と称され、江川様の母校の早稲田大学に寄贈する論文の資料として私の公判の被告人証言調書を添付させて欲しいという申し出があり、了承しました【註】。

【註】編集部より——江川紹子様よりこのような事実はないとの申し入れがありました。

五十　他人の過失を見るなかれ。他人のしたこととしなかったことを見るな。ただ自分のしたこととしなかったことをだけを見よ。

ダンマパダ（仏陀の真理のことば）

他人に責任を転嫁せず、他人の悪口をせず、自分のしたことしなかったことを自分の不利益になることを覚悟して、自分の責任として、事実を語りました。

真実は神のみぞ知る、ので、どこまで真実を語れていたかは分かりません。ただ、単なる憶測で、他人の心情を勝手に語ることだけは極力避けてきました。その代わり、自分の心情は自分でしか語れないのですから、それを他人がどのように判断するかは判断する人の問題であるとして、私の心情は私のみぞ知る、として、真実を明らかにしました。それは私の償いでもあります。

　今後もそのように致します。二度と再び同じような事件が起きないために、事件を語り継ぎ、生きた教訓として社会に役立つように生きて償いたき所存です。

5

偏見をどう打ち破るか

1．ものごとは心にもとづき、心を主として、心によってつくり出される。もしも汚れた心で話したり行ったりするならば、苦しみはその人につき従う。
——車をひく（牛）の足跡に車輪がついて行くように。

2．ものごとは心にもとづき、心を主として、心によってつくり出される。もしも清らかな心で話したり行ったりするならば、福楽はその人に付き従う。
——影がそのからだから離れないように。

3．「かれは、われを罵った。かれは、われを害した。かれは、われにうち勝った。かれは、われから強奪した。」という思いをいだく人には、怨みはついにむことがない。

4．「かれは、われを罵った。かれは、われを害した。かれは、われにうち勝った。かれは、われから強奪した。」という思いをいだかない人には、ついに怨みがむ。

5．実にこの世においては、怨みに報いるに怨みを以てしたならば、ついに怨みの息むことがない。怨みをすててこそ息《や》む。これは永遠の真理である。

6．「われらは、ここにあって死ぬはずのものである」と覚悟しよう。——このことわりを他の人々は知っていない。しかし、このことわりを知る人々があれば、争いはしずまる。

ダンマパダ（仏陀の真理のことば）

「遺族は単なる復讐感情だけで死刑を求めるのではない。家族を殺された人間が、その事実を受け入れるにはどれほどの苦悩が必要なのかを、どうか想像していただきたい。犯人が死んだところで被害者が蘇るわけではない。だが、では何を求めればいいのか。何を手に入れれば遺族たちは救われるのか。死刑廃止というのなら、では代わりに何を与えてくれるのだと尋ねたい。（中略）仮に死刑判決が出たとしても、それは遺族にとって勝ちで何でもない。何も得ていない。ただ必要な手順、当然の手続きが終ったに過ぎない。死刑執行が成されても同じことだ。（中略）だったら死刑でなくても構わないではないかという人もいるだろうが、それは違う。もし犯人が生きていれば、「なぜ生きているのか。生きる権利が与えられているのか。」という疑問が、遺族たちの心をさらに蝕むのだ。死刑を廃止にして終身刑を導入せよとの意見もあるが、遺族たちの感情を全く理解していない。終身刑では犯人は生きている。この世界のどこかにいて、毎日御飯を食べ、誰かと話し、もしかすると趣味の一つぐらいは持っているかもしれない。そのように想像することが、遺族にとっては死ぬほど苦しいのだ。だがしつこいようだが、死刑判決によって遺族が何らかの救いを得られるわけでは決してない。遺族にとって犯人が死ぬのは当たり前のことなのだ。よく「死んで償う」という言葉が使われるが、遺族にしてみれば犯人の死など「償い」でも何でもない。それは悲しみを乗り越えていくための単なる通過点だ。しかも、そこを通り過ぎたからといって、その先の道筋が見えてくるわけではない。自分たちが何を乗り越え、どこへ向かえば幸せになれるのか全くわからないままだ。ところがその数少ない通過点さえ奪われたら、遺族は一体どうすればいいのか。死刑廃止とは、そういうことなのである。」（東野圭吾著『虚ろな十字架』）

方向が正しいか、間違っているか。それが問題だ…。

間違った方向への通過点であったら、通過点の意味は全くありません。

間違った方向とは、何でしょうか？苦しみがつき従う、苦しみがより増大する方向のことです。正しい方向とは、苦しみの滅尽に至る方向です。

死刑に疑問を感じるのは、それでは何も解決しないからです。新たな遺族を生み出すだけです。

死刑にしてやったんだから、それでがまんしろ、と。本当に必要な支援を手抜きしています。

ところで、或る共犯の死刑確定者は、事件の反省から、科学の空白に踏み込まないようにしています。

しかし、死刑執行に対しては、すぐには覚悟できない、となってしまいます。

科学主義は外面的な象限のみを扱うため、人間にとって同様に重要である、内面、価値といった象限を科学の空白として浅薄に扱う傾向があります。

つまり、彼はここで再び死によって、科学の空白、自己の内面に向き合う必要があります。科学の空白に踏み込まない、という自己のレベルを越えない限り、同じレベルのままでは問題は解決しません。

こうした状況においては、私たちが問題を解決するのではなく、問題が私たちを解決する。

同じことが被害者、遺族にもいえます。怨みを晴らす、復讐を果たす、というメンタリティのままでは何も解決しないのです。進化してレベルを上げることでこそ解決するのです。

我々が直面する危機こそが進化させていく動因となります。この時に、安易安直に死刑という間違った通過点を与えてしまったら、進化できないだけではなく退化してしまうこともありえるのです。

悲しいです。苦しみが増大しこそすれ、減少することはありません。

怨みをすててこそ怨みは息むのです。

では、どうすれば怨みを手放せるのでしょうか？　怨みを自己と同一化しているので、手放すことが出来ません。であれば、怨みと自己を脱同一化すれば良いのです。

脱同一化のエクササイズ

一．私は身体をもっています。

しかし、私は身体ではありません。

私の身体は、健康であったり病気であったりそのときによっていろいろな状態になります。

また、休息がとれていたり、疲れていたりします。

しかし、それは私の真我、真の「私」とは全く関係がありません。

私は、自分の身体を、外界において体験し、行動するための貴重な道具として重要に思っています。

しかし、身体は単なる道具にすぎません。

私は身体を大切に扱い、よい健康状態を保つように心掛けます。

しかし、身体は私の真我ではありません。

私は身体をもっています。

しかし、私は私の身体ではありません。

二．私は感情をもっています。

しかし、私は私の感情ではありません。

私の感情は多様であり、変化するものであり、またときには相矛盾するものです。

私の感情は愛から憎悪へ、平静から怒りへ、喜びから悲しみへと動揺します。　しかし、私の本質――私の本性――は変わりません。

「私」は変わらず安定しています。

もし、私が一時的に怒りの波にのまれるとしても、怒りの波はそのうち過ぎ去ることを私は知っています。

ゆえに、私がこの怒りなのではありません。

私は、自分の感情を観察し、理解することができます。

さらに、徐々に感情を方向づけ、利用し、調和をもったものに統合していくことができるので、そのような感情が私の真我でないことは明白です。

私は感情をもっています。

しかし、私は私の感情ではありません。

三．私は欲望をもっています。

しかし、私は欲望ではありません。

欲望は私の肉体的、感情的衝動やその他の影響によりひき起こされます。

欲望はひきつけられるものや逆に憎悪を感じるものが変わるとともにしばしば変化し、矛盾しあいます。

ゆえに欲望は私自身ではありません。

私は欲望をもっています。

しかし、私は私の欲望とは異なるものです。

四．私は知性をもっています。

しかし、私は私の知性とは異なります。
私の知性は発見と表現の大切な道具です。しかし、知性は私という存在の本質ではありません。

知性の内容は新しい概念、知識、経験をとり入れるにつれて絶えず変化します。私にしたがうことも拒むこともしばしばです。

それゆえ、知性と私が同一ではあり得ません。

知性は私の内界と外界に関する知識の器官です。

私の真我ではありません。

私は知性をもっています。

しかし、私は知性ではありません。

五．私自身すなわち〈私〉を脱同一化したあとに感覚、感情、思考など意識の内容から、私は純粋な自己意識の中心であることを認識し、確信します。
私はすべての心理的過程と私の肉体を観察し、方向付け活用できる意志の中心なのです。

六．それなら私は一体何者なのでしょうか。

私自身を、私の肉体、感覚、感情、欲望、知性、行動から脱同一化したあと残るのは何でしょうか。

それは私の本質――純粋な自己意識の中心です。

それは私の個体としての生において絶えず変化する流れのなかで永久不変の要素なのです。

それは、私に存在、永遠、内的バランスの感じを与えてくれるものです。

私は自分のアイデンティティがこの中心にあることを確信し、その永遠性、そのエネルギーを認識します。

この中心は静的な自己意識をもっているだけでなく、力動的なパワーをもっています。

――心理学的過程と身体のすべてを観察し、支配し、指揮して利用することができるのです。

私は気づきとパワーの中心なのです。

（サイコシンセシス）より引用

いつであれ、苦悩、問題、不安、精神状態、記憶、要求、欲求、身体感覚、感情などと同一化しているときには――束縛、限定、恐怖、収縮、そして究極的には死へ自分自身を投げこんでいるのです。これらはすべて見ることができるものであり、そのため、見る者ではありません。一方、絶えず見る者、目撃者、「自己」にとどまることとは、限界と問題から一歩引き下がることであり、ひいては、そこから足を洗うことにつながるのです。

自分の超越的自己は神と同一の性質のものです。自分が神であることを悟ること、キリスト、仏陀で「あること」（存在）ことこそが救済なのです。

そのための統合的な実践があります。伝統的宗教だけでなく、身体的、情動的、心的、社会的、文化的、霊的な全象限から、できるだけ実用的なたくさんの基本的な実践を選び取り、同時並行で実践することで、連動すればするほど、より効果的になります。（添付資料　専門用語集　専門用語集の詳細　総合的変容のための実践　参考）

何を乗り越え、どこへ向かえば幸せになれるのか、その道筋を提案します。

どうぞ、法務省としての支援プログラムとして検討お願いします。「実践インテグラル・ライフ」（春秋社）を推薦します。

人間はひとりひとり、どのような状況にあってもなお、自分がどのような精神的存在になるかについて、なんらかの決断を下せるのです。人間として踏みとどまり、おのれの尊厳を守る人間になるかは、自分自身が決めることなのです。ドストエフスキーは「わたしが恐れるのは、ただひとつ、わたしがわたしの苦悩に値しない人間になることだ」と言いました。

生きることそのものに意味があるとすれば、苦しむことにも意味があるはずです。苦しむこともまた生きることの一部なら、運命も死ぬことも生きることの一部なのです。苦悩とそして死があってこそ、人間という存在ははじめて完全なものになるはずです。

河野義行様のように、過酷な苦悩にあっても完全なる内なる自由を表明し、苦悩があってこそ可能な価値の実現へと飛躍できるのは、ほんのわずかな人びとだけかもしれません。けれども、それがたったひとりだったとしても、人間の内面は外的な運命より強靭なのだということを証明してあまりあります。

人間はどこにいても生きている限り、四苦八苦など様々な運命と対峙させられ、ただもう苦しいという状況から精神的になにかをなしとげられるかどうか、という決断を迫られるのです。生きとし生けるものは皆死刑確定者です。必ず死ぬという運命を考えてみて下さい。

ニーチェは「なぜ生きるかを知っている者は、どのように生きることにも耐える」と。

生きるとはつまり、生きることの問いに正しく答える義務、生きることが各人に課す課題を果たす義務、時々刻々の要請を充たす義務を引き受けることにほかなりません。

私は生きとし生けるものが限りなく上昇していく進化の道にあると信じています。

私の元法友の或る人たちは、私たちを中傷し、早期執行を煽っています。人の死を望む、人の死を当たり前だとする、そのような心はどこから来るのか、どのような社会の中で生み出されているのか……。そのような人も、社会も、進化の途上にあるのです。

私は慈しみます。

ハーバード教育学研究所のロバート・キーガンが指摘するように、人間が変化、変容するときには、主に二つの要因が必要となります。即ち、支援と試練です。十分な支援をあたえられることなく、過酷な状況に長く置かれるとき、往々にして、人々は試練に圧倒されて、潰れてしまいます。逆に十分な試練をあたえられることなく、安逸な状況に長く置かれるとき、往々にして、人は能力を十全に発揮する機会をあたえられることなく、弛緩してしまいます。

生存条件が大きく変化するとき、我々はそれまでに自己の拠り所としていたもの――たとえば、体験、思想、信条、信念、方法――を再検証して、それらを必要に応じて修正していくことが求められます。ときとして、こうしたプロセスは、自己を解体して、再構築するプロセスとして体験されることになります。

発達心理学者は、こうした体験を「死と再生」と形容します。想定外の危機的状況に直面して、生存条件が根本的な変化をするとき、実存主義心理学者のロロ・メイが述べていますように、こうした状況において問題となるのは、「私」が所有しているものではなく、むしろ、我々が「私」と呼ぶ存在そのものなのです。解決されるべきは、自己存在の脆弱さであり、卑小さであり、未熟さであり、頑迷さなのです。人としての器、「人格」を深層的な変容に導く支援が必要なのです。

死刑とは、こうした問題の本質を認識することなく、早急に「問題解決」することで、人格、人としての器を拡張することの重要性を看過してしまうことになるので、結局は何の解決にもならないのです。いえ、害にしかなりません。

被害者、遺族にとって本当に必要なのは、人格、人として器を拡張することのできるような支援なのです。

実際、死刑を望む遺族が、いざ執行された時に凄まじい喪失感に陥る場合もあります。「死刑は、命対命、死対死という形でバランスが取れている」という価値観を越える人格、「死をもって死に報いるのではなく、どんな場合でも人を殺してはならない」という寛容さを持てるように人としての器を拡張してこそ、苦悩からも解放されるのです。河野義行様の素晴らしさが、その証明です。

たとえば、無期懲役受刑者との対話、文通を通して、赦すことで人格が進化して、遺族も、加害者も救われたということがあります。これが死刑なら誰もすくわれなかったでしょう。

「正しい支援とは何か？」を、どうぞ考えられて下さい。

今の人格、ステージを超えて進化していくことが解決への道です。進化して下さることを祈ります。

以上、加害者であるお前が言うな、との非難は甘受します。しかし、遺族、被害者への慈悲から申し上げました。

私には言う資格がありません。しかし、誰かが被害者、遺族のために主張しないとなりません。どうぞお許しください。

慈悲と祈りを込めて。

私は死刑されるよりも、無期懲役受刑者となり、遺族、被害者と交流することで、お互いが救われると信じています。
どうぞ、遺族、被害者のためにも「生きて償う」よう、ご支援願います。

私は人の責任にはしません。自分を哀れむくらいなら、最初から人を殺すべきではありません。自らの意志で実行した時にすでに覚悟があったはずではないか？ 自ら進んだ道で何を今更被害者ぶるのか？ 沢山の人の人生をその人の許可なく終わらせた。その私達に勝手に死にたい時に死ねる訳が無い。死から目を背けるな。と、日々、自分に言いきかせています。

もし、遺族、被害者、そして生きとし生けるものの役に立つのなら、「生きて償う」ことに残された生を捧げます。全て衆生の幸せを祈ります。

6 終身刑 仮釈放無しの無期懲役刑

「人を殺した人間は、計画的であろうとなかろうと、衝動的なものだろうが何だろうが、また人を殺すおそれがある。それなのにこの国では、有期刑が下されることも少なくない。一体どこの誰に「この殺人犯は刑務所に〇〇年入れておけば真人間になる」などと断言できるだろう。殺人者をそんな虚ろな十字架に縛り付けることに、どんな意味があるというのか。

懲役の効果が薄いことは、再犯率の高さからも明らかだ。更生したかどうかを完璧に判断する方法などないのだから、更生しないことを前提に刑罰を考えるべきだ。（中略）

人を殺せば死刑――そのようにさだめる最大のメリットは、その犯人にはもう誰も殺されないということだ。」（東野圭吾著『虚ろな十字架』）

その犯人にもう誰も殺されなくするには。死刑で無くても、終身刑、仮釈放の無い無期懲役刑にすれば、（社会に戻ることが無いわけですから）済みます。或る法務省の幹部は、終身刑は残虐な刑罰であると言っていますが、死刑に比べれば生存が保障されているだけ、その残虐性は低いです。

もし終身刑が残虐な刑罰（未来に希望が持てない）というのなら、生きて償うためには、その残虐な刑罰である終身刑を甘受します。心の訓練と致します。

一九九八年、最高検察庁は「マル特無期通達」を出しました。これは、無期懲役受刑者の内「特に犯情悪質な」者を「マル特無期」に指定して「終身またはそれに近い期間」服役させるとしています。単なる通達によって、法律にない終身刑を事実上導入しています。目的はオウム無期懲役受刑者にあるとされています。ですので、既に終身刑はあるといえ

05–3

どうして麻原と一緒の刑に

宮前一明

ます。

また、法務省は厳罰化、重罰化を押し進め、無期懲役受刑者が獄中からなかなか出られないようにもしています。かつては服役二十年前後で釈放されていたのに、今は、その扉が閉ざされ釈放される人は毎年数人しかいません。その三倍以上の人が獄死している状況です。

このように無期懲役は終身刑化していきます。ですので、社会に戻ることはありませんから、再犯することもありません。このように終身刑、仮釈放なしの無期懲役刑は、或る意味で社会からの死刑といえます。別に手間暇かけて、わざわざ死刑執行しなくても、人は必ず死にます。死は避けられません。社会から一生隔離しておくだけで、死刑と同じ効果が得られます。

そして、生きている限り、総合的変容のための実践をすることで仏陀を体現することこそ、生きとし生けるものへの慈悲にもなりますし、生きて償うということの真の意味になります。

以上、法改正が待たれますが、当面、恩赦による救済を求めるものです。

添付書類

1　限りなく上昇する探求　インテグラルジャパンHP
2　専門用語集　同上
3　専門用語集　詳細　同上
4　統合的変容のための実践　同上

以下に掲載するのはフォーラム90が福島みずほ参議院議員と二〇一八年七月末締め切りで行った死刑確定者アンケートの回答の末尾部分である。全文は二〇一九年初頭刊行予定の報告書に掲載する予定だ。

名拘へ移管して四ヶ月目の七月六日。麻原を含む七名の即執行には、覚悟していただけに、どうして某が残ったのか？とも考え、その後、前世の兄弟を失う如く、大きな喪失感に包まれたものです。これは、彼らのご両親の念と重なるからです。麻原が存在しなければ、世のため人の為に、人生を歩むはずの彼らが、どうして麻原と一緒の刑にと……。生き証人として果たすべくことは沢山あるのに、残念なことです。

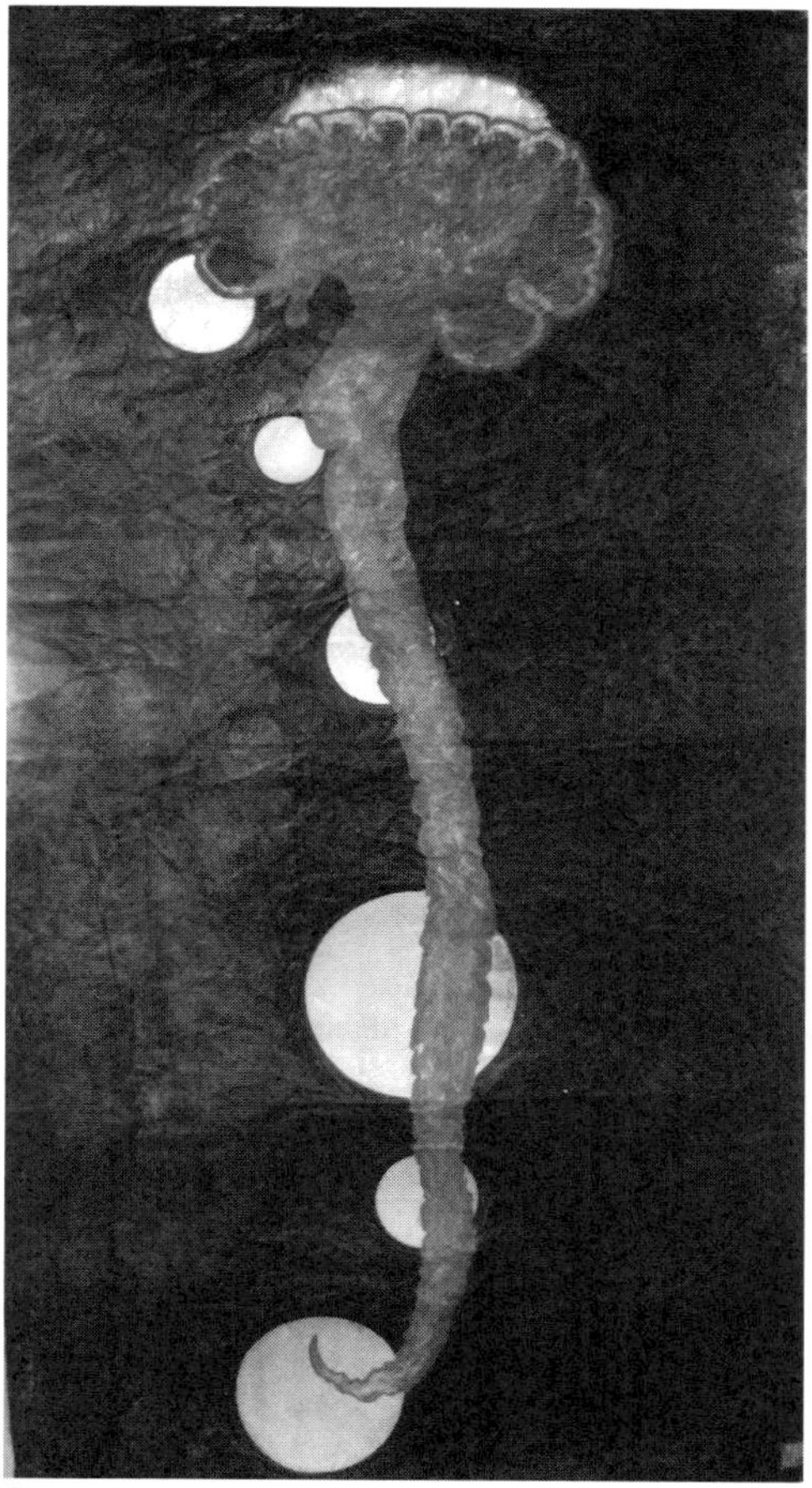

「思惟の存在感（タンジブル）」2010

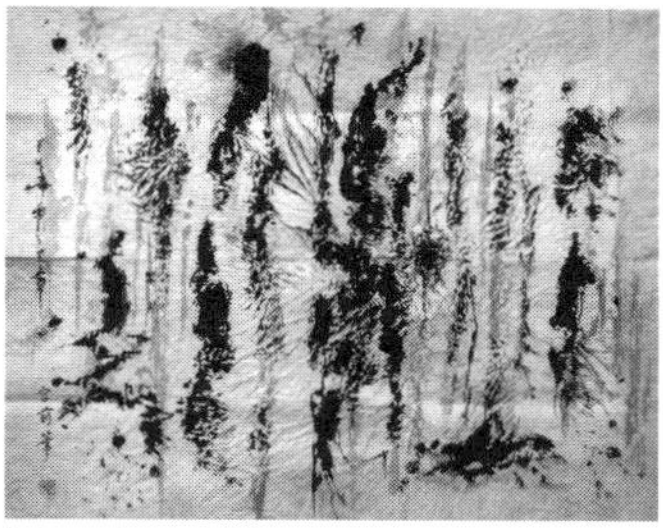

「オノマトペの詩」2013

「月下の鯉」2005

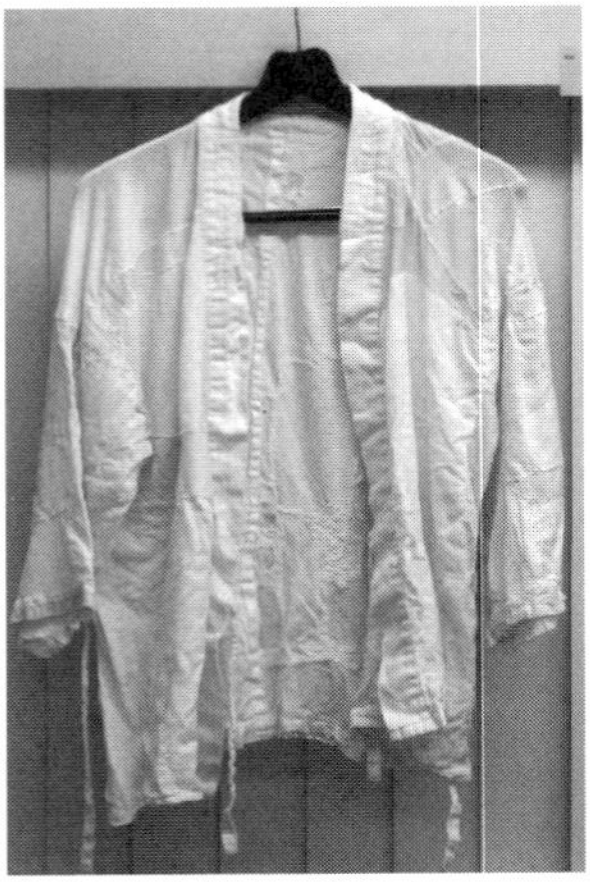

「思惟の存在感（タンジブル）」
2015

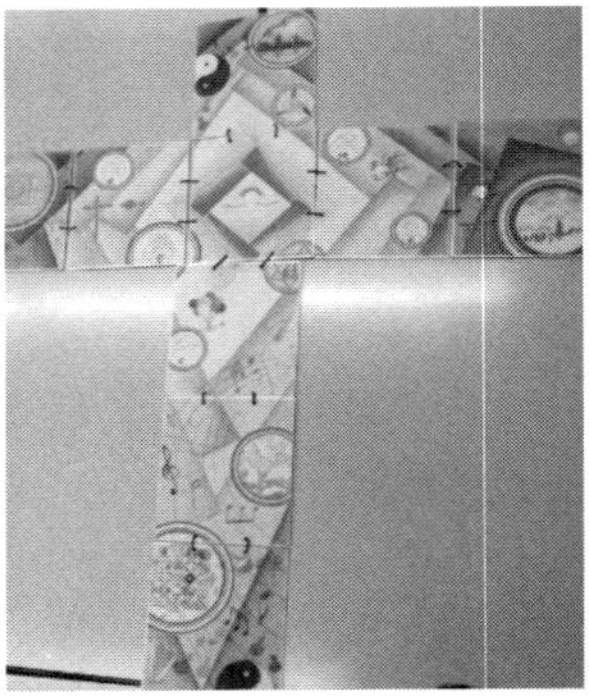

「死なない心（虹のコンパッション）」
2018

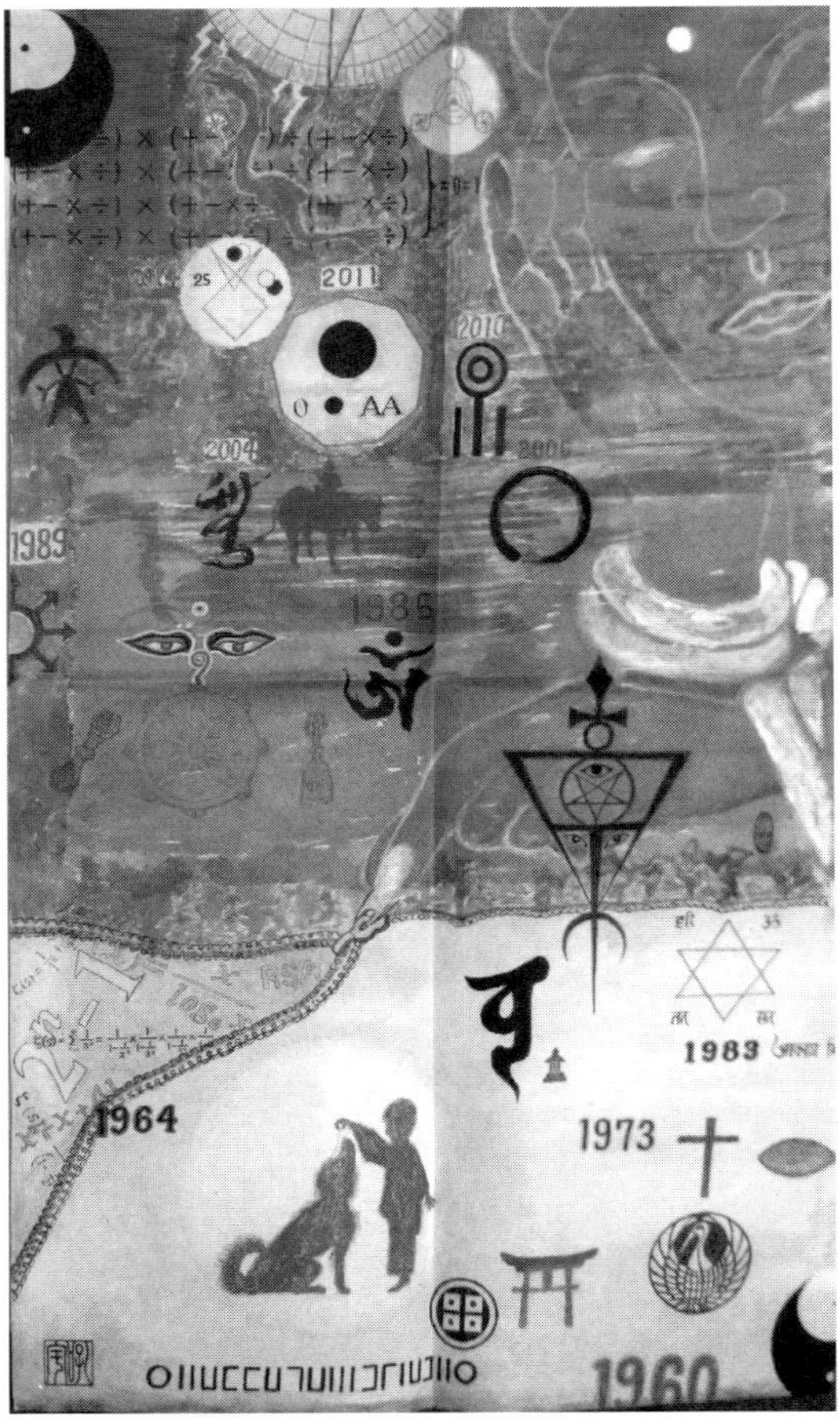

「問い掛けクロニクル」2014

宮前一明さんは死刑廃止のための大道寺幸子基金（現大道寺幸子・赤堀政夫基金）表現展に絵画作品として以下の作品を応募しています。

2005 年「月下の鯉」「黄山幻幽」（参考出品）

2006 年「厳冬入山」「空の山水庭」「夫婦鶴」（参考出品）

2010 年「思惟の慟哭」奨励賞

2012 年「境界視点」「邑の址」「凍鶴の朝」「もう他人事じゃない！」「拘束と監視」5 点とも優秀賞

2013 年「オノマトペの詩」新波賞、「返本還源」「自己ならざる自己の生命」「六十心」「雪の朝」「黄山夢想」「妖精顕わる」「来る日を前に囚われを問う」

2014 年「千里同風」「夫婦鶴」「暁鶴燦爛」「命の雫」「死刑囚だって人間だもの」「こだわりめさるな」「問い掛けクロニクル」「今夜、大根獲りに伺います」「目にやさしい囲碁マット」「糞掃衣」「春韻幻虹」「寂滅」「仙人杖竹の夢」

2015 年「再プログラミング自己啓発」「思惟の存在感（タンジブル）」特別賞

2018 年「死なない心（虹のコンパッション）」

詩二篇

井上嘉浩

詩「蛙の念仏」はフォーラム90が福島みずほ参議院議員と行った死刑確定者アンケート二〇一一年の回答（『死刑囚90人　とどきますか、獄中からの声』掲載）、詩「罪人」は同じく二〇一五年の回答（『年報・死刑廃止2015死刑囚監房から』）の再掲載である。

詩「蛙の念仏」

遠く離れたふるさとの田んぼでは
田植えがはじまり蛙が大合唱をはじめると
不思議とよく雨が降りました
ケロケロと雨ふれふれと呼びかけているようで
大空と小さな蛙と雨の仲間になりたくなりました。

青年になると蛙の鳴き声はただやかましく
小さな生き物たちの声に心を閉ざした
私は
希望の見えない社会に失望し生きる意味を
受験勉強の解答のように宗教に求めてしまい
ハルマゲドンからの救済の大義のとりことなりました。

自分で考えるなそれはエゴで煩悩で救いはない
空っぽになって言われたことをやりつづけろ
出家した私はこの教えの生活にはまり込み
闇路を走りつづけては自分の足音すら恐くなり
偽善と大義の陶酔の中で目前のワークに没入しました。

牢獄で少しずつ自分を取り戻しはじめると
見渡すかぎり他者の命を奪い苦しめた

罪の海
犯した罪をどれほど恐れ苦しみもだいても
被害者の方々の痛みや苦しみをいやすことはできず
どうすることもできない無力さに打ちのめされました。
リンリンリーンと鈴虫が秋になると鳴きはじめ
愚かな私の心にもいのちの声がしみてきます
一雨ごとに闇から聞こえる歌も小さくなり
自然の掟の中で消えゆく命のわびしさに
ただじっとうずくまりポロリと涙がこぼれます。
父母と恩師の温情のご縁により
生きて罪を償うために多くの方々に手を差し伸べていただき
二度とこのような宗教の名のもとで犯罪が起きないように
全ての罪を自分の罪として償う覚悟をもって
被害者の方々の痛みをかみしめて生かしてもらっております。
やかましく鳴いておる田んぼの蛙は何だと聞く子に
彼こそは法蔵比丘よと答えた母がいた逸話に驚愕しました
ふるさとの蛙が南無阿弥陀仏と呼びかけてきます
あぁなんという罪業の身私にはこの道をたどることでしか
いのちの大地に両手をついて無心に念仏する蛙に出遇えませんでした。
かたじけない本願は罪人をいやすものではなく
罪を照らし救いようのない姿を教えて下さいます
それでも罪のどろ沼の中で蛙はずっと鳴きつづけ
つながりあういのちの痛みと愛を知れと呼びかけて
救われぬわが身にも念仏の慈雨が降り注ぎます。

詩「罪人」

透き通る色無き風が渦をまき
かすかに聞こえるささやき声
誰に語りかけるわけでもなく
生死の悲しみをもれなく摂取する
いのちの青空に響き合う
限りない愛の尽きせぬ祈り。
面会ごとに少しずつ老いていく
父母の笑顔と姿を見るにつれ
迷惑ばかりかけ助けられない
私はどうしようもない親不孝者
なすすべもない自分の無力さ

05–5

静かに死を迎えたい

土谷正実

犯した罪の重さに砕けるばかり
長らく人と会って話をすることもなく
底知れぬ孤独に沈むにつれ
闇の奥底からかすかな愛があふれ
生きとし生けるものを見守りつづける
限りない命の摂理に気付く程
犯した罪の恐ろしさが骨に染みる。

支援して下さる方々の温情に
かたじけなくありがたく
いのちの温もりに触れる度に
多くの方々のかけがえのない人生を
奪い傷付け壊してしまった
犯した罪の痛みに引き裂かれる。

何故このような大罪を犯したんだ
自問しては自らの愚かさをかみしめ
妄信の誤ちに後から悔やんでも
過去には戻れず取り返せない
厳粛な罪の事実を前にして
絶壁に一人立ち尽くす罪人。

2015.6.12

フォーラム90が福島みずほ参議院議員と行った死刑確定者アンケート二〇一一年の回答(『死刑囚90人　とどきますか、獄中からの声』掲載)の再掲載。

現在置かれている境遇に完全になれることを目的としていますので、今のところ「何かを訴える」という気持ちにはなれませんが、折角の御好意ですので、個人的に御返事することにしました。

私が個人的に考えていることは「静かに死を迎えたい」ということです。私は松本サリン事件・VX事件・地下鉄サリン事件のいずれについても謀議の場に呼ばれておらず、謀議があったことも知りませんでした。これらの事件前にA死刑囚らが殺人を謀議していたことを私が知ったのは、逮捕後のことでした。松本サリン事件・地下鉄サリン事件の私の検面調書をとった検事は大坪弘道元検事でした。

これらの事件で亡くなられた方達のことを思えば、私もこのまま死ぬべきだろうと思いますが、謀議の存在を逮捕後に知った=即ち事件前に、私が亡くなられた方達に対して殺意を抱いていたとは思えませんので、私が静かに死を迎えることは容認してもらいたいです。

亡くなられた方々の御冥福をお祈りいたします。そして犠牲になられた方々へ心よりお詫び申し上げます。

再審開始せず

袴田事件・飯塚事件

死刑をめぐる状況 2017—2018

袴田事件の不当決定

（袴田事件弁護団事務局長）小川秀世

1 はじめに

死刑再審だからなのか、死刑再審は、島田事件以来四〇年近く認められたことがなかったからなのか。

東京高裁は、二〇一八年六月一一日、袴田巖氏に対し、おそらくは大部分の国民の期待を裏切って再審請求を認めないとの決定をした（大島隆明、菊池則明、林欣寛各裁判官）。その四年前の二〇一四年三月二七日には、静岡地裁は、袴田氏に対して、死刑の有罪判決には合理的な疑いがあり、警察による証拠ねつ造の可能性もあるとし、四七年以上国家が袴田氏の身体を拘束し続けてきたことは「耐え難いほど正義に反する」として死刑囚である袴田氏を釈放したのである。この静岡地裁のすばらしい決定は、世界中から注目を浴び、賞賛された。釈放された袴田氏は、世界中探してもどこにもいない街中を歩き回る死刑囚となった。それは、時期が来れば彼が最終的に無罪になることを皆に確信させていた。にもかかわらず、東京高裁は、それが間違いだったというのだ。

いったいこの国の裁判制度はどうなっているのか。静岡地裁の裁判官三人（村山浩昭、大村陽一、満田智彦各裁判官）が「合理的な疑いがある」と判断したにもかかわらず、今度は、東京高裁の三人が「合理的な疑いすらない」というのだ。これは、どのように理解したらよいのか。

有罪か無罪かの判断が違ったというのではない。もう一度裁判をきちんとやり直すべきか否かの判断について、一方は疑いがあり、他方は疑いすらないというのである。

そもそも「疑い」というのは、判断の幅がきわめて広い言葉である。だからこそ、わが国では裁判官によって犯罪を犯した「疑いがある」とされて、理由なく逮捕されたりするケースがごく普通にみられるのである。ところが、再審請求において、しかも静岡地裁の確信をもってした「疑いがある」との決定を、東京高裁は完全に否定したのである。これは、有罪方向への疑いは簡単に認めるが、無罪方向への疑いについてはものすごく厳格に審査しようとする裁判官たちがいるということである。

こうしたことの防波堤として、再審を含むあらゆる刑事裁判において貫かれる「疑わしきは被告人の利益に」という鉄則がある。しかし、東京高裁の決定が示したように、実際にはこの鉄則が何も頭にないような裁判官もいるということである。

こうして、東京高裁の決定は、全世界に対して、日本の裁判制度がいかにいい加減なものであるのかを、あらためてはっきりと印象づけた。しかし、いまから述べるとおり、このいい加減な決定は、近いうちに再び覆されることは間違いない。その意味で、この東京高裁の決定に意義があるとすれば、世界が注目する中で、日本の裁判制度には重大な欠陥があることを明らかにしたということであろう。

2　ＤＮＡ鑑定に関する多くの初歩的な誤り

東京高裁の決定内容には、多くのかつ重大な問題がある。裁判官が証拠を見落としたことが明らかなところ、証拠に基づかない認定、論理的誤りを犯している部分、そして決定的であるのは、静岡地裁判決が認めた警察による証拠ねつ造の可能性など考えられないという偏見でもって判断しているところである。

しかも、そのような誤りが東京高裁においてもっとも重要な論点として議論されていたＤＮＡ鑑定の検討においてみられるのである。

(1) 証拠を見落としているところ

ＤＮＡ鑑定について、東京高裁決定では、対照試料に関するチャート図について、「チャート図のＲＦＵ（チャート上の単位）の目盛りも上が７５００から６０００に設定されていて、本田がアリルを判定する基準である50ＲＦＵのピークがあってもその存在が認識できないチャート図であ（る）」から、本田鑑定の対照試料についてのＤＮＡの判定は信用できないかのように非難した。

しかし、実際には、本田氏は静岡地裁に、ＲＦＵを３００にした対照試料のチャートを提出している。これは、検察官の求釈明に答えた形で後に提出したものであるため、東京高裁は、見落としたのである。しかし、死刑再審で、証拠を「見落とした」などということは許されない。

しかも、恐ろしいことに、自ら「見落とした」ことを自覚していないため、それを根拠の一つとして本田氏の鑑定が信用できないという批判につき進んでいるのである。

(2) 証拠に基づかない認定

東京高裁は、チャート図について、機器が自動的にラベルしたオフ・ラダーの表示を本田氏が削除したことについて、「自らの判断に従ってチャート図の表示を変えたものであり、同チャート図の正確性について自ら疑われかねないような行為」であると非難した。

しかし、オフ・ラダーのラベルは、あるピークが出ていても正しいアリルの位置に合致しない場合になされる注意の表示である。それに基づいて鑑定人がそのピークを検討し、正しいアリルか否か判断するためである。したがって、鑑定人が正しいアリルでないと判断すれば、上記表示を削除することに何の問題もない。もちろん、上記表示を削除しても、チャート図に表示されたアリルピークの位置や形状はそのままであるから、「正確なチャート図」が、そのまま提出されているということである。

要するに、東京高裁は、チャート図やオフ・ラダーの表示の意味すら理解しないまま、何の理由もなく本田鑑定を否定しようとしたということである。

同様に、本田氏のチャートの印刷された時刻がある時間帯に集中しているからとか、チャート図がカラーでなく白黒になっているからとか、本田氏のＤＮＡ鑑定はマニュアルどおりであるから、実験ノートなど作っておらず、要求された予備実験の資料などはすべて提出しているのに、実験ノートが提出されていないから信用できないなど、まったく意味のない非難でもって、その信頼性を傷つけようとしたのである。

(3) 論理的な誤り

東京高裁による本田鑑定の批判の中心は、ＤＮＡ鑑定の前処理として、鑑定試料に付着している細胞の中から血液の細胞を抽出するために考案した細胞選択的抽出法であった。これは五点の衣類が、長年の間多くの人に触れられたりしたことで、血液以外のＤＮＡが検出されて混乱することを懸念した静岡地裁が、鑑定を嘱託する際、両鑑定人に何とか工夫して欲しいと強く要請し、それに応えて本田氏が考案し、実施したのである。ちなみに、検察官推薦の山田鑑定人は、その要請に応えることはできなかった。

しかし、鑑定の結果、血液が付着していない箇所を採取した対照試料からは、まったくＤＮＡが検出されなかった。これは、血液以外の細胞による汚染がなかったことを意味する。また、細胞選択的抽出法を用いてもＤＮＡ鑑定は可能であったことは、はからずも、東京高裁における鈴木鑑定によって確認された。鈴木氏の批判は、本田氏が上記抽出法で用いた抗ＨレクチンがＤＮＡを分解するからＤＮＡ鑑定に使用すべきでないということであるが、鈴木氏の実験の結果でもＤＮＡは消滅することはなく、別のＤＮＡが検出されることもないことが明らかになったからである。

そうであれば、細胞選択的抽出法が、仮にまだ信頼が確立されていないものであろうが（もちろん、実際には、国際的な科学雑誌にも論文が掲載され、評価を得ているのであるが）、本田氏のＤＮＡ鑑定の結論は変わらないはずである。

ところが東京高裁は、本田鑑定の細胞選択的抽出法の信頼性に疑問があるから、本田氏のＤＮＡ鑑定そのものも信用できないとしたのである。しかし、細胞選択的抽出法を用いたか否かによってＤＮＡ鑑定の結論は変わらないのであるから、これは論理的には明らかに間違いである。東京高裁は、このような間違った論理でもって本田鑑定を排斥したのである。

3　色問題についての自ら破綻した論理

(1) 静岡地裁の決定は、ＤＮＡ鑑定のみならず、五点の衣類の色も、ねつ造を裏付ける根拠として再審を開始したものであった。

それに対して、東京高裁決定は、色の検討はカラー写真を資料としているが、当時のカラー写真の技術水準は低く、再現性が悪く、露出によっても色が大きく変わるから当時のカラー写真に証拠価値はないなどと言い切った。

(2) しかし、弁護人が五点の衣類の色の問題を取り上げたのは、第一次再審において東京高裁と最高裁が、五点の衣類が犯行着衣であることの根拠として「長期間味噌漬けになっていたものであることが明らか」などと証拠に基づかない認定を突如はじめたことがきっかけである。そのため、第二次再審における申立時の新証拠は、味噌漬け実験報告書であり、白色や緑色の衣類を五点の衣類のような味噌色に染めるには二〇分もあれば十分であることを示したものである。

この実験によって、カラー写真がどうであれ、また、当時の味噌の色が実験のときに使用したものよりも薄い色であっても濃い色であったとしても、簡単にどんな味噌色に染めることもできることが明らかになったのである。つまり、味噌の色に染まっているのは長期間味噌に漬けられたものだから犯行着衣である、などと判断することはできないということである。ということは、カラー写真の再現性など、無関係なのである。

それにしてもカラー写真は証拠としての価値はないというのは、あまりに乱暴な議論である。

(3) さらに、血痕の色も問題となった。発見された時点で五点の衣類に付着していた血痕は、赤褐色、赤紫色など、赤味がはっきり残っていた。これは、カラー写真でもはっきり見られるし、また、実況見分調書や鑑定書の記載も赤味が残っているとする記述ばかりであった。ところが、血痕は、一年間も味噌漬けにしているとメイラード反応と呼ばれる化学変化により褐色が濃くなり赤味が完全に消えて黒くなってしまうのである。それは、検察官の味噌漬け実験によっても確認された。

これはカラー写真の再現性の問題ではない。いくら再現性が悪くても、黒いものが赤く写るわけがないのである。この点について、東京高裁はまったく説明をせず、無視している。単純なことだからこそ、説明ができなかったのであろう。

説明できないところは、触れないでおくという、きわめて卑怯な裁判官たちである。

4 DNA鑑定以外の初歩的な誤り、あるいは証拠に基づかない認定

(1) 高裁決定は、DNA鑑定以外の論点でも証拠に基づかない認定、偏見に満ちた認定を繰り返した。

例えば、袴田氏には、犯行着衣とされたズボンが穿けなかったか否かという知られた論点がある。この点について、弁護人は、ズボンが穿けなかったのはウエストだけの問題ではなく、わたり（太股の付け根）幅のサイズが小さいからであると新たな鑑定書をふまえて主張した。

この鑑定は、味噌漬けになっていないズボンの生地の糸の本数を数えて糸密度を出し、味噌漬けズボンの糸の本数を数えて味噌漬け前のわたり幅を計算で示したものである。この方法は結局、味噌漬け前のズボンのわたり巾を直接測定したと同じことであり、正しいに決まっている（正しくないなら糸の本数を数え直せばよい）。

これに対して、東京高裁は、当時のズボンのメーカーの役員がズボンのサイズを推定し、記憶に基づいてそのサイズのズボンのわたりの寸法を証言した数値の方が正しいというのだ。

目の前に直接事実を見せられても見ようとしない東京高裁の上記のような判断をみせつけられると、信じたくはないが、いったん偏見にとらわれた人の見方を変えることは、何をやってもできないのではないかと絶望的に思ってしまう。

(2) 右足脛の傷は、弁護団が東京高裁になってはじめて問題にした論点である。

控訴審判決では、袴田さんの右足脛の傷が五点の衣類のズボンの損傷と一致するから、衣類は袴田さんが着用していたものだと判断していた。ところが、これは支援者が発見したことであるが、袴田さんの右足脛の傷は、逮捕時の身体検査調書や鑑定書や留置人の身体検査記録には記載がなく、逮捕後勾留中にできた傷であったことが明らかになった。しかも、逮捕時の身体検査をしたのは同じ警察官であったにもかかわらず、虚偽の自白をさせた上で、今度は、右足脛の傷は事件のときに負傷したものだと嘘の主張をしていたのである。

東京高裁では、逮捕時の記録に傷がないことを指摘された検察官は、当時の警察官も鑑定人も、留置場担当者も全員が右足脛の傷は見逃したなどと言いつくろっていた。しかし、上記傷は横1.5センチ、縦8センチのカギ型の傷で、見逃しようもない大きさであった。ところが、東京高裁決定では、足脛の傷は、袴田さ

んを裸にでもしない限りわからないのだから、警察官らが、しかも全員見逃したとしても無理もないというのである。身体検査において袴田さんを裸にしなかったということが、どうしてこの裁判官たちにわかるのであろうか。また、見落としたことを窺わせる証拠などないのに、記録されていないから見落としたと考えられるというのは、明らかに証拠に基づかない、むしろ証拠を無視した認定である。

これが、わが国の東京高裁の死刑再審における判断である。裁判官たちは、恥ずかしくないのであろうか。どうして、永久に残る決定書に、こんなことを書くことができるのであろうか。

こうしたところが、今回の決定は、第一次再審における東京高裁決定と類似している。そのときも、決定書中に、外側に穿いていたはずのズボンよりも、内側に穿いていたはずのステテコにより多くの血が付着しているのは、犯行の途中でズボンを脱いだからなどと、およそ口に出せないような恥ずべき説明が、堂々と書かれていたことを思い出すからである。

(3) その他にも、ねつ造を裏付ける事実や証拠はいくらでもある。

特別抗告申立書では、新たに白半袖シャツの血液付着部分が、ヘラでそぎ取ったような跡があり、人為的なものだから、ねつ造の痕跡であると主張した。もともと、白半袖シャツは、付着血痕が濃厚であり、ステテコと同様にネズミ色スポーツシャツの上から浸み込んで付いたとは考えにくいものであった上に、血液の付着の仕方が不自然であったのだが、証拠開示によって、不自然な跡は「血こん採取箇所」であるとの説明書きのある写真が出てきたのである（写真血痕のそぎ落とし①、血痕のそぎ落とし②）。しかし、ヘラでそぎ取ったような跡は、実は、発見直後の写真にもあるし、また、白半袖シャツの裏側にもある。そうであれば、そぎ取ったような跡は、発見前からのものだということである。もちろん、採取された血痕が使われた鑑定もない。血痕鑑定の際には、生地を小さく切り取って使われている。

結局、上記説明書きが出てきたことで、ますますねつ造の疑いが強まったも

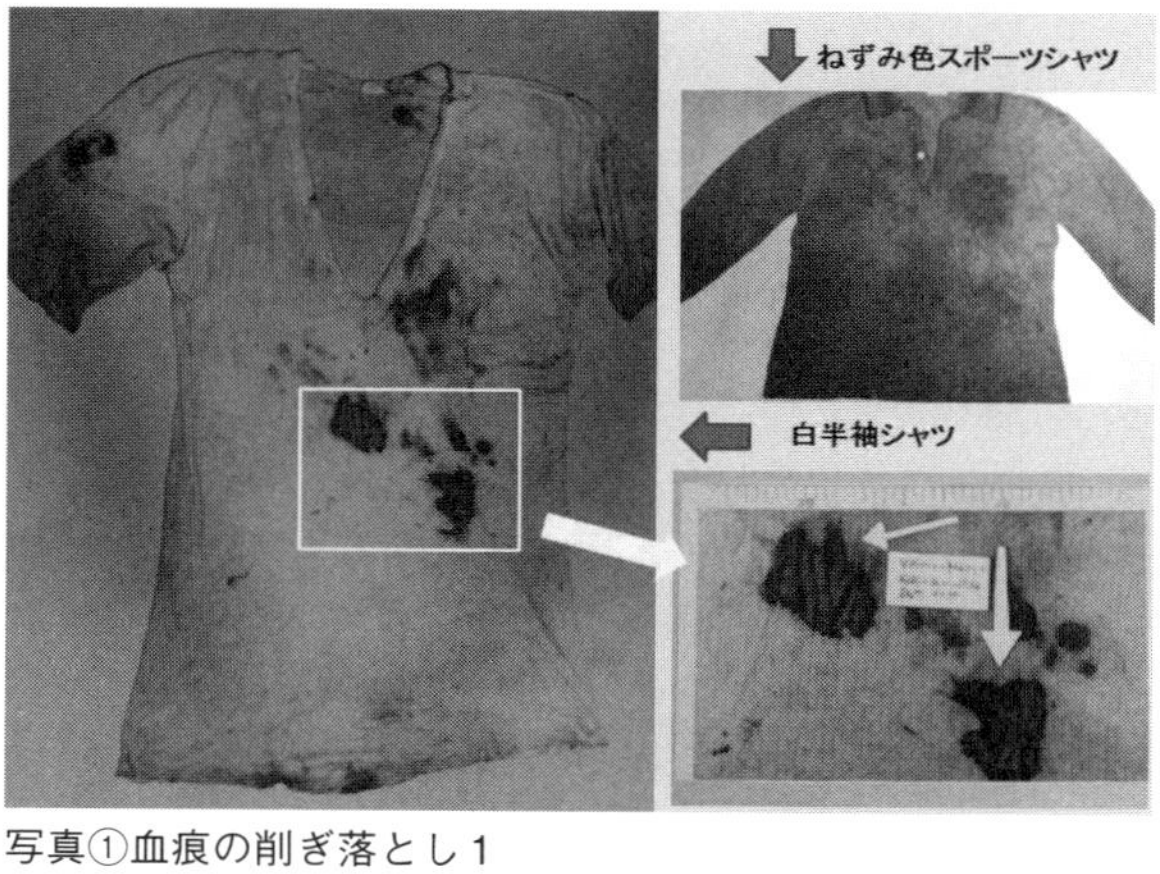

写真①血痕の削ぎ落とし1

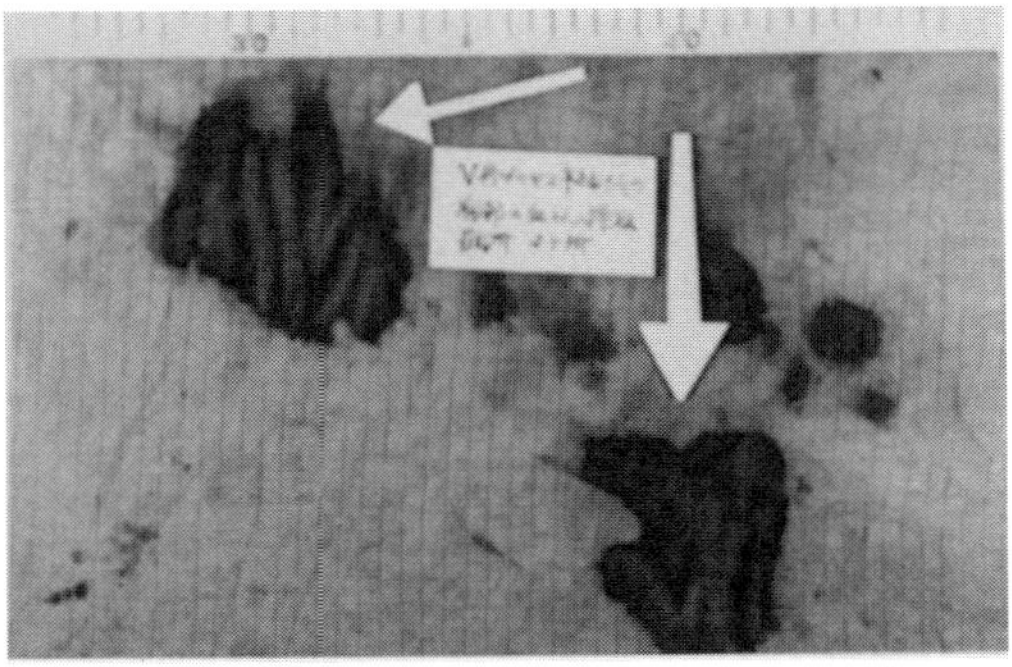

写真②　血痕の削ぎ落とし２

のである。
　このように、こうしたねつ造を裏付ける事実は、いくらでも指摘することができるのである。

5　ねつ造などありえないとの偏見

(1) 東京高裁決定は、次のように述べている。
「確かに、取調べ録音テープからうかがわれる袴田の取調べは、取調官が、深夜まで連続して長時間取調べを続け、袴田が否認しているにもかかわらず、繰り返し被害者遺族に対する謝罪の気持ちを聞いたり、袴田の名前を連呼するなどして、袴田を心理的に追い込んで疲弊させていく手法が用いられており、その取調中に排尿の要望が出た際、取調官が直ちに対応しなかったり、取調室に便器を持ち込ませて排尿させたりしたこともうかがわれ、その取調方法には供述の任意性及び信用性の確保の観点からは疑問といわざるを得ない手法が含まれていたことが認められるが……取調べの結果、犯行のほぼ全容について袴田の供述を得て、犯行着衣についてもそれがパジャマである旨の自白を得た捜査機関が、新たにこの自白と矛盾するような五点の衣類をねつ造することは容易には考え難い」（決定書一〇一頁）とした。

　上記部分の前段では、決定は取調べの強要、違法が否定しがたいことを認識しているように思われる。ところが、それでもねつ造を否定するのである。しかし、後述するように、静岡県警がこれまで証拠をねつ造してきた重大事件は、すべて自白を強要して取得した事件である。そして、本件も、強要した結果得た自白は真実性を担保するものが何もなかったため、警察は、秘密の暴露を偽装しようとしたがそれに失敗したのである。そうであれば、警察が、さらに別の方法で袴田さんを有罪しようとすることに、何の不自然もないはずである。

(2) さらに、決定は、「確定判決の認定は、新旧証拠を総合評価しても、不合理な点はなく、弁護人の主張する五点の衣類がねつ造された可能性は、具体的な根拠に乏しく、未だ抽象的な可能性をいうに過ぎず、捜査機関が五点の衣類をねつ造した合理的な疑いは生じない」（同一〇四、一〇五頁）とも言っている。

しかし、これまでねつ造の根拠として主張した事実や、提出してきた証拠は、当たり前であるが、きわめて具体的なものであり、明白なものである。

わかりやすい点を指摘すると、前述のとおり外側に穿いていたズボンよりも、内側に穿いていたステテコにより多くの血が付着している事実は、別々に血を付けたからではないかとの疑問を生じさせるに十分である（写真③ステテコとの比較）。そのため、これに対しては、第一次再審の東京高裁の決定が述べたように「犯行の途中でズボンを脱いだ」などとこっけいな想定をする以外にない。この点で、今回の東京高裁では、検察官が、上記高裁決定の内容と同様の説明をしている鑑定書（順天堂大学法医学研究所齊藤一之教授作成）まで提出した。しかし、そうであれば、上記各血液が、別々の機会に付着したという事実が、法医学者によっても裏付けられねつ造の新証拠ということになる。

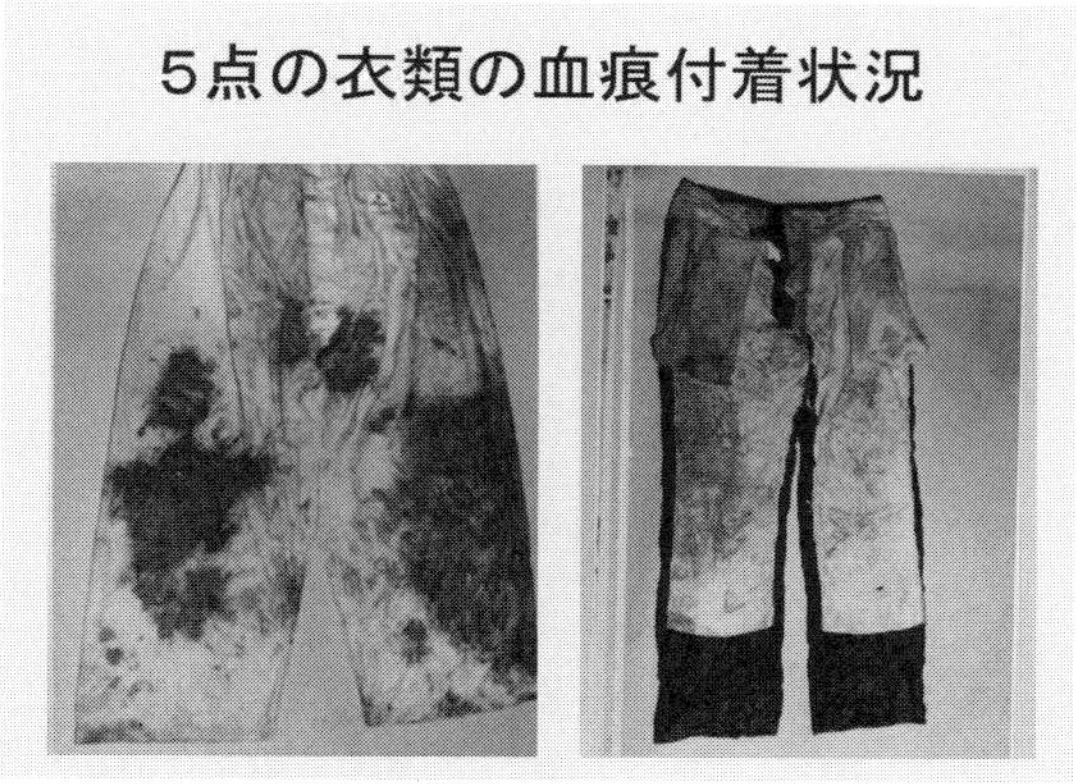

写真③　ステテコとの比較

ただ、今回の東京高裁は、この点についてまったく説明していない。説明できなかったのであれば、「ねつ造の具体的根拠がない」などと決定書に書くなということである。

緑色ブリーフの問題もわかりやすい。袴田さんは緑色ブリーフを一枚しか持っていなかった。そして、五点の衣類の中には、緑色ブリーフが含まれていたが、他方で、袴田さんの親族が袴田さんの緑色ブリーフは逮捕後親族が保管していたとして提出された。もし、その緑色ブリーフが袴田さんのものであれば、五点の衣類の緑色ブリーフは袴田さんを有罪にするためのねつ造証拠であることになる。

この点、袴田さんの親族全員が嘘をついたというのが確定判決の認定である。悪意に満ちた認定で、どうしようもない。しかも、控訴審では、緑色ブリーフを差入れしようとした実兄に、色物だから差入れをやめるように助言し、持って帰らせた経緯を、当時の弁護人であった故斉藤準之助弁護士自身が証言しようとしたのである。結局、斉藤弁護士の証人尋問は却下され、実現しなかったが、親族の証言の信用性はきわめて高いことが推察できる。

(3) そして、そもそも五点の衣類が犯行着衣であるとする根拠は、きわめて薄弱

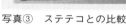

なのである。

ねつ造をうかがわせる根拠は限りがない。しかし、きわめて重要なことは、もともと弁護人はねつ造の主張もしていなかったため、確定判決等が犯行着衣であると認定した根拠は、ねつ造を否定する理由にならないものばかりで、その意味できわめて薄弱なものであったことである。

犯行着衣であると認定した根拠とされたのは、①衣類に血が付いていること、②損傷箇所があること、③発見現場が事件場所に近いこと、④仕込みをした後は味噌タンクの底に衣類を入れることは不可能であること（発見直前に入れた可能性は否定できない）などの事実であり、どれもこれもねつ造を否定することに何の役にもたたないものであった。このことは繰り返し主張してきたが、高裁決定は、それをまったく無視し（この点、第一次再審において、東京高裁と最高裁は、確定判決等が認定した上記事実だけでは犯行着衣であると認定できないことを自覚したからこそ、「衣類が長期間味噌漬けになっていたことは明らかである」と証拠に基づかない事実を、あたかも証拠上容易に認められる事実であるかのように追加したのである。）、確定判決等の認定に何の疑問もないかのように扱った。これは、第一次再審の東京高裁や最高裁の上記判断と比較すると、ごまかしであるとしか言いようがない。東京高裁の裁判官らは、やはりねつ造に対する強い偏見だけで判断したものと言ってよいであろう。

しかも、東京高裁決定は、有罪認定には、五点の衣類があるのだから自白を含む他の証拠は必要ないとまで言っている。だから、いくら自白が強要されたことが明らかになっても、有罪認定は揺るがないというのである。しかし、今述べたとおり、五点の衣類は、犯行着衣であるとすら認定できないもっとも脆弱な証拠なのである。また、そうであれば、五点の衣類に関する新証拠はきわめて弱いものであっても、有罪判決の認定に合理的な疑いが生じるはずである。この点でも、東京高裁決定は、まったく出鱈目な論理を展開していることになる。

6 警察による証拠ねつ造の経緯

(1) 静岡県警の違法捜査の承継

戦後静岡県下で発生した幸浦、二俣、小島の強盗殺人の三事件において、いずれも被告人らはいったん死刑ないし無期懲役刑の判決を受けたが、最高裁判所が破棄し、最終的にすべて無罪となった。これらの事件は、警察により、拷問的な自白の強要が行われたことがよく知られている。しかし、もう一つ重要なことは、拷問による虚偽の自白を裁判所に受け容れさせるために、警察は、いずれも秘密の暴露の偽装工作を行ったことである。例えば幸浦事件では、海岸の砂浜の中に埋められていた四人の死体を警察が事前に発見していたにもかかわらず、自白後被告人を砂浜に連れて行き、死体が被告人の自白によって発見されたかのように偽装した。

こうした拷問と偽装工作は、後に拷問王と呼ばれた紅林警部によるもので、あたかも彼個人が問題であったかのように言われているところがある。しかし、昭和二九年に発生し、いったん死刑判決が確定したものの再審の結果無罪となった島田事件では、紅林が関与しなかったにもかかわらず、被害者の胸の傷が遺体近くにあった石であることが秘密の暴露とされて有罪となった後、再審で、それが警察による秘密の暴露の偽装であることが明らかになった。つまり、当然のことではあるが、自白の強要と秘密の暴露の偽装という捜査の方法は、紅林が作り出したものかもしれないが、県警の内部では「捜査の一手段」として共有されていたということである。そのため、いまから述べるように、袴田事件でも同様の方法が使われたのである。

そして、こうした事件における裁判所の対応に、大きな問題があった。上記すべての事件で、裁判所は、疑問を提示することはあっても、決して警察の「拷問」を認めたり、「秘密の暴露の偽装工作」を指摘したりすることはなかったのである。幸浦事件では、被告人が取調べにおいて、警察官から焼け火箸を耳に付けられたと訴えた。そして、実際に、被告人の耳の後ろに火傷があったのだ。にもかかわらず、裁判所は、警察による焼け火箸による拷問を認定することはなかった。裁判所の違法捜査を指摘することに対する消極姿勢、そうでなければ裁判所の偏見を示すものである。それが、その後も繰り返し同様の違法捜査を招くことになったことなど、もちろん裁判所は自覚もしていないし、反省もしなかったということである。

(2)こうした警察の自白の強要と秘密の暴露の偽装は、本件でも当然のように、繰り返し行われた。しかし、それがいずれも失敗したために、警察は、自白の真実性を偽装することを断念し、結局、自白内容を一部否定するような五点の衣類をねつ造するに至ったということである。

警察は、強要により袴田さんから虚偽自白を取得し、起訴した後である昭和四一年九月二六日付けで、上の留金を外さないまま左右の戸を無理やりそびれさせて出入りしたという自白を裏付けるための実験の結果、自白の方法で裏木戸を通過することができたとする北條節次の捜査報告書を作成した（写真④裏木戸）。

上記捜査報告書は、実際には、上の留金を外さないで出入りすることが不可能であったにもかかわらず、「出入りすることができた」と虚偽の内容が書かれている。このことは、これまで弁護人が提出した多くの証拠により、第一次即時抗告審決定でも虚偽であると認めざるをえなかったのである。この報告書には、実験を行った日も、場所も、関与した者の氏名すら記載されていない。何より肝心の人が通過しているときの上の留金の状態を写した写真が添付されていない。これは、後に虚偽の文書であることが発覚しないようにするためであろう。

しかも、北條節次は、この捜査報告書の内容どおりの偽証をした。要するに、警察は、袴田さんの自白の信用性が乏しいことを自認していたが、なんとか有罪にするため、こんな虚偽文書を作成し、偽証までしたのである。

写真④　警察による裏木戸実験

このように有罪になれば死刑になると考えられた本件で、警察は、袴田さんを有罪にするために上記の犯罪を犯したものである。ただし、上記捜査報告書に上の留金部分が写った写真がなかったということは、警察は、秘密の暴露の偽装、すなわち証拠のねつ造に失敗したということを意味する（その点に気がつかなかった確定までに関与した弁護人や裁判官は、重大な過ちを犯したということである。）。

ただ、当初警察は、袴田さんが奪ったとされる八万円余の現金が見つからなかったことを利用して秘密の暴露を偽装しようとした。袴田さんに、五万円を知人の女性に預けたと自白させ、その後、清水郵便局から差出人の記載もない現金五万八〇〇〇円入り封筒が発見されたからである。しかし、これは、すべての紙幣の記号番号部分だけが焼かれており、さらに、わざわざ「イワオ」などとカタカナで書いてあったなどの不自然さに加えて、警察がその女性を逮捕、勾留したものの、自分が差出人であるとの自白を強要することができなかった（写真⑤千円札、名前入りの千円札）。それに続いたのが裏木戸の偽装工作であったが、結局それも失敗したのである。

そうであれば、秘密の暴露の偽装工作に続けて失敗した警察が、それを断念し、最終的に、やむなく自白以外の証拠、す

写真⑤　上＝記号部分を焼かれた千円札、下＝名前入りの千円札（拡大）

なわち五点の衣類をねつ造するに至ったということは、むしろきわめて自然なことであったと考えられる。

ちなみに、再審前の裁判所は、裏木戸が秘密の暴露であると認定しなかったが、検察官は、冒頭陳述では北條捜査報告書記載の実験にまったく触れていなかったものの、論告では、実験の結果自白の方法で通過できたことが確認できたのは秘密の暴露であると主張していた。検察官は、当初は、上の留金部分が写っていない写真ではとうてい証拠価値はないなどと思っていたものの、弁護人から何の疑問も提出されなかったため、論告では思い直して主張したのであろう。

7 偏見をどう打ち破るか

(1)かつて、袴田事件が最高裁に係属していたときの担当調査官で、上告棄却の意見を書かれたのは後に北大の教授になられた故渡部保夫氏であったが、私は、袴田事件について渡部氏と議論させていただいたことがあった。もちろん五点の衣類について、私がねつ造であることを主張したのであるが、互いに譲らないまま、最後に渡部氏は「小川さん、松山事件や弘前事件のように、警察が証拠に少し血を振りかけることはありますよ、でも、警察がこんな大掛かりなねつ造をすると思いますか?」と言われた。

私は、そのとき何も言えなかったが、いま思えば、この渡部氏の発言こそ偏見に基づくものである。私は、事実と証拠に基づいてねつ造を主張しているのである。それを、事実や証拠に基づかず、そんなことは考えられないなどと主張し、判断されているからである。

(2)このように、偏見は、事実や証拠に基づかない意見であるから、その人たちと議論するのは大変である。事実や証拠を突き付けても、そんなことは現実には考えられない、何をばかなこと言っているのだというだけで終わってしまうことが多いからである。

にもかかわらず、静岡地裁は五点の衣類はねつ造の可能性があるとし、しかもそれは警察によるものだとした。それは、DNA鑑定と味噌漬け実験により、論理的にもねつ造以外に考えられなくなったからである。しかし、東京高裁は、逆に、ねつ造などありえないという偏見から事実や証拠をまともに検討しようとしなかったのである。そういう人たちを、冷静に事実と証拠に導くためにはどうしたらよいか。

第一に、前記のように、実際に、死刑になるような重大事件ですら、警察による大掛かりな証拠ねつ造が、しかも繰り返し行われてきたことを、あらためて裁判所に認識させることである。こんなことは、いままでは誰も否定しないと思っていたが、やはり当たり前と考えていることであっても、偏見にとらわれて見ようとしない人もいるということである。

第二に、ねつ造を示す事実や証拠をて

いねいに繰り返し突き付けることである。袴田事件において、ねつ造を主張することは、弁護団の中にあっても当初は多くの反対意見があった。ねつ造主張は不利になる、品位を欠く、ハードルを上げることになるなどという議論がなされたことがあったのだ。しかし、これらは、事件に関する事実や証拠とは無関係の評価であり判断である。この事件でねつ造を主張しなければならないのは、事実と証拠に照らして、どのように考えても、五点の衣類はねつ造証拠であり、警察の裏木戸実験やその他の多くの証拠が偽装でありねつ造であるからである。そして、弁護団が変わってきたのは、事実と証拠を十分に検討してきたからである。

そうであれば、裁判所に対してもねばり強く事実と証拠でもって説得する以外にない。そして、事実と証拠で反論させるようにすることである。事実と証拠の土俵の上では、真実は必ず勝つということである。そんなふうに考えている。

8 収監をしなかったこと

(1) 東京高裁は、検察官の即時抗告を容れ、再審開始決定を取り消したにもかかわらず、静岡地裁がした拘置の取り消し決定はそのままにし、袴田さんの収監を認めなかった。これは、論理的には理解できないところであるが、ともかくほっと胸をなでおろしたことは事実である。

(2) 袴田さんの現状

袴田さんは、いまでも毎日浜松の街を歩き回っている。ときに六時間も八時間も帰ってこないこともある。これは、健康維持のためにする運動ではない。気分転換でもない。そうであれば雨の日や台風の日に出かけていくはずがない。死刑の恐怖が、袴田さんを歩かせているのである。死刑の恐怖により、袴田さんはいまでも最高権力者の地位にあるという妄想の中にある。最高権力者であれば、死刑の執行を受けるおそれはないからである。そして、最高権力者であるから、市井の人たちを見守ることが自分の仕事であると考えているのである。だから、街に出かけて行かなければならないというのである。

ただ、実際上は、八二歳の高齢であり、一度階段からすべり落ちたこともあって、ずっと支援者が交代で付いて廻っている。雨の日も同じである。これには本当に頭が下がる。

(3) 収監しなかった理由

思うに、再審開始決定によって「耐え難いほど正義に反する」として静岡地裁が袴田さんを釈放したのも、拘置が四七年以上長期になっていたこともあるが、法務省に対する配慮もあったのかもしれない。無実の人を長期間拘置した結果、拘置所の生活が袴田さんをこんなひどい精神状態に陥らせてしまったからである。だから、静岡地裁が拘置の執行停止をしたのも、袴田さんに早く健康な状態を取り戻してもらいたいという願いがあったと思う。つまり、再審の公判が始まり、無罪になったとしても、袴田さんが正常な状態でなければ、袴田さんが真に救済されたことにすらならないからである。

弁護団は、収監される前の拘置中の袴田さんの状況が、弁護人やひで子さんとの面会も拒否し続けたり、明らかな妄想的発言もあって、精神障害が著しいとして専門家による治療を繰り返し求めてきた。それに対して、拘置所では、適切な治療を受けさせているという説明をしていたが、実際に釈放された袴田さんは、上記のとおり、いまだに著しい妄想障害が治らないのである。もちろん、現在でも死刑囚の処遇が問題となりうるが、無罪になったときには、法務省に対する処遇の責任の追及の声が一段と強まるであろう。

9 今後の闘い方

(1) 袴田さんは、現在八二歳である。現在、袴田さんの保佐人であり、再審請求人でもある秀子さんは八五歳である。幸い、まだお二人とも元気であるが、残された時間は多くない。

そして、袴田さんは、上記のとおりいまでも著しい妄想障害がなくならない。袴田さんが無罪になることが、この妄想障害から抜け出す最低限の条件であろう。

袴田さんは、再審請求をしていることを理解しようとしない。妄想の世界の中では、事件はなかったし、裁判は終わっているのである。私たちと、事件の話をすることはできないし、場合によっては怒って拒否することすらある。自分のおかれている現状が認識できていないのであるから、袴田さんは、ごく普通の人間関係を作ることもできないのである。

その意味で、袴田さんは、釈放されて四年以上経過したいまも、普通の生活を取り戻すこともできていないのである。

これらが、袴田さんの死刑に対する恐怖心からきているとすれば、早急に無罪判決を勝ち取りその原因をまず除去しなければならないのである。

(2) 現在、この事件は、最高裁判所に特別抗告が係属している。そして、いままで述べてきたとおり、東京高裁の決定があまりにいい加減なものであることからすると、さすがに最高裁も、記録を見ることだけで十分理解できると思われる。

ただ、時間的なことを考えると、再度のＤＮＡ鑑定を実施させることも含め、早期に決着をさせる方法も考えなければならない。また、最高裁が、突然特別抗告を棄却し、袴田さんが収監されるようになってしまうことも避けなければならない。

そうすると、特別抗告を係属させながら、並行して、静岡地裁に第三次再審請求を申し立てることも視野に入れて検討しなければならないであろう。

死刑をめぐる状況

日本の刑事再審法制の現状と問題点

菊池・飯塚再審事件の経験を通して 2017―2018

徳田靖之（弁護士）

1 はじめに

現在、日本には、狭山事件、名張事件、三鷹事件、帝銀事件、袴田事件をはじめ多数の再審請求事件が係属している。最高裁判所に継続している主な事件を列挙しただけでも、大崎事件、松橋事件、飯塚事件、袴田事件等々である。

ご承知のとおり、これらの最高裁係属事件の内、大崎事件、松橋事件については、地裁、高裁において、再審開始決定が支持されたにもかかわらず、検察官が特別抗告したものであり、飯塚事件は、再審請求を棄却した福岡高等裁判所の決定を不服として請求人が特別抗告しているものである。また、袴田事件が静岡地方裁判所の再審開始決定を取消した東京高等裁判所の決定に対して、請求人が特別抗告に及んだものであることは、私たちの記憶に新しいところである。

そのうえで、誤判であることが明白であるとされているにもかかわらず、既に死刑が執行されたり、事件本人が死亡する等の事情から、再審請求すること自体が妨げられている事件として、大逆事件、菊池事件、福岡事件等も知られている。

一方で、一九四八年に現行刑事訴訟法に再審規定が設けられてからの歴史を振り返ってみると、長らく「開かずの扉」と言われていた時代から、一九七五年の最高裁白鳥決定を経て、財田川事件、弘前事件、加藤事件、免田事件、松山事件、島田事件、徳島事件と相次いで再審無罪が確定した一〇年間が続いた後に、一九八〇年代後半以降は、足利事件等を除いては主要な再審事件に関して、厳しい決定が繰り返されている[1]。

本稿は、こうした刑事再審事件をめぐる歴史と現状を踏まえたうえで、日本における再審法制の問題点を明らかにしようとする細やかな試みである。

なお、九州では、大崎事件、松橋事件、飯塚事件、菊池事件等の弁護人らによって、九州再審弁護団連絡会が結成され、刑事再審法の改正に取組んでいる。

本稿は、同会が刊行した『緊急提言！刑事再審法改正と国会の責任』（日本評論社）を要約したものであることを予めお断りしておきたい。

2 菊池事件にみる日本の再審法制の問題点

（1）日本の再審法制の問題点を理解する手がかりとして、私が弁護団の一員として、再審に向けての取り組みを行っている菊池事件を取上げてみたい。
この事件は、戦前に続いて戦後も一九四七年ころから一九五五年にかけて、全国的に展開された無らい県運動[2]の最中に、熊本県の山村で発生した、同一被害者に対する殺人未遂事件とその後に発生した殺人事件のことである。

被害者は、村役場に衛生係として勤務していた元職員A氏であり、熊本県の要請を受けて、村内におけるハンセン病患者の現況調査を行い、これを同県に報告した人物である。

そして、二つの事件の犯人として逮捕され、後に死刑判決を受けるに至ったのが、被害者によってハンセン病患者として同県に報告され、その結果として国立ハンセン病療養所菊池恵楓園への入所を勧告されていたF氏である。

F氏は、先ず殺人未遂事件で逮捕され、全面的に否認したが、一九五二年六月、懲役一〇年の判決を受けるに至った。

当時のハンセン病隔離政策は、患者を終生隔離することを原則としていたため、F氏は無罪となったところで療養所に収容隔離されることになっていたのであり、ハンセン病患者を収容する刑事施設もなかったことから、有罪であっても、同じく療養所に収容されるという立場に置かれていた。こうした自らの置かれた状況を悟ったF氏は、家族への迷惑を考えると自殺するしかないと思いつめるに至り、判決直後に留置されていた拘置所支所を逃走したところ、その三週間後に全身二〇数ヶ所を刺傷されたA氏の遺体が発見され、その五日後に付近の農小屋にいたF氏が逮捕され、殺人罪で起訴されたという経過を辿っている。

F氏は再び全面的に無実であると主張したが、死刑判決が確定し、その後第三次再審請求が棄却された翌日に死刑が執行されている。
（2）菊池事件の特異性は、その公判が「特別法廷」と呼ばれる、隔離施設としてのハンセン病療養所内の特設法廷で開かれたという点にある。
憲法三七条は、「すべて刑事事件においては、被告人は、公平な裁判所の迅速な公開裁判を受ける権利を有する」と定めている。

こうした憲法の規定が、ハンセン病患者に対してのみは適用されず、公開施設とは言い難いハンセン病療養所内で公判が開かれたのである[3]。

しかも、その法廷では、裁判官、検察官、

弁護人らは、いずれも予防衣と呼ばれる白衣を着用し、証拠物は、直接手で触れられることなく、箸で取扱われている。

つまり、患者たる被告人は、感染源であるとして、取り扱われたということである。そのうえで、国選弁護人は、F氏が無実を訴えている、その前で、起訴状に対して、「何も言うことはない」と述べて、事実上有罪であることを認める答弁をしたうえで、検察官の申請した八〇点を超える証拠すべてについて、これを争うこととなく、同意したのであって、まさしく弁護人不在の法廷だったのである。

こうした、およそ裁判の名に値しない裁判によって、無実を叫び続けたF氏に死刑判決がなされたというのが菊池事件である。

(3) このため、菊池事件の死刑判決は、有罪の根拠となった証拠の信用性に対する判断を全く欠落させている。

特に、凶器とされた短刀についての評価は、以下にみるとおり、前例がない程の杜撰さであり、常識をはるかに超えている。

この短刀なるものは、F氏が逮捕される三日前に事件現場近くの農小屋から発見されたとされているものであるが、指紋も血痕も全く検出されていない。法医学者による徹底的な検査にかかわらず、全身二〇数か所を刺傷し、被害者を失血死させるに至った凶器から全く血痕が発見されていないのである。

しかしながら、死刑判決には、このことが全く触れられていない。

そのうえで、この短刀なるものは、発見直後に農小屋の所有者に見せられてもいない。これは、通常の押収、領置手続がなされていないということを意味する。

つまり、農小屋の所有者に「この短刀はあなたの物か」という質問がなされていないということである。

さらには、この短刀は、逮捕以来、再三再四にわたるF氏に対する取り調べにおいて、F氏に示されてもいない。「これはお前の物か」とか「これでやったのではないか」という質問がされておらず、公判で初めて短刀を示されたF氏は「こんなものは見たことがない」と答えている。

因みに、逮捕時に拳銃で撃たれて利き腕である右腕に重傷を負ったF氏の「署名のない自供書(弁解録取書)」が作成されているが、ここでは草刈鎌で殺したと記載されている。

そのうえで、警察は、F氏逮捕から一ケ月半以上経過して九州大学法医学教室に対して、被害者の遺体の創傷が凶器によって形成できるかどうかについての鑑定依頼をしているが、この時、送付された凶器は、F氏が逮捕時に所持していた草刈鎌であって、短刀は送付されていないのである。

同大学法医学教室が、草刈鎌では形成されない創傷があると鑑定したところ、その後になって突如出現したのが、この短刀ということである。(4)

奇妙なことに、この短刀を発見したとされる警察官は、法廷で証人として尋問されているが、その証人調書には、検察官による質問と証言とが、次のように記載されていた。

検察官　証人は、昭和二七年八月頃、農小屋に行ったことがあるか

証人　あります

検察官　何の目的で行ったか

証人　……聞き込みにより、昨年八月三〇日小屋を捜索し、小屋の中から刺身包丁を発見し、その場で押収しました

ところが、この調書の検察官の質問部分が七月頃に訂正され、証人の証言部分の八月三〇日が消されて、七月九日と改められているのである。

一旦作成された調書がこのような形で訂正される等というのは、前代未聞である。何故なら、証人が七月九日と述べたのを八月三〇日と聞き間違える等ということは起こりえないし、証言後に、記憶違いであった等として訂正の申立がなされたとしても、調書の作成後であれば、調書の訂正ではなく、改めて証人尋問が行われることになるからである。

こうした「訂正」の事実こそは、裁判所までもがF氏の公平な裁判を受ける権利を全く無視した対応をとり続けたことを赤裸々に物語っている。

問題は、捜索機関や裁判所更には弁護人までもが、このような非常識な対応をとり続けた原因が、ハンセン病隔離政策によって植え付けられたハンセン病患者に対する差別意識にあるということである。

（４）こうした菊池事件について、再審請求をするにあたって、克服すべき課題が大きく二つある。

第一は、日本の再審法制における再審事由には、憲法違反が挙げられていないということである。

一九四八年に制定された刑事訴訟法は、その四三五条に七つの再審事由を規定しているが、「原判決が、憲法に違反した手続きで行われたこと」は挙げられていない。

憲法に違反した手続を放置することを憲法が許すことはありえないところであり、何故に、こうした憲法再審が認められないのかということを法論理的に説明することは不可能であるが、少なくとも、日本の判例上、憲法再審が認められたケースは存在しない(5)。

実は、刑事訴訟法四五四条という条文があり、「検事総長は、判決が確定した後その事件の審理が法令に違反したことを発見したときは、最高裁判所に非常上告をすることができる」と規定されている。

裁判の審理が単なる法令に違反していた場合ですら、確定判決を覆すことができるのに、菊池事件のように憲法違反の審理がなされたことが判明しても、これを改めさせることができない等という背理は、誰が考えても不可思議としか言い

ようがない。

私たちが日本の再審法制を改めて、憲法再審を認めるべきだと主張しているのは、まさに、こうした理由による。

第二の理由は、再審請求人が確保できないということである。

刑事訴訟法四三九条は、再審請求をできる者の範囲を次の四つの場合に限定している。

①検察官
②有罪の言渡しを受けた者
③有罪の言渡しを受けた者の法廷代理人及び保佐人
④有罪の言渡しを受けた者が死亡し、又は心神喪失の状態に在る場合には、その配偶者、直系の親族及び兄弟姉妹

菊池事件の場合には、F氏は死刑が執行されており、④の親族、兄弟姉妹しか再審請求をなしえないが、現在するF氏の子や弟、妹らは、ハンセン病に対する社会的な偏見、差別を恐れて、再審請求をすることをできないでいる(6)。

このため、私たちは、最高検察庁に対して、検察官として菊池事件の再審請求をすべきだと要請したが、昨年三月末、検察庁はこれを拒否するに至っている(7)。

つまり、菊池事件の場合には、これ程までに憲法に違反した非常識な審理がなされているにもかかわらず、再審請求をなしうる人がいないという事態に陥っているということである。

私たちが、このような場合には、再審請求人の範囲を拡大して、公益的な立場で再審請求ができる者（公益的再審請求人）を加えるべきだと主張している理由がここにある。

こうした公益的再審請求人制度が実現すれば、大逆事件の再審も可能になると言うべきであり、その意義は極めて大きい。

3 飯塚事件にみる日本の再審法制の問題点

（1）次に取上げるのは、私が再審弁護団の共同代表を務めている飯塚事件である。

この事件は、一九九二年二月に発生した、七歳の女児二名に対する誘拐、強制わいせつ、殺人、死体遺棄事件である。

事件発生から二年七カ月後の一九九四年九月にK氏が逮捕され、一九九九年九月に福岡地方裁判所で死刑判決が言い渡された。二〇〇六年九月、上告棄却により判決確定、二〇〇八年一〇月二八日、死刑執行されている。

死刑執行から丸一年にあたる二〇〇九年一〇月二八日に遺族によって再審請求がなされたが、福岡地方裁判所は、二〇一四年三月三一日、再審請求を棄却し、更に、福岡高等裁判所が本年二月六日即時抗告を棄却したため、現在最高裁

判所に特別抗告中の事件である。

（2）再審事件としての飯塚事件の特徴は、次の三点にある。

第一の特徴は、死刑執行事件についての再審請求だということである。

死刑執行事件についての再審請求としては、大逆事件、福岡事件、菊池事件等があるが、いずれも、再審開始には至っておらず、現在係争中の再審請求事件としては、飯塚事件が唯一のものである。

第二の特徴は、真犯人を特定するための唯一の資料というべき証拠（被害者の膣内から検出された第三者の血液を含む脱脂綿）が全量費消され、全く残されていないということである。

このため、全く同一時期に、同一鑑定人によって同一の方法でＤＮＡ鑑定がなされ、その証拠能力及び信用性が否定されて、再審無罪となった足利事件と異なり、真犯人を特定するための最新の科学に基づく検証ができないという制約を負っている。

第三の特徴は、再審請求の段階に至って、重要な証拠の「改ざん」あるいは「隠匿」が明らかになったということである。

ここでの「改ざん」とは、警察庁科学警察研究所（以下、科警研という）のＤＮＡ鑑定書に添付されていた写真に工作が加えられていたということであり、証拠の隠匿というのは、明らかに存在するはずの証拠（捜査報告書）について検察官が不見当等として提出を拒んでいるということである。

この第三の特徴は、冤罪事件としての飯塚事件を理解するうえで、極めて重要であると思料されるので、少し詳しく論じておきたい。

まず、科警研による鑑定写真の工作の点である。

科警研によるＭＣＴ１１８型ＤＮＡ鑑定書に添付された電気泳動写真は、別紙4の写真台紙2である。Ｋ氏の毛髪由来の資料についての写真台紙1の写真と比較すると、上部がカットされていることがわかる。

その上で、同写真には、科警研によって犯人の型とされている16-26型のうち、26のバンドは全く写っておらず、赤のマーカーで、この部分に存在するとの印が付されていた。

こうした写真の信用性を検討するには、ネガフィルムを証拠として提出させ、これを吟味することが重要だという足利事件の教訓を受け、弁護団では、再審請求の早い段階から、ネガフィルムの開示を求めることが必要だと認識して、確定記録を精査したところ、確定審の一審において、このネガフィルムは、科警研鑑定を担当した笠木技官の証人尋問の際に、同技官が法廷に持参して証拠調べがなされた後、その写しを作成することなく、裁判所は領置せず、即日検察官に「返還」されていたことが判明した。

このため、弁護団は再審請求書提出直後の二〇一〇年一二月七日に、ネガフィルムの開示勧告申立を行ったところ、裁

写真台紙1（写真8）　写真台紙2（写真13）　写真台紙3（写真A）

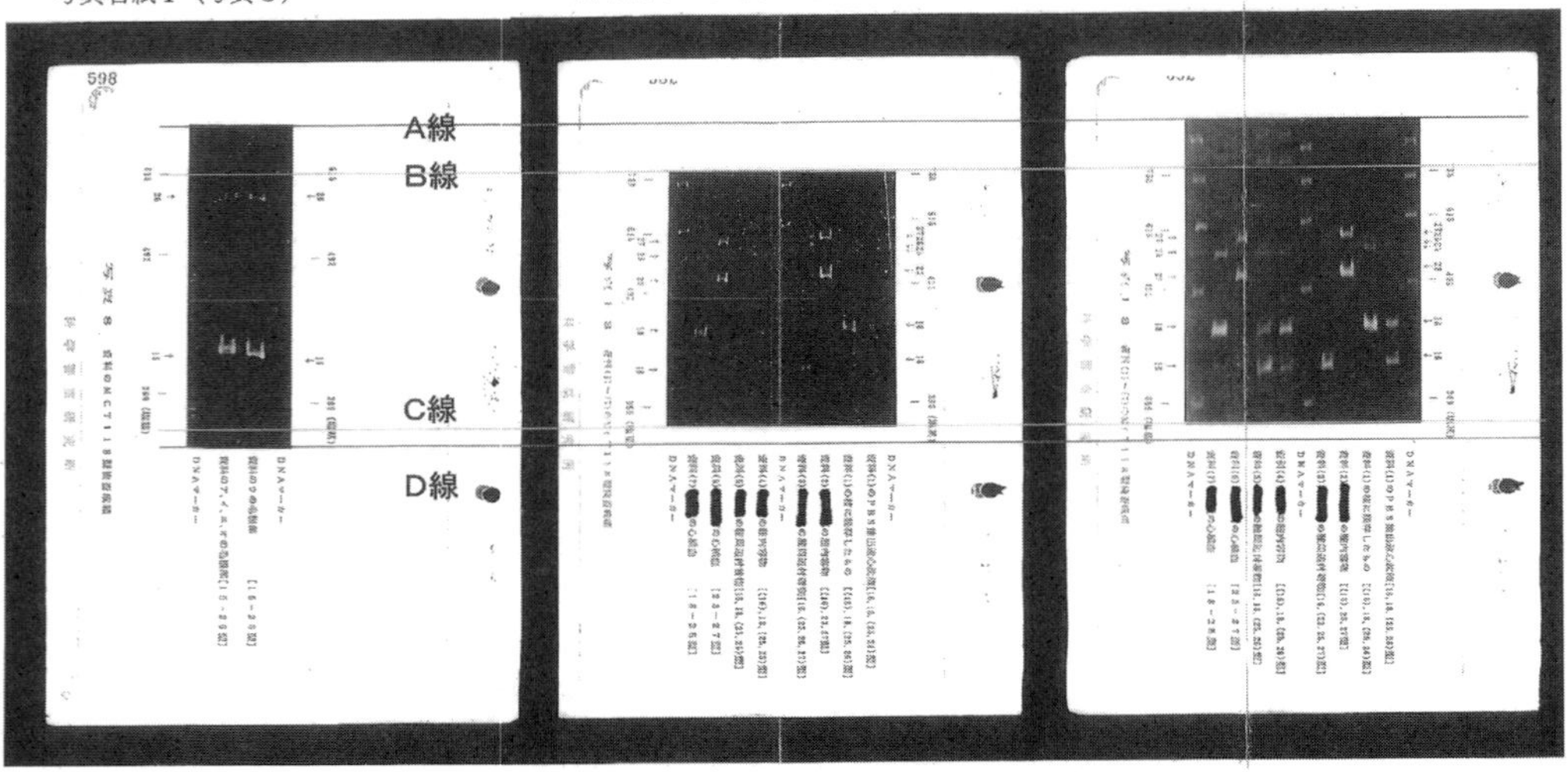

判所の照会により、当該ネガフィルムは、科警研に返還されていることが明らかとなった。裁判所の取寄せ決定を経て、フィルムの領置がなされたのは、二〇一二年二月一六日である。

　こうして、弁護団がネガフィルムを謄写することが可能となったのであり、これをデジタル化したものが写真台紙3の写真である。

　これを直ちに筑波大学法医学教室の本田克也教授に送付して鑑定をしていただいたところ、以下の三点が明らかとなった。

　第一は、科警研によってカットされていた部分（写真台紙のA線とB線の間）の資料（4）（5）のレーンに、バンドが検出されていたということである。

　第二は、科警研が鑑定書写真（写真台紙2）において、犯人の26型バンドがあるとしてマーカーが付されていた部分については、被害者の型である25型、27型と区別される形で26型が存在しているとは認められないということである。

　因みに、被害者両名のMCT118型は、23‐27型、18‐25型である。

　第三は、被害者両名の心臓血由来の資料（6）（7）のレーンの16型相当部分にバンドが検出されていたということである。

　第三者のDNAが混入するはずのない被害者両名の心臓血由来の資料から16型が検出されたということは、明らかなエラーであり、同実験における他のレーンから検出されたとする16型も、エラーである可能性を示唆することとなる。

　本田教授は、これらのネガフィルムの解析結果とデンシトグラムの分析結果から、この写真から、被害者以外の第三者つまり犯人の型を16‐26型であるとすることは誤りであり、犯人の型は、カットされた部分に認められるバンドである可能性が否定できないと鑑定している。

弁護団にとって衝撃的だったのは、これ程に重要な情報が鑑定書添付写真においては、全く隠蔽されていたという事実である。

ネガフィルムをカットして、疑惑をもたれる部分を隠蔽しただけでなく、写真の光度を落として、心臓血由来レーンの16型付近のバンドを見えなくするというのは、明らかに写真化にあたっての「工作」であり、証拠の「改ざん」であると判断せざるをえなかったからである。

なお、検察官は、カットについては、台紙の大きさの制約からなされたと弁明したが、これが全く理由にならないことは、K氏の毛髪に関する写真（写真台紙1）がノーカットで添付されていることから一目瞭然である。

また、科警研では、カット部分のバンドや心臓血由来レーンのバンド様の映像は「エラー」である等と弁明しているが、その真偽は留保するとしても、実験結果をそのまま写真化することを意図的に回避して、このような「工作」によって事実を隠蔽することは、同鑑定が、およそ科学的証拠の体をなしておらず、少なくとも、その証拠能力が全くないものであることを明らかにしたというほかはない。

そのうえで、問題は、確定記録中の重要な証拠物というべきネガフィルムが、鑑定書添付写真と相違していることが判明しているのに、写しも残されないままに、科警研へと返還されていたという点にある。

この事実は、確定審におけるその後の審理過程において、ネガフィルムと鑑定書添付写真との整合性について、専門家によるチェックを受ける機会を著しく困難にしたというだけではなく、再審請求段階において、科警研によって、当該証拠物が廃棄等の処分をされて、その機会を物理的に奪われるに至る危険性があったということを意味するものである。

蓋し、弁護団からの証拠開示勧告申出を受けての裁判所からの照会に対し、科警研は、本件鑑定における実験ノートや写真類のすべてが鑑定に従事した技官の私物であり、退官時に処分されて存在しない旨回答しているからである。

もう一つの問題は、明らかに存在するはずの証拠の隠匿の点である。

飯塚事件では、事件の当日に、遺留品が発見された現場付近において、不審な人物と車両を目撃したとの目撃証言が有罪判決の主たる根拠の一つとされていた。その車輌の特徴に関する部分がK氏が使用していたマツダのウエストコーストという種類のワゴン車の特徴と酷似していたからである。

確定審に提出された証拠によれば、その供述は、一九九二年三月九日の員面調書（作成者大坪佑一巡査部長）に始まっており、同調書において、

①車種は、ワンボックスタイプで、メーカーはトヨタやニッサンではない

②後輪はダブルタイヤ
③側面にラインはなかったと思う
④後部ウィンドーにフィルムか何か
貼っていたと思う

などと述べられていて、K氏の使用車の特徴と酷似していたのである。

そこで、弁護団としては、再審請求審において、こうした供述がなされるに至った経過を明らかにすることが重要と考え、三月九日の供述に至るまでの捜査報告書等の開示を求めることにした。

その結果、二〇一二年九月一〇日に、捜査官から任意開示されたのが「登尾報告書」である。この報告書は、一九九二年一〇月一五日付で、当時の福岡県警の登尾光行警部補が作成したもので、「遺留品発見現場におけるボンゴ車目撃情報の入手経路並びにボンゴ車のボディライン、センターキャップに関する捜査報告書」と題されるものであるが、当初開示されたものは、そのかなりの部分にマスキングがなされており、直後に開かれた三者協議において、その理由を質問したところ、「本件再審請求と関係ない部分が含まれている」との回答であった。

そこで、マスキング部分が本件と関係がないかどうかを裁判所が確認するよう求めたところ、次回の三者協議で、裁判所が全面開示を勧告するに至ったのである。

同年一〇月二九日に全面開示された登尾報告書には、驚くべきことが記載されていた。目撃者の三月九日付の供述調書を作成した大坪巡査部長が、何と二日前の三月七日にK氏の車を見分しており、その見分結果がボディラインについて「ラインはなかった」と記載されていたのである。

この事実は、三月九日付供述調書における車両の目撃状況に関する供述内容が、作成者である大坪巡査部長の見分内容に誘導されたものであることを端的に示すものであり、目撃証言における「トヨタやニッサンではない」等という奇妙な供述や「ラインはなかったと思う」等という不自然極まりない供述が、こうした誘導の産物であることを明らかにするものであった。それ以上に衝撃を受けたのは、捜査本部が、すでに三月七日以前の段階で、K氏を容疑者として特定していたことが明らかになったという事実である。

そうでなければ、目撃情報を入手し、供述調書を作成することになる大坪巡査部長に対し、その作成以前に、K氏の車を見分するよう指示がなされるはずがないからである。

そこで、弁護団としては、この登尾報告書に記載された、大坪巡査部長が目撃者から目撃情報を得た際の捜査報告書および三月七日にK氏の車を見分した際の捜査報告書の開示を勧告するよう裁判所に求めたのであり、その結果として、三月二日付の捜査報告書一通と三月四日付の捜査報告書二通のみが開示されたものの、三月七日の見分に関する捜査報告書は不見当として開示されなかった。

このうちの三月二日の捜査報告書には、その目撃状況は、紺色のワゴン車としか記載されておらず、三月四日の報告書に至って、後輪ダブルタイヤとの記載がなされているものの、何故にか、車の車種については、マツダのワンボックスカーにのみ使用される「ボンゴ車」との表現になっていた上に、この報告書の末尾には、マツダのボンゴ車のうちのウエストコーストについてのみ、その全型式が記載されていたのである。

　このことは、三月四日の時点において、捜査本部は、本件の犯人としてK氏を特定しており、その使用している車が、マツダのウエストコーストであり、この車は、後輪ダブルタイヤであることを知っていたことを意味することになる。

　つまり、目撃供述を得て、紺色の後輪ダブルタイヤから、マツダのウエストコーストが特定され、同車種を使用していたK氏が被疑者として浮上したとする検察官による主張の枠組みが、全く事実ではなく、当初から、K氏が犯人として疑われ、その使用車両が割り出されていたのであり、これに沿う形で、当初は、単なる紺色ワゴン車という内容にすぎなかった目撃供述が変容させられていったのだということが明らかになったのである。

　こうした事実を明確に立証するのは、三月七日の大坪巡査部長によるK氏使用車の見分に関する捜査報告書である。

　何故なら、この報告書には、どのような経緯により目撃者の供述調書作成前の三月七日にK氏の車を見分するに至ったのかに関する事情、すなわち捜査本部からの指示内容が必ず記載されているはずだからである。

　ところが、捜査官は、当該捜査報告書は存在しないという。

　しかしながら、前掲の「登尾報告書」の別表には、同巡査部長が、その見分した結果について「ラインがない」が記載されており、同報告書の作成にあたって、登尾警部補が、大坪巡査部長の捜査報告書を読んでいることは明らかである。したがって、登尾報告書が作成された一九九二年一〇月一五日当時には、この捜査報告書が存在していたことは争う余地がない。

　このため、弁護団では、検察官の手持ち証拠リストないし、警察からの送致記録目録を開示するよう求め続けているが、検察官はこれを拒否したまま今日に至っている。

（3）以上の検討したところを踏まえて、日本の再審制度の不備として指摘できるのは、以下の二点である。

　第一は、再審に関する手続規定が全く不備だということである。

　審理過程における手続規定がほとんどなく、証人尋問や検証あるいは鑑定の採否をはじめとして、その手続のすべてが裁判所の職権つまり裁量に委ねられているということであり、加えて、全くの密室での審理で、公開性が保障されておらず、請求人の立会権すらないのである。

そのうえで、再審においての証拠開示の規定がないため、検察官が存在しない（不見当）という答弁をすれば、それ以上に真実を明らかにするための証拠を出させる方策がないということになっている。

私たちが、再審法制を改正して、証拠開示の規定を設けるべきだと主張する理由はここにある。

第二は、飯塚事件に特有の問題としての確定記録の保存と管理の適正化の問題と鑑定資料の「全量消費」の問題である。

飯塚事件特有の問題としての確定記録の保存と管理の適正化の問題は、再審法制の不備の問題というよりは、刑事確定記録法の運用の問題ということになるが、確定記録は、証拠物も含めて、検察官が保存すべきであり、これを所有者ないし提出者に安易に還付することは許されることではない。

また、本件では、生体証拠が残されており、最新のＤＮＡ鑑定によって再審無罪が認められた足利事件やゴビンダ事件と異なり、真犯人を特定し得る唯一の物証というべき被害者らの膣内容等から検出された犯人由来の血液を含む脱脂綿が、鑑定を行った科警研によって、ほぼ全量消費したとされており、全く残されていない。当該脱脂綿の量は、ＤＮＡ鑑定を一〇〇回は実施可能なものであったとされており（帝京大学石山教授の証言）、科警研は、ＭＣＴ１１８型ＤＮＡ鑑定を三回しか実験していないと説明しているにもかかわらずである。追試による検証を妨げるために意図的に廃棄したのではないかと疑わざるを得ない事態というほかはない。

こうした事態を可能にしているのは、鑑定資料となる生体証拠の保管義務が明文化されておらず、保管義務違反についての法的規制がないためである。

少なくとも、追試可能な程度に試料としての生体証拠を残していない鑑定について、その証拠能力を否定するとの規定を設けることが、再審の可能性を広げるために是非とも必要であると考える。

4 日本の再審法制の沿革

（1）日本において、刑事再審制度が法制化されたのは、一八八〇（明治一三）年に制定された、治罪法が最初である。

治罪法は、フランス法を参考に、有罪判決が確定した場合の再審（これを利益再審という）のみを、限定した範囲で認めた。

具体的には、①殺人罪で刑の確定後に、殺されたとされる被害者が生存していたり、犯行の前に死亡していたことが判明した場合、②同一事件で既に有罪判決を受けた者がいた場合③犯行前に作成されたことが明らかな公正証書などでアリバイが認められた場合、④被告人を罪に陥れたとして刑の言い渡しを受けた者がいることが判明した場合、⑤公正証書によって、訴訟書類に偽造または錯誤あることが証明された場合の五つが、再審事由とされたのである。

（2）その後、治罪法は、一八九〇（明治二三）年刑事訴訟法（明治刑事訴訟法）に改正されるが、再審に関する規定は、そのまま継承され、新たに、再審事由として、判決の証拠となった民事上の判決が廃棄もしくは破棄された場合が加えられたのみであった。

この明治刑事訴訟法は、一九二二（大正一一）年に至って改正された（一般に大正刑事訴訟法ないしは旧刑事訴訟法と呼ばれる）。

旧刑事訴訟法は、治罪法や明治刑事訴訟法と異なり、ドイツ刑事訴訟法の強い影響を受けて制定されたものであり、再審制度の主要な変更点として、以下の三点を挙げることができる。

第一は、不利益再審つまり無罪判決が確定した場合においても、検察官による再審請求を認めたということである。

第二は、再審事由が大幅に拡大され、「有罪の言い渡しを受けた者に対して、無罪もしくは免訴を言い渡し、刑の言い渡しを受けた者に対し、刑の免除又は原判決が認めた罪より軽い刑を認めるべき証拠を新たに発見したとき」という包括的な再審事由が認められたということである。

第三は、再審を行う裁判所を、大審院としていた治罪法や明治刑事訴訟法と異なり、現判決を行った裁判所に改めたということである。

こうした再審制度の改訂は、治罪法や明治刑事訴訟法の非近代的な側面を是正することを目的としてなされたものであり、再審事由の拡張など前進は見られたものの、不利益再審を認めたことは、再審制度の根幹を揺るがしかねない改悪であった。一旦、無罪が確定したものを検察官の請求により、再び処罰しうることを認めたからである。

（3）戦後、日本国憲法の制定に伴い、一九四八（昭和二三）年に、新たに刑事訴訟法が制定された。同法は、アメリカ法を参考に、予審制度を廃止するなど旧刑事訴訟法の職権主義を当事者主義に改め、伝聞証拠の制限などの証拠原則を定めるなど画期的な側面をもつ法律であったが、再審制度に関しては、不利益再審を廃止した以外には、旧刑事訴訟法の再審規定をほぼ踏襲したものである。

その後、刑事訴訟法は、裁判員制度の導入をはじめ、多くの改定がなされたが、再審制度に関しては、まったく手が付けられていない。

つまり、日本の再審法制は、一九四八年以来七〇年間、何一つ変更されていないということである。

5 日本の再審法制の特徴及びその問題点

（1）日本の再審制度の特徴は、法律自体の規定面での特徴と運用面での特徴に区別して論じることが可能であるが、運用面での特徴というのは、再審規定が不十分であるため、多くは、担当裁判官の裁量による運用に任されているということであり、結局そのことも、規定上の特徴に集約されるということができる。

こうした日本の再審法制の特徴を明らかにすることは、そのまま同法制の問題点つまり改正を要する課題を明らかにすることにつながると思料されるので、以下にこの点についての私見を明らかにしておきたい。

（2）日本の再審法制の特徴は、以下の九点に整理することができるように思われる。

第一は、再審開始するかどうかの手続きも裁判所によって行われ、再審無罪が確定的と思われるような事案でなければ、再審の門は開かれないようになっているということである。再審開始の壁が極端に高いが、一旦開始されるに至ると過去の再審開始は、すべて再審無罪に直結しているということである。

これをＥＵ諸国などの制度と比べると、例えば、イギリス法では、再審を開始するかどうかの判断は、裁判所とは異なる独立の審査機関である刑事事件再審委員会によってなされることになっており、その開始決定を受けて、裁判所が審理をやり直すという仕組みになっている。

第二の特徴は、再審開始決定に対する検察官の不服申立（即時抗告の申立）が認められているということである。

これは、ＥＵ諸国には、全く認められていないものであり、これまでに名張事件、大崎事件、松橋事件、そして最近の袴田事件をはじめとして、再審開始決定がなされても、検察官の抗告によって再審開始まで更に長期間を要することになったり、上訴審で、決定が覆されるという事態を招いてきた。日本の再審法制の最大の問題点である。

そもそも、前述したとおり、現行法は、不利益再審を認めていないのであるから、再審を開始するとの裁判所の決定に対して、検察官がこれに抗告の申立を行って、更に請求人を不安定な状態にさらし続けるということは、制度の趣旨に反するという外はない。検察官の主張は、開始された再審の法廷で、徹底的に展開されれば足りるはずであって、このような検察官に即時抗告を認めるという制度こそが、第一の特徴として述べたところと相俟って日本の再審の壁を厚いものにしている元兇ということである。

第三の特徴は、再審事由つまり再審開始の請求をしうる事由として、確定判決の審理やその裁判に憲法違反がある場合が含まれていないということである。

これも実に奇妙な特徴という外はない。何故なら、憲法違反の審理や判断が確定したまま維持されるということを日本国憲法及びこれによって支えられている日本の法制度が許容するはずがないからである。

現に、刑事訴訟法第四五四条には、非常上告制度が規定されており、検事総長は、確定した判決に法令違反が認められた場合に、最高裁判所にその是正を求めることができると規定しているところであり、単なる法令違反の場合ですら確定判決の取消や変更が認められるのに、憲法違反の場合には認められない等という背理を、憲法が容認することはありえないところと言うべきである。その意味で、憲法違反の主張を再審事由として明記しない現行再審法制は、致命的な欠陥を有していると酷評するしかないところである。

　第四の特徴は、第三の特徴とも深くかかわるところであるが、再審請求ができる者を確定判決を受けた当事者及びその親族と検察官に限定していて、弁護士会等の公益的再審請求人を認めていないということである。

　こうした限定的な規定の故に、大逆事件や菊池事件のように既に死刑が執行され、その遺族が存在していなかったり、差別・偏見等の故に遺族が再審請求できないというような場合においては、検察官しか再審請求をなしうる者がいないという事態となる。

　しかしながら、検察官が過去に自ら再審請求したというケースは、真犯人が出現し、その真犯人について公訴を提起しなければならないといった特殊な場合に限定されており、菊池事件に見られるように、関係者が検察庁に対して、再審請求するよう要請しても、これに応じないというのが、公益の代表者たる検察官の習性である。

　このため、仮に憲法違反となるような審理が行われていたとしても、これを是正する途がないということになる。

　こうした事態を回避するためには、一定の事由の下に、弁護士会等の公益的再審請求人制度を創設する以外にはない。

　第五の特徴は、再審請求を受けた後における審理をどのように進めるのかについての手続規定が設けられていないということである。

　このために、その手続は、担当する裁判所の職権による裁量に委ねられることとなる。

　その結果として、請求人と検察官双方の主張をどのような手続きで争点整理していくのか、証人の採否はどのようにして決定されるのかについては、三者協議と呼ばれる裁判所、弁護人、検察官による協議の場で行われることになっているが、請求人本人には参加の資格はなく、採用された証人尋問についても請求人が傍聴できるかどうかも裁判所の裁量次第である。

　こうして、現行再審制度は、いい裁判官にあたるかどうかで、その審理や判断が大きく相違してくるという仕組みになっているのである。

　第六の特徴は、証拠開示についての規定が全く設けられていないということである。

　既に、飯塚事件に関して詳述したとおり、再審を開始すべきかどうかを判断するうえで、最も重要なことは、警察や検察官が所持・保管している未提出証拠がどれだけ開示されるかということである。

　飯塚事件に関して再述すれば、不審な車と人物を見たという目撃者から最初に供述調書を作成した検察官が、その調書作成日より二日前に、後に犯人として起訴され死刑執行されたＫさんの所有する車を見分し、その車にはラインがないとの報告がなされたという驚くべき事実が記載された捜査報告書が存在しているのに、肝心要のその見分した当日の捜査報告書が存在しないとして、開示を拒む検察官の対応について開示命令を出すという規定も存在しないし、これを咎める何らの制裁措置も規定されていない。

　したがって、検察官は、存在しないと言い続けることで証拠開示を拒むことができるという仕組みである。

　しかしながら、目撃者から事情聴取する前にＫさんの車を見分するという異例の行動をとった当の警察官は、新聞記者の取材に対し、間違いなく捜査報告書を作成して捜査本部に提出したと述べており、これを見た上司が、捜査が進展状況をまとめた捜査報告書に、Ｋさんの車には「ラインがない」という事実を記載したのであるから、当該捜査報告書が存在しないということはありえないところである。

　これを存在しないと主張するのは、これが開示されれば、捜査本部が目撃者が現れる以前からＫさんを犯人であるとして捜査していたこと、目撃者の目撃供述は、そうした捜査本部の見込捜査に沿う形で誘導されたものであることが露呈してしまうことになるからに外ならない。

　こうした検察官の対応が不問に附されるのであれば、再審の壁は、限りなく高いものとならざるをえないのである。

　その意味で、この証拠開示規定の不存在という問題は、再審法制上の最も重要な欠陥というべきものである。

　第七の特徴は、再審無罪が確定した場合に国としてどのような対応をすべきかについての規定が全く存在しないということである。

　日本でも多くの再審無罪判決が確定している。

　こうした場合に、晴れて無実が明らかになった請求人に対してなされる措置は、刑事補償しかない。

　しかしながら、再審無罪は、誤った裁判によって無辜の国民に刑罰を執行してしまったという問題である。

　何より必要とされるのは、何故に、このような誤った裁判が行われたのかを明らかにする検証機関を設置することであり、被害にあった請求人（事件本人）の名誉の回復のためにどのような措置をとるべきかを明らかにすることである。

　こうした規定を全く欠いた現行再審法制は、賠償金を払えばそれで足りるということに等しく、こうした規定を欠く再審法制が続く限り冤罪は繰り返されると指摘せざるをえない。

第八の特徴は、死刑事件についての執行停止制度の不存在である。

申すまでもなく死刑は究極の刑罰である。

死刑再審事件として有名な免田事件、財田川事件、島田事件、松山事件は、まさに死刑が執行される前に再審が開始されたことによって、辛うじて国家が無辜の国民を殺害するという事態を回避しえた事件である。

その再審開始に至るまでの長い道のりにおいて当事者である免田さん、谷口さんらがどれほどの過酷な日々を強いられたのかということは、死刑判決が確定してからの三〇数年間を獄中ですごした袴田さんの現在の精神状態が何よりも雄弁に物語っている。

国際的な死刑制度廃止の大きな潮流に抗して死刑制度を死守しようとする現政権は、慣例を無視して、再審請求中の死刑囚に対する死刑執行を強行するに及んでおり、飯塚事件の場合には、再審請求の準備中であることを確知しながら死刑が強行されている。

したがって、死刑再審請求における刑の執行停止制度の創設は、再審法制の改正における最も焦眉の課題であるといって過言ではない。

第九番目の特徴は、再審請求における国選弁護人制度が存在していないということである。

現在、各地の裁判所には、膨大な数の再審請求がなされており、その大半が弁護人が選任されていない請求人本人による再審請求だとされている。

このことが、再審法制の改正が議論されるたびに、主要な反対理由の一つとして挙げられている。

再審法制の改定することが、これらの弁護人不在の大量の再審請求事件の処理を複雑化するというのである。このような議論の当否については、すこぶる疑問であるが、再審請求における国選弁護制度を導入すれば、解決することは明らかである。

6　再審法改正に向けての展望

以上に略述した現行再審法制の特徴は、そのまま現行再審法制をどのように改正すべきかという方向性にそのまま直結している。

これらの九に及ぶ改正すべき項目は、どれ一つとっても重要に課題であるが、私としては、次の項目が焦眉の課題ではないかと考えている。

その第一は、検察官による不服申立制度の撤廃である。

袴田事件、大崎事件、松橋事件について前述したところから、その理由を再述するまでもないところと思料する。

第二は、証拠開示制度の法制化である。

この制度化が実現するに至れば、日本の再審法制の厚い壁は、実質的に取り払われると言っても過言ではない。

第三は、確定死刑判決に対する再審請求

における刑の執行停止制度の創設である。

第四は、憲法違反の再審事由化と公益的再審請求権者の創設である。

本稿の冒頭で説明した九州再審弁護団連絡会や狭山事件、袴田事件、名張事件弁護団らは、刑事再審法の改正を目指して、これまでに二回の国会議員への働きかけ（国会ローラー活動）を行っており、各党において、この問題についてのプロジェクトチームの結成や勉強会の開催が実現しつつある。

私たちは、総力を挙げて、三年以内に刑事再審法の改正を図るべく全力を注いでいく所存である。

絶大なるお力添えをお願いして拙稿を閉じさせていただく。

註

（1）一九八六年の島田事件再審開始決定以降に、再審無罪となった事件としては、榎井村事件、布川事件、足利事件、福井女子中学校殺人事件、ゴビンダ事件、東住吉事件、ロシア人元船員銃刀法違反事件がある。

しかしながら、この間には、日商サニー事件や大崎事件、名張事件、福井女子中学生殺人事件に見られるように、一旦なされた再審開始決定が取り消され、狭山事件、飯塚事件、恵庭事件等においては、再審の壁は閉ざされたままである。

（2）無らい県運動とは、戦前と戦後、二度にわたって全国で官民一体となって展開されたハンセン病患者を療養所に残らず収容しようとした運動のことである。戦前は、一九三六年ころから太平洋戦争の終了まで、戦後は、一九四九年ころから一九六〇年代まで展開された。

特に、戦後においては、患者の発見と収容を徹底化するため、住民からの通報が奨励され、確認された患者やその家族に対する村八分等の排除行動が全国各地で現出している。詳しくは、無らい県運動研究会編「ハンセン病絶対隔離政策と日本社会」（六花出版）を参照されたい。

（3）「特別法廷」について最高裁判所は、検証を行い二〇一六年四月二五日、「遅くとも昭和三五年以降において、裁判所法の運用を誤り、ハンセン病患者に対して差別的な取り扱いをした」として謝罪したが、その対象を一九六〇年以降に限定したため、菊池事件はその謝罪の対象には含まれていない。

（4）このような形で、捜査側にとって必要不可欠な証拠物が突然に出現するというのは、狭山事件において、脅迫状を書いた万年筆が発見された経緯と酷似している。

（5）二〇一六年三月に札幌地方裁判所で再審開始決定がなされ、昨年三月七日に無罪が確定したロシア人元船員銃刀法違反事件では、違法な捜査（おとり捜査）があったとする証言を新証拠と認めて再審が開始されている。こうした手続上の違法が再審事由にどう関連してくるのか注目されている。

（6）著者は、F氏の弟さんや娘さんに面会し、再審請求についての説得を何度か試みたが、いずれもF氏の無実を確信していると言明されながら、生きている家族の平穏な生活を守るため、再審請求はできないと表明されている。

（7）私たちは、こうした検察庁の対応は、検察官が果たすべき職務に違反するものであるとして、熊本地方裁判所に国賠訴訟を提起しており、現在その審理が係属している。

2017 — 2018年

死刑をめぐる状況

死刑執行と抗議行動

二〇一七年一二月一九日の執行

上川陽子法相は裁判所の判断を差し置いて、自分たちで再審事由がないと判断して死刑を執行した

安田好弘（弁護士・フォーラム90）

1、今回の死刑執行

こんばんは、弁護士をしています安田です。昨年の暮れ、一二月一九日に、東京拘置所で、事件当時少年だったSさん（四四歳）と、松井喜代志司さん（六九歳）に対し、死刑が執行されました。上川陽子法務大臣は、前に法務大臣の時に、一回、一人の人に対して死刑を執行していますから、今回で二回目、合計三名の人に対して死刑を執行したことになります。

私は、過去、多くの死刑執行を見てきました。そこに共通していたのは、できれば死刑を避けたい、やりたくないという死刑に対するおののきであり、死刑をすることに対する穢れともいうものを見て取ることができました。しかし、今回の死刑執行はまったく様相を異にしています。今回の執行は、これでもかと、国家の力を見せつけるように死刑を行った、つまり、いかなる躊躇も抵抗をも排除して、有無を言わせず死刑を執行するという、死刑に対する強固にして積極的な意思でした。それは、後に述べますが、Sさんと松井さんが、いずれも再審請求をしていた人であったからです。

そこには、私は、オウム事件の一三人の死刑囚の死刑執行を見据え、彼らが再審請求をするなどしていても、法務大臣は何らかまうことなく予定どおり死刑を執行するという意思が現れており、今回の執行は、そのための地ならしではないかと思います。

2、Sさんに対する死刑執行

私は、今回執行されたSさんについては、最高裁の弁論があった段階で、弁護人に就任しました。事実を全面的に洗い直すということで、最高裁に対して弁論再開の申立てをしたわけです。しかしそれは認められず、それで、彼とはとにかく生き延びよう、とことん生きるための闘いを続けようという約束で、死刑の確定を迎えたわけです。当時、アメリカで9・11事件が起こっており、彼はその様子を知りたいということで、報道されている写真を見せたことがありました。

Sさんについては、確定審で弁護を担当していた弁護人が、まず再審を申し立てました。確定審でも争われていた責任能力について、新鑑定をもとに、再審請求を始めたわけです。確定審では上智大学の福島章教授の責任能力に問題があるという鑑定がありましたが、再審になって、福島教授の鑑定書に加えて、生育歴や脳のMRI検査の結果をも考慮に入れた新たな鑑定が行われ、その結果、犯行当時、心神喪失状態、つまり責任無能力状態であったということで、争われてきたわけです。今回の再審請求は三度目でした。特に、少年の精神状態や心理状態については、最近、研究が著しく進んでいまして、生育過程、特に虐待などが脳の発達障害に大きく影響しているとされていて、Sさんの場合もその学問的な成果のもとに事件の見直しが迫られていたわけです。そして、さらに、新たに脳機能障害の最先端の研究者の鑑定が行われていて、MRI検査のやり直し等が請求されていたと聞いています。

そして、私は、確定審の最高裁で弁論の再開を申し立てた他の二人の弁護人と

2017年12月19日に死刑を執行された方

名前（年齢） 拘置先	事件名 （事件発生日）	経緯
松井喜代司さん （69歳） 東京拘置所	安中親子３人殺人事件 （1994年２月13日）	1994年11月９日 前橋地裁高崎支部（佐野精孝）死刑判決 1995年10月６日 東京高裁（小泉祐康）死刑判決 1999年９月13日 最高裁（大出峻郎）上告棄却 第４次再審を提出、求意見が届いていた
S　Tさん （44歳） 東京拘置所	市川一家４人殺害事件 （1992年３月５日）	1994年８月８日 千葉地裁（神作良二）で死刑判決 1996年７月２日 東京高裁（神田忠治）で死刑判決 2001年12月３日 最高裁（亀山継夫）で上告棄却 第３次再審の即時抗告中

チームを組み、第二軍として、次の再審請求のために準備をしてきました。私たちは、事実関係で争うことを予定し、すでに再審請求書も作成していました。この事件は、細かくお話しすることはできませんけれども、事実関係についても解明されていない部分がたくさんありました。凶器と刺し傷との違いをはじめとして、Sさんは、長時間現場を離れていた時間があったりして、本当に全ての行為を彼がやったのかどうか、つまり、第三者が関与した余地はなかったのかとか、また刺し傷の場所や死因などからして、全ての事件について彼に殺意があったかどうか等々でした。特に、重要参考人が行方不明となっており、私たちは、その人が事件に関係している可能性があるのではないかと、探し続けていました。

執行があった一二月一九日、私は、用があってたまたま東京拘置所に向かっている最中に執行されたという電話を受けました。S君のお母さんには朝一一時頃に出先の病院に東拘からの電話があったそうです。それで、私の事務所で落ち合って、私たちと一緒に東拘に行って遺体を確認しようという話になっていたのですが、お母さんも気が動転していて、直接東拘に行ってしまったんです。そこで、東拘の職員から、遺体を引き取るという意思表示をしない限り、遺体に会わせるわけにはいかないと言われまして、お母さんは茫然として、小菅の駅のホームで東拘のほうを見続けているという状態でした。

その後、私たちと合流することができて、東拘と交渉し、結局、お母さんだけが、遺体を引き取るか否かに関係なく対面できることになりました。それでも、棺に納められた遺体の顔の部分を覗くことができただけで、肌に触ることはできなかったということでした。その間、私たちは、東拘の応接室で待たされていたのですが、彼らは、東拘の建物の玄関前に車を横付けにしてお母さんを乗せて、遺体の安置されている場所まで連れて行きました。ワンボックスの車でしたが、窓ガラスは全て黒く塗りつぶされており、運転席と後部座席の間にも板が貼ってあって、車の中からは外が見られないようにしてありました。遺体がどこにあるかさえも知られないようにしようというわけです。

私は、それから数日後に、東京拘置所に行って、Sさんとは別の死刑囚の人に接見しましたところ、その人は、Sさんの斜め前の房だったというのです。そして、Sさんは、かなり前から一番端っこの房に入れられていたというのです。房が端っこであれば、刑場に連行するにしても、目立たないわけです。そこに、朝、二人の刑務官が来て、面会か何かと言われたのか、ごく普通の形で、房から連れ出されていったというのです。もう一人の収容者の人とも会いましたが、その人もSさんのことをよく知っていて、たまたまその時期はSさんの房とは離れたところに収容されていたのですが、当日は、朝、起きた時から異様な雰囲気だった、運動の時間になっても運動が始まらなかったし、職員にはキーンという緊張感が走っていて、これは執行があると感じたと言っていました。そして、遠くからですが、Sさんの房の扉が開いたままになっているのが見えたので、Sさんが執行されたということが分かったということでした。

3、再審請求中の執行

松井さんについても、私の聞くところでは求意見が来ていたというんです。再審請求をした場合、裁判所は再審開始決定、あるいは再審請求棄却決定のいずれかの決定を出すわけです。その場合、刑事訴訟規則に当事者に意見を求めなければならないという規定があり、「求意見」、つまり当事者の意見を聞いたうえでない限り決定を出してはならないとされているわけです。松井さんのケースでは裁判所から松井さんの弁護人に対して、何月何日までに意見を出してくれと求められていたわけです。裁判所は、その意見を見た上で、決定を出そうとしていたわけです。そういう状況における死刑の執行だったわけです。

昨年、再審請求中の人が執行されました。この時、金田勝年法務大臣は、同じような事由で再審を繰り返すことは、死刑執行を妨害するものだと言っていたわけです。ところが今回は違うんです。法務大臣の言葉をみると、「関係記録を十分に精査し、刑の執行停止、再審事由の有無等について慎重に検討し、これらの事由等がないと認めた場合に初めて死刑執行命令を発することとしています」と述べています。つまり再審事由があるかどうかを法務大臣が検討し、それがないと判断して執行したというわけです。再審請求中の二人は、裁判所に対して、再審事由があるかどうかを一生懸命に主張し、立証している最中に、そして裁判所から意見を求められて書面を準備している最中に、法務大臣が、裁判所の判断を差し置いて、自分たちで再審事由がないと判断して、死刑を執行したというわけです。これは、法務大臣による司法の否定です。つまり、自分たちは、自分たちが執行をしたいときに執行するという意思の表われでして、冒頭に申し上げましたとおり、私は、今回の執行は従前の執行と異なり、強烈な権力的な臭いがすると感じているのです。

再審請求がありますと、刑事裁判の記録は全て検察庁が保管していますから、裁判所は、まず検察庁に対して裁判記録の取り寄せをします。再審事由があるかどうかについては確定審の裁判記録を精査しないとできませんから、当然のことです。ですから、再審請求されている事件の場合、基本的に記録は検察庁にないわけです。当然、法務省が持っているはずもありません。従って、法務大臣が、記録を精査して、再審事由があるかどうかを判断できるはずがありません。そういう状況にもかかわらず再審事由がないと判断できるとすれば、再審事件の担当検察官に再審事由があるかどうか意見を聞いた、つまり勝つか負けるかを聞き、それに従ったということ、つまり、行政が行政に再審事由があるかどうかを聞いて、「ない」との報告を受けて、死刑の執行を決断したというわけです。ですから、「慎重に検討した」という法務大臣の話はまったくの嘘であるわけです。

憲法三二条には、「何人も、裁判所において裁判を受ける権利を奪われない」と書いてあります。裁判を受ける権利というのは法の支配を個人の中にも実現するという近代憲法、人権保障の根本です。今回の二人は、再審請求という裁判を求めていたわけですから、法務大臣は、裁判を受ける権利を一方的に奪ったうえで、命までも奪ったわけです。しかも、「再審請求中であっても死刑執行してもかまわない」という法律はどこにもありませんから、法務大臣は、法律で認められていないことをやったわけです。法の支配の無視そのものだと思います。

たしかに、刑事訴訟法第四七五条には、死刑が確定したときには六カ月以内に刑を執行せよと書いてあります。しかしそこには但し書きがあって、再審請求中の場合はこの六カ月には算入しないとしています。ところで、六カ月を越えた後に再審請求したときはどうなるか。それについては何も書いていません。その条文からは、六カ月を越えたら再審請求であっても、死刑執行してもいいとは、読み取ることはできません。この法律は、六カ月以内に刑を執行することになっているものですから、論理的に、六カ月後に再審を請求することはあり得ないわけです。しかし、実際の運用では、六カ月以内に執行することは、事実上不可能であって、まったく行われていません。法務省は、六カ月以内に執行せよという法律の規程は訓示規定、つまりそうしたほうがいいですよという程度の規定であって、拘束力はないとしてきたわけです。これまで、四年あるいは五年年という期間を経た後に執行してきたわけです。早くても一年でした。

ですから、運用が法律に従っていないのですから、新しく法律を作ってどうするかということを決めない限り、法律上も、再審請求中でも執行できるということにはならないわけです。再審請求というのは誤った裁判を正すもの、人権の保障と司法の公正の維持を目的とするものですから、六カ月の期間の経過の有無にかかわらず、当然にその趣旨は守られなければならないものだと思います。それが、六カ月を経過すれば、その趣旨を守らなくてもいいというのは、あり得ないことです。ですから、再審請求には期限がなく、一〇〇年前の事件でも再審請求できますし、その相続人も再審請求できることになっています。ところが、法務大臣は、それを無視して、法律の定めもないにもかかわらず、また裁判所の判断を無視して死刑を執行するというのですから、独断専行の最たるもの、法治主義に真っ向から反するたいへん危険なことだと思うわけです。

4、事件当時少年への執行

もう一つ、今回の執行には、少年に対する死刑という問題があります。永山則夫さんが処刑されて二〇年経ちます。彼らは少年法では、犯行時一八歳未満の少年については死刑をもって処断する場合には無期懲役にするけれども、一八歳を超えた場合には死刑に処する、つまり、死刑判決を宣告することができるとされています。しかし、重要なのは、少年法の規定には死刑の執行をしていいとは書いてないのですね。死刑の宣告と処刑はまったく別の問題だと思うんです。なぜかというと、宣告というのは裁判ですから、刑の量刑です。死刑の執行というのは刑の執行の問題ですから、行政の問題です。そしてさらに言うと、法務大臣は死刑の執行命令権を持っていますけれども、同時に恩赦についても権限を持っているわけです。収容施設の長に指揮して、恩赦の出願をせよという行政命令や指導をすることができる。つまり法務大臣には死刑を執行する権限があると同時に、その人を死刑から救う権限もあるわけです。

S君は四四歳でした。彼が一九歳の時の事件ですから、すでに二五年近い時間が経っているわけです。一九年生きてきて、その後二五年間拘置所の中で拘禁されている。その間、被害者に謝罪の気持ちを持って、月命日には謝罪の祈りを続けてきました。彼のお母さんも同じでした。彼自身の人生における拘禁の長さを考えると、もう生き直したと同じぐらいの時間を彼は拘置所の中で生きたわけですから、彼の死刑執行の是非についてももう一度考えてみるということがあってもよかったと思うんです。少年法の第一条には、少年については刑罰ではなく福祉だとしています。少年の更生を期待し、更生ができるように環境を整え、少年を処遇しようじゃないかという趣旨が書かれています。その精神からすると、仮に死刑の宣告が許されるとしても、その執行はまた別の問題、少年法の第一条の精神に基づいて、法務大臣として、死刑執行をするのが妥当であるかどうか、恩赦を検討すべきであったと思います。

法務大臣は、記者会見では、「犯行時少年だったことについては、個々の死刑執行の判断に関わる事項ということですので、お答えは差し控えさせていただきたい」としか言わないわけです。記者が、死刑についての情報をもっと公開すべきじゃないか、とさらに追及するのですが、彼女は、情報公開すれば、その人たちのプライバシーの侵害になる、周辺の人たちの名誉も毀損することになる、あるいは今確定している死刑囚の人たちの心情の安定も害するというわけです。しかし、法務大臣は、名前や生年月日を発表し、そして彼らがやった行状をこと細かに一人につき三ページも費やして延々と書いている。まさに時代劇に出てくる高札、柱のうえに杉板を張って、この人はこういうことをやったと延々と書く高札と同じことを書面でやっているわけです。しかも高札は町中に張り出すだけですけれども、彼らは全国的にこれを配布するわけです。それを平気でやっておきながら、なにが人権に配慮しているというのでしょうか。

情報公開というのは、私たちにとってはその是非について判断できる資料が得られるということであり、国家側にとっては、透明性の問題ですから、プライバシーの問題と相容れないはずはありません。プライバシーを保護しながら透明性を確保することは、いくらでもできることです。それなのに、彼らは、プライバシーを楯にとって、なにも喋らないし、説明しないわけです。この点からしても、今回の執行というのは従来の枠を一歩どころか数歩、完全に飛び越えていると思います。

5、今後の課題

第一報は九時四五分頃に入りました。その後すぐにS君と松井さんだという情報が入ってきました。私は、間違いだ、マスコミが先走ってしまったんだと思いました。本当にそうなんだろうかと何度も事務所に問い合わせました。それほど、私は再審請求中は執行されないと思い込んでいました。私は、死刑事件の弁護をやってきましたけれども、真剣に再審請求を闘う、そうしている限り死刑は回避できると思っていましたし、そのように同僚にも話をしてきました。しかし、今回の執行は、私の、従前の考えを完全に超えてしまったわけです。現在、死刑確定中の人は一二三人で、そのうち九四人が再審請求中ですが、その人たちに対してばかりでなく、私たち死刑確定者の弁護人に対する、彼らの強力なメッセージだったわけです。法務大臣は、弁護士がついていようと、ご本人が自らの努力で再審請求していようと死刑執行するということです。もう少し分析が必要だろうと思いますが、彼らの新たな方針は、おそらく、第一回目の再審請求の結論が出るまでは待つが、それ以降は待たない、というのだろうと思います。免田さんが六度目の再審請求でようやく冤罪から救済されたという事実さえ、彼らは無視しているのです。

私もそうですけれども、再審請求をしていれば、とにかく命を永らえることができるというふうに思って行っていた弁護方針が一気に崩れたわけですから、中の人たちはもとより、私たち弁護人も、安心することができない状況になっているわけです。この精神的なダメージはものすごく大きいわけでして、これからそういうダメージによるいろいろな問題が出てくるだろうと思います。ですから私たちは何をやっていくかについて、これから真剣に考えていかなければならないのですが、少なくともそういうダメージを中の人たちが受けているということを知ったうえで、中の人たちとの付き合いをもういっぺん作り直していかなくてはならない場面に来ていると思います。

話がSさんの話に戻るんですが、彼は、たいへん身体がデカい人で、僕の横幅を二つぐらい並べた大きさです。僕は正直言って、彼にはたいへん申し訳ないのですが、このぐらいデカければ執行なんてとてもできっこない。S君を持ち上げることもできやしないんじゃないかと思っていたんです。だから大きくなれ大きくなれと。減量したらなんていうことは一言も言ったことはなかったのですが、そういう人でも平気で死刑を執行しちゃうんです。お母さんがご覧になったときには棺に入っていたということですから、そういう特注の棺も準備したのでしょうし、彼の重さに耐えうるロープも用意したのではないか。予行演習も周到にやったと思うんです。本当に、強固な意志による、周到に用意された計画的な殺人ということです。そこに現れている国家の意思はものすごく強い、無慈悲に強い、という感じがします。安倍内閣になってから三一人執行されています。もう累々たる数です。そういうことが影響しているのかもしれませんが、上川法務大臣は、以前はいかにも自信なさげな話しぶりでしたが、今回はほとんどまともに記者の人たちの質問に答えていない。個人の問題、情報だから言えないと、終始、説明を拒絶しています。説明責任さえ果たそうとしないのです。

こういう厳しい状況の中で、死刑廃止と言うだけで死刑廃止が実現できるかといえば、それは無理だと思います。この前の世論調査では、終身刑を導入して死刑を廃止するとなると、三七パーセントの人たちがそれでいいという意見でした。これはまれに見る大きな数字だと思うんです。であれば、「現行のまま終身刑を導入して死刑を少なくしようという意見に賛成かどうか」を問えば、おそらくもっとその数は増えるだろうと思います。死刑廃止に疑問を持っている人、あるいは死刑廃止にまだ躊躇している人たちも死刑を少なくすることについては賛成してくれると思うんです。そういう人たちを取り込んで多数の力にしていき、死刑を少なくするというところに軸足を据えて、そのための実現可能な運動をやっていく必要があると思います。

私はかつて名古屋の合宿を前にして、過去の世論調査の結果を分析したことがあります。それは、加齢とともに死刑に対する意見はどのように変化するかです。それは世代ごとに一〇年経過すれば意見がどのように変わるかをなぞればいいわけです。その結果言えることは、どの世代も、加齢とともに死刑容認が増加するということです。ですから、高齢者では若年者に比べて死刑肯定論が圧倒的に多くなります。これは高齢化すれば保守化するというだけでなく、ひとたび死刑廃止になった人でも、加齢により存置に変わるということ、逆に言えば、加齢によって存置が廃止に変わることはないということです。もっと言えば、死刑廃止に向けた感情や知識や学習も、年を取れば失われていくということです。つまり、死刑存置は、常に拡大再生産されているということです。加えて、世論は、政府が行うことに誘導され醸成されるのですから、今回政府が死刑存置に向けて強力な権力行使に出てきたわけですから、それに世論も影響され、より厳しい状況になっていくだろうと思います。

こういう厳しい状況の中で、死刑に関して広くコンセンサスが得られるとしたら、「死刑を少なくしよう」、「冤罪も少なくしよう」ということになってくるだろうと思うんです。死刑廃止を実現しようというのであれば、そういうところから、つまり死刑廃止の一歩も二歩も手前に軸足を置いて、そこからスタートしなければならないと思っています。そして、そういう人を探しています。

今回、いろんなところから抗議声明が出ています。国際基準では少年に対する死刑は禁止されています。しかし、そういう中でも日本は平気で執行するわけですから、そういう国、官僚、法務省がいるということを前提に考えなければならないと思います。もちろん、彼らだけが突出しているわけではなく、世の中には、彼らよりもより過激な人たちやマスコミがあって、その結果が八〇パーセントの死刑支持の世論だと思います。こういう状況の中で、死刑廃止か存置かの論点ではない、もう一つ違った論点を提起し、その軸足のもとで新風を巻き起こす運動をやっていきたいと思っています。ぜひ皆さんにも考えていただいて、ことあるごとにどうすべきか、どうしていこうかという多角的な議論をしていくことができればと思います。

（二〇一八年一月二五日、衆議院第二議員会館で行われた執行抗議集会での発言。初出『フォーラム90』一五八号）

松井喜代司さんの書かれたものから

死刑殺人に、もの申す

三年四ケ月の間、死刑殺人が行われず、このまま死刑廃止になるのかと思われました。ですが殺人指揮者に後藤田正晴という殺人鬼がなった時に、死刑殺人が再び行われるようになりました。その後は毎年二回、それも複数名殺人です。

死刑殺人の維持のためという検察の権力構造のため、法の権威を殺人によって社会に示し、それが為に人命軽視の見本を国民全体に教えています。

それでも今年四月に国連で死刑廃止決議案が可決されたので、今年六月には執行がなく、七月も無事に過ぎたので、やはり日本も国連決議・世界の趨勢には勝てず、即死刑廃止は無理でも取り敢えずは執行停止状態になるのだと安心しておりました。

そんな中、八月二日の昼にヘリコプターが東拘の上を飛び回るので、何があったのだろうか？　と思いました。夕方のラジオ放送でニュースとして「東京拘置所の連続射殺魔」と流れたところですぐラジオを切られてしまったので、いったい何があったのかと思いました。連続射殺魔といえばすぐ永山則夫さんだと分かるし、まさか死刑殺人なんて考えられないし、自殺するとも思えないし、急病でもして危篤状態にでもなったのかと考えました。何故といって永山さんの事件は少年の時であり、裁判にしても一審死刑・控訴審で無期・検察官上告で差し戻され再び死刑。そうして上告棄却という裁判を考えれば、人情としても永山さんは一番殺しにくいと考えていました。

今日、八月六日に阿部さんよりの新聞コピーを読んで一瞬目の前が真っ暗になりました。そうして今回は一度に四名もの人を殺した大量殺人というので、国家権力は何を考えているのか？　です。

結局は正しい事をやっているという意識はないけれど自分達のメンツのために死刑殺人を行わなくてはならないので、四月の国連決議の直後ではいくら何でも死刑殺人は気が咎めるので、この間の死刑殺人をすることが出来なかったのだと思います。それが今回、神戸の小学生殺人事件が社会でも騒がれ、又その被疑者が一四才の中学生の少年であったというので「少年法の改正」まで叫ばれている今がチャンスだとばかりに死刑殺人、それも四名もの大量殺人を行ったのだと思います。何故三〇年近くも前の事件で、一度は無期に減刑された人を今殺さなければならないのか？　人心が荒廃し凶悪事件の起こる土壌の改善の方を置き去りにし、世間の人はその存在すらも忘れた頃になってどうして殺すのかです。

死刑廃止になるまでは私達が願う【殺される迄は、せめて人間らしい処遇をしてもらい、この世に生まれて来て良かったという心が持てるような専用施設を】と思います。

今回不幸にして殺された四名の方々は死刑廃止の礎となちれますように御冥福を祈って、合掌。

一九九七年八月七日

（『麦の会通信84』一九九七年八月一五日発行）

処遇と更生

私は今でも二種の考え方を持ちます。

支援して下さる人達に接した時には、どんな悪人であっても殺してしまって間違った事をした、という考え方が一つ。もう一つは、権力が私を「死刑に」と言う事に接した時に、今のような処遇を長期間続けた上に殺すのが正義ならば私のやった事も正義だという考えです。

つまり、現在権力のやっている処遇は、人を殺しても良いという考え方を持たせる処遇をしているという事です。

その他にも、先日読んだ本の中に宮崎知子さんの被害者遺族が「死刑になっても当然と思います。だけど、だからといって、死んだ人は戻って来ない。ならば、生きて罪を償ってもらいたい。死刑の執行をしても意味がないと思っています」と話しています。その他にも「犯人は憎いのに、死刑にはなってもらいたくない。矛盾だなと、自分でも思います。しかし、死刑という死のがけっぷちに立って、生命の尊さを知って欲しい。もう一度、国が人を殺すなんておかしい」とも話してます。

当の宮崎さんは現在では、本当の心の美しさ、やさしさを取り戻していて、私達はまず他人に迷惑を掛けず、他人を苦しめた事を反省する必要があります、と言っています。その上で真に人の道として謙虚に素直に悪かったと心から考えて、と言っています。そうして生活についても、物・金の社会とは別に、唯々静かに暮らして行きたいと言います。

他にも、黄さんはマレーシアから出稼ぎに来て事件を起こしてしまったのですが、その原因というのが、外国人である為に満足な仕事がなく日本人のやらない汚い危険な仕事をした上に、その給料が払って貰えないので、どうにもならずにいたところ、恩義ある日本人に紹介された人の命ずるままに悪い道を走るようになってしまったのです。

その黄さんも「死んでお詫びを」と言っていますし、現在文通するなかで私が「マレー半島を縦断する列車で旅行がしたかった」と言えば「生まれ変わったら一緒に旅行を」と言う人です。

そうゆう人達を今のような処遇で、その上で殺すというのではなく、もっと人間的に処遇して欲しいと考えます。

その一番が無人島での自給自足の生活ですが、それが無理であれば、人工的な無人島とも言えるような専用施設だと思います。そうすれば現在、予算的にも一番掛かる刑務官の数もそんなに必要ないし、自給自足するからその他の経費も必要ないので、一石何鳥にもなります。

それで私が一番言いたいのは、そうして生活させた場合に、現在の管理処遇と比べてどちらが社会生活に適した人間になるかという事です。「朱に交われば赤くなる」という言葉もあるけれど、専用施設から外部に出させないようにしても、外部の人が中に入るのは自由なのだから、現在でも私達の支援活動を続けて下さって居る多くの善い人達と接していれば、自ら皆、善人になると思います。

何が何でも死刑殺人をではなく、そうした人間的処遇をして、その上に、間違いないという見極めがついたなら恩赦にして、幾らでも更生の道は見い出せる筈

です（『麦の会通信86』一九九八年二月一四日発行）

真意

俺の真意は、やったことが正義だなんて主張することでは断じてなく、むしろ、どんなに悪人であったとはいえ殺してしまって申し訳のないことをしたと、素直に言えるようになりたいとの思いです。

そのためには死刑ではなく、人間らしく生きられるような処遇が必要です。（中略）

支援して下さる人やキリスト教の教えに接した時には私も、相手を赦し切れなかったことを素直に反省することが出来るのですから。何時でも真面目に前向きに、人間らしい心を持って生きられるようにと考えていることを、どうかみなさんにも理解して頂きたいのです。

ちなみに私の現在の生活は、通称「自殺房」と呼ばれる舎房で、指一本舎房の外に出すことは出来ず、外は見えず、風は通らず、テレビカメラで一日中監視されています。人と接することもなく、自由に話をすることが出来るのは弁護士さんとだけであって、一般面会ではわずか十分間位で、それも立会人が同席で、手を握ることも出来ません。食べる物一つにせよ自由にはならず、冬の寒い時にはせめて暖まるためにコーヒーでもと考えても、それもお金がなくては飲むことも出来ません。

私は今回、数百万円のお金を騙し盗られ、数百万円の被害者弁償をして、それで死刑です。それなのに権力が私を殺しても何も罪の意識もなく、勿論、何の罰を受けることもないのです。

それほど不自由な生活をしている私が、民事訴訟の判決や支払命令の確定を得ても（すでに何百万円分かありますけれども）娑婆にいる狡い人達は逃げていて、全然支払をしてはくれません。

それでも権力は何もやってくれません。私の被害弁償の金額が少ないと控訴審では言っていたけれど、それならどうして、これらの私の債権回収に権力は協力をしてくれないのかと私は考えます。それらについても検察は、私が死刑になるように悪意の主張をしました。

そうゆうことを考えるると、もっと素直にならなくてはと思ってみても、ついつい、おかしな言葉が出てしまうのです。

何百万円もの債権を持っておりながら、その回収が出来ずコーヒー一杯すら自由に飲むことが出来ず、人からの善意の援助でもってやっと、たまに、考え考えコーヒーを飲むような状態では、なかなか素直になり切れません。

それであっても、これではいけないと思うのです。正しい人達のような考え方を絶えず持って、一日も早く素直な気持ちで反省し、償いの日が送れ、人間らしく生きられるような、御助言・御指導をお願い致します。

（『麦の会通信87』一九九八年四月一五日発行）

死刑をめぐる状況

死刑廃止をめざす日本弁護士連合会の活動報告 2017—2018

小川原優之（弁護士）

1 はじめに

二〇一六年一〇月、日本弁護士連合会（日弁連）は第五九回人権擁護大会において、「死刑制度の廃止を含む刑罰制度全体の改革を求める宣言」を採択し、「日本において国連犯罪防止刑事司法会議（コングレス）が開催される二〇二〇年までに死刑制度の廃止をめざすべきであること」を宣言した。そしてそれを受け二〇一七年六月には、それまでの死刑廃止検討委員会を発展的に解消し、日弁連会長を本部長とする死刑廃止及び関連する刑罰制度改革実現本部を設置した。私は、この実現本部の事務局長を務めており、二〇一七年から二〇一八年にかけての日弁連の活動について報告する。ただし、意見にわたる部分は私見であることをお断りしておく。

2 大量の死刑執行に対する抗議

二〇一八年七月、オウム真理教関係者一三名に対する死刑の執行が行われた。その中には再審請求中であるもの、心神喪失の疑いのあるものも含まれており、「平成の大虐殺」とでもいうべき暴挙であった。

これまで日弁連は、二〇一七年七月一三日、金田勝年法務大臣による二名に対する死刑執行に抗議し、さらに同年八月に就任した上川陽子法務大臣に、同年一一月二九日付けで、日本において国連犯罪防止刑事司法会議が開催される二〇二〇年までに死刑制度の廃止を求める要請書を提出した。

また、同年一二月一九日、上川法務大臣による二名に対する死刑執行に抗議し、二〇一八年三月二九日付けで「死刑執行停止を求める要請書」を提出し、全ての死刑確定者に対する死刑執行の停止、特に再審請求中の死刑確定者に対する死刑の執行及び心神喪失の疑いのある死刑確定者に対する死刑の執行を停止するよう要請したが、今回の暴挙をくい止めることはできなかった。

　今回の大量の死刑執行について、日弁連は抗議声明を出したが、国際社会も多くの関心を抱いており、また国内のマスコミの論調によれば、被害者側を含めて単純に死刑執行賛成という声ばかりではなく、「考え悩む」世論が窺える結果となった。

3 国会議員への要請活動

　死刑廃止は、法改正運動であり、最終的には国会での刑法改正が必要となる。そのためには国会議員に対する説得、要請活動が不可欠であり、二〇一八年六月から七月にかけて国会議員に対する要請行動を実施した。私も参加して、国会議員や秘書と面談したが、今後も継続的に行う予定である。

　また現在、死刑廃止を推進する議員連盟の活動が休止していることから、何らかの議連を結成できないかについても働きかけている。

4 死刑廃止をめざす国際社会との連携

　二〇一七年一一月一四日、国連人権理事会の普遍的定期的審査作業部会は、日本の人権状況についての審査を行い、死刑廃止に関連した勧告は三〇を超えた。前述した日弁連の「死刑制度の廃止を含む刑罰制度全体の改革を求める宣言」に触れた国も二か国あった。しかし、日本政府は二〇一八年三月一日に公表した見解で、死刑に関する勧告は全て「受け容れない」とした。

　また二〇一七年七月、国際人権（自由権）規約委員会が行った、死刑廃止をめざす国際人権（自由権）規約第六条（生命に関する権利）についての一般的意見No.36原案のパブリックコメント募集に関して、日本政府は死刑廃止に否定的なコメントを提出した。そのため、日弁連は二〇一八年二月一四日付けで日本政府のコメントを批判する意見書を取りまとめ、同委員会に提出した。

　このように日本政府は国際社会に対しても、死刑存置を公言している。

　しかし、二〇一八年七月一七日、日本は欧州連合（ＥＵ）との間で、経済連携協定（ＥＰＡ）を締結すると同時に戦略的パートナーシップ協定（ＳＰＡ）を締結した。これは日本とＥＵとの間で、法の支配など広い分野での連携をめざすものであるが、ＥＵは死刑制度に反対しその廃止を求めている。日本が死刑執行を続けるならば、ＥＵや加盟国の間で、日本の国際的な評価を低下させることにもなりかねない。

　死刑執行に対し、ＥＵ代表部と加盟国駐日大使らが連名で声明を出し、ドイツ人権政策委員や駐日フランス大使などが死刑廃止を呼びかける声明を公表している。日弁連としては、死刑廃止をめざす国際社会との連携をさらに強化する予定である。

5　宗教団体への要請活動

日本国内の世論を考えたとき、世論が死刑廃止を受け入れるようになるためには、宗教団体の影響が大きい。これまで死刑廃止に熱心な宗教者は多数いたものと思われるが、宗教団体が組織として、死刑廃止を宣言した例は少ない。そのため日弁連では、全日本仏教会やカトリックなどの宗教団体へ、組織として死刑廃止の立場をとり、信徒を教導するよう働きかけている。

6　二〇一九年の世論調査へ向けての活動

国会議員と話していてすぐに出てくるのは、「でも世論の八割は死刑賛成だから」という話であり、世論（選挙民）の圧倒的多数が死刑に賛成している中で、死刑に反対だというのは難しいという意識である。しかし、二〇一四年の政府世論調査の結果は、「死刑もやむを得ない」（全体の八〇・三％）のうち「状況が変われば、将来的には、死刑を廃止してもよい」（四〇・五％）がいたのであり（全体の三二・五％）、これに現在死刑廃止派の「死刑は廃止すべきである」（全体の九・七％）を加えると、現在または将来死刑廃止容認派は、全体の四二・二％いることになる。他方、将来も死刑存置派は全体の四六・一％であり、その差はわずか四％しかない。

そこで日弁連では、単純な「死刑容認八〇パーセント論」が誤りであることなどを分かりやすく国会議員や市民、マスコミに説明するためのパンフレットを作成し、配布している。このパンフレットはどなたにでも活用して頂けるので、必要な方は日弁連に申し入れて頂きたい。

また来年二〇一九年に政府の世論調査が行われる予定であることから、日弁連では、死刑制度に関する主質問の修正、死

日弁連が作成したパンフレット

刑廃止を可能にするための条件に関する質問の追加、世論調査結果の評価・公表方法などについて、二〇一八年六月一四日付けで意見書を取りまとめ、同年七月二三日に安倍内閣総理大臣、同月二五日に上川法務大臣に提出した。

7 死刑廃止後の代替刑についての検討

二〇一四年の世論調査によれば、仮釈放のない終身刑を導入した場合、死刑を廃止する方がよいとの回答が三七・七％に達している。

日弁連においても、より具体的な制度を検討しており、例えば、死刑を廃止し、刑の言渡し時には「仮釈放の可能性がない終身刑制度」を導入する。ただし、時間の経過によって本人の更生が進んだときには、裁判所などの新たな判断による「無期刑への減刑」などを可能とする制度設計を検討しており、諸外国の制度についても調査している。

8 最後に

二〇一四年三月二七日、静岡地裁は、袴田事件について再審を開始し、死刑及び拘置の執行を停止する決定をし、同日、袴田巖氏は釈放された。ところが二〇一八年六月一一日、東京高裁は、検察官の即時抗告を認め、静岡地裁の再審開始決定を取り消し、再審請求を棄却すると決定した。弁護団は最高裁に特別抗告を申し立てた。

私はこの東京高裁の決定は極めて不当な決定であると思うが、日本の司法制度、とくに再審制度がいかに不安定で不合理なものかが、誰の目にも明らかになったことと思う。このような不安定、不合理な制度のもとで、死刑判決が言い渡され、再審請求を申し立てても死刑の執行は停止されることなく、執行され続けているのである。

この現状を批判し抗議することは当然であるが、「考え悩む」世論をどうすれば味方につけることができるのかを模索しなければならない。

また二〇二〇年は目前であり、同年には日本で国連犯罪防止刑事司法会議（コングレス）だけでなく、オリンピック・パラリンピックが開催され、国際社会からの注目が集まることになる。「やっぱり日本って野蛮な国なんだね」と諸外国からは見られているのであり、そのことを日本人は自覚しないままである。

死刑制度を実際に停止させ、廃止するには、死刑廃止を求める多くの人の連携が必要であり、どうやって連携を作りあげ、一つの力とすることができるのかが、日弁連の活動の課題であると考える。多くの皆さまのご協力をお願いする次第である。

獄窓から描いた「もう一つの日常」

第13回「大道寺幸子・赤堀政夫基金 死刑囚表現展」

池田浩士

1.「死刑廃止デー」と「死刑囚表現展」

毎年一〇月上旬に、「響かせあおう死刑廃止の声」という催しが東京で開かれている。「世界死刑廃止デー企画」と銘打ったこのイベントを知っている人は、おそらくそう多くはないだろう。死刑を廃止すれば凶悪犯罪が増えるのではないか。他人の生命を奪った人間が自分の生命で罪を償うのは当然だろう。それ以前に、殺された被害者の無念さやその遺族の心情を思えば、死刑廃止などとは言えないはずだ――。こうした意見に基づく死刑肯定の感情が圧倒的多数を占めるとされているこの国では、「死刑廃止の声」を「響かせあおう」どころか、死刑廃止の声はあまりにも小さく、容易には人びとの心に届かない。「世界死刑廃止デー」などというものがあることを、いったいどれほどの人が知っているだろうか。

「響かせあおう 死刑廃止の声」の催しは、こうした現実の中で続けられてきた。土曜日の午後、五時間にわたるこの集会では、死刑をめぐる世界と日本の現状や動きに関する報告、死刑制度の問題点を明らかにし廃止への道筋を探るためのインタヴュー、講演、シンポジウムなどが、第一の柱となる。第二の柱は、さまざまな角度から「死刑」をテーマにした多彩な舞台表現（朗読劇、演劇、講談など）である。死刑をめぐる事実や疑問が、いわば知識や論理として伝えられるだけではなく、笑いや怒りや感動という実感を通して胸に刻まれる。少なくとも、死刑制度は必要だと言う隣人に対してその感情に訴える語りかけがどうすればできるのか、という重い問いかけをも、これらの舞台表現は投げかけてくる。

例年、五時間のうち終わりの一時間半あまりを充《あ》てられているのが、「死刑囚表現展」の講評と受賞作品の発表である。一死刑囚の母だった大道寺幸子さんの遺志をうけて二〇〇四年に創設された「大道寺幸子基金　死刑囚表現展」は、翌二〇〇五年に第一回の応募作と受賞作が発表されて以来、今年（二〇一七年）で第一三回を数えることになった。当初は一〇年間の予定だったが、冤罪事件で再審無罪が決定した元・死刑囚の赤堀政夫さんからも資金が寄せられ、二〇一五年からは「大道寺幸子・赤堀政夫基金死刑囚表現展」として、さらに五年間の予定で再出発した。文芸作品と絵画作品の二部門があり、各部門の受賞作品には賞金が贈られる。それは、応募者が再審請求などのために要する費用を念頭に置いてのことである。作品の選考は、加賀乙彦、香山リカ、川村湊、北川フラム、坂上香、太田昌国、池田浩士の七名によって行なわれる。そして作品応募資格は、第一審（地裁）あるいは第二審（高裁）で死刑判決を受けた被告、および最高裁で死刑が確定した死刑囚に限られる。ただし、前者の場合、死刑判決を受けても上級審で無期懲役以下に減刑された場合は応募資格を失うことになっている。

つまり、この「表現展」に寄せられるすべての応募作品は、既決（死刑確定）と未決（裁判で係争中）とを問わず死刑判決を受けた人物、少なくとも現時点ではすべて例外なく（殺人を伴わなくとも死刑が適用される犯罪での死刑囚は現時点ではいないので）、他人を殺したと裁判で認められた人物によって、なされた表現なのだ。もちろん、応募者のうち少なからぬ人たちが、冤罪を訴えている。部分的な事実誤認を訴える人もいる。しかし、応募者の多くが、みずからの罪を認めながら、作品を書き、描いているのだ。この事実に対して、たとえば、「お前が殺した人間は、詩や小説や絵画はおろか、もはやどんな表現もできないのだぞ。被害者の遺族も同じだ。芸術作品をつくる心境どころか。それを獄中でぬくぬくと、短歌だと?! 絵画だと?! 冗談も休み休みに言え！ この人非人《にんぴにん》！」と叫ぶ人があっても、それは当然だと私は思う。

その叫びは、応募作品の作者だけでなく選考委員の一人である私にも向けられているだろう。「この人非人！」という当然の叫びを耳底にしっかり焼き付けながら、今年の「死刑囚表現展」について報告したい。

2．絵画作品のさまざまな試み

応募作品のうち絵画部門については、全国各地で「死刑囚絵画展」が開催され、そこでこれまでの応募作品が展示されてきているので、そういう場で作品に触れたかたもあるかもしれない。回を重ねるごとに意欲作が増え、目を見張るような作品が多くなってきたが、今年の絵画作品にもまた、その感を強くさせるものが少なくなかった。寄せられた一四人の作者の七八点の作品すべてに言及することはできないので、特に印象が強かったものについてだけ感想を記しておこう。

強く印象付けられた第一は、風間博子さんの「命―2017」と題する三部作である。死刑判決の一部について冤罪を

風間博子「命—弐〇壱七の参」

訴えている作者は、この数年、その訴えが空しく消えていくことの絶望を描いたと思われる諸作品を始めとして、きわだった構想力と表現力を示すいくつもの秀作によって、もっとも注目を惹き高く評価されてきた一人だった。去年までのその揺るぎない作品世界が乗り越えられ、今年はこれまでとは違った新しい画境を作者が切り開いていることに、私たち選考委員は驚嘆させられた。この作者の絵はいったいどこまで行くのだろうか、というのが私の率直な感慨である。

ほとんど毎年つづけて作品を寄せる作者たちの絵からは、前年と比べてみたときの進捗や停滞が、おのずと浮かび上がってくる。この数年高く評価されてきた林眞須美さんの作品から、いつもの比類ない迫力が減じて、ややマンネリズムに陥っていることが、選考委員一同に残念な淋しい思いをいだかせた。「毒カレー事件」のきわめて重要な証拠の捏造（あるいは鑑定の誤り）が指摘されているにもかかわらず再審が拒否され続けているという状況と、これは無関係ではあるまい。

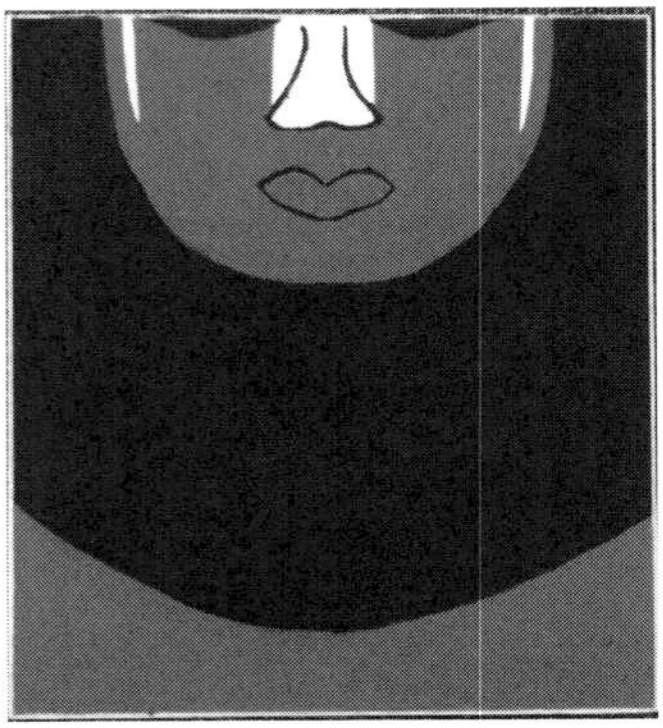
林眞須美「獄旗」

やはり冤罪を訴えながら、すでに四〇年近くを獄中で過ごしている金川一さんの作品も、その独特の静かな作風によって、毎年の作品展に欠かせぬものとなった。しかし、その作品の静けさが、作者自身の内面への隠遁、あるいは気力の停滞を物語るものだとすれば、やはり残念な思いが残る。

金川一「江戸の女性」

謝依俤さんの墨画と書も、以前のような大胆さを減じているように感じられる。

謝依俤「無題」

謝さんはかつて、一定以上の大きさの用紙を使うことを許さない獄中の制約を突破するために、何枚もの紙に各部分を描いて獄外に送り、外でつなぎ合わせて一枚の大作とする——という応募方法を創出した。以後、少なからぬ応募者がこの方法を応用している。そのような創意が新たに湧き出ることを期待したい。

　女性の裸体を極彩色で数多く並べた原正志さんの作品は、毎年、賛否両論を生んできた。それには馬耳東風で、今年もまた同じ画題の六点が寄せられた。選考委員のうち唯一の美術専門家、北川フラムは今回も、この作者は描きたいものを持っていると高く評価し

加藤智大「あしたも、がんばろう。」
下は同作品拡大部分

原正志「髪を掴んでPoseを付けるGcup少女・佇むGcups少女、壁に掛りPoseを付けるHcup少女、騎上位で喘ぐEcup少女とMytell、魔法ちゃん・初音ミク・不等辺三角形と森の仲間・愛と平和・絆」

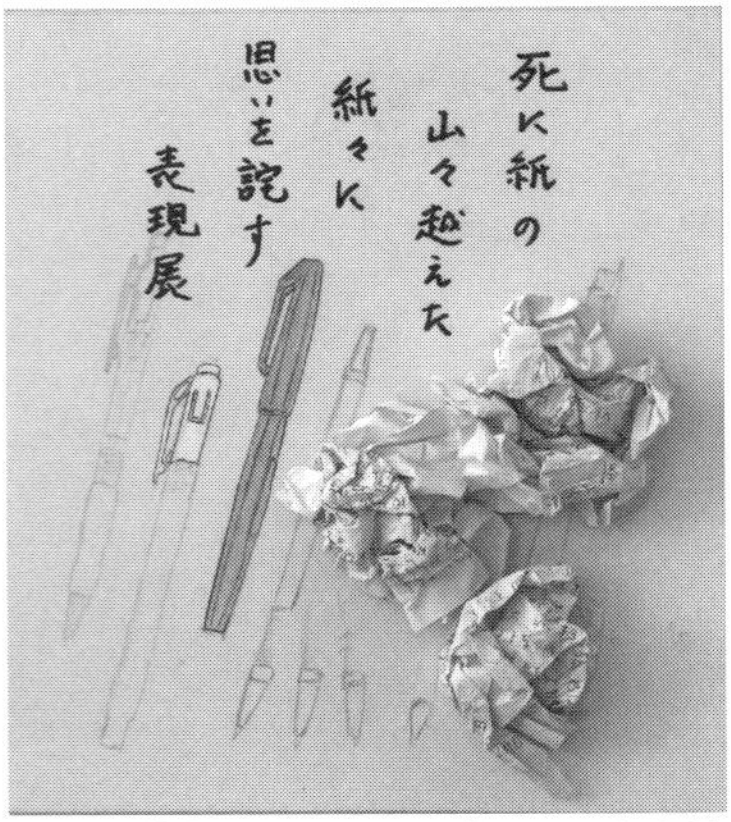

音音「捨ててしまえばただの紙屑」

た。今年の作品はとりわけ細部が生きている、というのが私の印象である。

　応募作品によって選考会を挑発し、獄壁を越えたコミュニケーションを切り開こうとする試みにおいて、この数年、音音《ねおん》さんと加藤智大さんは双璧をなしている。加藤さんの作品「あしたも、がんばろう。」は、ある手順でA4判の用紙八一枚の升目に人の顔が描き出されるというもので、しかもその顔は、すべて手書きの「鬱」という文字だけから成っている。作品を完成させるには、この文字で升目を埋め、用紙をつなぎ合わせて一枚の大画面にする受け手の作業が必要である。「捨ててしまえばただの紙屑」と題した音音さんの色紙《しきし》は、くしゃくしゃに丸めた紙屑が貼り付けられている。これまた、受け手の反応を触発するダダイズム的な手法だ。

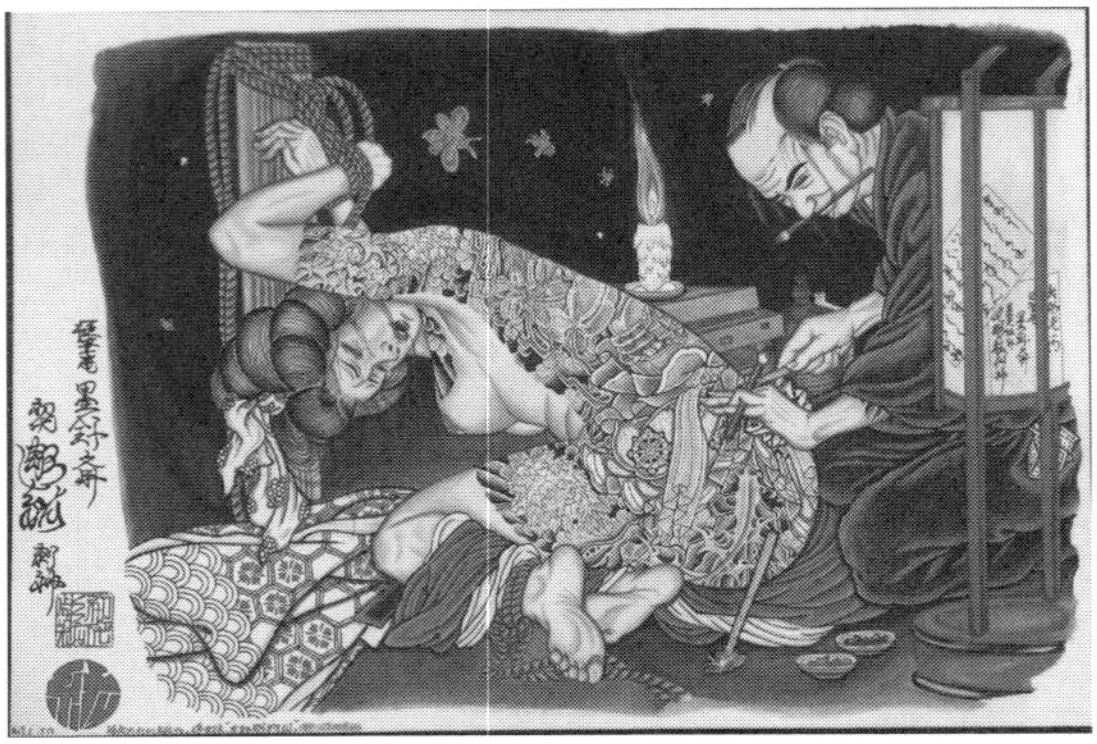
井上孝紘「浮世絵“女師彫物図”」

　こうした意識的な表現手法の試みにもまして、今年の応募作品のうちで私がとりわけ驚嘆させられたのは、井上孝紘さんの「浮世絵〝女師彫物図〟」だった。あるいは手本にした原画があるのかもしれないが、まさに刺青の彫り師が一点一画《かく》に精魂を込めるように、繊密な表現に徹しようとする作者の執着力には、息を呑む思いを禁じ得ない。独房の中で死と向き合いながらこのような微細な表現に集中することで、作者は、自分が生きてきた日常とは別の、もう一つの日常をいま生きようとしているのではあるまいか。

　これは、井上さんのこの作品についてだけ言えることではないだろう。その作品が芸術的観点からどう評価されるかは別として、それを描くことがなければ獄中の日常だけが作者にとっての生きることなのだ。もしもその日常だけが作者の生きる日常であるなら、作者は自分が歩んできた過去を、殺人を犯したことも含めたその過去を、いっそうよく見つめなおすことができただろうか？　あるいは無我夢中のうちに罪に落とし込まれた自分の冤罪を、いっそう冷静に凝視することができるだろうか？　獄中で初めて、これまでとは別の日常を生きなおすことによって、自分自身を見つめなおし再発見することができたのではないのか？

　彫り師と女性を描くこの細密画の凝集度に触発されて私が考えたのは、このようなことだった。

3. 俳句、短歌、川柳から

　文芸部門の応募者は一八人で、その作品は、例年と同じく、俳句、川柳、短歌、詩、そして散文では小説、回想記など、多彩である。

　毎年、それぞれが数百から千にも及ぶ短歌と俳句によってきわめて高く評価されてきた響野湾子《きょうのわんこ》さんは、今年もまた秀作を数多く寄せた。その俳句のいくつかの、これまでになく荒々しくなった言葉の衝撃力に、私は撃たれる。

肺に水音　月は満月　死者は風
蝉時雨は　言葉　湧ひて沈む

響野さんの短歌では、つぎの二首が心に残った。

一滴の　感情も無き　獄中で　虫啼く如く　火の声で啼く
逝く先は　月の砂漠と　決めてをり　戦に満ちた　この星を捨て

　兼岩幸男さんの俳句と短歌、時事川柳も、この数年、注目を集めてきた。とりわけ、現在の世相を笑い、あるいは辛辣に批判する時事川柳を、長く浮世から遮断されて獄中にいる死刑囚がものするのは、至難の業だろう。もちろん、ニュースソースは新聞など限られたものしかない。その狭い窓口から外の広い世界を見る眼は、マスメディアによって制約され規定される。それを打ち破るのは、ニュースや記事を突き抜けてその背後にある真相を読み取る作者の感性と思考である。一八〇〇句以上に及ぶ時事川柳のうちの次の二句は、同じ作者の感性と思考の二つの場合、その優劣を、くっきりと示している。

アマゾンを　どっと流れる　段ボール
眞子さまの　明るい話題　国走る

兼岩さんの一〇〇〇首を越える短歌のうちで、とりわけ次の二首が私の心に残った。

横たはる　放置自転車　満身の　疲れとくごと　月光浴びる
この道は　まちがいなりと　森へ帰り　樹上にもどりし　猿もありけむ

4. 二編の長篇小説をめぐって

　これまでたびたび長編の力作によって「死刑囚表現展」に刺激と活気を与えて

きた二人の作者が、それぞれようやく完成した大作を寄せている。

　その一人、河村啓三さんは、この表現展で受賞作となった数編を、すでに単行本として世に送り出している。今回の応募作『女の関所』は、しかし、選考委員の誰からも評価されないという結果になった。私も同意見である。作者は、自分が犯してしまった罪を見つめ直し、自分のこれまでの生涯を手記として描くという至難の業を、一連の応募作によって成し遂げてきた人である。今回の作品は、自分の犯罪とは直接関係のないフィクションとして書かれている。だがこのフィクションには、フィクションとしてのリアリティーがまったく欠けている。登場人物たちがまったく生きていない。すべての描写も作者のコメントも、あまりにも安易すぎる。題名がすべてを物語っている、と言いたくなるような、安直な通俗読み物に終わっている。作者がこの作品に甘んじてしまった理由はさまざまあるだろうが、私は、この人が真にすぐれた文学作品と出会う機会に恵まれなかったことが、決定的なのではないかと思わないではいられない。誤解を恐れずに言おう。かつての作者は、読書の時間などない日常を無我夢中で生きなければならなかった。殺人を犯してでもその日常を生き抜かなければならなかった。しかし、いまは、時間があるのだ。その時間を、ぜひ、すぐれた文学表現と出会うことに費やしてほしい、と私は思う。

　もう一つの長編応募作、堀慶末さんの『鎮魂歌』は、「第1部　陽炎」と「第2部　来信――私に届いた90の手紙」とから成っている。自分の罪と向き合う手記から虚構の小説へと歩んできた河村啓三さんとは逆に、この作者は、虚構の小説を書き続けた末に今回ついに自分の犯罪と向き合う手記に行き着いたのである。作者が二つの筆名で「死刑囚表現展」に寄せた初期の小説は、いずれも高い評価を受け、私自身もいわばこの作者の愛読者の一人だった。私は密かに、いまフィクションを書きつづけているこの人がついに自分の過去と対峙する作品を書き上げるときを、待ちわびてきたのだった。そして、その時が来たいま、期待は裏切られなかった。

　作品から語りかけるのは、人間をいとも安易に殺す犯罪に相次いで手を染めた作者その人である。だが、その作者自身によって描かれる作者の日常や周囲の人物たちの、なんと生き生きしていることか。もちろん、その日常と人物は、私にとっても、多くの読者にとっても、ほとんど無縁な世界だろう。けれども、私にとって無縁だったこのもう一つの日常が、作者（たち）にとっては、唯一のあり得る日常だったのではないか。そして、作者自身は、自分が生きたその日常とは別の日常があるということを、獄中で、死刑囚となって、少しずつ自分の過去を顧みるなかで、初めて、本当に知ったのではなかったか。みずからの足跡を見つめる第一部に続く第二部は、獄中の作者あてに送られた獄外からの手紙と、それらのうちのいくつかに対する作者の返信によって構成されている。これらの手紙から、私は、なぜ死刑囚となった作者が自分の生きた現実を見つめなおすことができるようになったのかを、想像することができるように思う。それと同時に、このような手紙の書き手たち（カトリックのシスターは別として）に囲まれながら、作者が、そしてまたその手紙の書き手たちが、もっと別の日常を生きることができなかったという現実を、考えぎるを得ない。作者が、自分が生きた日常とは別の日常があることを発見し、そのもう一つの日常で生きることもできたかもしれないと気付いたのは、獄中で作品を書くようになったことと無関係ではないだろう。

『鎮魂歌』の作者にとっての在日朝鮮人家庭や貧しい環境は、今回の応募作でもっとも私の胸にせまったもう一つの作品には、また別の姿で描かれている。畠山鐵男さんの短歌一〇首のうちの一首である。

父なし子　祖母の子として　育てらる　吊され逝きて　母と会えるや

今年の「世界死刑廃止デー」のポスターは、「貧困と正義の裁き——死を招く混合物」（Poverty and Justice-A Deadly Mix）というキャッチフレーズと、ボロをまとったまま処刑台に吊るされている一人の下半身を描いている。貧困を正義が裁けば、死刑となるのである。畠山さんの短歌は直接的に、堀さんの小説は間接的に、それを描いている。貧困の日常からは、正義の日常は見えない。正義の日常を生きるものからは、貧困の日常は想像もできない。死刑囚の表現の多くが、作者たちが生きることができなかった「もう一つの日常」を、もはや出ることができない獄窓から、見つめようとしている。獄窓の外にいる私は、私にとっての「もう一つの日常」を、「人非人！」という叫びを受けるにふさわしい作者たちの表現を通してもまた、見つめなければならないだろう。

（初出『出版ニュース』二〇一七年一一月上旬号）

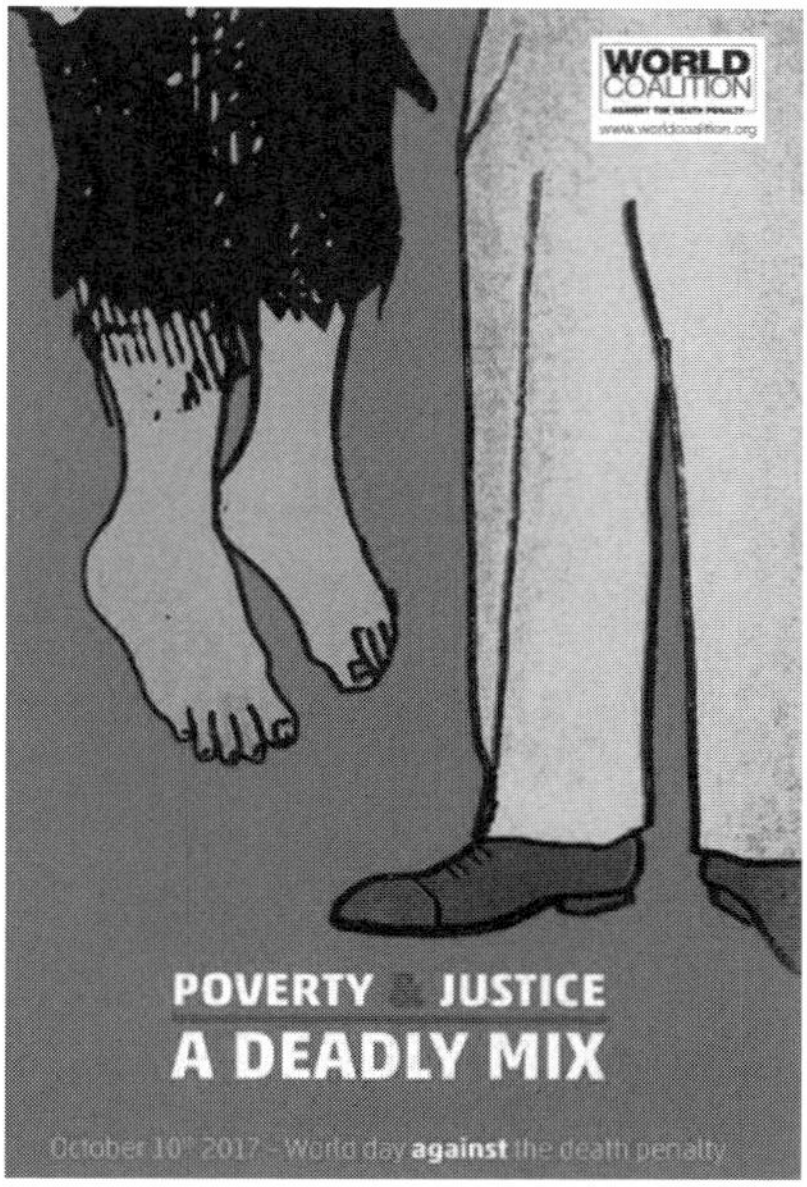

世界死刑廃止連盟（WCADP）の2017年度の死刑廃止デーポスター

死刑をめぐる状況 2017―2018

『死刑囚表現展』の13年間を振り返って

太田昌国

「死刑廃止のための大道寺幸子・赤堀政夫基金」が運営する「死刑囚表現展」は今年で一三回目を迎えた。始めたのは二〇〇五年。その前年に、東京拘置所に在監する確定死刑囚、大道寺将司氏の母親・幸子さんが亡くなった。遺された一定額の預金があった。近親者および親しい付き合いのあった人びとが集い、使い道を考えた。筆者もそのひとりである。幸子さんは、息子が逮捕されて以降の後半生（それは、五四歳から八三歳までの歳月だった）の時間の多くを、死刑制度廃止という目的のために費やした。

息子たちが行なったいわゆる「連続企業爆破」事件、とりわけ一九七四年八月三〇日の三菱重工ビル前に設置した爆弾が、死者八名・重軽傷者三八五名を出したことは、もちろん、彼女の胸に重く圧し掛かっていた。本人たちが意図せずして生じさせてしまったこの重苦しい結果が彼女の頭を離れることはなかったが、息子たちは、マスメディアがいうような「狂気の爆弾魔」ではないという確信が揺ぐことはなかった。この確信を支えとして、彼女は「罪と償い」の問題に拘りつつ、同時に死刑廃止活動への関わりを徐々に深めていった。息子以外の死刑囚とも、面会・文通・差し入れ・裁判傍聴などを通して、交流した。人前で話すことなど、およそ想像もつかない内気な人柄だったが、乞われるとどこへでも出かけて、息子たちが起こした事件とその結果に対する自らの思いを話すようになった。死刑囚のなかには、自らが犯した事件・犯罪について内省を深め、罪の償いを考えているひとが多いこと、また、国家の名の下に命を最終的に絶たれる死刑事件においても冤罪の場合があることなどを彼女は知った。

幸子さんは、晩年の三〇年間を、獄外における死刑廃止運動の欠くことのできない担い手のひとりとして、死刑囚と共に「生きて、償う」道を模索した。この辺りの経緯は、幸子さんへの直接の取

応募作品を選考する（2017年9月11日）

材が大きな支えとなっているノンフィクション作品、松下竜一の『狼煙を見よ——東アジア反日武装戦線〝狼〟部隊』（初出「文藝」一九八六年冬号、河出書房新社。現在は、単行本も同社刊）に詳しい。

彼女の遺産の使い道を検討した私たちは、そのような彼女の晩年を知っていた。遺されたお金は、「死刑廃止」という目標のために使うのが彼女の思いにもっとも叶った道だろうという結論はすぐに生まれた。さて、どのように使おうか。討論の結果、次のように決まった。

死刑囚の多くは、判決内容に異議をもち再審請求を希望する場合でも、経済的に困窮していて、それが叶わないこともある。一人ひとりにとってはささやかな額ではあろうが、「基金」は一定の金額を希望者に提供し、再審請求のための補助金として使ってもらうことにした。毎年、五人前後の人びとの弁護人の手にそれは渡っている。

もうひとつは、死刑囚表現展を開催することである。死刑囚は、多くの場合、外部の人びとと接触する機会を失うか、ごく限られたものになるしか、ない。「凶悪な」事件を引き起こして死刑囚となる人とは、身内ですら連絡を絶つこともある。ひとは、自分が死刑囚になるとか、その身内になるとかの可能性を思うことは、ほとんどないだろう。だが、振り返れば、死刑囚がなした表現に深い思いを抱いたり衝撃を覚えたりした経験を、ひとはそれぞれにもっているのではないか。永山則夫氏の自己史と文学、永田洋子および坂口弘両氏が著した連合赤軍事件に関わる証言や短歌、苦闘の末に冤罪を晴らした免田栄氏や赤堀政夫氏の証言、そして、いまなお冤罪を晴らすための闘いの渦中にある袴田巖氏の獄中書簡やドキュメンタリー映画、当基金の当事者である大道寺将司氏の書簡と俳句など、実例は次々と浮かぶ。世界的に考えても、すべてが死刑囚ではないが、マルキ・ド・サド、ドストエフスキー、金芝河、金大中、ネルソン・マンデラなど、時空を超えて思いつくままに挙げてみても、獄中にあって「死」に直面しながらなした表現を、私たちはそれぞれの時代のもっとも切実で、先鋭なものとして受け止めてきたことを知るだろう。それらに共感を寄せるにせよ批判的に読むにせよ、同時代や後世の人びとのこころに迫るものが、そこには確実に存在している。

　日本では、死刑制度の実態が厚いヴェールに覆われているにもかかわらず、死刑を「是」とする暗黙の「国民的な合意」があると信じられている。刑罰の「妥当性」とは別に、死刑囚といえども有する基本的な人権や表現の自由についての認識は低い。「罪と罰」「犯罪と償い」をめぐっては冷静な議論が必要だが、「死刑囚の人権をいうなら、殺されたひとの人権はどうなるのだ」という感情論が突出してしまうのが、日本社会の現状だ。死刑囚が、フィクション、ノンフィクション、詩、俳句、短歌、漫画、絵画、イラスト、書など多様な形で、自らの内面を表現する機会があれば、そのような社会の現状に一石を投じることになるだろう。死刑囚にとって、それは、徹底した隔離の中で人間としての社会性を奪われてしまわないための根拠とできるかもしれない。

　そのような考えから表現展を実施することにしたが、死刑囚の表現に対してきちんと応答するために、作品の選考会を開くこととして、次の方々に選考委員をお願いした。加賀乙彦氏（作家）、池田浩士氏（ドイツ文学者）、川村湊氏（文芸評論家）、北川フラム氏（アートディレクター）、坂上香氏（映像作家）。基金の運営会からは私・太田昌国（評論家）が加わった。第七回目を迎えた二〇一一年には、ゲスト審査員として香山リカ氏（精神科医）を迎えたが、香山さんにはその後常任の選考委員をお願いして現在に至っている。

「死刑囚表現展」と銘打つ以上、応募資格を持つのは、当然にも死刑囚のみである。この企画が発足した二〇〇五年ころの死刑囚の数は、確定者と未決者（地裁か高裁かで死刑判決を受けているが、最高裁での最終判決はこれからの人）合わせて百人程度だった。それから一二年を経た昨今では、一二五人から一三〇人くらいになっている。このうち、表現展に作品を応募する人は、平均一五％から二〇％くらいの人たちである。

　例年の流れは、以下のとおりである。七月末応募締め切り。文字作品はすべてをコピーして、選考委員に送る。その厚みはだいたい三〇センチほどになるのが普通だ。九月選考会。絵画作品はその場で見て、討議して選考する。一〇月には「死刑廃止集会」という公開の場で、改めて講評を行なう。

「基金」のお金は、参加賞や各賞の形で応募者に送られる。「賞」の名称（名づけ）には、いつも苦労する。「優秀賞、努力賞、持続賞、技能賞、敢闘賞」などはありふ

響かせあおう死刑廃止の声 2017 の展示風景　渋谷区文化総合センター大和田伝承ホール
（撮影・大島俊一）

れているが、獄中にありながら現代的な言葉遣いに長けた人には「新波賞」（文字通り、「ニュー・ウェーブ」の意味である）が、また周囲の雑音に惑わされず独自の道を歩む人には「独歩賞」とか「オンリー・ワン賞」が与えられた。肯定・否定の論議が激しかった作品には、「賛否両論賞」が授与されたこともある。この「賞金」がどのように使われているかは、外部の私たちは、詳しくは知る由もない。少なからぬ人びとが、来年度の応募用のボールペン、色鉛筆、原稿用紙、ノート、封筒、切手などの購入に充てているようだ。お金に困らない死刑囚など存在しているはずはないし、物品制限も厳しい中で、なにかしらの糧になっているならば、「基金」の趣旨に叶うことだ。

　応募者には、選考会での各委員の発言内容をすべて記録した冊子が送られる。公開の講評会の様子も、死刑廃止のための「フォーラム90」の機関誌に掲載されるので、それが差し入れられる死刑囚のみならず、希望するだれの目にも触れる。これは、精神的な交流を、一方通行にせずに相互交通的なものにするうえで大事なことであると痛感している。選考委員の率直な批判の言葉に、応募者が憤激したり、反論してきたりすることも、ときどき起こる。ユーモアや諧謔をもって応答する応募者もいる。常連の応募者の場合には、明らかに、前年度の作品への選考委員の批評を読み込んで次回作に生かしたと思われる場合も見られる。

　この一三年間に触れてきた膨大な作品群を通して考えるところを、以下に記しておきたい。自らが犯してしまった出来事を、俳句・短歌などの短詩型やノンフィクションの長編で表現する作品が目立つ。前者の場合、短い字数ゆえに、本人の心境をごまかしての表現などはそもそもあり得ないもののようだ。自己批評的な作品は、ずっしりと心に残る。

眠剤に頼りて寝るを自笑せり
我が贖罪の怪しかりけり（響野湾子）

振り捨てて埋めて忘れた悲しみを
思い出させる裁判記録（石川恵子）

一読後、その人が辿ってきた半生がくっきりと見えたような感じがして、ドキリとする作品も散見される。作品の「質」を離れた訴求力をもって、こころに呼びかけてくる作品群である。

父無し子祖母の子として育てらる
吊るされて逝きて母と会えるや（畠山鐵男）

弟の出所まで残8年お互い元気で
生きて会いたし（後藤良次）

両親を知らずして育ち、高齢を迎えたいま、獄中に死刑囚としてあること。二人、三人の兄弟が全員刑務所に入っていること――そんなことを読み取ることができる表現に、掲句に限らず、ときどき出会う。ここからは、経済的な意味合いだけには還元できない現代社会の「底辺」に澱のように沈殿している何事かを感受せざるを得ない。ひとが残酷な事件を犯すに至る過程には、社会的な生成根拠があろう。貧困、無知、自分が取るに足らぬ存在と蔑まされること、社会全体の中での孤独感、根っことなるものをことごとく引き抜かれていること――それらすべてが、一人の人間の中に凝縮して現われた時に、人間はどうなり得るか。永山則夫氏の前半生は、まさにそのことを明かしている。同時に、永山氏は自らが犯した過ちを自覚したこと、それがなぜ生まれたかについて「個人と社会」の両面から深く追求する表現を獲得しえたこと、それが書物となって印税が生じたとき、自らが殺めた犠牲者の遺族に、そして最後には「貧しいペルーの、路上で働く子どもたち」に金子を託すという形で、彼独自の方法で「償い」を果たそうとしたこと――などが想起されてよいだろう。

ノンフィクションの長編で自らの犯罪に触れた作品からも、時に同じことが読み取れる。同時に、「凶悪な犯罪」というものは、たいがい、絵に描いたように「計画的に」行なわれるものではないようだ、ということにも気づかされる。作品が真偽そのものをどこまで表現し得ているかという問題は残る。だが、文章そのものから、物語の展開方法から、事実が語られているか、ごまかしがあるかは、分かるように思う。その前提に立てば、実際の犯行に至る過程のどこかで、複数の人物の「偶然の」出会いがなかったり、車や犯行用具が一つでも欠けていたりしたならば、ここまでの「凶行」は起こらなかったのではないか、と思われる場合が多い。逆の方向から言えば、「偶然」の出会いに見えるすべての要素が、たがが外れて合体してしまうと、あとは歯止めが利かなくなるということでもある。その過程を思い起こして綴る死刑囚の表現からは、ひたすらに深い悔いと哀しみが感じられる。

問題は、さらにある。被疑者は逮捕後に警察・検察による取り調べを受ける訳だが、死刑囚が書くノンフィクション作品においては、その取り調べ状況や調書の作り方への不満が充満しているということである。冤罪事件の実相に触れたことがある人は、取り調べ側がいかに恣意的に物語を作り上げるものであるかを知っておられよう。「物語」とは、ここでは、「犯行様態」である。捜査側の思い込みに基づいて、現場の状況と数少ない証拠品に合わせるように「自白」を誘導する手口も、犯人をでっち上げることで初動捜査の失敗を覆い隠すやり口も、根本的にご法度なのだ。だが、実際には、それがなされている。このようなシーンが、十分に納得のいく筆致で書かれていると、死刑囚にされている表現者がもつ怒りと悔しさが伝わってくる。

絵画作品の応募も活発だ。選考会でよく話題になることだが、幼子の時代を思い起こしてみれば分かるように、文章を書くことに比して、絵を描くことは、ひとをしてヨリ自由で解放的な空間に導いてくれるようだ。人を不自由にすることに「喜び」を見出しているのかとすら思われる、拘置所の官僚的な規則によって、獄中で使用できる画材には厳しい制限がある。だが、その壁を突破しようとする死刑囚の「工夫の仕方」には、舌を巻くものもある。常連の応募者の画風に次第に変化が見られる場合があることも、楽しみのひとつだ。最近は、立体的な作品が生まれている。着古した作務衣を出品するという意想外な発想をする人も現われた。或るひとが漏らした「まるでコム・デ・ギャルソンだ」とは、言い得て妙な感想だった。極限的に狭い空間の中から、ここまで想像力を伸ばし切った作品が生まれるとは――と思うことも、しばしばだ。

この企画を始めて一三年――一一年目には、一九八〇年代に冤罪を晴らした元死刑囚の赤堀政夫さんが、自分もこの企画に協働したいと申し出られて、一定の基金を寄せられた。以後、「基金」の名称には赤堀さんの名も加わることとなった。初心を言えば、当初は一〇年間の企画と捉えており、その間にこの日本においても「死刑廃止」が実現できればよいと展望していた。残念ながら、政治・社会状況は悪化の一途を辿り、それは実現できなかったからこそ、現在も活動は続いている。この間には、無念にも、かつての応募者が処刑されてしまったこともある。獄死した死刑囚もいる。このように、私たちには力及ばないことも多いが、この表現展は、死刑囚と外部社会を繋ぐ重要な役割を果たしていると実感している。

（初出『創』二〇一七年一二月号）

死刑映画週間七年を振り返って

第七回死刑映画週間

太田昌国（フォーラム90・死刑映画週間チーム）

以下に掲載するのは第七回死刑映画週間の最終日、二月二三日の最終回上映後のトークの後半部分である。前半では上映後の「白と黒」について、そしてこの作品が作られた時代に死刑問題がどう議論されていたかが話された。なおこのトークの動画はフォーラム90のホームページ上に掲載されている。

＊＊＊

死刑映画週間は今回七回目を迎えたわけですが、この七年間で五六本の映画を上映してきました。死刑に限らず、犯罪と刑罰というようにテーマをもう少し広げて作品を選択していますが、これはフォーラムの会議の席上で、さまざまな人が見た映画、記憶に残る映画に基づいた提案から、いろいろ討論が組み立てられていきます。しかし見ていない映画も多いし、ストーリーを忘れてしまった映画もある。例えばこのビルの四階にシネマベーラという映画館があります。さらに、池袋新文芸坐、神保町シアター、京橋国立フィルムセンター、ラピュタ阿佐ヶ谷、そういうようなミニシアターでは特集上映をやるわけですね。一人の監督に絞るとか、一人の俳優、女優、脚本家にと、テーマを絞る。そうすると一つのテーマで三〇、四〇本の映画がすぐ集まりますから、それを一カ月ぐらい上映するということをよくやるわけです。僕の若い友人にそういうミニシアターのチラシをポケットに詰め込んでいる人がいまして、彼もいろいろ情報を提供してくれるんですが、僕はこんな年になってこんなことをやっていてちょっと大丈夫かなと思うのは、そのストーリーのところを読んで、犯罪と死刑というのが出てくると観に行くわけです。ものすごく歪んだ映画の見方だと思うんですけれども（笑）。だから去年上映した『首』という橋本忍の脚本の作品とか、いまご覧になった『白と黒』は、一昨年、四階のシネマベーラで観た作品なんです。昨年上映した『M』も、フリッツ・ラング特集で情報を得て上映した、そういう形でいろいろやっているんですけれども、すでに五六本も上映しましたし、配給権が切れていたり配給会社が倒産した作品も多いから、よい映画があってもなかなかすべて上映できるわけではないんですね。ですから来年以降は選択自体がもう少し苦しくなっていくだろうけれども、でもおそらくやることになるでしょう。ですからアンケート用紙に時々いろいろ書いて下さったり、個人的に情報を流して下さる方もおられますが、これからもぜひ、こんな作品を上映してはどうかというアドバイスとかサジェッションをお願いしたいと思います。

　しかし同時に僕は思うんです。映画週間のチラシではそれほど公言しているわけではないけれども、僕らの活動は死刑を廃止するために行っている活動です。フォーラム90が結成されて、もう二八年も経った。『年報・死刑廃止』は去年で通巻二一号になった。死刑囚表現展は昨年で一三回目を迎えた。死刑映画週間は七回目を終えようとしている。けっこう長い年月が経っていました。この年月は、私たちがこの日本社会において死刑制度を廃止できていない年月と重なるわけです。人間がやることは、だいたい長く持続すればよくやっているねとか、その持続性などが評価される。しかし死刑廃止運動を五〇年やっています、一〇〇年やっていますと言ったら、それはおかしなことです。五〇年やっても一〇〇年やっても廃止できない、映画週間は一〇周年を迎えました、二〇周年を迎えましたって言ったら、その歳月の長さが死刑制度を廃止できないということを逆に物語るわけですね。本当は、私たちの活動は消えてなくなるための活動であって、永続が目的ではない、一刻も早くその「時」を手繰り寄せなければならないということは、何度でも自分の胸の中で言いきかせなければいけないことだと思っています。

　もちろん人類が生み出した死刑という残虐な刑罰はさまざまな形で、それぞれの社会の中で持続したり廃止されたり復活したりして現在に至っているわけです。このような刑罰を、一時的にせよ採用した時期があるとか、あるいは日本のように延々と保ちつづけているとか、そういう記憶を失くすわけにはいかないし、一旦廃止したところでいつ復活するかわからないから、この刑罰が存在したこと、そして存在することによって人々の心に与えた影響、この社会にもたらした雰囲気、それらを記憶しなければならないわけですから、そのような活動は必要なのですが、やはり活動の質というのは、廃止できた段階と廃止できていない段階では意味合いを異にしてしまうだろうということを、何度でも思い起こしておきたいと思うわけです。

　話を変えれば、反戦平和運動が常に行われているというのは、戦争がなくならないという状態を示しているわけですから、本当は反戦平和の運動はなくなったほうがいい。これがなくなったような状態を人類社会のなかに展望できれば、そのほうがいいわけです。だからそこらへんの関係を、しっかりと頭の中に留めておきたいと思うわけです。よく私たちは戦争と死刑の問題に関して並列的に並べて、個人や集団が犯すと罪になる殺人という行為が、国家の名のもとに行われると、なぜその罪が免除されるのか、あるいは免除されると人々は思ってしまうのか、思わされてしまうのかという問題の立て方をしてきています。

今のように日本社会の中に戦争を待望するかのようなことを言う政治家が跋扈し、さまざまな地域の街頭で特定の民族に対する憎悪表現をスローガンと旗とプラカードで表現するような連中が行き交い、だんだんと社会全体が暴力的になっている。ある特定の民族や人びとを抑圧することを当然とするような雰囲気になってきている。このことは、やはり死刑において他者の死を歓迎することとほとんど同じ水準にあるだろうと思うのです。戦前も、例えば中国の南京を日本側からすれば「陥落」させると、日本の庶民は提灯行列をやってそれを祝いました。他者の死を待望するということは、それは戦争においても死刑という制度においても、やはり人の心にそれが貫いているわけですね。ですから私たちは、今この日本社会の危機的な状況のなかで、死刑という制度をそれだけ孤立して捉えるのではなくて、人の死を望む、人の死を当たり前だとする、そのような心はどこから来るのか、どのような社会の中で生み出されているのかそのことをしっかりと捉えて、戦争と死刑という、国家が国家の名において正当化してきた、死を強いる権力、それとどのように対峙していくか、こんな傾向が、より一層この社会の中に露出し具体化することをいかに阻止していくか、それが私たちの課題であるというふうに考えています。あくまでも私個人の意見ですが。私自身はそのような思いをもって、この第七回目の映画週間にかかわってきました。いろいろこれからみなさんの参考にしていただければありがたいと思います。

（初出『フォーラム90』一五九号、二〇一八

死刑映画週間チラシ

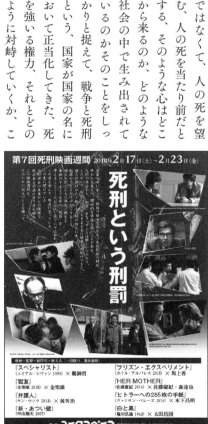

トークショー　七日間の報告

可知亮（フォーラム90）

『獄友』二〇一八年日本、監督＝金聖雄

初日のトークゲストは金聖雄監督。今回の上映は、三月二四日からのポレポレ東中野でのロードショウ公開に先がけて、死刑映画週間で一回だけのプレミアでの上映であった。金監督作品としては『袴田巌　夢の間の世の中』以来の二作目のプレミア上映となる。立ち席が出るほどの入りとなり、金監督のトークも軽やかであった。数年前から狭山事件の石川一雄さんを追いかけて撮影をしている中で、無実の罪で捕らわれの身となった人たちと出会い、その人たちに魅せられていった過程が語られた。その中で彼らの友情に感じ入り『獄友』という映画の製作を思い立ったという。〝獄友〟という名称は、金監督が彼らを撮影しているなかで思いついたものだという。

『HER MOTHER　娘を殺した死刑囚との対話』二〇一六年日本、監督＝佐藤慶紀

トークゲストは佐藤慶紀監督と作家・映画監督の森達也さん。森さんと佐藤監督は、釜山映画祭でこの映画の上映があり、二人とも参加していて初めてそこで出会った。

森さんは死刑問題を真正面から扱ったこの映画は素晴らしいと思った、と語った。佐藤監督は犯罪被害者で死刑廃止を訴える原田正治さんの本を読んだのがきっかけで、死刑問題に興味を持ったという。死刑にかかわる家族の話をぜひ映画にしたい、と考え自主製作をした。

その原田正治さんが観客として客席に来ていらしたので、森さんが檀上に招いてトークに加わった。原田さんは加害者を死刑にしても何にも解決しない、むしろ生きて罪を償うことこそが大事だ、という話をされた。犯罪被害者遺族といってもいろいろな人がいることを印象付けた。

『弁護人』二〇一三年韓国、監督＝ヤン・ウソク

トークゲストは作家の黄英治さん。黄さんはご自分が正確には在日一・五世ではあるが、在日二世と同じように生きてきた、と自己紹介をされた。「映画『弁護人』とあなたの隣人在日韓国人政治犯をつないで死刑を考える、と題して話していきます」とトークを始めた。

黄さんの義父の崔哲教さんは在日韓国人としては、韓国での二人目の死刑囚であった。一人目は一九七四年に朴正熙元

大統領を殺そうとしてその夫人の陸英修を射殺した文世光氏。在日韓国人である人たちがなぜ韓国で死刑囚になっていったのか、ということがまず語られた。

映画「弁護人」のモデルは盧武鉉元大統領であり、今北朝鮮との平和交渉をし始めている文在寅大統領は盧武鉉氏の活動を支えてきた。だからこの映画は文在寅大統領を知るための素晴らしいテキストでもある、と話は広がっていった。

『ヒトラーへの285枚の葉書』二〇一六年独・仏・英、監督・脚本＝ヴァンサン・ペレーズ

トークゲストは映画批評家の木下昌明さん。この映画の原作はハンス・ファラダ著『ベルリンに一人死す』。ナチス統治下のベルリンで実際に起きた事件をもとに、戦後一九四六年に書かれた小説である。

主人公は家具工場の職工長の夫とその妻。一人息子が戦死したことで反ヒトラーの運動を始める。運動といっても堂々とできるわけもなく、ヒトラーへの抗議の葉書をベルリンの公共施設に置いてくるというささやかな活動だった。しかし、それがゲシュタポの知るところとなり最後は捕えられて、ギロチンという形での処刑になってしまう。木下さんはこの映画で描かれている状況が、現在の世界や日本の政治状況と類似していることを指摘しながらの話となった。

『プリズン・エクスペリメント』二〇一五年米／監督＝カイル・パトリック・アルバレス

トークゲストは映像ジャーナリストの坂上香さん。一九七一年にアメリカのスタンフォード大学で実際に行われた心理実験を再現した劇映画。アルバイトで雇われた学生が任意に囚人と看守に分かれて、監獄と化した教室の中で数日間過ごすという実験。坂上さんの話は、現在から見るとこの実験自体が人権を無視したことのように思われるということから始まった。この実験は有名で現在でも大学の心理学では必ず教えられる。この「スタンフォード実験」が行われる一〇年ほど前に行われた「ミルグラム実験」と比較しながらの話をされた。「ミルグラム実験」というのはナチス親衛隊のアイヒマン裁判から触発されて行われた心理実験である。アイヒマンは平凡な市民としての面もあったとも言われる。一定の条件下では、誰でもあのような残虐行為を犯すようになってしまうものなのか、ということを検証しようとして行われた実験。坂上さんはこの映画で行われた「スタンフォード実験」はその実験結果を知った上で行われたものだと指摘した。

『スペシャリスト〜自覚なき殺戮者〜』

一九九九年イスラエル・仏・独・墺・ベルギー、監督＝エイアル・シヴァン

トークゲストは哲学者の鵜飼哲さん。一九六一年にエルサレムで行われたアイヒマン裁判のドキュメンタリー作品。この映画の製作・監督のエイアル・シヴァン氏に鵜飼さんは何度か会ったことがあり、この映画ができたのはエイアル氏がイスラエルで膨大な裁判記録の映像を発見したからだという。

この映像が発見されるまでは、アイヒマンの写真やハンナ・アーレントの著作『イスラエルのアイヒマン』などで裁判について知ってはいた。この映像が発見され、アイヒマンをより知ることができるようになった。この映画は戦争における個人の責任の問題と現在のイスラエル国家成立過程における問題をとらえたもの、として考えているが、死刑映画としての側面もある。イスラエルが死刑廃止国でありながら、アイヒマンを絞首刑にしたことの問題点。アーレントはアイヒマンの死刑には賛成していた。死刑に反対したユダヤ宗教哲学者マルティン・ブーバーの考え方との比較の中で鵜飼さんの話は展開していった。

『白と黒』

一九六三年日本、監督＝堀川弘通

トークゲストは評論家で死刑映画週間の主催者の一人でもある太田昌国さん。話は映画のことから始まり、映画封切時の一九六〇年前後の死刑をめぐる日本の状況へと移っていった。

この映画は一九六三年東宝で公開された。モデルとなった死刑廃止を訴える弁護士の妻が殺される、という事件が実際に起きたのは一九五〇年代。一九五六年には羽仁五郎参議院議員により死刑廃止法案が参議院に出されている。敗戦から時間が経っていない時期に、死刑がどのように扱われていたのか。あえて、妻を殺した加害者の弁護をつとめるという映画のシチュエーション。それを選択した時代背景が、太田さんの話から浮かび上がってくる。

最後に、太田さんの話は七回目を迎えた死刑映画週間の総括へと向かった（一七〇ページ参照）。死刑大国へ向かう日本の状況では、来年もまた第八回死刑映画週間が開催する予定だ。

このほか、ハンセン病差別の中で冤罪死刑囚として執行された菊池事件を扱った『**新・厚い壁**』（二〇〇七年日本、監督＝中山節夫）を上映した。

使用写真Ⓒ moment-films.LTD、Ⓒ 1963 東宝Ⓒ、映画「新・あつい壁」製作上映実行委員会・中山映画株式会社

死刑をめぐる状況

死刑映画を観る

私たちは何を知るべきなのか

オウム死刑報道と「獄友」

2017—2018

中村一成

私も参加している「死刑制度の廃止を求める『京都にんじんの会』」で二〇一二年と一四年の二回、地元・京都シネマを会場に、「死刑映画週間」を催した。死刑をテーマ、あるいは題材にした映画の上映と、各界からお招きしたゲストの解説を組み合わせたイベントである。その内容は『銀幕のなかの死刑』（二〇一三年、インパクト出版会）、『死刑映画・乱反射』（一六年、同）として刊行している。

二回目以降、映画週間の開催には至っていないが、今春は龍谷大学犯罪学研究センターとの共催で、死刑廃止論者であるヘレン・プレジャンの同名ノンフィクションを映画化した『デッドマン・ウォーキング』（ティム・ロビンス監督、九五年）を資料上映。「愛」「赦し」「遺族感情」「可変性」「司法制度の問題」など、死刑を巡る種々のテーマに正面から問うたこの良作を切り口に、同センター長の石塚伸一・同大教授と、米国で実際の執行を取材し、シスター・ヘレンへのインタビュー経験もあるジャーナリスト、布施勇如氏との対談を持った。

ドキュメンタリーであれドラマであれ、映像作品は作家が現実を再構築した「作り物」である。「国家が人を殺す」という究極のリアルに、映画という虚構で向き合う意味とは何か。一つはこの国の死刑が余りにも秘密裡に行われ、考える前提の情報がないことである。

これまで上映した、あるいは上映を検討してきた「死刑映画」の作り手たちの何人かは、日本の死刑制度の特徴であり、国際的にも批判されているこの「密行主義」への「怒り」と、執行が隠されていることに胡坐をかき、見ないで済ましている「多数派」への「疑問」を作品に込めてきた。

例えば『絞死刑』（一九六八年、京都の死刑映画週間では未上映）の大島渚監督である。エネルギー漲るその予告編で彼は、凄まじい気迫と怒りをもって、本作を観るかもしれぬ者たちに対し、語りかけるというよりも叫び、挑発する。少し長いが引用する。

「昭和四二年の法務省の世論調査によれば、

死刑廃止反対が七一%、賛成が一六%、日本人の間では死刑廃止論というのはまったく評判が悪いわけだ。つまりに日本人はみんな死刑を肯定しているわけだ。しかしここで死刑を肯定している連中は本当に死刑をみたことがあるだろうか。あるいは死刑場を見たことがあるだろうか。この連中はまったくそんなことをみたことなしに、ただ、人を殺した悪い奴は死ぬのが当たり前だなんて簡単な理由で死刑廃止に反対しているに決まっている、と俺は思う」

「俺たちは、完璧に死刑場を調べあげ、本物そっくりの死刑場を建て、俺たちはまったく本物である死刑場をつくり、そこでまったく本物の死刑執行を行い、それによって、皆さんが本当に依然として死刑執行に賛成できるか、それを試してみたい」。

© 大島渚プロ

　これがあの有名な、冒頭のシークエンスに凝縮されている。真っ黒な背景に『絞死刑』の題字が浮かび、踏み絵のごとき問いが迫って来る。「あなたは死刑制度に賛成ですか？それとも反対ですか？」。続いて観客に対し、彼が前述した「昭和四二年」の世論調査結果が字幕で示される（「わからない」の一三%も加わっている）。圧倒的賛成（それでも八割越えの近年より低い）を、「お前もその一人だろう？」と投げつけた後、こう訊くのだ。「廃止反対の人へ、それでは死刑執行をみたことはありますか？」。

　ここまでは黒字に白で刻まれた文字のみ。刃物のように突き出される問いと、充満する緊張――。観客の戸惑いを見越したようにカメラは上空へと舞い上がる、爆撃機の目線が、「彼ら」の攻撃目標である東京拘置所に迫り、その片隅にある死刑場を捉えると、カメラは観る者をそこに引きずり込む。そして、現実にこの社会で遂行されている人殺しの、ただ円滑に殺すためだけの設備を念入りに説明し、最後の、そして虚しい抵抗をしながらその場に引き立てられてきた「R」――「小松川事件」の李珍宇がモデル――の執行までを一気に見せる。

　監督自身も言うように、その段階で彼らが抱いていた問題意識を全て投げ込んでいる。皮肉でもなんでもなく、横溢する才能は破綻をも呑み込んでいるのだ。一方では独りよがりな冗長さもあり、映画としては名作というよりは「怪作」だと思う。作り手の主張も含め、是非が激しく分かれる作品だが、ここには「作り物」で死刑を知る意味が端的に示されている。

　死刑判決で社会から抹殺され、執行で命自体を奪われる、その二度目の「抹殺」である執行時にのみ夕刊やその日のテレビニュースのネタにされ――事件発生時の衝撃度（＝商品価値）によっては翌日朝刊やテレビにも引っ張られるが――、せいぜい茶の間や職場での「あんな事件もあったよな」的な話題として消費されていく。

そんな現実に抗い、まずドラマで国家の秘事を知る。そして作品が残す問いについて考え、各々の内面を耕す。それが映画週間の目的でもある。「死刑について考えるとは、命について、社会について、国家について考えること！」。これが初回、二回を通じて変わらぬテーマだった。

映画という虚構で、死刑制度の実際を提示する大島監督の企て、その一つの前提は、「知る」が議論の余地を作り出すとの確信である。前述した「(見せることで)皆さんが本当に依然として死刑執行に賛成できるか。それを試してみたい」との挑発も、彼の傲岸な物言いとは表裏の、人間性なるものに対するある種の「信頼感覚」に依拠している。私自身、秘密裡に行われる死刑制度の実態を知れば、「やはりそれでも必要」と考える人であっても、この制度の問題性と改善の方途を共に考える余地が出来ると、ナイーブに受け止めている部分があった。だが、そこに来たのが今年七月六日、二六日の大量執行だった。

皆が皆そうであったのではないと思う、いや、思いたいが、この日、国家殺人は茶の間の娯楽として消費された。メディアの報道には「命」への畏れが感じられなかった。日本テレビが麻原彰晃氏らの執行手続き開始をテロップで流し、拘置所前にはメディア労働者たちが待機し、関係各所に配置されたメディア記者たちが次々とアンカーに「最新情報」を伝えていく。

「抜かれた」各局はテロップを流し、放送内容を変更、フジテレビはパネルにした七人に、先を急いで黄色い「執行」シールを貼っていく。NHKは他社への対抗意識丸出しに、立ち合い検事が拘置所入りする映像を流し（知っていたとのアピールだ）、麻原氏の執行をネット速報した産経新聞は、「あとの6人も執行見込み」と見出しに立てた。

膝から力が抜け、体が地面に沈み込んでいくようだった。ついにこの日が来たこと、そして周到な準備の下、「テロリスト」、「絶対悪」、「社会の敵」たちの抹殺を同時進行の「スペクタクル」に仕立て上げたメディアの感覚に。

実際のところ、死刑執行の動きは、「ちゃんと」仕事をしている記者なら事前に各自のルートで察知している。時の担当者次第だが、それを法務当局幹部に確認した社には、当日の朝、公式発表に先立って、夕刊、昼ニュース用の非公式な情報提供がなされると聞く。粛々と執行を進めることに協力した「お行儀のよさ」への「ご褒美」である。

そもそも「オウム確定囚一三人の執行」は、司法・法務担当にとっては最大級のトピックだった。これを他社に出し抜かれれば、記者としては社内的には「×印」がつく。それだけに執行は各社、記者が神経を尖らせ網を張っていた。そして今年の執行はいわば「既定路線」だった。当局としては、天皇代替わりのある来年や、五輪の二〇年に国際的批判を浴びる行為はしたくない。その上で、三月には執行を睨んだ確定囚たちの移送がなされている。大型連休の頃には執行命令書が起案されていたという。その後の手続きを経てなお、これだけマークされている情報が抜けない方がおかしい。当然、今回も複数の社はブリーフィング前に掴み、当局幹部に確認していたはずだ。

ではなぜ前打ち（事前報道）をしなかったのだろう。「抜かれれば終わり」レベルの「ネタ」は、先んじて書けば「大特ダネ」となる。オウム真理教が起こしたとされる事件は当時、世界を駆け巡った。それに国連加盟国の七割強が法的、事実上死刑を廃止している中で、これは国境を超える話題であることは記者たちも知っていたはず。後々まで語られる仕事になるのである。しかしどこの社も「前打ち」は控えた。二度目の執行も同じだった。

どうして書かなかったのか。法務官僚同様に、死刑執行は「粛々」と行うべきだと考えていたのか。書けば対象者が察知し、縊られる恐怖を増幅させる事態を恐れたのか――だが当日朝に告知するのは自殺の機会をなくすためで、徹頭徹尾、当局の都合だ。あるいは人の死を「抜き、抜かれ」のネタにすることに「人の命」を「弄ぶ畏れ」を感じたのか、警備上の配慮か、当局を激怒させて、「平成の一大イベント」の報道に支障が生じる事態を恐れたのか。それでも一石を投じようとは思わなかったのだろうか。

当局と各記者・各社、あるいは各社間でどんな遣り取りがなされ、最終的に、どんな状況、部署、レベルからメディアへの情報提供がなされたかは不明だが、確かなのは、彼らは「日常」を選んだ。究極の権力行使について、当局と歩調を合わせたということ。

もちろん「きょう執行」、「近く執行か」などと一面で書けば、その後の展開は想像するに難くない。横並びの情報提供から外されるなどの報復は当然として、書いた社は「出入り禁止」にされるかもしれない。場合によっては、当局は「支障が出た」と執行を延期、あるいは「もとより予定はなかった」と言い募り、スクープは「妨害」あるいは「誤報」とされ、もし書いた社が安倍晋三氏らの敵視するメディアなら「功名心で『フライング』し、死刑囚の精神の安定を乱した」などの批判が巻き起こり、記者や社は攻撃の的になる恐れもある。

そもそも調査報道が軽視され、当局に密着して情報を貰う手法で日々の商品（紙面、ニュース）を作る構造に骨絡みになった日本のマス・メディアで、抗っても「いずれ為される死刑」で当局と対立するのは「愚の骨頂」かもしれない。だがこれは「命」の問題なのである。書けば執行は延期され、蛮行に対する国内外の批判を喚起できたかもしれないのだ。直接の担当者が情報を囲い込んだのか、あるいは当局と各社に何らかの緘口令も厳しかったのか、各社内での「事前合意」があったと聞く。たとえ一記者が書いても通らなかっただろう。しかしだからこそ、実際にはそうならなかったが、もしかすると、それが穿ち得たかもしれない「穴」と、そこから開けた小さな可能性に、私は拘りたい。

結果的にメディア各社は奇麗に横並びとなり、執行両日の朝、テレビ各局は総がかりで死刑の劇場化を競い、新聞はネット版で「殺人」を速報し、紙媒体で全面展開した。拘置所や関係各所から「最新情報」を次々と吹き込んだ新聞やテレビ、通信社の記者たち。「手続き開始」の一報を入れた記者や、それをテロップにして流した担当者はどんな表情をしたのだろうか。執行対象者のパネルに次々と「執行」を貼り付けていったあの人は、刑務官と一緒に執行ボタンを押している感覚には襲われなかったのか。「執行」をその都度、社に連絡した記者の声は甲高かったか、あるいは低くくぐもっていたのか。拘置所前に屯する記者たちのスマートフォンを触る指は震えなかっただろうか。彼彼女らは目の前の施設でライン作業のように人が縊り殺されていくことをどのように受け止めていたのだろうか。

彼彼女らは想像したのだろうか、執行を告げられた時の心中を、最初に踏み出す足裏の感触を、へたりこんだ者が両脇に感じた刑務官の腕を、最後の一言を記すため手にしたペンの感覚を、目隠しの布の匂いを、後ろ手に嵌められた手錠の冷たさを。両足を縛る縄のきつさを、首に嵌められた縄の太さを、踏板に乗る時の思いを、足下が開くまでの時間を、彼らが最後に聞いたかもしれぬ自らの舌骨の砕ける音を、次に呼ばれる者たちの気持ちを。彼らが最後に思ったかもしれぬ家族の哀しみを。そして日々を共にした者たちを職務として縊り殺させられる刑務官たちの思いを。

国家による殺人にメディアとして「共謀」した、それ以前に、人間としてその歯車となった後ろめたさは感じなかったのか。結果的に「命の側」に立たなかった自身を省みたのだろうか。もし感じたのならば彼彼女らは、これからをどう生きるのだろうか。

「史上最悪のテロ」への「ケジメ」を旗に、一三人が合法的に殺された。メディアは速報を競い、「オウム事件を」を回顧し、「今後も残る問題（＝治安上の不安）」を喧伝した。一方で国家が人を殺すことの是非、新たな殺人を重ねる矛盾について提起する報道はごくわずかだった。

私が想起したのはこの二〇年の、死刑制度を巡る「情報公開」である。執行の事実と人数が公表されるようになったのが一九九八年一一月のこと。「鳩山ベルトコンベアー時代」の二〇〇七年一二月、大量執行との引き換えのように氏名と年齢、犯罪事実と執行場所が公表されるようになった。さらに「死刑廃止を推進する議員連盟」のメンバーだったはずの千葉景子法相が、民主党政権で初めて二人の執行を命じた後の二〇一〇年八月、東京拘置所の刑場が報道陣に公開された。大島監督が「死刑を肯定している連中は本当に死刑をみたことがあるだろうか。あるいは死刑場を見たことがあるだろうか」と問うて四二年後のことだ。そして今年七月である。人数の多さはもちろん、この国の死刑は態様においても全く新たな段階に入ったと思う。法務省が「密行主義」に固執してきたのは、知らせれば存置の根拠、「八割の支持層」が揺らぎ、減ると考えるからだ。秘して初めて維持できると見做されていたはずの行為が、メディアとの協働で、縊り殺される姿のみを秘した、殺人の同時中継として消費されたのだ。死刑執行は今後、「国家殺人への慣らし」としての機能を明け透けにしていくのではないか。直後の毎日新聞とＮＨＫの世論調査では、存置は共に約六割、廃止は前者が一一%、後者が七%、「どちらともいえない」が共に二九%だった。単純比較は出来ないが、国の調査から推察すれば二割が今回の出来事を通して「揺れて」いる。

とはいえ六割が「まだ殺せ」と言っているのだ。ほんの数分、数十分前までは生きていた者たち、本来ならこれから何年、何十年も生き続けるはずの者たちの命を奪い、「問い」を葬り去る。「前打ち」どころか、メディア挙げてのリアルタイム速報でそれを知らされてなおこの社会では、「国が人を殺すこと」が圧倒的に支持されている。あの蛮行を目の当たりにしてもこの国に生きる者の多くは、「極悪人が殺されるのは当然」――私があらゆる国家殺人に反対だが、そもそも天皇裕仁や岸信介を処刑できなかったこの国に、「極悪人」を措定し、殺す「正当性」などない――、「制度がある以上、仕方がない」「自分とは無関係」などと考え、国が人を殺す権利を認めるのか。あるいは「どちらともいえない」と自らが存置させてる「命を奪う刑罰」について考えることを放棄し、いつまでも逃げ続けるのだろうか。

「国家殺人への慣れ」、「異端抹殺に対する感覚の鈍磨」は「基本的人権の尊重」とは対極にある社会への転落と、もう一つの国家殺人「戦争」を求める国家の暴走をさらに加速させていく。逆に言えば死刑制度廃止を求める闘いは、ますますこの国の頽落を根幹から問い直し、「生きるに値する社会」を実現していく発火点としての性質を露わにしてきている。人が流れ作業で確実に殺されていく現実を前に、映画は圧倒的に無力である。だからこそ、それぞれの内面を耕し、命、社会に対する思想を鍛えていくことが必要なのだと思う。

執行された一三人のうち、一〇人は再審請求中、六人は初めての請求だった。現政権は、裁判のやり直しを求める者への執行をも常態化させている。

死刑を巡る、今年のもう一つの大きな出来事は、戦後五例目の死刑事件での再審無罪を期待された袴田巌さん（一九三六年生）に東京高裁が言い渡した、再審開始決定の取り消しだった。

裁判長は大島隆明氏、横浜地裁時代、戦時下の言論弾圧事件「横浜事件」の再審開始決定を書いた人物である。再審で裁判長を務めた際は、「有罪、無罪」に踏み込まず、「免訴」という裏技で逃げた人物とはいえ、静岡地裁をして「耐え難いほど正義に反する」と言わしめた不当判決への「否」を取り消すなど論外だった。来年七月に定年を迎えるというこの人物の頭の中に、「晩節を汚す」という文字はないのだろうか。

雪冤への闘いを再開した袴田さんも登場

する金聖雄監督の最新作『獄友』（二〇一八年）は、かつて「人殺し」とされたが、「無実」を主張し続けてきた者たちの友情と交流、不屈の闘い、そして彼らを支える者たちの思いにカメラを向けたドキュメンタリーである。

主要登場人物は袴田さんの他、第三次再審請求中の石川一雄さん（一九三九年生）、再審無罪を果たした「布川事件」の杉山卓男さん（四六年生、二〇一五年死去）、桜井昌司さん（四七年生）、やはり雪冤した「足利事件」の菅家利和さん（四六年生）の五人。全員の服役年数は一五五年に及ぶ。

金監督が「冤罪」をテーマにし始めたのは二〇一〇年夏、被写体は石川さんと妻早智子さんだった。どれだけ跳ね返されても無実を訴え続ける夫妻の日常を追う過程で、監督は彼の「獄友」たちとも知己を得ていく。自らの体験を語り、拘置所、刑務所での思い出を語り合い、互いの家庭を行き来し、誕生日を祝い、呑み、食べ、カラオケに興じる。「どん底」を経てなお明るく、互いを思いやり、闘いを続ける「獄友」たち。彼らはこの経験から何を得て、何を失ったのか。その「問い」が金、そして観る者の水先案内人となる。

彼らの相互支援は〇九年、「足利事件」でのDNA鑑定の誤りが判明、菅家さんが釈放されたことを契機に始まった。桜井さんは言う。「特異な体験をさせられた人っていうのは、話さなくても理解できることいっぱいある、同志なんですよ。何も言わずに分かり合える」。

しかし「無罪」を勝ち取った者といまだその途上を歩む者との間には天と地の、残酷な立ち位置の違いがある。裁判で無実を認定された者と、いまだ「罪人」である者の差だ。その現実をカメラはつぶさに捉える。

二〇一四年三月、東京地裁前。無機質な建物に向けて声を張り上げ「自らの無実」を訴える石川さんとチラシを配る支援者たち。そこに静岡地裁が袴田事件の第二次再審請求を認めたとの一報が入る。一審で死刑判決を受けていた石川さん（二審で無期懲役に減刑され確定）は、死刑執行の設備がある東京拘置所に六年間収容され、そこで袴田さんと同じ屋根の下で暮らしていた。房は二つ隣で、運動時間には顔も合わす。無実を主張する者同士は仲良くなり、互いを「カズちゃん」「イワちゃん」と呼び合う関係だったという。

喜びに涙する支援者が石川さんに声掛けする。「次は石川さんだからね！」。同じ屋根の下で死の恐怖を分かち持った「獄友」の、雪冤への大きな一歩に感極まりつつも、引き戻されるのは「仮釈放中の人殺し」であり続ける自らの身。石川さんの言を借りれば、期待する支援者をも「裏切っている」現実である。喜びと自らの今を行き来する彼の表情をカメラは捉える（本作製作段階で再審決定は取り消されておらず、無罪が想定されていた）。

袴田さんは釈放され、約二か月後、狭山事件再審を求める石川さんの記者会見に出席する。この時すでに「足利事件」「布川事件」は再審無罪だった。上げ潮ムードで「次

© Kimoon Film

は狭山」との思いを分かち持つはずの場には、得も言われぬ困惑が漂う。伝聞だった袴田さんの拘禁症の実態が、公に「開示」されたのである。石川さんが歩み寄って握手をしても心ここにあらず。席についても「意味の分からないこと」をひたすらに呟く。死刑確定後の一九八〇年代以降、執行の恐怖と向き合う中で構築した自らの「王国」に没入しているのだ。

　握手を求めた時の喜びから一転、表情に悲しみを湛えた石川さんが立ち上がり、袴田さんの命に語り掛けるように、死刑囚時代の会話を語る。運動時間に中庭に出た彼はいつも、拳が血塗れになるまでコンクリート壁を殴り続けていた。「なぜそんなことを?」。心配して問う石川さんに彼は言った。「社会に出たらまた、ボクシングをするんだ。だから鍛えておくんだ」。

　桜井さんと杉山さんも、無期懲役が確定して千葉刑務所に移送されるまでの五年間、東京拘置所にいた。杉山さんは言う。「こういう人間にしてしまった権力は許せないと思います」。自らの再審裁判で、検察官に執拗に謝罪を求めた経験を持つ――だが、謝罪は叶わなかった――菅家さんは、声を荒げて話す。「これ以上苦しめちゃいけない、絶対。検察は殺人犯、殺人鬼です。私は絶対にゆるさない。もっと元気になって、手を組んでやっていきたい」。

　桜井さんは東拘での経験を通して恐怖の日々に思いを馳せる。会場の、恐らくはこのような境遇とは無縁と思い込んでいる記者たちに、目の前の光景の意味を少しでも「理解」してもらおうと。

　布川事件の二人が居たのは三階、死刑囚は二階だった。ワンフロアの違いは、いつか確実に国家によって殺される者と、それでも数十年後には「娑婆」への希望が残る者との決定的な差だ。桜井さんが語るのは朝、物音一つしない二階の異様な空気である。「九時になると窓が一斉に開いて、「おはよう」っていう声が…」。今日を生き永らえたことへの安堵だった。

桜井さんの言葉に私は、百名を超える確定囚の「日常」、三月に移送された後の一三人、七月六日の大量執行を知った後、残る六人が何を思ったか、そして七月二六日以降、「次は自分」と思いながら、この日、この時を生きている者たちのことを考える。この姿は斎藤潤一監督『約束』（二〇一三年）などでも描かれている。「死刑囚の精神の安定」を掲げつつ、究極の拷問に、確定囚の精神は破壊されていく。人間をこのように扱う必要がどこにあるというのか。

彼らが当局への怒りを語り、それでも自由になったことへの祝福の眼差しを受けながら、袴田さんは我関せず喋り続け、宇宙に向けてのピースサインを送る。机上のPCを叩いている記者もいるが、何を打ち込めたのだろうか。四七年の監獄、三〇年以上のいつ殺されるか分からぬ生——。カメラの後ろにいる監督の困惑、そしてやるせなさも伝わってくる。

弟を支え続けてきた姉ひで子さんが用意した自宅マンションに戻っても袴田さんはひたすら室内を歩き続ける。金監督の前作『夢の間の世の中』（二〇一六年）や鎌田麗香監督『ふたりの死刑囚』（二〇一五年）などにもその姿は克明に記録されている。胸中の王国に暮らす彼は、「袴田事件は終わった」「（自分はこの世の）支配者」と繰り返すが、その魂は補捉され、殺される恐怖に満ちているように見える。ひで子さんは彼の獄中ノートを開く。掻き毟る、あるいは斬り付けるような字で、「巌」や「神」「天才」の文字や、読み取れぬ片仮名が執拗に刻み付けられている。お経を唱えるように「儀式は終了した」などと呟き続け、整理整頓が必須だった生活の名残りで、やたらとティッシュペーパーを畳み、ポケットに収める。

本作の中心は桜井さんだろう。「不良少年」として殺人犯に仕立てられ、杉山さんと共に獄に嵌められた。だが彼は不可解なまでに明るいのだ。「泣いても叫んでも出られない以上、獄中をどう生きるか、どう楽しみ、喜びを見つけるか」がテーマだったと言う。明るいだけではない。彼は「捕まってよかった」とまで語る。その言葉におそらく嘘偽りはないだろう。彼は笑って自らを「選ばれし者」と称していう。「（娑婆にいた「ワル」時代は）生きるとか明日とか何も考えてなかった。一筋の道を用意してもらうというか、それで生きるしかない時間を過ごしたっていうのが自分にとっては一番よかった」。さらには「冤罪の体験者になったことが幸せな珍しいタイプ」とまで語る。

桜井さんは出所後、講演や他の冤罪事件の支援だけでなく、ラジオDJとしても活躍、さらには獄中で書いた詩に曲をつけ、何とCD『獄中歌集　想いうた』もリリース。コンサート活動もしている。彼は「過去を変えた」のだと思う。もちろんウェルズの小説でもなければ時間を巻き戻すなど有り得ない。そうではなく彼は、今を懸命に生きることで過去の「意味づけ」を変えたのだ。

© Kimoon Film

監督が彼らを撮り続けた原動力はそこではないか。過去を変えた者がもつ何か、それを確認したいがゆえに、彼らにカメラを向け、語らい続けるのだろう。

　本作には、出所二年後に結婚した桜井の家庭生活も収められている。国からの補償金で建てた家での日常、炊事をし、お茶を呑み、新聞を読み、無防備に過ごす家族との時間——。それは冤罪という国家犯罪で何が奪われたのか、何が踏みにじられ壊されたのかを雄弁に物語る。そして、桜井さんとの出会いまで、「布川事件」を知らなかったというパートナーの恵子さんは、明朗快活で、ユーモアと周囲への気配りを忘れない桜井の意識下に滾っている恐怖や不安を証言する。ある日、突然、桜井さんが窓を開けて飛び出そうとしたことがあったのだ。自分の行動に慄いた桜井さんは、「心と体がバラバラになってしまう」と恵子さんに語り、いざという時には自らを羽交い絞めにするよう頼んだという。

　その癒えぬ傷に薬を塗るように、監督は布川事件再審判決日の歓喜をつなぐ。もちろん判決は想定通りの無罪である。弁護士が旗出しをした後、スーツ姿の「元殺人犯」が裁判所建屋からゆっくりと、支援者の詰めかけた正門に向け、足の感触を確かめるように歩いてくる。「公の口」で言われた「殺人犯」の汚名は「公の口」でしか晴らせない、それを実現したのだ。

　一方でカメラは、歓喜の輪の外側から目を潤ませて「獄友」の雪冤を祝福する石川さんの表情を捉える。目を潤ませて彼は言う。「おめでとうとは言いません。当然の権利です……よかったねと」。しかしそれは、あくまで「仮釈放の殺人犯」のままである自らの境遇を痛感させるのだ。「無罪が言い渡されて、肩の荷が下りたというか、体が軽くなっていくんです」。支援集会で、ジェスチャーを交えて桜井さんが語る。いつにもまして弾む言葉を聞く石川さんに、雪冤を果たした「獄友」はエールを送る。「次は石川さんだから」と。

記念の一泊温泉旅行にカメラは同行する。湯で疲れを癒し、酒食を共にし、カラオケに興じる。刑務所仕込みなのか、これが皆上手いのである。おそらくマイクを離さなかったであろう桜井さんが「何でもないようなことが、幸せだったと思う」と歌い上げて目を拭う。そして石川さんが歌うのは選りによって『傷だらけの人生』(鶴田浩二)だ。「何から何まで、真っ暗ぁ闇よ、すじぃの通らぬ、ことばかぁり」。嵌り過ぎて唖然とするが、悲しくて笑えない。

「布川事件」だけではない。ワイドショーや週刊誌の餌食になった「東電ＯＬ殺人事件」や、「東住吉放火事件」など、数々の殺人事件で、事実と証拠、そして正義に基づき再審が決定され、無罪が言い渡されているが、「狭山」の扉は開かない。

それにしても四事件の共通項には慄然とする。「怪しい」とにらんだ人間を拘束し、密室での取り調べで追い込み、「型に嵌めていく」捜査と――五人のうち石川さんと桜井さん、杉山さんの三人は別件逮捕である――、都合のよい証拠だけを出せばよい検察の異常な権限。目の前の被疑者よりも「同じ司法試験」に受かった同窓であり、人事交流もある検事たちの主張を鵜呑みにし、警察・検察の筋書きを書き写した駄文を判決とする。そして「先輩」の判断に「ミソ」を付けることを「正義の実現」よりも上位に置く裁判官たち。メンツ、司法村での立場、波風の立たない日常――。

これらが冤罪を生み、それを正すことを妨げる。今も検察は菅家さんの誤認逮捕の決め手となった少女の衣類（ＤＮＡが付着している）は出さない、ジャーナリスト、清水潔さんの調査報道で、これ以上ない説得力で真犯人の存在が明らかになっても警察は無視する。捜査機関の面子もあるが、おそらく「理由」はそれだけではない。背景には菅家さんと同じ方式のＤＮＡ鑑定で有罪とされ、無実を主張しながらも執行された『飯塚事件』の久間三千年さん（〇八年執行）の存在がある。死刑冤罪、ましてや執行したという「死刑存置に不都合な事実」を刺激したくないのだ。それは「帝銀事件」や「名張事件」で、平沢貞通さん、奥西勝さんの獄死を「実現」し、今、袴田事件を同様に「解決」しようとする非道に繋がっている。

桜井さんの明るさを通奏低音としつつ、「獄友」全員が悔やんでも悔やみきれないことがある。肉親の死と見送りに立ち会えなかったことだ。最後に面会に来た両親、特に母親の姿を語る時、彼らはみな、目を潤ませる。それでも墓前に無罪を報告できた者はいい。痛ましいのは石川さんだ。息子の潔白を信じ抜いた両親は、娑婆での再会を果たせず死去した。だが彼は、再審決定が出てからと、今に至るまで墓参りをしていない。早智子さんが何をいっても彼は頑なである。「仮釈放」を受け入れた彼の、最後の譲れない一線だった。

過去を変える者たちの物語は、いま現在も無実を訴え、開かずの扉を叩き続けている二人を写してひとまずの区切りを打つ。これは金監督の並走宣言でもある。

最初は石川さんだ。「無罪を勝ち取る」日まで生きたいと、トレーニングを欠かさない彼も八〇歳に手が届く。体調を崩して運動を中断していた彼が金監督に句を見せる。「長期戦／不死の私の／齢を云う／勝利の日まで／凛と立つ」。ランニングを再開した石川さん、「颯爽」とは程遠いヨタヨタした足取りで、それでも走る彼の背中をカメラは覚悟をもって見つめる。

続いて出所から半年を経た袴田さんである。当初の、家に閉じこもり、部屋をひたすら徘徊していた状態を経て、一人で外出もするようになり、好物の菓子パンを買い、好きな将棋も楽しむ。ひで子さんの勧めで再開した日記には、「パン3個」など現のことが記され始めた。獄中で書かれた詩がスクリーンに刻まれる。「私は果たして／走り続けることで／チャンピオンになりえるのか／若い時にはできると思っていた／しかし今は／別の考えを用意している」。

「別の考え」が何か、私には想像できないが、袴田さんもまた現の世界でウェアを着て走り始める。カメラに向かって走って来る鋭い目は、まさに闘いに望むボクサー、半身になって対戦相手と向き合った若き日の、あの有名な白黒写真に刻み付けられた表情である。私はあの顔に、『レイジング・ブル』のラスト、鏡の前でファイティングポーズをとるロバート・デ・ニーロ演じるジェイク・ラモッタの姿を思い出した。あくなき闘い、勝利への執念を焼き付けたこの締め括りは、本作公開後に東京高裁が決定した再審取り消しをも貫く。

ルポライター、樋田敦子さんのレポート「再審取り消しでも「負けてたまるか、100歳まで生きる」袴田姉弟、52年目の誓い」（『弁護士ドットコム』https://www.bengo4.com/c_1009/n_8169/）によると、判決前、袴田が弁護士事務所前のボードに記した寄せ書きの文字は「希望の花」だった。あまりの仕打ちに憤り、涙する支援者たちに、ひで子さんはこう言い切ったという。「これまで50年です。ここで負けるわけにはいかないんですよ。だからみんなに言ったんです。『今一日だけがっかりしてろ、明日からまたがんばれ』それしかないもの」。ここにもまた「過去を変えた者」の輝きがあった。諦めるという選択肢はない。私もまた、思想を鍛え、言葉を紡ぎ、声を上げ続けたい。

（**中村一成**（なかむらいるそん）、ジャーナリスト。著書に『声を刻む　在日無年金訴訟をめぐる人々』インパクト出版会、『ルポ京都朝鮮学校襲撃事件　〈ヘイトクライム〉に抗して』『ルポ思想としての朝鮮籍』岩波書店などがある。）

死刑関係文献案内 二〇一八年

前田朗

一……オウム真理教事件死刑執行

二〇一八年七月六日・七日の二日間、オウム真理教教祖の松本智津夫（麻原彰晃）をはじめとする一三人の死刑執行が行われた。一九九五年の地下鉄サリン事件など一連の事件で死刑が確定していた元教団幹部たちである。二〇一八年一月に、元信徒の一人の判決が確定し、すべての裁判が終了したことから、執行の時期が注目されていた。若干の論点だけ指摘しておこう。

第一に、二日間で一三人という大量執行の問題である。同一事件での死刑確定者を同時に執行する方針によるとも言われるが、法的根拠があるわけではない。誰もが、幸徳秋水らの大逆事件における大量執行を想起したであろう。大量執行の衝撃による恐怖支配がもくろまれたといってよいであろう。これにより森友・加計学園問題をはじめとする安倍政権の一連の不祥事と権力犯罪問題が吹き飛んだ。明治一五〇年、天皇代替り、東京オリンピック・パラリンピックへと続く支配の起爆剤として利用したということであろう。

第二に、麻原死刑囚については精神鑑定・論争が行われたが、十分な審理を尽くさず、弁護団の特別抗告を強引に棄却した経緯がある。裁判の形式面すら整えることができないまま、何が何でも死刑にするという権力意思の強烈さにはめまいを覚えるしかない。

第三に、再審請求中の執行である。とりわけ、多くの事件に関与し、その自白によって共謀認定がなされた井上嘉浩死刑囚が再審請求したばかりである。井上自白がなければ有罪認定・死刑判決は難しかったと指摘されてきた。再審請求が死刑執行停止理由と法定されていないため、法務大臣の裁量で強引に進められているのだろうが、疑問である。死刑確定者の再審請求の中には、死刑を遅らせるための手段と化している場合があるとの指摘がなされることもあるが、仮にそうした事例があったとしても、再審請求の可否は裁判所が判断するべきものであって、法務大臣が勝手に判断することはできない。

森達也・深山織枝・早坂武禮『A4または麻原・オウムへの新たな視点』（現代書館、二〇一七年一一月）は、『A』『A2』『A3』を公表してきた映画監督・作家の森が、元オウム真理教信者の深山と早坂にインタヴューした記録である。二人は二〇一二年五月放映の「NHKスペシャル未解決事件 file02　オウム真理教」に登場した。オウム真理教初期からの古参幹部だが、それまでメディアの取材を受けていなかった。二人の話は『A3』に一部紹介されているが、本書では本格的なインタヴューが行われている。

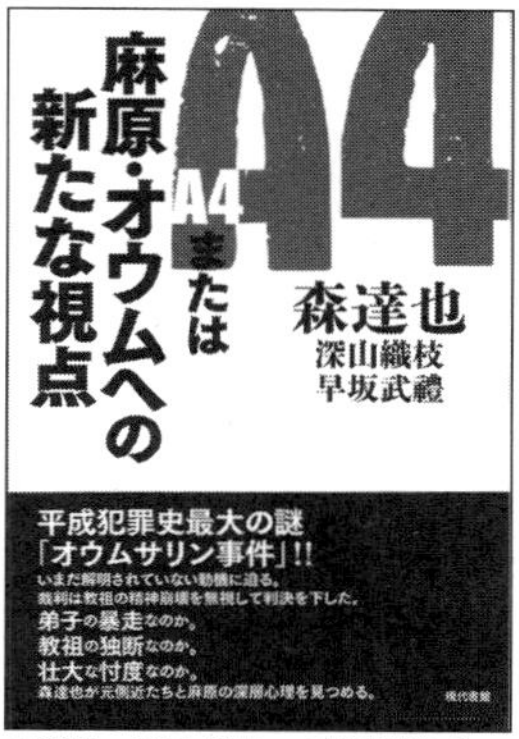

森達也・深山織枝・早坂武禮『A4または麻原・オウムへの新たな視点』（現代書館、17年11月）

深山はグラフィック・デザイナーとして働いていたが、バブル期に仕事や人生に悩み、中沢新一『虹の階梯』などを通じて、一九八六年に「オウム神仙の会」に入会した。中堅幹部の「大師」となり、省庁制度下では「労働省次官」である。フリーの週刊誌記者だった早坂は、付き合った女性がオウムの信者だったため、彼女に押し切られる形で一九八九年に入信した。翌年にはその女性と結婚した。「正師」「広報局長、自治省次官」である。二人は一九九五年の地下鉄サリン事件後に脱会した。

入信の経緯、麻原との出会い、出家してからの生活が語られる。教団成長期の麻原や教団のイメージがつくられたものであったことも詳細に明かされる。一九九四年の松本サリン事件、翌年の地下鉄サリン事件に至る過程の教団の様子が内側から提示される。

オウム真理教事件の真相は何だったのか。なぜ、暴走を止められなかったのか。オウム法廷では麻原を中心とした共謀共同正犯の論理ですべて解決したことになっているが、法廷に提出された証拠を見るだけでも、真相解明がなされていないと言えるのではないか。こう問い続けてきた森は、オウム法廷の経過を二人に確認する。

「麻原がどの程度に事態を把握していたのか」について、深山は「そこは私にもよくわからないですけど、井上さんは自分をよく見せるためのポジティブな努力はすると同時に、それを守るために人を陥れる嘘を平然とつくような人でした。それで麻原さんは、彼の嘘つきのカルマを引き出して、それが自分自身の苦しみの因になることを理解させるというマハームドラーを仕掛けたんだと思います。彼に諜報省の大臣という地位を与えて有頂天にさせて、暴走をさせて失敗させた。井上さんは裁判で、すべてを麻原さんのせいにしたわけですけど、それを敢えて受け入れて、なおかつ自分自身が壊れていくのを放置することで、井上さんに自分のしたことがどのような結果を招くことなのかを教えたかった。これまでの経緯を見ていると、そういうことではなかったかと思っています」と語る。

日本社会における宗教への対応について、早坂は「もしも日本の社会が、メディアや法廷も含めて、オウムに対してもっと冷静に粛々と対応していたら、麻原彰晃やオウムの完全な負けで、あの事件以降に教団が存続する余地はまったくなかったと思います。でも結果として社会の側が冷静さを失ったことで、麻原さんの思うつぼになっている感じがしています。結局、この社会は自分たちのつくったルールさえ守れない未熟な社会で、それは救済すべき対象なんだという見方を許しているからです。そのことで麻原さんが始めたオウムの救済物語を終わらせることができなくなっているように見えます」と言う。

オウムにこだわり続ける森は述べる。「本来なら麻原法廷はやり直されるべきです。何も明らかにされていない。あるいは間違った解釈が事実のように固定されている。そもそも被告人が法廷の中途から精神に異常をきたしていたのだから、これだけでも無効であることは明らかです。しかも有罪の最大の根拠にした証言を、証言した井上本人が後に何度も否定している。でもメディアも問題提起をしないし、社会は気づかない。おそらくNHKスペシャル放映時には蒼ざめていた判事や検察官たちは、その後に胸を撫で下したと思います」。

アンソニー・トゥー『サリン事件死刑囚――中川智正との対話』（角川書店、一八年七月）は、化学・生化学を学んだ毒性学や生物兵器の研究者だという著者アンソニー・トゥー（台湾名：杜祖健）が死刑囚となった中川智正と一五回の面会を重ねた記録である。毒性学の研究者でコロラド州立大学名誉教授の著者は、一九九四年の松本サリン事件の際、日本の警察（科学警察研究所）から依頼を受けて、土壌の中からサリンの分解物を検出する方法を教示し、これによって上九一色村の土壌からサリンの分解物メチルホスホン酸が検出され、オウム真理教によるサリン製造の科学的根拠となったという。その後、日本を訪れ警察庁、法務省、自衛隊に協力を積み重ね、信頼を得た著者は拘置所で中川智正死刑囚と面会を許された。なぜオウムがテロの暴力に走ったか、いかにして化学、生物兵器のプログラムを作ったかを解明するためである。「化学兵器は戦争のみならず、むしろ防御手段を持たない市民に使われる可能性のほうが高い」ので、世界中の人々が民間防衛の重要性を認識することになったという。

本書の主たる関心はオウム真理教事件

に至る経過、特に化学兵器を利用するために製造した過程にあるが、それだけではなく、死刑囚の獄中生活も紹介している。死刑囚の文通、面会、物品のやりとりが弁護士や親族等に限定されていること、手紙の発受信には検閲があること、本や雑誌の差し入れにも細かい規則があること、東京拘置所ではテレビは見られないがラジオは聞けること、面会相手や時間にも制限があることを初め、一般の読者にとっては懇切丁寧な本づくりになっている。写真やイラストも掲載されている。

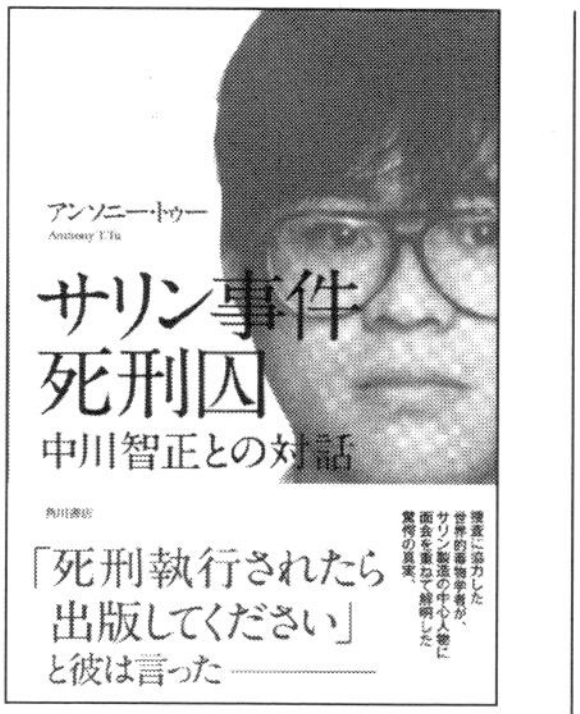

アンソニー・トゥー『サリン事件死刑囚――中川智正との対話』（角川書店、18年7月）

法務省は二〇一二年にオウムの一三人の死刑囚の同時執行を予定していたが、その矢先逃走犯の一人・平田信が二〇一一年の大みそかに出頭し、逮捕されたために、死刑執行ができなくなった。刑事裁判が開始され、平田の法廷に証人として立つ必要性が出てきたし、事件の知られざる側面が明らかになるかもしれないからである。

中川は獄中で俳句を詠んでいるので、二〇句ほど紹介されている。三句引用しておこう。

先知れぬ身なれど冬服買わんとす
獄の虫コンクリートに棲みて鳴く
消えて光る素粒子のごとくあればよし

著者は中川以外に、生物兵器の責任者・遠藤誠一、化学兵器の中心人物・土谷正実を紹介したうえで、中川によるオウム信者への論評も提示する。

二〇一八年一月、オウム関係裁判がすべて終了した。三月三一日の一四回目の面会で、中川が「近日中に移送されるかもしれません」と語っていたが、翌朝のニュースで七人が仙台、名古屋、大阪、広島、福岡の拘置所に移送されたことが報道された。最後となった一五回目の面会は広島拘置所であった。そのための連絡として、「広島への移動中、故郷岡山の山々を見て懐かしかった」とメールが来たという。

「私は六年間にわたって、彼と文通や面会をしてきた。彼を死刑囚としてでなく一人間として付き合ってきた。彼の今迄の犯罪を私は知っている。これらの罪は許されるものではない。しかし人間には誰にも明暗、または光と影がある。私は彼の『明』や『光』の片側だけと付き合っていたのかもしれない。彼の死刑執行という事実で中川という個体がこの世から消されてしまったことに対し、私は一抹の哀悼を感ずる。」

田口ランディ『逆さに吊るされた男』（河出書房新社、一七年一一月）は、地下鉄サリン事件実行犯の林泰男との一四年間に及ぶ面会・通信による交流をもとに描かれた私小説である。阪神淡路大震災と地下鉄サリン事件の年に、家庭が崩壊の危機に瀕し、精神を病んだ兄が衰弱死した体験を作品化してベストセラーになった作家・羽鳥よう子が、確定死刑囚Yの希望により面会し、外部交流者となり、Yとの交流を重ねる。事件の真相を知るため教団関係者に会い、教義を学んだ羽鳥はやがて自らの運命として事件の真相を引き受け、小説『逆さに吊るされた男』を書き始める。東京拘置所で、富士山総本部で、麻原彰晃とは何者か、オウム真理教とは何か、地下鉄サリン事件の真相は何かを問い続け、独自の解釈を施していく。

田口ランディ『逆さに吊るされた男』（河出書房新社、17年11月）

「長いこと、私はシャーロック・ホームズ気取りで、いろんな角度からオウム真理教を見ては分析し、解釈し、理解しようとした。なぜあんな奇妙な事件が起こったのか知ろうとしてきた。裁判の証言記録を読み、教団の教義や、修行の内容も細かく調べた。教団内でどういう生活が営まれていたのかも、おおむねわかった。だからって、それがなにかの教訓になったかと言えばそうでもない。／知っても、知っても、事件のことはなにもわからない。／でも、唯一わかったことがある。／それはね、自分がどういう人間かってこと。／何度も言うように、私はこの事件に巻き込まれようとして自分から巻き込まれたの。この事態の内部に入って、この出来事を我が事として実感したいと熱望した。／この熱望、この世界実感への渇きが、Yさんとも、木田さんとも、もしかしたら他の信者の人たちとも共通しているのかも。」

こうして羽鳥は自分を「発見」する。その発見は自分の否定につながる。家庭崩壊の原因であった父親とのすれ違い、死んだはずの兄が返ってくる。罪悪感と後悔と、不安と夢の中で、羽鳥の夢は壊れる。夢が壊れても夢の中。

「夜明け前で、風に乗って波の音がうんと耳元に聴こえた。ざざん、ざざん。打ち上げられた水死体みたいだった。プーもいなくて、一人きりの部屋は静かだった。淋しかった。死んだ家族たちが、とっても懐かしかった。」

その先に死刑執行が待っている。

二……重大事件と死刑

月刊『創』編集部編『開けられたパンドラの箱――やまゆり園障害者殺傷事件』（創出版、一八年七月）は、実行犯とされる植松聖被告人に対するインタヴューや本人の手記、漫画などを収録するとともに、やまゆり園「家族会」前副会長、元職員の文章及び精神科医の対談等で構成される。

雑誌『創』掲載記事が中心だが、あらためて一冊の単行本として出版されることがニュースとなり、出版中止の申し入れを受けた。編者は「事件解明のためにジャーナリズムに課せられた課題」の大きさを踏まえ、「彼の犯行動機を解明し伝えることが、それを肯定するような人たちを勢いづかせることのないように細心の注意を払うことも必要だ」としつつ、「それでもなお事件の解明のためには、植松被告が何を考え、なぜあの事件を起こしたのか、明らかにすることは必要だ。そんな思いからこの事件について考え続けてきたし、この本を出版することにした」と述べる。これは当初からの編者の考えだが、出版中止の申し入れもあったので、「あとがき」においてさらに所見を述べている。

月刊『創』編集部編『開けられたパンドラの箱――やまゆり園障害者殺傷事件』（創出版、18年7月）

編者は差別表現をめぐる出版の歴史をかいつまんで振り返り、『創』はこの問題に長期にわたって向き合ってきたことを説明したうえで、「植松被告の誤った考えをどう克服するかという目的のためなのだが、その報道自体が障害者を傷つける恐れがあるし、植松被告の主張に同調する人を産み出してしまう恐れもある」とし、「誤ったメッセージが伝えられることのないように工夫することが必要だ。市民社会にどのくらいのメディアリテラシーが機能しているか判断し、メッセージが誤って伝えられないようにするにはどうしたらよいか考えるというのは、言論表現に携わる者にとって大事なことだ」という。そのため原稿を一つひとつ検討し、障害を持った当事者が傷つくことのないよう配慮したという。差別発言を聞きたくない、目にしたくない、だがなぜこの事件が起きたのか真相を知りたいという当事者、関係者の思いもある。そのために配慮しつつ準備された著作である。

『創』編集部の意図は理解できるし、支持できる。だが、もう一歩踏みこんでほしいとも思う。

筆者は、やまゆり園事件について、事件直後に新聞、雑誌、市民メディアで繰り返しコメントした。そのキーワードは「メッセージ犯罪」である。カリフォルニア・ルーテル大学のヘレン・アン・リン教授の論文「直接被害を越えて――ヘイト・クライムをメッセージ犯罪として理解する」は「ヘイト・クライム／ヘイト・スピーチは、被害者及びそのコミュニティを脅迫するためのメッセージ犯罪である。ある集団に属しているが故に被害者に向けられる象徴的犯罪である。……ヘイト・クライムが処罰されるべきなのは、単に身体的行為を超えて心理的感情的影響を有するからである」と言う。

リン教授に倣って考えるなら、やまゆり園事件では、強烈な差別メッセージが、第一に、直接被害者であるやまゆり園の人々、そのご家族、遺族に向けられた。第二に、被害者と同じ属性を有する全国の人々に烙印を押し、人格と尊厳を傷つけるメッセージが幾度も乱反射することになった。第三に、全国の施設で働く人々にも複雑なメッセージが届けられてしまった。

憎悪の発信者は、第一に、言うまでもなく被疑者である。第二に、憎悪のメッセージは、メディアを通じて全国津々浦々に届けられてしまった。第三に、憎悪のメッセージの反響を至る所に見ることができる。インターネット上に無責任な落書きがあふれた。安倍晋三首相を先頭に政府・政治家は、被疑者の措置入院歴にこだわり、制度の見直しや法改正の検討を口にした。それでは、ジャーナリズムや研究者のなすべきことは何か。憎悪のメッセージが至る所に誤配されてしまった。それがどこにどのように誤配されたのかを確認することは不可能である。それがわかるのは、残念なことに、憎悪のメッセージの効果が外に現れた時ということになってしまう。それゆえ、誤配されたメッセージの効果が外に現れてこないようにする施策をとらなくてはならない。徹底的に。

そのために第一に、首相をはじめ、然るべき地位にある者が、被害者及び被害にさらされやすい人々を励まし、支えるカウンター・メッセージを繰り返し発する必要がある。至る所にメッセージが誤配されたので、カウンター・メッセージはおざなりに一度出せばよいと言うものではない。政府がカウンター・メッセージを組織する必要がある。ターゲットとされた人々の尊厳を守り、安心して暮らせる社会をめざして政府が日々努力していることを社会全体に周知させなければならない。

その課題はジャーナリズムにも課せられている。『創』編集部が担っているのは、事件の真相を解明し、事件を風化させず、社会がともに考えていくことであるが、同時に、事態の悪化を防ぎ、再発を防止するためのカウンター・メッセージでもあるはずだ。こうした姿勢をきちんと打ち出して欲しかった。

大道寺将司『最終獄中通信』（河出書房新社、一八年三月）は、連続企業爆破事件の死刑囚の一九九七年から二〇一七年に至る書簡の集大成である。

大道寺は、一九七四年八月三〇日、東アジア反日武装戦線・狼として、東京丸の内の三菱重工本社前に時限爆弾を設置し、爆破させた。死者八名、負傷者一六五名。その後、東アジア反日武装戦線は、狼、大地の牙、さそりの三部隊がアジア進出企業を「侵略企業」として標的にし、爆破事件を続けた。一九七九年一一月、一審で死刑判決を言い渡され、一九八七年三月、最高裁の上告棄却により死刑が確定した。獄中から五次に及ぶ再審請求を繰り返した。獄中で詠み続けた俳句は高い評価を受け、『死刑確定中』、『友へ　大道寺将司句集』、『鴉の目　大道寺将司句集Ⅱ』、『棺一基　大道寺将司全句集』、『残の月　大道寺将司句集』を刊行してきた。二〇一七年五月二四日、多発性骨髄腫のため東京拘置所で死去。六八歳。

本書は「大道寺将司くんと社会をつなぐ交流誌・キタコブシ」に掲載された大道寺の手紙を編集したものである。一九九七年九月三日の最初の手紙は、直前の八月一日に死刑執行された永山則夫が、執行直前に再審請求の意向を示していたことから始まる。一〇月七日の手紙は、ゲバラ没後三〇年であることに触れ、第一次・第二次羽田闘争を想起している。一一月一二日の手紙は、獄中での敷布団の乾燥の話である。東京拘置所の舎房における死刑囚の暮らし、死刑囚の状況、死刑執行情報、獄外から受け取った手紙への謝辞、読書記録・感想文、日本政治に関する論評、世界の政治や戦争への時評など、多彩な話題に及んでいる。また巻末に『残の月』未掲載の最後の六〇句が収録されている。

事件に関連して、「三菱重工爆破によりお亡くなりになった荻野さんの御身内の方のインタビューを拝読しました。一日も早く大道寺たちを殺してもらいたいし、自分でできるのであれば刑場の踏み板を落とすハンドルを何十回でも回したいとおっしゃっておられますが、かけがえのないお兄さんの命を理不尽に奪われたことへの自然な感情だと思います。ただただ申し訳なく、お詫びするほかありません。死刑に反対しているぼくが、ぼくに対する死刑の要求を〝自然な感情〟と書くことに疑問を持たれる方があるやもしれませんが、加害者本人として被害に遭われた方々、遺族の方々の怒りや悲しみをありのままに受け止めなくてはならないのです」（二〇〇四年一一月三日）という。

還暦を過ぎた二〇一〇年頃から体調、病状に関連する記述が増える。体温や脈拍の数字が並び始める。二〇一六年一一月一一日は「36・3度、脈84。真冬並みの寒さです。胸骨も背中も痛みます。それでも骨折は当初より幾分ですが楽になってきました。回診時、『年のわりに若い』と言われましたが、骨がスカスカなのにそういわれても。

一身の骨軋ませる咳ひとつ」

右のように手紙の文章に続いて俳句が提示されている。従来の句集では、句のみが切り取られて掲載されているが、実

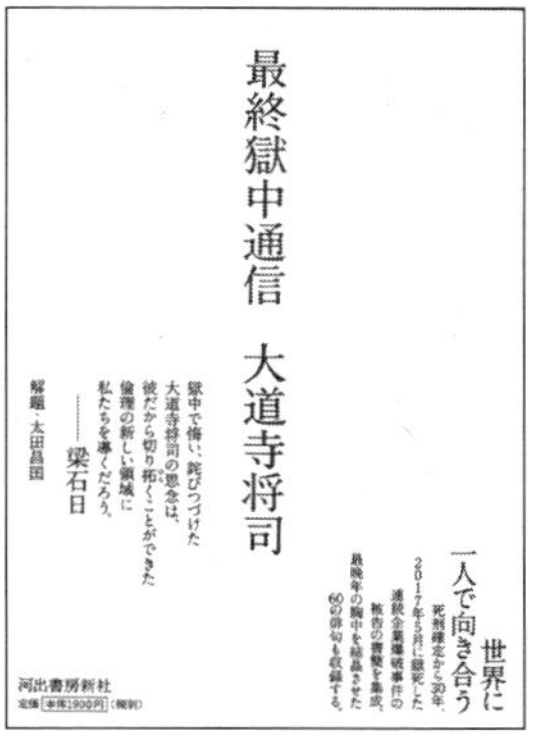

大道寺将司『最終獄中通信』
（河出書房新社、18年3月）

際には日記風の手紙の中に句が位置付けられている。前後の文章から独立した句もあるが、多くは文章の流れの中にあって、文章と一体となっている。大道寺の句集それだけをもとに評価がなされてきたし、それはそれで正当なことであったかもしれないが、前後の文章とともに句を読むことで見えてくる情景は大きく異なるだろう。本書は「書簡の集大成」という編集方針で、文章と句を一体のものとして出版している点が特徴であり、意義がある。

宗像善樹『三菱重工爆破事件』（幻冬舎、一八年六月）は、一九七四年八月三〇日、三菱重工社員として現場にいたために被害を受けた著者が、「爆弾テロの犠牲者となった同僚、通行人の方々の霊を弔う鎮魂の想いと、事件を風化させず教訓を後世に伝えたいという願い」からドキュメントドラマ『爆風』（アルマット社、二〇一〇年、沖島信一郎名義）を発表したが絶版となっていたため、加筆訂正のうえ改題した「改訂新版」である。

突然の爆風によって床にたたきつけられた記憶、阿鼻叫喚の地獄絵図と化した現場、恐怖と苦痛と大混乱の中で必死に立ち上がろうとした人々。黒焦げの死体、血だらけの同僚、泣き出す女性たち。右の鼓膜が破れ血まみれになりながら、懸命に同僚の救出作業に携わった体験。右耳を失い、最大の親友を奪われた著者は、事件の現場を振り返り、危機管理の在り方を問い続ける。社内のその後の人間模様も描かれる。凄惨な歴史的経験をした者だけが語れる時代と青春とその後、である。

東アジア反日武装戦線・狼の思想と行動は簡潔に示されるが、その後の裁判経過や、死刑論への言及はない。著者は死刑囚となった実行犯らの裁判、死刑判決、その後の表現をどのようにみているだろうか。そこまでの記述を求めることはできないが、気になることではある。

田中ひかる『「毒婦」和歌山カレー事件20年目の真実』（ビジネス社、一八年七月）は、明治期以来の女性犯罪論を批判的に検証する『月経と犯罪――女性犯罪論の真偽を問う』の著者が、現代日本の女性犯罪をめぐる問題に関心を寄せ、当時「日本で一番有名な女性犯罪者」だった林眞須美に手紙を書いたことをきっかけに、文通を始め、やがて事件の真相解明に向けて調査・取材した記録である。

著者は事件現場や関係者を訪ね歩き、事件の実相に迫る。裁判記録や弁護士への取材をもとに裁判の謎を追う。決定的な目撃証言と騒がれた証言は法廷で証拠申請さえされなかった。ヒ素の鑑定はど

田中ひかる『毒婦　和歌山カレー事件20年目の真実
（河出書房新社、18年3月）

のように行われたのか。再審請求審になって蛍光X線分析により、証拠とされたヒ素の鑑定方法への疑問が膨らむ。事件は過熱した報道と、被告人に敵意を抱いた検察、裁判所によって捏造されたのではないか。動機なし、自白なし、物証なしという特異な事件の全体像はまだ明らかではない。第一に、カレーに混入されたヒ素と、林家から発見されたヒ素は同一ではない。第二に、被告人の頭髪鑑定によってヒ素が検出されたというが、鑑定方法に過誤があった。第三に、被告人しかヒ素を混入する機会がなかったというが、住民らの証言の変遷から、捜査当局が証言を調整した疑いがある。有罪とするには、合理的な疑いをさしはさむ余地が大きすぎる。

　林眞須美は再審請求とは別に、獄中処遇をめぐる国家賠償訴訟、犯人報道を行ったマスコミ各社に対するマスコミ訴訟、さらには有罪根拠とされたヒ素鑑定を行った研究者を相手に損害賠償訴訟を提起してきた。獄中で孤立しながらの権利獲得の闘いである。

三……被害者と死刑

菊田幸一監訳『「被害者問題」からみた死刑』（日本評論社、一七年九月）は、二〇一五年に開催されたイベント「死刑からの脱却——被害者家族の声」を契機として編まれた研究書であり、国連人権高等弁務官事務所から出版された。出版当時の国連事務総長・潘基文による序文、当時の国連人権高等弁務官ゼイド・ラアド・アル・フセインによるあとがきが付され、編集は国連人権担当事務次長捕（ママ）イワン・シモノビッチである。本書の特質は監訳者・菊田幸一によるあとがきに簡潔に述べられている。

「わたくしの死刑問題への課題のなかで、加害者とその被害者問題は個別的に論じてはきたが、本書は、単なる両者関係に留まるだけでなく、加害者も被害者であり、死刑執行に至る法的手続きに関与する検察官、裁判官も、さらに弁護人も遅かれ早かれ心理的に苦しむ観点から被害者である。そして究極的には、われわれ死刑存置国のすべての市民は、この国家による殺人『処刑』の犠牲者でもある、としている点にある。」

DEATH PENALTY AND THE VICTIMS
「被害者問題」からみた死刑
菊田幸一［監訳］
本書は、死刑廃止・存置のいずれの立場にせよ「人間の尊厳」とは何であるかを考えるうえで核心となる示唆を提供している。
日本評論社
菊田幸一監訳『「被害者問題」からみた死刑』（日本評論社、2017年9月）

　説明抜きで、あまりに圧縮された一節ゆえ誤解を招くかもしれないが、ここに本書のエッセンスが凝縮されている。その一つひとつの論証は本文において、繰り返し、ていねいに論じ尽くされている。本書は三章構成である。第１章「殺人被害者の家族たち」では「錯綜する被害者家族たちの地位」として、まずマーク・グルーエンヒュイセンとマイケル・オコンネルの論文「被害者学の視点からみた死刑反対論」、田鎖麻衣子論文「〝死刑は被害者のためか〟」、次に「被害者家族の視点」として、ミケル・ブラナム「被害者の声を聞く」、ミレヤ・ガルシア・ラミレス「死刑と生命に対する権利」、さらに「被害者家族と終結」として、ジョディ・L・マデイラ「クロージャーの罠からの回避」、デイビッド・T・ジョンソン「死刑は被害者たちに終結をもたらすか?」が収められ、数多くの重要な指摘がなされている。以上の諸論考だけでも被害者問題の多面性が明らかであり、死刑は誰のためなのか、被害者の声を聞くとはどういうことなのかを、あらためて考えさせられる。

第2章「被害者としての有罪判決?」では、まず「不当な有罪判決」として、キャロリン・ホイル「死刑存置国における誤判の被害者」、ブランドン・L・ギャレット「死刑制度の影響の下で」、次に「差別と精神障害」として、ロス・クラインステューバー「差別と死刑」、サンドラ・バブコック「死刑、精神疾患、知的障害——処刑に直面する精神疾患を有する個人への保護の不足」、そして「国際法違反のその他の死刑事例」として、ソール・レールフロイントとロジャー・フッド「恣意の不可避性——死刑法における虐待というもう一つの側面」、サリル・シェティ「国際法違反の死刑事例——アムネスティ・インターナショナルの懸念」、ジエンス・モドビッグ「死刑——拷問か虐待か」が収められる。ここでは狭い意味での被害者問題からは離れる論点も含み込みつつ、死刑問題に多角的に光を当てている。

第3章「被害者としての〝隠された〟第三者」では、「死刑囚の家族たち」として、スーザン・F・シャープ「隠された被害者——死刑に直面した人たちの家族」、フランシス・スービ「死刑囚監房にいるかまたは執行された親を持つ子どもに対する死刑制度の影響」、スザンナ・シェファー「沈黙の終焉、恥の終焉」、フローレンス・シーマンガル、リジー・シール、リンジー・ブラック「カリブ地域における死刑がその家族に及ぼす影響」、サンドラ・ジョイ「〝死刑囚家族〟への社会心理学的取組み」、次に「死刑の訴訟手続と執行の参加者」として、リジー・シール、フローレンス・シーマンガル、リンジー・ブラック「死刑とその執行過程に関与する専門家への影響」、ロバート・ジョンソン「仕事としての死刑執行——死刑囚監房と死刑囚棟で働く公務員にとっての死刑執行の付随的帰結」、ロン・マッカンドリュー「そのときも苦しく、今でも苦しい」、スザンナ・シェファー「依頼者の命のために闘う——有罪判決への不服申立てに携わる弁護人に対して死刑が及ぼす影響」、そして「被害者としての社会」として、ジェームズ・R・アッカー「死刑——われわれの未来を奪うこと」、ウォルター・C・ロング「公衆衛生問題としての死刑」が収められている。ここでは、「凶悪事件が生み出す被害者問題」に加えて「死刑が生み出す被害者問題」が浮き彫りにされ、事件及び刑事手続きに関与するすべての人々、ひいては市民全体への影響が語られる。

末尾のロング論文は国連に対して五つの勧告をまとめている。本書のまとめというわけではないが、本書の基本内容を反映していると思われるので、引用しておこう。

①「国連は死刑を暴力として認識すべきである」

②「国連は暴力に対する解毒剤として、人間への尊厳の文化的法律的追求を促進すべきである」

③「国連は、恥辱を誘発する刑罰の文化的法律的減少を促進するべきである」

④「国連は被害者の文化的法律的支援を促進すべきである」

⑤「国連は死刑について人間の安全保障あるいは人間の不安定との関係で問いただすべきである」。

本書は、被害者問題を中心にして死刑存廃論議を深めているが、死刑存廃論の全体に射程を有する。世界的な視野を持ち、国際人権法その他の諸学問の成果を反映し、死刑の実態や実務との関連のもとに編集されている。

なお、監訳者あとがきに次の一文がある。「本書を日本で翻訳・刊行するには予想外の課題があった。まず国連の出版物は、原則として営利優先の出版社では刊行できない、との基本方針があり、これが障壁となった」。

本書出版の経緯の事実を記載したのであろうが、ややミスリーディングではないだろうか。私も国連の出版物の翻訳・出版に何度かかかわったことがあるが、国連の出版物の中には「すべての権利を留保する」と明示しているものもあれば、「翻訳に許可は必要ないが、翻訳した旨の通知をして欲しい」と明示しているものもあり、さまざまである。翻訳・出版のための手続きはそれぞれ異なる。本書は前者の例であろう。

四……死刑と恩赦

斎藤充功『恩赦と死刑囚』（洋泉社、一八年一月）は、二百年ぶりの天皇生前退位を迎えようとする段階で、天皇退位と恩赦の関係を考え直すため、恩赦によって死刑から無期懲役に減刑された事例を紹介するドキュメントである。昭和天皇裕仁の死去、大喪に際して死刑恩赦は実施されなかったが、現行の一九四八年の恩赦法の下で、これまでに一二回の恩赦が実施された。本書は、恩赦の概要を解説しながら、実際に死刑から無期懲役に減刑となって出獄した元死刑囚の人生を

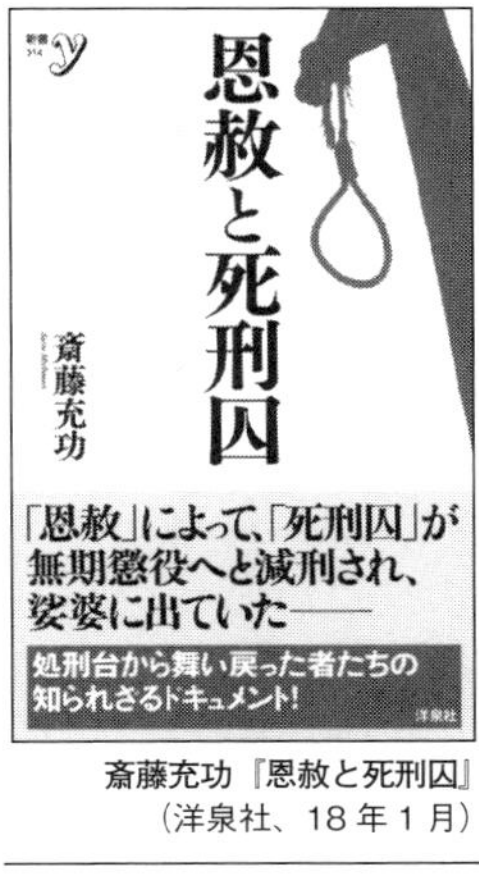

斎藤充功『恩赦と死刑囚』
（洋泉社、18年1月）

描く。

明治から昭和戦前までに実施された恩赦は、英照皇太后大喪（一八九七年）、昭憲皇太后大喪（一九一四年）、大正天皇大礼（一九一五年）、裕仁親王成年式（一九一九年、ただし減刑令は実施せず）、韓国皇太子李吟・皇族梨本宮方子女王成婚（一九二〇年）、裕仁親王成婚（一九二四年）、大正天皇大喪（一九二七年）、昭和天皇大礼（一九二八年）、昭仁親王誕生（一九三四年）、大日本帝国憲法発布五十周年記念式典（一九三八年）、紀元二千六百年祝典（一九四〇年）である。そして死刑囚が減刑されたのは英照皇太后大喪恩赦、大逆事件特赦（一九一一年）、朴烈・金子文子恩赦（一九二六年）、昭仁親王誕生恩赦の四回である。そのうち二回が大逆事件関連であり、「天皇に対する畏敬の念は『天皇大権』によって国民を慰撫する一方、不遜な行為に対しては『不敬罪』や『大逆罪』による最高刑である『死刑』を以って対処するという刑罰体系が構築されていたわけである。大逆事件は、天皇大権の両面——死刑と特赦、恐怖と慈悲——を国民にアピールする、絶好の機会でもあった」という。

一九四五年から二〇一七年一〇月までの最高裁での確定死刑囚は、ある資料では八三二人であるが、そのうち「恩赦」によって無期懲役に減刑されたのは一四人とも二四人ともいわれるが、著者が確認できたのは七人だという。例えば、一九四六年一月の和歌山一家八人殺害事件で死刑となったKは、一九五二年のサンフランシスコ講和条約恩赦の対象となり、無期懲役刑に減刑され、一九六八年四月、仮釈放になった。一九四七年五月の福岡事件では、石井健治郎と西武雄の二人が強盗殺人の共犯とされ死刑を言い渡された。二人は無実を訴え再審請求や恩赦の請求を出したが、一九七五年六月一七日、西武雄は死刑を執行され、石井健治郎は恩赦で無期懲役となり、一九八九年に仮出所となった。死刑と恩赦がこれほどドラスティックな運用を見たのは本件だけではないだろうか。

他方、昭和天皇死去の際、獄中では「恩赦」の期待が膨れ上がり、控訴や上告を取り下げて、死刑を確定させ、恩赦を待った死刑囚もいた。一九七八年五月の銀座ママ殺人事件で死刑を言い渡された平田光成と野口悟は、一九八八年、上告を取り下げて死刑が確定した。一九八四年五月の夕張保険金殺人事件で死刑となった日高安政・信子夫妻も、一九八八年、控訴を取り下げて死刑が確定した。いずれも天皇死去の恩赦を期待しての上訴取り下げ・死刑確定だったが、昭和天皇死去に際して恩赦は実施されたが、死刑囚は対象とならなかった。

二〇一九年の天皇代替り日程が決まっている。二六年ぶりの恩赦は行われるのか。死刑囚は対象となるのか。著者は「『皇室と恩赦』の関係は、〝象徴〟としての天皇となった今日においても、『天皇の国事行為』として憲法で定められている。その法的な整合性について、どう理解すべきか。それは、恩赦という制度が私たちに投げかける、最大の課題といえるかもしれない――」という。

五………冤罪と死刑

小石勝朗『袴田事件　これでも死刑なのか』（現代人文社、一八年八月）は、二〇一八年六月一一日の東京高裁から始まる。四年前の二〇一四年三月二七日、静岡地裁は袴田巖さんの再審請求を認め、再審開始を決定するとともに、袴田さんの身柄拘束は耐え難いほど正義に反するとして、確定死刑囚である袴田さんの釈放を決定した。再審無罪を待つ間、袴田さんは確定死刑囚でありながら自宅に居住する自由を認められた。あとは再審公判に万全を期して臨むはずであった。ところが、一八年六月一一日、東京高裁は再審決定を覆す、まさかの不当決定を出した。朝日新聞などの記者を務め、いまはフリーライターの著者は、二〇〇六年、朝日新聞静岡総局在職時に袴田事件の取材を始めた。フリーランスになって以後に第二次再審請求を追いかけて袴田事件の記事を書き続けた。本書は二〇一一年から一八年にかけて書かれた記事を再整理して一冊にまとめたものである。

小石勝朗『袴田事件 これでも死刑なのか』（現代人文社、、18年8月）

「悪意に満ちた文章――」。決定文にざっと目を通した段階で、そう感じた。不自然・不可解な点に十分にこたえないまま、徹底して袴田さん側の主張を否定し、相反する検察側の主張をそのまま採用している。本書でのちに取り上げるが、たとえば『衣類の色』や『焼けたお札』をめぐる証拠を前にして、静岡地裁の開始決定とこれほどまでに評価が食い違うことがあるのだと、裁判官の思考回路に首を捻らないわけにはいかなかった。／それにしても、決定文を書いた裁判官たちは、この無機質な文章の重みを本当に理解しているのだろうか。」

東京高裁は「新規・明白な証拠」としての本田克也・筑波大教授のDNA鑑定に対して「科学的原理や有用性には深刻な疑問が存在している」と否定し、衣類についた血痕のDNA型が袴田さんや被害者の血液とは一致しないという結論をあっさり「信用できない」と片付けた。

「味噌漬け実験」についても、実験結果そのものから離れて、衣類発見当時の撮影写真が色の劣化や撮影の露光オーバー等により実際と異なる可能性を取り上げて、そこから実験結果を否定する。

はけないズボンで知られる衣類の装着実験に関しても、タグの「B」は色を示したものであり、死刑判決の「B体のズボンだった」という誤った認定が崩れたにもかかわらず、ベルトの状況等を根拠に「袴田さんが事件当時、このズボンをはけなかったとはいえない」と断定した。

いずれも常識に合致しない強引な論理である。「唯一の救い」は「死刑と拘置の執行停止」を覆すことはせず、袴田さんが獄外にいられることである。「しかし、死刑確定者の再審請求を棄却しておきながら、釈放は取り消さないという矛盾した内容であることは確かだ。『高裁の自信のなさの表れ。世論の批判を恐れて最高裁へゲタを預けた』と一貫しない論理をさまざまに揶揄されるゆえんである」。

弁護団は二〇一八年六月一八日、最高裁に特別抗告した。

「再審請求の舞台は最高裁へ移るが、地裁や高裁の時以上に外から審理の様子は見えなくなる。最高裁が判断を示す時期の見当はつかず、何らかの意図を持って何年も『塩漬け』にされるかもしれない。逆に、前触れもなく決定が出され、高裁の再審請求棄却が維持された場合には、袴田さんの身柄が突然拘束されて再収監されるおそれもある。／最高裁には、それこそ高裁決定が言及したように、袴田さんの年齢や生活状況、健康状態を十分に考慮のうえ、誰もが納得できる方法で誰もが納得できる結論を出してほしい、と願うばかりだ。」

本書は冒頭で東京高裁決定を批判したうえで、静岡地裁の再審開始決定にさかのぼり、その意義を解説する。即時抗告審での審理経過を追いかけ、やはり違法捜査のオンパレードであったことや、衣類を発見した元警察官の証人尋問を求め、ないはずのネガフィルムが出てきた不思議さを追及する。DNA鑑定をめぐる攻防も詳しく取り上げる。また、袴田さんを支える運動として、無罪を主張した元裁判官・熊本典道さんインタビュー、ボクシング界の袴田さん支援、国会議員連盟、映画『袴田巌　夢の間の世の中』、そして姉・秀子さんの思いを伝える。

飯塚事件弁護団編『死刑執行された冤罪・飯塚事件』（現代人文社、一七年一一月）は、二〇〇八年一〇月二八日に死刑執行された久間三千年さんの死後再審請求審を闘っている四〇人の弁護団（共同代表：徳田靖之、千野博之）による事件の真相追及の書である。「あの時、私たちがもっと早く再審請求書を提出していれば、死刑執行はなかったのではないか、その意味で、私たちの怠慢が死刑執行を許したのではないか」と悔恨の念を抱きながら再審請求に取り組む弁護団の活動の集大成である。

飯塚事件は、一九九二年二月、福岡県

飯塚事件弁護団編『死刑執行された冤罪・飯塚事件』
（現代人文社、2017年11月）

飯塚市で小学校一年の女子が二名行方不明となり、翌日、遺体となって発見された事件である。一九九四年九月、久間三千年さんが逮捕された。一貫して犯行を否認し、無罪を主張したが、一九九九年九月二九日、福岡地裁は直接的な物証も自白もないにもかかわらず、ＤＮＡ鑑定や情況証拠に基づいて死刑を言い渡した。二〇〇一年一〇月一〇日、福岡高裁の控訴棄却、二〇〇六年九月八日、最高裁の上告棄却により死刑が確定した。死刑確定から僅か二年後に死刑執行という珍しい事例でもあるが、当時すでに足利事件の再審において、飯塚事件と同じ方法で実施されたＤＮＡ鑑定の誤りが明らかになっており、大きく報道されていた。このため飯塚事件の有罪認定には多大の疑問が集まっていた。そのことを知りながらの拙速死刑執行の疑いが強い。

　死刑判決の柱の一つとなった鑑定について、弁護団は次のように指摘する。第一に、「犯人の特定のための唯一の物証というべき鑑定資料が、追試による検証が不可能になるほど費消されてしまった」。第二に「当時のＤＮＡ鑑定は実用化されたばかりで、複数の鑑定方法を実施して鑑定結果の科学性を担保すべきとされていたにもかかわらず、科警研鑑定で実施された二つの鑑定のうち一つしか久間さんとのむすびつきを示していない」。追試の鑑定においても、久間さんと事件の結びつきを示す結果は得られていない。第三に、唯一、久間さんと事件との結びつきを示したとされるＭＣＴ１１８型鑑定は、同じ時期に同じ鑑定人によって実施された足利事件鑑定が手法の科学性に疑問があるため証拠能力が否定された。本書では、他の鑑定では久間さんの方は検出されなかったこと、地裁の死刑判決は鑑定の証拠能力や証明力について明確な判断を示さないまま死刑を言い渡したこと、真犯人のＤＮＡ型が確認されていること、科警研鑑定は実験データや画像を廃棄処分していることなど、数多くの疑問を指摘している。

　血液型鑑定についても、新鑑定によって科警研鑑定の非科学性が明らかになり、実験データ等も保存・提出されていないこと、真犯人の血液型はＢ型ではなくAB型であることを指摘する。

　本書には久間さんの妻からのメッセージが収録されている。

「久間三千年は無実です。

　全く身に覚えのない事件で一方的に犯人扱いされ、逮捕、起訴され、裁判にかけられました。

　夫は終始一貫して無実を訴え続けました。私たち家族は、夫を疑ったこともなく、理不尽な仕打ちを受けながらも、夫が生かされていることだけを心のよりどころとして耐え続けてきました。

　夫は死刑が確定したあとも無実を訴え続けました。再審請求の準備中に、足利事件でＤＮＡ鑑定の再鑑定が決まりかけて、夫の事件でも希望が見え始めていたとき、突然、命を奪われました。

そのときの気持ちは言葉で表すことができません。

どうして命まで奪われなければいけなかったのでしょうか。殺さないで欲しかった。命だけは奪わないで欲しかった。」

浜田寿美男『虚偽自白を読み解く』（岩波新書、一八年八月）は、『自白の心理学』『自白の研究』『自白が無実を証明する』『もうひとつの「帝銀事件」』『名張毒ぶどう酒事件――自白の罠を解く』などで供述のメカニズムに鋭く光を当ててきた第一人者による虚偽自白研究の集大成である。はしがきに次のような問題意識が提示される。

「捜査や裁判の過程で、人々が過去の事件を『ことば』によって再構成し、一つの物語を立ち上げようとするとき、そこにさまざまな間違いが忍び込むのは、ある意味、避けがたい。しかし、無実の人を現実の犯罪物語の主人公として罰してしまう過ちだけは、なんとしてでも避けなければならない。とりわけ問題となるのが、取調室のなかで引き出される虚偽自白である。その虚偽を見抜けなかったがゆえに冤罪に苦しむ人たちが、いまもなお数知れずいる。

虚偽自白は、そもそも人間の現象として、裁判の世界で十分に理解されているのだろうか。無実の人がみずからを犯人だと偽り、やってもいない犯行を『ことば』で語る。そうした虚偽がどこからどのようにして生まれてくるか。そしてその虚偽を暴くために、私たちは何をどうすればよいのか。これは、冤罪の悲劇を防ぐために、法実務の世界で解決しなければならない問題であると同時に、深刻な人間の現象として、心理学の世界で解かれなければならない問題でもある。」

本書では足利事件、狭山事件、清水事件（袴田事件）、日野町事件、名張事件を主な例として、虚偽自白の実例を解析している。袴田事件と名張事件が死刑事件である。無期懲役の狭山事件も一審は死刑判決であった。

ここで著者が清水事件としているのは、袴田巖さんは犯人ではなく、これは袴田事件ではなく清水事件と呼ぶべきだという思いからである。同様の問題意識は近年一部で語られるようになってきた。重要な問題提起であり、今後の検討事項であろう。免田事件は冤罪死刑囚の免田栄さんの名前がつけられた。松山事件、財田川事件、島田事件は地名がつけられた。偶然そうなったのだろうが、冤罪で獄中にとらわれたものにとっては自分の名前で事件を表現されるのは苦痛であろう。もっとも、すでに歴史的になった事件については名称変更は難しいかもしれない。袴田事件とは「無実の袴田さんが間違って死刑囚にされた事件であり、警察・検察・裁判所という刑事司法の事件である」と理解することにしたい。

本書は被疑者を犯人と決めつける捜査官による取調べの結果、無実の市民が自白に転落する過程をわかりやすく示し、虚偽自白であるにもかかわらず組織的系統的に証拠固めがなされて自白が確定していく過程が詳細に明らかにされる。

　最後に「自白の撤回」では、いったん自白に転落した者が「有罪方向へと導く強力な磁場」から解放され、あらためて無実を主張しはじめる場面にも焦点を当てる。有罪推定の働く日本の刑事司法では、いったん自白した者が無実を主張することは極めて困難なことである。氷見事件では真犯人が登場したことによって、柳原浩さんはようやくこの磁場から解放された。足利事件の菅家利和さんは自白に転落したのち、いったん自白を撤回して無実を主張したが、当時の弁護人の不手際の下ふたたび自白に転じた。きっぱりと否認を貫くことができるまでには長い年月を要した。著者は最後にこう述べる。

浜田寿美男『虚偽自白を読み解く』（岩波新書、18年8月）

「無実の人が虚偽自白を語るとき、その語りのなかには、おのずと事件のことを『体験者として知らない』という痕跡が刻まれる。わたしはそうした視点に立って、たとえば清水事件の第一次再審請求時の鑑定では、『自白が無実を証明する』と論じた。それは私にとっては論理的な結論であった。ところが、最高裁はその特別抗告審の決定のなかで、私のこの議論の理路をたどることなく、結論部分だけを取り出して、『論理に飛躍があるというほかない』と論難している。それがなおわが国の刑事裁判の現実である。

　この現実を前にしたとき、本書で示した供述分析が法実務の世界に浸透し、虚偽自白を読み解くための重要な手法と認められていくには、まだまだ時間が必要かもしれない。しかし、いずれはその道が大きく開かれていくはずだと、私は楽観している。」

九州再審弁護団連絡会出版委員会編『緊急提言！刑事再審法改正と国会の責任』（日本評論社、一七年八月）は、九州の刑事再審事件六件を素材に、「再審格差、憲法原則に違反する裁判手続き、刑事裁判の鉄則にもとる有罪判決、死刑執行による再審請求人の不在という制度的な原因」を浮き彫りにし、その是正のために国会が責務を果たさなければならないという。本書が取り上げる六事件のうち、飯塚事件、菊池事件、福岡事件、マルヨ無線事件は死刑再審事件である。

　第一部「刑事再審の現在」では、戦後

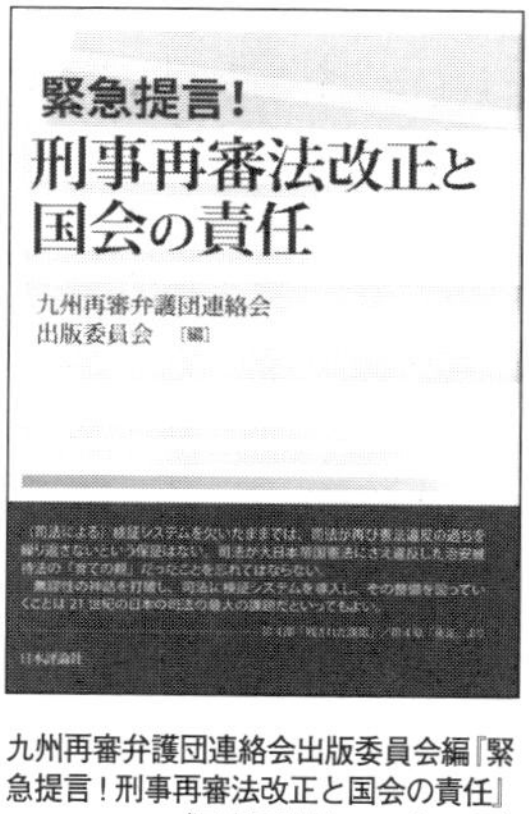

九州再審弁護団連絡会出版委員会編『緊急提言！刑事再審法改正と国会の責任』（日本評論社、17年8月）

の刑事再審の歴史を振り返り、現状を分析する。飯塚事件、大崎事件、菊池事件、福岡事件、松橋事件、マルヨ無線事件について、事件の概要、再審請求の経過、再審請求審における問題点が解説される。第二部「刑事再審の比較法研究」ではフランス、ドイツ、大韓民国、イギリス、アメリカの再審法制の概要と問題点が示される。以上の知見をもとに、刑事再審法制の改革を検討すると「諸外国における再審法制改革の動向をみる限りでは、裁判官、検察官、さらには司法・法務官僚は再審法制改革の担い手とはなり得ていない。したがって、日本の法務省、すなわち、その主たる担い手である検察官に対して再審法制に関する具体的な改革を期待しても、何一つ改革が進まないことは明らか」とし、研究者、弁護士が具体的な提案を行い、議員立法を実現するしかないと判定する。

　第三部「刑事再審法改正の提案」では、次のような改革が提案される。

①憲法再審の明記（再審理由に憲法違反・憲法解釈の誤りを加える）。

②再審理由の緩和ないし拡大（刑訴法四三五条六号にいう「明らかな証拠」を「事実誤認があると疑うに足りる証拠」に改める）。

③「同一の理由」の要件の明確化（「同一の理由」は再審請求人の主張する具体的な事実関係および証拠関係がともに同一であることを意味し、いったん証拠の新規性が認められた場合、以前の再審請求の際に提出されたすべての証拠も当該再審請求審裁判所の心証形成の素材にできることを明確化すること）。

④再審請求権者の拡大（再審請求権者に「法務大臣」および「日本弁護士連合会会長及び全国単位弁護士会長」を加える）。

⑤国選弁護制度等の新設（再審の請求をした者が貧困その他の事由により弁護人を選任することができないときは、裁判所が、職権でまたは再審請求者の請求により弁護人を付すことができるようにする。死刑事件の再審請求については、必要的弁護事件とすること）。

⑥再審における証拠開示制度の新設（再審請求権者および弁護人に、検察官手持ち証拠等のリストを含め、検察官保管記録をすべて開示する旨の規定を新設する）。

⑦不服申立制度の見直し（再審開始決定および再審無罪判決に対する不服申立てを禁止すること。即時抗告、特別抗告の申立期間を延長し（一四日間）、控訴趣意書の提出期間を法定すること（三〇日以内）。

⑧死刑の執行停止の緩和ないし拡大（再審請求審段階における死刑の執行停止について、裁判所は、請求人の請求によりまたは職権で再審の請求についての裁判が確定するまで決定で、死刑の執行および拘置を停止することができるものとする。再審開始決定をした場合の死刑の執行停止について、再審開始の決定をしたときは、原則、決定で死刑の執行および拘置を停止しなければならないものとす

る）。

⑨改正後の見直し（改正再審法が施行された場合、一定期間経過後に見直すこと）。

死刑に伴う拘置の執行停止について、袴田事件再審開始決定の意義を評価したうえで検討を加えて、次のように述べる。「多くの耳目を集めた袴田事件再審開始決定の論理をもってしても、裁判所の裁量によって拘置の停止の要否が決まるという枠組み自体は克服できていない。従来、裁判所が死刑の執行を停止しつつ、拘置を継続してきた背景には、一方では誤判による死刑執行のリスクをなくしつつも、他方では身柄の保全という治安政策上の配慮を両立させる意図があったように思われる。いわば、死刑制度のリスクの調整弁として拘置の継続が行われてきたといえる。しかしながら、この調整弁の必要性は、本来、死刑制度がかかえる矛盾なのであって、この矛盾を請求人に転嫁し、さらに長期間にわたる拘禁を強いることこそが、『耐え難いほど正義に反する』といわねばならない。…（中略）…再審開始決定によって原確定判決の事実認定に合理的な疑いが生じたのであるから、端的に、同判決による死刑の執行はもちろん、それに伴う拘置の継続も許されないと解すべきである」。

六……哲学と死刑

萱野稔人『死刑　その哲学的考察』（ちくま新書、一七年一〇月）は、『国家とはなにか』『カネと暴力の系譜学』をはじめとする著作で現代世界に意欲的に挑んできた哲学者の死刑論である。

第一章「死刑は日本の文化だとどこまで言えるか？」では、文化相対主義と普遍主義の対立を整理して、文化相対主義の可能性の限界を示し、普遍主義的な説明が不可避であることを示す。死刑の是非は「文化相対主義による問いの射程をこえてしまっている」からである。肯定論であれ否定論であれ、普遍的なロジックで考えなくてはならないという。

第二章「死刑の限界をめぐって」では、死刑になるために実行される凶悪犯罪、終身刑と死刑の関連、犯罪抑止力の三つの論点が提示される。死刑になるために実行される凶悪犯罪は死刑の悪用という、やっかいな問題であり、極端な事例であるが、だからこそここに問題の本質を見ることができるという。そうはいっても「本当は死にたくなかったはずだ」という指摘が終身刑論へとつながる。そのうえで犯罪抑止効が実証されていないことに及び、「抑止効果があるともないともいえないなかで、死刑が現実に凶悪犯罪を誘

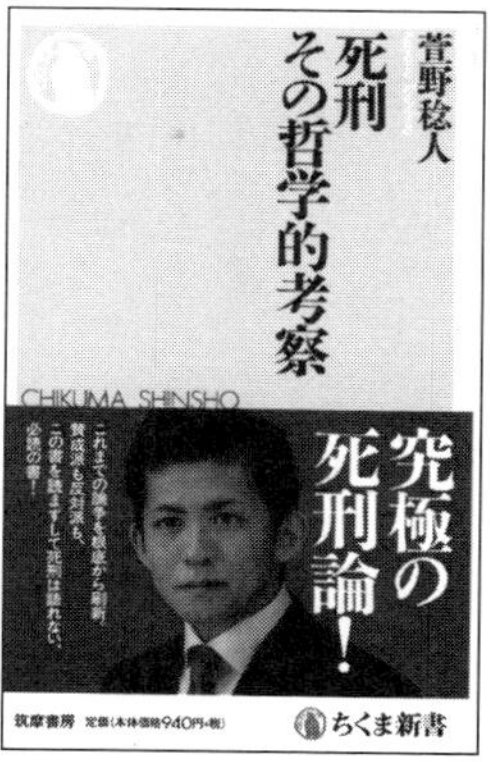

萱野稔人『死刑 その哲学的考察』
（ちくま新書、17年10月）

発する要因にもなっているという事態をどのように考えたらいいのか」と問いを差し戻す。

第三章「道徳の根源へ」では、「人を殺してはいけない」という道徳を出発点に、安楽死や人工妊娠中絶との比較論を瞥見し、カント哲学にさかのぼって、「根源的な道徳原理としての応報論」にたどりつく。

第四章「政治哲学的に考える」では、死刑を実践する公権力の本質を問い、死刑と両立しえない冤罪をめぐる議論に踏み入る。死刑事件ではないが冤罪・足利事件をもとに、犯罪捜査は構造的に冤罪の危険性と隣り合わせであることを示し、「冤罪はニュートラルなものではない」として、「公権力の活動そのものから生み出されてしまう『権力的なもの』だ」という認識に至る。さらに、誤判の可能性が高いとみられながら死刑執行のなされた飯塚事件を素材に、冤罪の根の深さに突き当たる。

第五章「処罰感情と死刑」では、社会の処罰感情が被害者や遺族の気持ちに投影されることを指摘し、死刑廃止論が処罰感情に向き合ってこなかったとし、ジャック・デリダの「無条件な赦し」論では処罰感情論に応答しきれないと見る。その上で、死刑と終身刑は二つの選択肢ではなく、実はたがいに両立が難しいのだと考える。かくして著者はベッカリーアに立ち返る。「終身刑を支持するベッカリーアの議論は、あくまでも刑罰としての『厳しさ』という観点から読まれなくてはならない。終身刑は、『死刑になるつもりならどんなことをしてもいいだろう』と考える犯罪者に対して、死への逃避を許さない。そうした、死刑にはない『厳しさ』こそ、ベッカリーアが終身刑を支持する理由なのである」。

新書一冊で死刑論議の初歩知識を概説した入門書である。

死刑廃止に向けた国際的動向二〇一七年

山口 薫（公益社団法人アムネスティ・インターナショナル日本 死刑廃止チーム東京コーディネーター）

1. はじめに

二〇一七年の死刑制度を巡る状況はここ数年の動きと同様に大幅な変化はない。少数の国をのぞき死刑廃止へと向かう流れは確実である。世界の七割の国が死刑を廃止しており、二〇一七年末の時点で死刑廃止国は一〇六カ国、法律上、あるいは事実上死刑を廃止している国を加えると一四二カ国にもなる。

死刑という生命刑の究極の刑罰を取らずに、人間の尊厳を尊重し、人間性の回復や更生に向け動き始めている。アムネスティは、毎年国際的動向を分析し、報告書を作成しているが、こうした力強い動きから、世界は死刑廃止という転換点を通過したと判断した。制度そのものの廃止だけでなく、存置する国でも執行数や判決数が減少しており、世界的な流れとしては、人間の歴史上、刑罰制度の転換期を迎え理性的な制度を構築する時期にきているといっても過言ではないだろう。

2. 二〇一七年における死刑判決と死刑執行

（1）死刑判決について

この数年、テロとの戦いの名の下、一時的に一部の国で死刑判決数が増加傾向にあった。二〇一六年は三、一一七件あったが、二〇一七年には二、五九一件となり、二〇一四年の二、四六六件と同程度に戻った。死刑判決数はそれぞれの国の状況によって上下するもので、特に一部の国で大量の死刑判決が下される場合もある。死刑判決を下している国の数をみると、二〇一五年は六一カ国、二〇一六年は五五カ国、二〇一七年は五三カ国であるから、死刑判決を下すことに抑制的な国が多少増えていることが読み取れる。

死刑判決が多い国の中でも、三桁を超える国は以下のとおりである。ナイジェリア（六二一人）、エジプト（四〇二人以上）、バングラデシュ（二七三人以上）、パキスタン（二〇〇人以上）、インド（一〇九人）。なお、「以上」となっているのは、信頼できる情報が公開されておらずアムネスティが確認できなかった件があるためである。

　ナイジェリア、エジプトで多数の死刑判決が下される動きは変わっていない。ナイジェリアはボコハラムとの戦闘を拒否した兵士に軍法会議で大量の死刑判決が二〇一四年以降下されている。そのために死刑囚監房の過剰収容が問題となっており、恩赦・減刑の対応が検討されている。二〇一七年時点で二、二八五人が死刑囚となっている。

　エジプトの場合、二〇一四年以降モルシ元大統領支持者を中心として、政治的暴動に関与した罪などで死刑判決が下されている。軍法会議で判断されるため公正な裁判を受けることができていないという報告もある。これほどまで多数の死刑判決だが、不正確な裁判が行われるためか、二人がのちに無罪となり、一六二人が死刑判決を減刑された。

　パキスタンは、二〇〇〇人以上と大量とはいえ、二〇一六年の三六〇人以上の判決からは大幅に減少した。この死刑判決のなかには、反テロ裁判によって裁かれた三四人が含まれる。死刑囚は少なくとも全土で七、〇〇〇人、そのうちラホールを含むパンジャーブ州だけで、四、九九三

【昨年版】2017 年統計
＊ 2017 年 12 月末日までの情報による

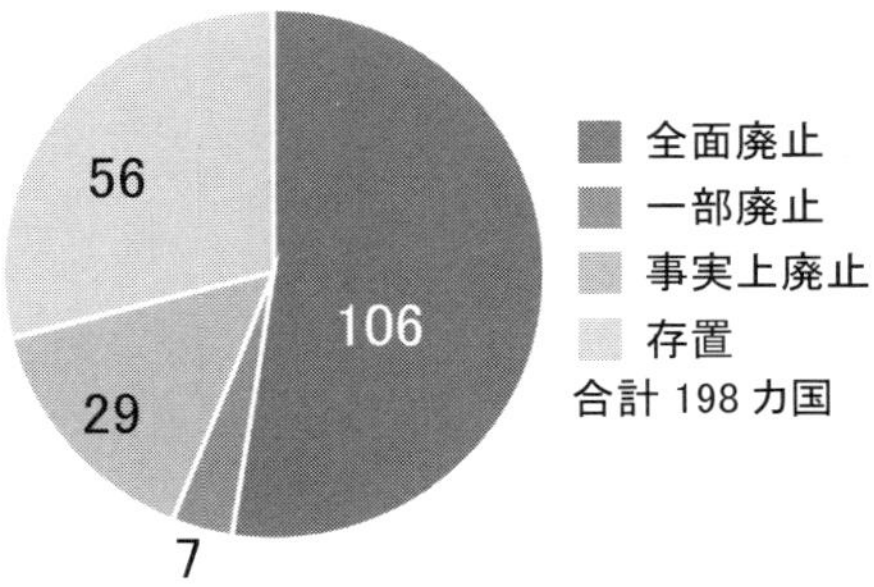

死刑廃止国および執行国の推移

死刑全廃止国の数													
年	1970	1980	1990	2000	2005	2010	2011	2012	2013	2014	2015	2016	2017
国数	13	23	46	75	86	96	96	97	98	98	102	104	106

法律上または事実上廃止国合計数													
年	2000	2006	2007	2008	2009	2010	2011	2012	2013	2014	2015	2016	2017
国数	108	128	134	138	139	139	140	140	140	140	140	141	142

死刑執行国の数													
年	2000	2006	2007	2008	2009	2010	2011	2012	2013	2014	2015	2016	2017
国数	28	25	24	25	18	23	20	21	22	22	25	23	23

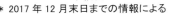

人いるといわれている。

全世界での死刑囚の総数は、二〇一七年末で二一、九一九人以上であった。

（2）死刑執行について

二〇一七年の死刑執行国は、二三カ国である。これは二〇一六年から変化はない。一一カ国で過去五年間（二〇一三年から二〇一七年）処刑が続いている。処刑された人数は、アムネスティが確認できた最少値で二〇一六年は一、〇三二人、二〇一七年は九九三人であった（中国を除く）。テロの影響などから、死刑判決が急増し処刑も増えた二〇一五年に比べると減少傾向が認められる。しかも、この九九三人のうち半分以上がイランである（五〇七人以上）。次がサウジアラビアの一四六人、イラクの一二五人以上と上位の国の顔ぶれに変化はない。

大幅な減少があったのはパキスタン（六〇人以上）である。二〇一五年に三二六人、二〇一六年は八七人以上であった。二〇一五年に大量の執行があったのは、その年一月に軍事裁判所が設立されたためである。テロ関連犯罪が疑われた民間人が有罪とされた件で、四三人が処刑された。議会はもともと二年間の設置としてこの裁判所を認めたが、昨年、憲法修正条項により延長することにした。この軍事裁判所は国際的な公正な裁判の基準にしたがっていないものである。問題はほかにもあり、法的な訓練も受けていない軍人が運用しているもので、被告人は非公開の裁判で裁かれ、民間の裁判所での裁判を受けることを求める権利が認められていない。こうした人権無視の裁判がまかり通った結果、たくさんの死刑判決と処刑が行われている。

そもそも、パキスタンはそれまで停止していた死刑執行を二〇一四年に再開した経緯がある。タリバンがペシャワールの学校を襲撃し、一四二名を殺害するという重大事件を受けた決断であった。そうであれば、二〇一六年、二〇一七年の執行数が大幅に減少したことは、人権無視の現状とはいえ冷静さを取り戻しつつあることの表れかもしれない。

世界での死刑執行の方法は、斬首、絞首、致死薬注射、銃殺であった。致死薬注射をめぐる議論は解決されておらず、米国では三種の混合ではなく一種でしのぐ状況も見られた。この数年は石打ちによる処刑は確認できていない。公開・非公開については、国によってことなり、イランでは公開処刑が行われたとされている（少なくとも三一件）。

（3）死刑をとりまく懸念点

　死刑が執行されてはならない人たちが処刑され続けている。犯行時未成年者（一八歳未満）の場合は、国際基準からすると死刑を適用してはならないとされている（児童の権利に関する条約第三七条（a））。死刑判決を下すことも、執行することも認められない。未熟な存在である子どもととらえ、将来ある子どもを守るためにある。パターナリズムの賛否があるとしても、やはり人は変わることができるという更生の可能性を考慮すれば当然の帰結である。

　南スーダンとイランでは犯行時一八歳未満の者が処刑された。そして、執行を待ち収容されている犯行時未成年の死刑確定囚が、バングラデシュ、イラン、モルディブ、パキスタン、サウジアラビアにいる。これらの国では出生証明書の日付が間違って登録されることもあり、実年齢が異なる場合もある。より若年者である可能性があるのだ。

　死刑囚の精神疾患の問題もある。障がいの程度をまったく考慮しない国もあれば、精神障がいや知的障がいの程度によって、執行を停止することを定める国もある。どちらにしても、そうした障がいは裁判時だけでなく死刑執行時にも問われるもので、執行前に専門家の診断を受けるべきである。依然として日本、モルディブ、パキスタン、シンガポールや米国で精神障がいがある死刑囚や知的障がいがある死刑囚の執行がなされている。

　この精神障がいの問題は処遇の問題にもつながっている。まず逮捕時に自白を強要されて、拷問を受ける場合がある。その治療を受けることなく収監されると、より悪化することになる。また、収監されても周囲からさらに拷問や虐待を受けることもある。そうでなくとも、いつ執行されるのか毎日のようにおびえていると、精神が追い詰められていく。さまざまな要因で精神病を発症し、適切な治療行為もなくますます悪化する。外とのつながりがあれば、心のよりどころもあるが、悪化した場合にはもはや家族や友人、支援者とコミュニケーションが取れなくなり、孤立していく者もいる。この状況は残念ながら二〇一七年でも変化はなかった。

　日本の場合は特に、拘置所に勤務する医師が診断し、その結果も当人や家族に公表されない。家族らと接触がない場合、当人がどんな状況で、執行に耐えうる精神状態であったのかも分からないまま執行されてしまう。第三者による診断がなされ、またそれが適切かどうか評価できる仕組みが必要である。

　上記の点に関連し、日本ではもっと情報公開を進めるべきという議論がある。秘密裡に行われる国家権力による死刑執行ほど、おそろしいものはない。世界的にみると、情報公開という側面では良い点と悪い点の両方があり、国民が権力を監視し国民の人権を保障するというバランスが取れた情報公開が必要である。日本では裁判までは公開であるが、その後接見交通権は極めて限られた者にのみ認められ、死刑確定者が何を考え反省しているのかしないのか発表する場もない。事件について話をする場面もなくなってしまう。また、いつ執行されるのかも不明である。国家が国民の命を奪うというのに、執行の現場が国民にとっては全くわからないのだ。

米国では、死刑囚でも自由に絵を描き、小説を書き発表することができる場合もある。中には、自分の絵画を通販で販売していた者もいたという。執行については、事前に執行日が確定するため、それまでに弁護側も再審請求などさまざまな手段を使って弁護活動が可能である。

それでは、行き過ぎた情報公開の問題とはどのようなものか。国家が死刑執行の情報を利用する場合である。例えば、公開処刑はその一つであって、国民に恐怖を植え付ける手段である。また、以前から問題にはなっているが、イランやイラクでは、二〇一七年、裁判前に被告人にテレビで自分の罪を自白させ、無罪推定を働かせないよう利用していた。これが影響し死刑判決が下されている。こうした恣意的な運用を防ぐためにも、国際的な公正な裁判の基準を守ることが必要である。

（4）廃止に向けた傾向

死刑を全面的に廃止する国がまた増加した。ギニアは、国民議会によって刑罰から死刑を排除する新たな軍事裁判規約を採択し、全面廃止国となった。以前より、死刑を廃止するためモンゴルは刑法を改正していたが、二〇一七年に改正刑法が施行され、全面廃止国となった。

グアテマラは憲法裁判所が刑法と薬物取締法において死刑を定めた条項が憲法違反だと判断したため、通常犯罪において死刑廃止国となった。

パプアニューギニアでは、恩赦の申請を審理する委員会を設置することを決めた。そして、それまで死刑囚の執行を無期限延期にし、今後恩赦を審査することになった。

執行を続けているアフガニスタンでも、刑法が改正されて死刑が適用される犯罪の数が減少した。

こうした刑法の修正は、イランでも行われた。薬物取締法の改正によって、絶対的法定刑とされる死刑の適用の範囲が変更された。薬物の取引量、使用量の数値を引き上げるものである。これにより、死刑の適用がより狭くなったといえる。

死刑が絶対的法定刑とされている国はまだあるが、ケニアでは、殺人罪での絶対的法定刑として死刑を定めることは憲法違反との判断がなされた。

死刑を廃止するためには、刑法改正だけでなく国際条約を批准することが大変有効な方法である。すでに死刑を廃止した国であるマダガスカルとサントメ・プリンシペは、あらためて死刑廃止条約（市民的および政治的権利に関する国際規約の第二選択議定書）を批准した。死刑存置国のガンビアも、同条約議定書に署名した。今後ガンビアは刑法を改正するなど対応をすすめるため、死刑廃止国となる日も近いだろう。

こうした変化は、確実に死刑の適用を制限する動きである。

（5）米国の状況

ドナルド・トランプ大統領が当選した二〇一六年以降、米国の死刑を取り巻く状況は変化している。トランプ大統領の死刑に対する考えは存置派として明確である。

トランプ大統領が以前、新聞広告で死刑を求めていたことは選挙当時一部で話題となった。一九八九年にニューヨークのセントラルパークで起きた強姦事件で、五人の黒人が逮捕されたが、当時八万五、〇〇〇ドルもの広告料を支払い、死刑を復活させるよう訴えたのである。後に容疑者五人はＤＮＡ鑑定により無罪が立証された。

当時から死刑存置の立場は明確であったが、このような立場の大統領を持つことが影響し、共和党が第一党の下院では、二〇一七年五月、警官殺人には死刑を考慮すべきとの法案を可決した。

また、自分の意見を表明する際にはツイッターを使用することから、二〇一七年一〇月に起きた殺人事件（トラックを暴走させて八人を殺害した）では、まだ裁判が始まったばかりの時点にもかかわらず、被告人を死刑にすべきと何度もツイートしたという。大統領という立場にありながら、裁判の結論も出ない時点でのつぶやきは、公正な裁判を妨げるおそれがある。

大統領選のあった二〇一六年の同時期に、死刑をめぐる住民投票がいくつかの州で行われた。いずれも死刑を廃止する動きまでにはならなかった。それも影響したのか残念なことに二〇一六年まで死刑執行を停止していた州が死刑を再開した。オハイオ、バージニア、アーカンソーの三州である。そのため、減少傾向にあった執行した州の数は二〇一六年の五州から八州へと増加した。しかし、執行数自体は、ジョージア州で激減した影響で、二〇一六年の二〇件から二三件へと微増しただけである。

アーカンソー州では、薬物注射の薬剤の使用期限が切れるという理由で八人の執行を一〇日間で行う予定であった。しかし、それぞれの死刑囚に、精神障がい、人種差別、犯行時未成年などの再審や恩赦すべき点があるとして、アムネスティなどがキャン

EXECUTION
IS NOT THE
SOLUTION
STOP THE
#DEATHPENALTY
AMNESTY
INTERNATIONAL

ペーンを展開し、四人が執行されたものの、三人には裁判所の停止命令が出され、一人は恩赦を受けることができた。

控訴審や国際基準の公正な裁判の要件を満たしていない裁判について変化がみられた。控訴審で、人種差別の問題があったということで、裁判の中立てがなされ再調査が命じられた事件があった。また、外国人が逮捕された事件では、逮捕後遅滞なく領事館に支援を要請する権利があることを告知しなかったことが問題となったものもあった。こうした慎重な裁判を求める状況がうまれていることは評価すべきである。

そうしてみると、トランプ大統領の強権的な姿勢の影響を少し受けつつも、冷静な対応が続いていると考えてよいだろう。

（６）日本の状況

二〇一七年の日本の状況は、死刑執行数は四で、死刑判決数が三、死刑確定者の数は一三四人である。世界的な状況からすると、死刑廃止国が主流の今、なぜ日本はまだ執行を続けているのか、という問いに正面から答えるのが難しい。中国、ベトナム、北朝鮮は正確な数がわからないため、三カ国をのぞくと、アジア・太平洋で死刑執行を行っているのはパキスタン（六〇人以上）、シンガポール（八人）、バングラデシュ（六人）、アフガニスタン（五人）、マレーシア（四人以上）、日本（四人）となる。

執行した国は二〇一六年は一一か国で、二〇一七年は九カ国へ減少した。アフリカも死刑廃止の動きがあるが、アジアではなかなか難しいのが現状である。台湾は日本の影響を受け執行しているといわれたこともあったが、政権交代後執行は停止している。

日本の死刑について、以前からアムネスティは秘密裡の執行を批判しているが、二〇一七年は再審請求中の死刑確定者がいたことが問題であると考えている。再審請求は、死刑確定者にとって、最後の砦である。四人のうち三人が再審請求をしていたとされる。

また、犯行時一九歳という日本の法律上未成年者であった者に対しても執行がなされた。これまで継続的に死刑執行を続けてきただけでなく、再審請求者、犯行時未成年者に対する執行により、法務省は死刑を存置するだけでなく積極的であることを示しているだろう。

3. 二〇一八年の動き

（１）人権を無視する国

二〇一八年に入り、いくつかの国で残念な動きがみられた。スリランカで死刑再開の動きが起きている。スリランカでは、二〇一七年、二一八人が死刑判決を受けて、二、七一七人が死刑囚として収監されている。死刑存置国であるが、これまで四〇年以上も死刑の執行をしてこなかった。一九七六年以来、死刑執行は停止されていたが、今年七月、薬物関連の死刑囚一九人に死刑を執行するおそれが出てきた。

薬物関連犯罪は厳しく取り締まるという流れは国際的なものであって、フィリピンやマレーシア、インドネシアは二〇一五年に取り組みを強化した。しかし、この厳しすぎた政策のためか、二〇一七年にフィリピンでは死刑の復活法案の審議は中断しており、マレーシアでは薬物関連法の改正が行われ、司法取引による量刑の酌量が認められるようになった。インドネシアでは死刑執行がない年となった。厳しい政策の反動といえるかもしれない。

トランプ米大統領は二〇一八年三月、処方鎮痛剤やヘロインなどに含まれる物質による中毒が問題となっており、薬物中毒の拡大を食い止めるため、麻薬密売に死刑を適用するなど厳しい措置を取ると発表した。これは、おそらく上記に述べたように二〇一五年の他国の取り組みを汲んでの流れだと考えられる。

エジプトでは、二〇一三年八月にカイロ市内であった抗議の無許可の座り込みに参加し、違法行為の扇動や違法団体への所属などの罪に問われ逮捕された被告人七三九人が、死刑判決を受けるおそれがあると報じられている。多くは、後に非合法化されたムスリム同胞団のメンバーである。検察側は、一人ひとりの容疑を裏づける証拠をいっさい提出せず、裁判所から容疑の立証を求められることもなかったという。この二〇一三年のデモなどですでに死刑判決を受けた者たちは大勢いて、公正な裁判を受けることもできていないと問題になっている。これ以上、人権が蹂躙される人たちを増やしてはならない。

二〇〇九年八月以降、死刑執行がなかったタイで六月、殺人罪で死刑を言い渡されていた男性が処刑された。死刑廃止に向けて取り組んでいくと公約してきたが、九年ぶりに執行した形である。

そして日本である。二〇一七年は、再審請求中の死刑確定者に対する執行が行われ、これをもって執行が加速するのではないかという懸念が持たれた。今年七月のオウム真理教関係者に対する死刑執行で現実化した。この五〇年でもっとも多い一三人という執行で、しかも三週間というきわめて短期間である。共犯といっても、実行犯でない者もいたことや、重度の拘禁症が疑われた者もいた。さらに、秘密裏の執行だけでなく一部情報がリークされて、拘置所前が中継されるなど報道がワイドショー化した。

この異例の執行は、イランの執行と大差ないかもしれない。イランではイスラム法によって裁かれるため、生命犯には生命刑をという復讐が背景にあり、死刑を廃止することは容易ではない。それでも、わずかながらも死刑の適用犯罪数を減らすなど取り組みを続けている。欧米諸国から人権を軽視する国という強い批判を受け、少しでも努力する姿勢を見せていることもある。

日本においては今回の執行で人権尊重の流れに逆行することになった。平成の事件は平成のうちに終わらせる、東京オリンピック・パラリンピックの前に終わらせる、などの理由をあげて論評されている。死刑制度は国民の命を奪う刑罰制度であるから、政治利用してはならない。それを利用するような野蛮で卑劣な国の一つに、日本も仲間入りしてしまった。

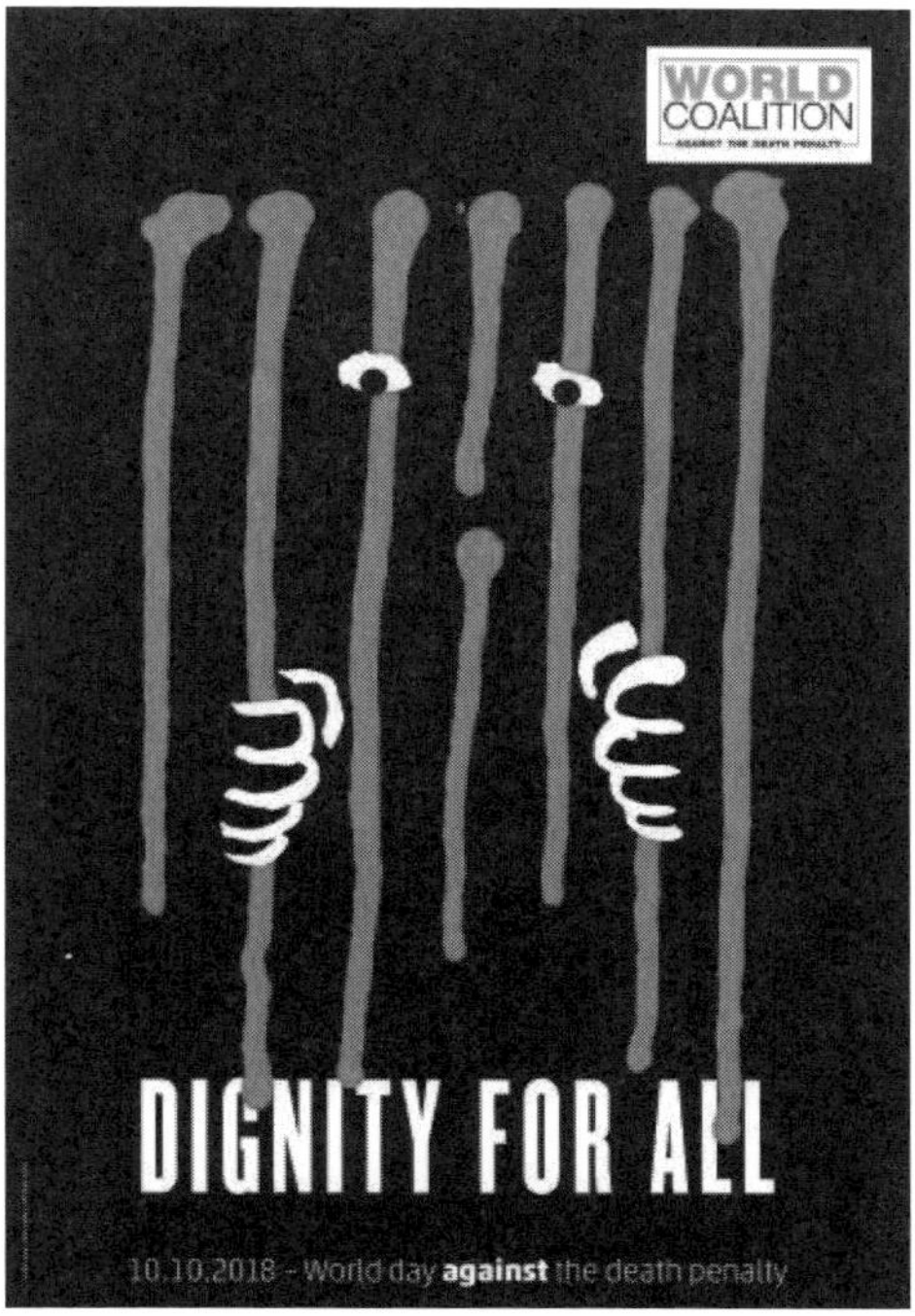

World Coalition Against the Death Penalty の2018年版ポスター

4. おわりに

二〇一八年のこの半年の状況は、死刑廃止に向けた動きとしては逆行するものが目立っている。世界の多くの国にとって、死刑制度はもはや過去の遺物であるにもかかわらず、積極的に利用する方向へ舵を切った日本は、これからどのような立場になっていくのだろうか。米国のトランプ大統領の死刑をあおるような発言、態度も問題である。

しかし、死刑廃止に向けて、よいニュースもある。ヨーロッパでただ一つ、死刑を執行し続けてきたベラルーシでは、二件の事件で最高裁が死刑執行を停止し、判決の見直しを命じた。これまでベラルーシでは最高裁が見直しを命じたことはなく、死刑に歯止めをかける可能性がある。

日本の袴田事件の再審請求では、東京高裁が六月に再審を開始するとした地裁決定を取り消し、弁護側の特別抗告で舞台は最高裁へと移った。最高裁は、憲法違反などの判断を担っているとはいえ、国民の権利を保障する場である。政府の死刑制度の政治利用に惑わされない裁判官の良心に期待したい。

参考資料

・アムネスティ・インターナショナル日本「二〇一七年の死刑判決と死刑執行」(二〇一八年八月六日アクセス)
http://www.amnesty.or.jp/library/report/pdf/statistics_death_penalty_2018.pdf

死刑をめぐる状況

2017―2018

死刑判決・無期懲役判決（死刑求刑）一覧

菊池さよ子
救援連絡センター

□は死刑判決
▽は無期懲役判決（死刑求刑）
◎は無罪判決

◎三月二日大阪高裁（福崎伸一郎裁判長）

大阪母子殺人事件差し戻し控訴審で無罪判決（検察上告せず、無罪確定）

大阪市のマンションで〇二年に起きた母子殺害放火事件で、殺人などの罪に問われた刑務官森健充さん（五九歳）に対し、大阪地裁は無期懲役、大阪高裁は死刑を言い渡したが、最高裁は現場のマンションの灰皿から採取されたたばこのうち一本から被告のＤＮＡ型と一致する唾液が検出されたことについて、吸い殻の変色を指摘。事件当日より前に、被告から渡された携帯灰皿の中身を被害者が捨てた可能性があるとして、審理を地裁に差し戻した。

地裁での差し戻し審では、検察官が最高裁の指摘した吸い殻の問題で特段の立証をしなかった。大阪府警が保管していたはずの吸い殻を紛失したためだ。地裁は被告がマンションに行った事実を認定するのは難しいとして無罪を言い渡した。

この無罪判決に対し、検察側が控訴していた。その控訴審で、検察が有罪主張の根拠とした複数の状況証拠について、被告が犯人との推認には結び付かないとして全面的に退け、無罪判決を言い渡した。

被告は出廷せず、閉廷後に弁護人を通じ「信じていて良かった。地裁の無罪判決の正しさを詳しく論証してもらい感謝している」とコメントした。

判決は差し戻し審の地裁での無罪判決と同様に「吸い殻は茶色く変色し、事件当日より前に捨てられたり、被害者が捨てた携帯灰皿の中身だったりした可能性を否定できない」と指摘。その上で「被告がマンションに行ったとは推認できない」とした。

差し戻し控訴審で新たに検察側が実施した凶器のＤＮＡ型鑑定結果については、被告と一致するものがなかったことに触れる程度でほぼ言及しなかった。検察側は過去に家族へしつけとして加えた暴行などを基に、被告が犯人像と合致するとも訴えたが「仮説による想定の域を出ず、確実な証拠がない限り意味のない主張だ」と一蹴した。

被告は〇二年四月一四日に義理の娘(当時二八歳)とその長男(当時一歳)を殺害、部屋に放火したとして起訴されていた。

その後、検察は上告を断念、無罪判決が確定した。

▽三月九日大阪高裁(中川博之裁判長)

ミナミ二人刺殺事件で一審の死刑判決を破棄、無期懲役判決→検察上告

大阪の繁華街・ミナミで一二年、通行人二人を無差別に刺殺したとして殺人と銃刀法違反の罪に問われた無職礒飛京三さん(四一歳)に対し、裁判員裁判で審理された一審大阪地裁の死刑判決を破棄、無期懲役を言い渡した。

判決は被告の完全責任能力を認め、「基本的には身勝手で自己中心的な犯行だが、計画性が低く、精神障害の影響が否定できない。死刑が適用されたこれまでの無差別通り魔殺人とは異なる」とした。

一審に続き争点だった犯行時の精神状態については、覚醒剤を断ち切ろうと努力したが、自身でコントロールできない事情もあったと認め「精神障害が全て自己責任とまでは言えず、酌むべき事情がある」と指摘した。また、凶器の包丁を直前に購入しており、計画性が低かったことに伴って被害者が二人にとどまり、他に負傷者がいない点も死刑が適用された同種の事件とは異なると判断。「究極の刑罰に当たる死刑の選択が真にやむを得ない場合に許されるとの基本原則を真摯に適用すれば、犯行態様の残虐さや遺族感情などを考慮しても死刑の適用をためらわざるを得ない」とした。

一五年六月の一審判決は覚醒剤使用の影響による「刺せ」などの幻聴があったとした上で「無差別殺人の実現に向けた強固な殺意があった。刑事責任は極めて

2017年死刑判決

判決日	裁判所	裁判長	被告	現在
3月22日	神戸地裁	長井秀典	平野達彦	控訴審
4月14日	最高裁第2小法廷	小貫芳信	井上佳苗	確定
7月27日	最高裁第1小法廷	小池　裕	上田美由紀	確定
8月25日	甲府地裁	丸山哲巳	岩間俊彦	控訴審
11月7日	京都地裁	中川綾子	筧千佐子	控訴審
12月8日	最高裁第3小法廷	戸倉三郎	鈴木勝明	確定

重大だ」として死刑が言い渡された。

判決によると、一二年六月一〇日、大阪市中央区東心斎橋一丁目の路上などで、音楽プロデューサー（当時四二歳）と、近くの飲食店経営者（当時六六歳）を包丁で複数回刺して殺害したとされる。

その後、検察側は判決を不服として上告した。

▽三月一〇日大阪高裁（樋口裕晃裁判長）

神戸女児殺人事件で一審の死刑破棄、無期懲役判決→検察上告

一四年に神戸市長田区で、小学一年の女児（当時六歳）を殺害したとして殺人や死体損壊・遺棄、わいせつ目的誘拐の罪に問われた君野康弘さん（五〇歳）に対し、裁判員裁判で審理された一審神戸地裁の死刑を破棄、無期懲役を言い渡した。

主要な争点は被害者一人の事件で死刑を適用することの是非。〇九年の裁判員制度開始以降、被害者一人で死刑とした四例目の事件だが、既に高裁判決が出された過去二件と同様に死刑適用は認めなかった。猟奇性や処罰感情などの側面を強調した一審と比べ、従来の量刑との公平性を重視した判断となった。

一審判決は「殺害は偶発的といえず刑事責任は軽減できない」と判断したが、高裁は「殺害が当然の結果と見ることはできず、偶発的な面を否定できない。計画性が認められる事件と同じ程度の非難はできない」とした。

動機や犯行態様についても「他に多くの例を見ないほど身勝手とまでは言えない。残虐な犯行ではあるが、死に至るまでの苦痛をことさらに増大させるような行為ではなかった」として、一審はこうした点を過大に評価したとした。

その上で、性的な目的で被害者一人が殺害された場合、同種前科のない被告には死刑が選択されない傾向があるとの従来の流れを説明し、一審の死刑適用には賛同できないとした。

控訴審の在り方についても「一審の量刑判断を基本的に尊重する必要があるが、法的観点に沿って一審を覆すのは制度の趣旨を損なうものではない」とした。

判決によると、一四年九月一一日午後、長田区の路上で「絵のモデルになってほしい」などと女児を自宅に誘い入れ、ビニールロープで首を絞め、包丁で首の後部を刺し殺害。同一四日ごろまでに遺体を損壊して複数のポリ袋に入れ、自宅近くの雑木林などに遺棄したとされる。

その後、検察側は判決を不服として上告した。

□三月二二日神戸地裁（長井秀典裁判長）

淡路島五人殺人事件で死刑判決

一五年三月に兵庫県洲本市（淡路島）で男女五人をサバイバルナイフで刺殺したとして、殺人と銃刀法違反の罪に問われた平野達彦さん（四二歳）に対する裁判員裁判の判決で、「正常な心理で殺害を決意、実行した。完全責任能力があった」と求刑通り死刑を言い渡した。弁護側は判決を不服として即日控訴した。

公判は被告が事件当時、正常な精神状態かどうかが争点だった。

判決は、事件当時の被告が、長期間の向精神薬服用による精神疾患だったと指摘。疾患の影響で「工作員である被害者から攻撃を受けている」との妄想が生まれ、「報復」をするというのが殺害の動機になったと判断した。

公判で精神鑑定の担当医二人が、事件前の生活や現行犯逮捕の際の言動から「病状はそれほど悪化していなかった」と証言したことにも言及。被害者らとのトラブルなどで抱いた悪感情は正常な心理によるもので「疾患の殺害行為への影響はほとんどない」とした。

最近の死刑判決と執行数

年	地裁判決数	高裁判決数	最高裁判決数	新確定数	執行数	病死等	確定者総数
1992	1	4	4	5	0	0	56
1993	4	1	5	7	7	0	56
1994	8	4	2	3	2	0	57
1995	11	4	3	3	6	0	54
1996	1	3	4	3	6	0	51
1997	3	2	4	4	4	0	51
1998	7	7	5	7	6	0	52
1999	8	4	4	4	5	1	50
2000	14	6	3	6	3	0	53
2001	10	16	4	5	2	0	56
2002	18	4	2	3	2	0	57
2003	13	17	0	2	1	2	56
2004	14	15	13	15	2	1	68
2005	13	15	10	11	1	0	78
2006	13	15	16	20	4	0	94
2007	14	14	18	23	9	1	107
2008	5	14	8	10	15	2	100
2009	9	9	16	18	7	4	107
2010	4	3	7	8	2	2	111
2011	9	2	22	24	0	3	132
2012	3	4	9	10	7	0	135
2013	4	3	6	7	8	3	131
2014	2	8	6	6	3	5	129
2015	4	1	3	3	3	1	128
2016	3	4	6	6	3	2	129
2017	3	0	3	3	4	4	124

死刑適用の理由については、「落ち度のない五人の命が奪われており、刑事責任は極めて重大だ」と強調。傷の程度や、ボイスレコーダーを持って就寝中を襲ったことなどを挙げ「計画性や強い殺意があった。動機は身勝手で命をもって償わせるほかない」とした。

公判では、検察側が、完全責任能力があるとしたのに対し、弁護側は「精神障害による妄想で善悪の判断ができない」として、心神喪失による無罪か心神耗弱による減軽を主張。被告は「工作員に仕組まれた完全な冤罪」と主張していた。

判決によると、被告は一五年三月九日午前四時ごろから七時ごろにかけ、自宅近くの住宅二軒を襲い、当時五九～八四歳の男女五人を刺殺したとされる。

□四月一四日最高裁第二小法廷

（小貫芳信裁判長）

首都圏の男性連続不審死事件で上告棄却、死刑確定

首都圏の連続不審死事件で交際していた男性三人への殺人罪などに問われた木嶋（現姓井上）佳苗さん（四二歳）に対し、「犯人であることに疑いを差し挟む余地はない」として、上告を棄却した。一、二審の死刑判決が確定する。

殺害への関与を示す直接証拠はなく、殺人について一貫して無罪を主張。弁護側は、三人とも自殺や、被告以外に殺害された可能性があると指摘していた。

一、二審判決は、被告が犯行に使われたものと一致する練炭を事前に入手し、被害者の死亡に近い時間帯に二人だけでいたといった状況証拠を総合的に考慮し、被告が犯人と結論づけた。

最高裁は、その判断に不合理な点はないとした上で「ぜいたくな暮らしをするため、真剣な交際を装って男性から多額の金銭を受け取り、返済や、うそをついていたことへの追及を免れようと自殺に見せ掛けて殺害した。極めて悪質で死刑はやむを得ない」とした。

判決によると、〇九年一～八月、婚活サイトなどで知り合った会社員（当時五三歳）、無職の男性（当時八〇歳）、会社員（当時四一歳）の三人を、練炭による一酸化炭素中毒で殺害したとされる。

▽六月八日福岡高裁

（山口雅高裁判長）

小五女児殺人事件で双方の控訴棄却・無期懲役判決→被告は上告

一五年に福岡県豊前市で、小学五年の女子児童（当時一〇歳）をわいせつ目的で誘拐し殺害したとして、殺人や死体遺棄などの罪に問われた土建業内間利幸さん（四八歳）に対し、無期懲役とした一審福岡地裁小倉支部の裁判員裁判判決を支持し、死刑を求刑した検察側と、被告側双方の控訴を棄却した。

判決は「女児への暴行が発覚するのを恐れて殺害した。冷酷で残忍な犯行だが、計画性は低く、同種事案と比べても無期懲役が相当だ」と認定し、一審の量刑判断に誤りはないとした。

検察側は「死刑になった例よりも悪質な事件だ」とし、死刑を適用するよう求めていた。殺意を否定する被告側の主張も退けた。

判決によると、被告は一五年一月、誘拐した女児の首を手で絞めて殺害。遺体をバッグに入れて自宅に隠し遺棄したとされる。

この判決に対して検察側は上告を断念。被告は上告した。

□七月二七日最高裁第一小法廷（小池裕裁判長）

鳥取不審死事件で上告棄却・死刑確定

鳥取連続不審死事件で男性二人への強盗殺人罪などに問われた元スナック従業員上田美由紀さん（四三歳）に対し、「強固な殺意に基づく計画的で冷酷な犯行。刑事責任は極めて重い」として、上告を棄却した。一、二審の死刑判決が確定する。

一、二審判決によると、被告は借金返済などを免れるため、〇九年四月にトラック運転手（当時四七歳）と、同年一〇月に電器店経営者（当時五七歳）にそれぞれ睡眠薬を飲ませ、鳥取県の海と川で溺死させたとされる。

犯行を直接裏付ける証拠はなく、被告は二件の強盗殺人について無罪を主張していた。判決は⑴被害者が行方不明になった際、最後に接触したのは被告だった。⑵睡眠薬を事前に入手していた。⑶被害者から借金していた、などと指摘。「犯人であることは合理的な疑いを差し挟む余地がない程度に証明されている」とした。

一審鳥取地裁の裁判員裁判判決は、当時同居していた男性の証言や、遺体から検出された睡眠薬の成分から、殺害の機会があったのは被告だけだとして求刑通り死刑を言い渡した。二審広島高裁松江支部もこの判断を支持した。

□八月二五日甲府地裁（丸山哲巳裁判長）

マニラ保険金殺人事件で死刑判決

フィリピンの首都マニラで一四年と一五年、死亡保険金を得るため男性二人を殺害したとして、殺人などの罪に問われた無職岩間俊彦さん（四三歳）に対する裁判員裁判で、「金銭のために手段を選ばない非道な犯行。遺族も死刑を望んでいる」として、求刑通り死刑を言い渡した。岩間さんは一貫して無罪を主張していた。

判決は「法人を利用して高額の死亡保険を掛けるなど巧妙で計画性が高い」「被告が計画を立案して共犯者を誘い、役割分担を決めるなど主導的に関与した」とした。

現場が海外で物証が乏しく、被告は「経済的に困窮しておらず動機がない」などと無罪を主張したが、判決は関係者の証言や通信記録などの状況証拠を評価して有罪とした。被告の主張には「重要な部分で、合理的理由がなく供述の変遷がみられる」とした。弁護側は判決を不服として控訴した。

判決によると、被告は久保田正一受刑者（四四歳・無期懲役確定）、菊池正幸受刑者（五九歳・懲役一五年確定）らと共謀して現地で実行犯を雇い、一四年一〇月一八日夜、整骨院経営者（当時三二歳）を拳銃で殺害。一五年八月三一日～九月一日には、会社役員（当時四二歳）を拳銃で殺害したとされる。

殺された二人は、被告が大株主だった会社の役員で、それぞれ死亡時には会社を受取人として一億円、五千万円の保険金が掛けられていた。保険金はいずれも支払われていない。

□一一月七日京都地裁（中川綾子裁判長）

連続青酸事件で死刑判決

青酸化合物を使用した近畿の連続殺人事件で、高齢男性三人の殺人罪と一人の強盗殺人未遂罪に問われた筧千佐子さん（七〇歳）の裁判員裁判の判決で、「金銭欲のための犯行で悪質。認知症などを最大限考慮しても死刑を回避するべき事情はない」として求刑通り死刑を言い渡した。

これまでの裁判員裁判では判決日現在の年齢で最高齢の死刑。弁護側は判決を不服として即日控訴した。

判決は四事件全てが青酸化合物を使った被告の犯行と認定。「六年間で四回も反復し、人の生命を軽視している。謝罪の言葉はほとんどなく真摯に反省しているとは言えない」とした。被告は公判前の精神鑑定で認知症と診断されたが、最後の事件の一三年一二月時点では認知症にかかっていなかったとして事件当時は完全責任能力があったと認定。現在の認知症も軽度にとどまり、公判で自らを守る訴訟能力はあるとした。

初公判から判決までの実審理期間は一三五日に及び、裁判員裁判としては過去二番目の長さ。目撃証言や物証などの直接証拠は乏しく、弁護側は全面的に無罪を主張。被告人質問では認否が変遷し、裁判員らは難しい判断を強いられた。

判決は「健康食品と偽って服用させる手口は巧妙で卑劣。事前に計画、準備して犯行に及んだ」とした。

弁護側は認知症の進行を挙げ「裁判で自分を守ることの意味を理解できず、訴訟能力がない」と主張。当初病死と診断され、司法解剖されなかった被害者もおり、死因や症状は「病死や、青酸以外の薬物、毒物が使われた可能性がある」と主張した。

判決によると、〇七年から一三年にかけて、遺産取得や債務を免れる目的で京都、大阪、兵庫の夫や内縁関係の男性計三人に青酸化合物を飲ませて殺害。神戸市の知人男性一人を殺害しようとしたとされる。

▽一二月四日名古屋高裁（山口裕之裁判長）

九頭竜湖事件で一審無期判決を支持し控訴棄却

飲食店員の女性を殺害、福井県の九頭竜湖に遺棄したほか、別の交際相手の女性も窒息死させたとして、殺人と傷害致死などの罪に問われ、一審名古屋地裁の裁判員裁判で無期懲役判決（求刑は死刑）を受けた林圭二さん（四五歳）に対し、被告の控訴を棄却した。検察は控訴していなかった。

判決によると、一一年一一月、飲食店員の女性（当時二七歳）を共犯の男と殺害し、九頭竜湖に遺棄。〇九年七月には岐阜県美濃加茂市で同居していた女性（当時二六歳）に首に鎖を巻くように命じ、窒息死させたとされる。

□一二月八日最高裁第三小法廷（戸倉三郎裁判長）

夫婦強盗殺人事件上告棄却、死刑確定

〇四年に大阪府和泉市で元会社経営の夫婦を殺害し金品を奪ったとして、強盗殺人罪などに問われた鈴木勝明さん（五〇歳）の上告を棄却した。「何ら落ち度のない二人の生命を奪った結果は重大だ」とし、死刑とした一、二審判決を確定させた。

夫婦の遺体は〇九年、大阪府阪南市の車庫にあったドラム缶から見つかった。弁護側は「第三者が強盗殺人の犯人だ」と主張したが、判決は、被告が事件直後に被害者の持ち物を換金して借金返済に充てたほか、車庫を借りて遺体を隠したことを挙げ、「合理的な疑いを差し挟む余地がない程度に証明されている」とした。

判決によると、被告は〇四年一二月三日ごろ、建築作業員として出入りしたことがあった元経営者（当時七四歳）宅の敷地内で、元経営者とその妻（当時七三歳）の頭を鈍器で殴って殺害し、高級時計や車を奪ったとされる。

◉二〇一七年の判決をふりかえって

二〇一七年の死刑判決は地裁で三名に、高裁はゼロ、最高裁で三名にそれぞれ言い渡された。

なお大阪高裁では一審の裁判員裁判での死刑判決を破棄して無期懲役とする判決が二件あった。二件のうち一件は殺された被害者が一名であり、二件とも殺害の計画性はなかったとして減刑された。ここ数年一審の死刑判決が高裁で破棄されて無期懲役となるケースが増えている。

逆に一審の無期懲役判決が破棄されて高裁で死刑になるケースは二〇一〇年に一件あった以降は出ていない。

さらに一審で無期懲役、二審で死刑判決を受けながら、最高裁で破棄差し戻しとなった森健充さんの一、二審無罪判決に対しては検察が上告を断念し、無罪が確定した。

また死刑求刑事件で無期懲役判決が出た場合で、検察側が控訴、または上告を断念するケースもわずかだが見られる。

　死刑求刑事件が減っていることもあり、全般的に死刑判決は減少傾向にある。その結果、死刑確定者の数は減少している。

　死刑判決が減っていくこと、死刑確定者の数が減っていくことは大いに歓迎すべきことであり、この流れが死刑廃止につながっていくことを願わざるをえない。

　しかし、一方でここ数年、死刑確定者の病死が増えており、一七年も大道寺将司さんをはじめ四名が病死したことを忘れてはならない。死刑確定者の医療問題や外部との面会・通信の権利など処遇問題についても多くの解決すべき課題が山積している。

　さらにここ数年、再審請求中に死刑執行が強行されていることを絶対に許すことはできない。裁判には誤りがありえる。いったん死刑が執行されてしまえば、後に誤判が明らかになっても取り返しはつかない。死刑確定者が再審を請求する権利を奪うことは絶対に許されない。

　二〇一八年七月にオウム関係一三名もの大量死刑執行があったことに強く抗議する。

　これ以上の死刑判決・死刑執行を絶対に許さず、死刑廃止の声を広げていこう。

資料①死刑執行後の遺体の取扱いについて
資料②死刑の執行について
議員からの質問と法務省の回答

以下の2点の資料は、福島みずほ参議院議員が法務省に資料提出を要請したことへの回答である。

死刑囚の遺体引き取りに関する質問

（2018年3月6日）

お世話になっております。

下記の通り、「死刑囚の遺体引き取り」に関する資料を提出してくださいますようお願いします。お忙しいところすみませんが、文書での回答をよろしくお願いします。

記

1．回答期限

2018年3月8日（木）15：00まで

2．質問内容

死刑囚に対する死刑の執行後の遺体について、その措置に関連する法律・省令・通達・拘置所内の内部規則やガイドラインなど、関連する資料を全てご提出くださいますようお願いします。

その際特に次の点についても、明示してください。

①あらかじめ身元引受人の登録が必要なのであれば、その登録に関する規定などが明記されているもの、家族であればあえて登録は必要としないのか、必要なのかなどがわかるようにお示しください。

②また、死刑の執行があった時に引受人や家族への連絡の仕方を取り決めた条例、通達、規則なども提出してください。

③遺体引き取りの際に、どういう状態で遺体を引き渡すと取り決めているのか、執行後の遺体処理手続きがわかる資料の提出をお願いします。

④さらに、引受人や家族の登録がなされていない死刑囚の場合、遺体はどのような扱いを受けるのか、その際、拘置所側で荼毘に付すのか、荼毘のための手続き（何時間以内にどの斎場を使用するかなど）を取り決めた資料を提出してください。

以上の4点のみならず、遺体の扱う手順、取り決めなど全体がわかるよう、一連の書類を提出してくださいますようお願いします。

平成30年3月7日
法務省矯正局

死刑執行後の遺体の取扱いについて

死刑執行によるものも含め、被収容者が死亡した場合には、次の順序に従い、先順位にある1人の者に対して通知を行うものとされ、交付すべき遺留物等がある場合において、通知を受けた者がその交付又は支給を申請しない旨の意思を表示したときは、同順序に従い、その者と同順位又は下位の順位にある他の者のうち、先順位にある1人の者に対しても行うものとされている。

①被収容者が指定した者（1人に限る。）
②配偶者（婚姻の届出をしていないが、事良上婚姻関係と同様の事情にある者を含む。）
③子
④父母
⑤孫
⑥祖父母
⑦兄弟姉妹
⑧被収容者がその国籍を有する外国の大使、公使、領事官その他領事任務を遂行する者

また、外国の国籍の被収容者が死亡した場合には①～⑦の者に対する通知を行つた場合でも、⑧の領事官等に対する通知を行う（刑事収容施設及び被収容者等の処遇に関する法律１７６条、刑事施設及び被収容者の処遇に関する規則92条）。

遺体については、通知を受けた者が引き取る意向を示した場合には、遺体を引き渡し、遺骨での引取りを希望した場合には、死亡後24時間を経過した後、刑事施設の長が火葬し、焼骨を引き渡すこととなる。

なお、遺体又は遺骨を引き取る者がいない場合は、刑事施設の長が遺体の埋葬又は火葬（通常は火葬）を行うこととなり、火葬を行った場合、その焼骨は刑事施設が管理し、又は使用する墓地の墳墓又は納骨堂に埋蔵し、又は収蔵されることとなる（刑事収容施設及び被収容者等の処遇に関する法律１７７条、墓地、埋葬等に関する法律3条、刑事施設及び被収容者の処遇に関する規則94条）。

〔参照条文〕

○刑事収容施設及び被収容者等の処遇に関する法律（平成17年法律第50号）

（死亡の通知）

第１７６条　刑事施設の長は、被収容者が死亡した場合には、法務省令で定めるところにより、その遺族等に対し、その死亡の原因及び日時並びに交付すべき遺留物、支給すべき作業報奨金に相当する金額若しくは死亡手当金又は発受禁止信書等があるときはその旨を

速やかに通知しなければならない。

（死体に関する措置）

第１７７条　被収容者が死亡した場合において、その死体の埋葬又は火葬を行う者がないときは、墓地・埋葬等に関する法律（昭和23年法律第48号）第９条の規定にかかわらず、その埋葬又は火葬は、刑事施設の長が行うものとする。

２　前項に定めるもののほか、被収容者の死体に関する措置については、法務省令で定める。

○墓地、埋葬等に関する法律（昭和23年法律第48号）

第３条　埋葬又は火葬は、他の法令に別段の定があるものを除く外、死亡又は死産後24時間を経過した後でなければ、これを行ってはならない。但し、妊娠７箇月に満たない死産のときは、この限りでない。

○刑事施設及び被収容者の処遇に関する規則（平成18年法務省令第57号）

（法第65条第１項に規定する法務省令で定める遺族その他の者）

第22条　法第55条第１項に規定する法務省令で定める遺族その他の者は、次に掲げる者とする。

一　被収容者が指定した者（１人に限る。）

二　被収容者の配偶者（婚姻の届出をしていないが、事実上婚姻関係と同様の事情にある者を含む。以下同じ。）、子、父母、孫、祖父母及び兄弟姉妹

三　被収容者がその国籍を有する外国の大使、公使。領事官その他領事任務を遂行する者

（死亡の通知）

第92条　法第１７６条の規定による通知は、次に掲げる順序に従い、先順位にある一人の者に対して行うものとする。ただし、交付すべき遺留物、支給すべき作業報奨金に相当する金額若しくは死亡手当金又は発受禁止信書等がある場合において、通知を受けた者がその交付又は支給を申請しない旨の意思を表示したときは、同順序に従い、その者と同順位又は下位の順位にある他の者のうち、先順位にある一人の者に対しても行うものとする。

一　第22条第１号に掲げる者

二　配偶者

三　子

四　父母

五　孫

六　祖父母

七　兄弟姉妹

八　第22条第３号に掲げる者

２　外国の国籍を有する被収容者が死亡した場合には、刑事施設の長は、第22条第３号に掲げる者に対し、前項に定めるところにより法第１７６条の規定による通知を行うべき場合以外の場合においても、その旨を通知しなければならない。

（死体の埋葬等）
第94条　刑事施設の長が被収容者の死体の埋葬を行うときは、その死体は、刑事施設の長が管理し、又は使用する墓地の墳墓に埋葬するものとする。
2　刑事施設の長が被収容者の死体の火葬を行うときは、その焼骨は、刑事施設の長が管理し、又は使用する墓地の墳墓又は納骨堂に埋蔵し、又は収蔵するものとする。

資料②

死刑の執行について
質問項目

死刑執行に関連する質問を次の通りさせていただきます。

①死刑執行に携わる刑務官の人数（検察官、検察事務官、医務官、拘置所長など、いわゆる執行に立ち会う幹部を除く）を教えて下さい。

また、刑務官の任務と人数（死刑囚を連行する係、死刑台で拘束する係、執行ボタンを押す係、執行後の遺体を納棺する係など、作業項目とその担当する人数）を明示して下さい。

②執行に携わる刑務官の手当てについて、その金額、支払い方法（その日に現金で支給されるのか）を教えて下さい。

③刑務官には、死刑の執行を担当する旨を執行の何日前に通知するのか。

④同一拘置所で、複数回執行がある場合は、執行に携わる刑務官は、全て交代させられるのか。

⑤執行前に執行準備の為に、予行練習は行うのか。行うとすればいつ行うのか。

⑥執行後に、執行に当たった刑務官のメンタルケアは行われているか。行われている場合は、その内容を教えてください。

⑦死刑執行の手順が示されたマニュアル、手引きなどを提供してください。

平成30年4月5日
法務省矯正局

死刑に関する質問について

本月4日に御質問いただいた標記の件について、下記のとおり回答します。

記

①について
一概に言えないが、おおむね10名程度の刑務官が、連行、執行ボタンの押下などの職務に従事している。

②について
死刑執行に従事した場合の特殊勤務手当は1回につき2万円である。当該手当については、俸給の支給定日において支給されている。

③について
死刑執行を適正に遂行するため、適切な時期に指名している。

④について
死刑執行を適正に遂行するため、執行に携わる刑務官は適切に指名している。

⑤について
死刑執行を適正に遂行するため、日頃

から、機器の作動状況の確認を行うなどの必要な準備をしている。

⑥について

刑事施設においては、死刑執行に携わった職員に限らず、定期的に又は随時、上司による面接を行うなどの方法により、担当業務や日常生活における悩み等を相談できる体制を整えている。

⑦について

死刑の具体的な執行方法については、法律と同一の効力を有する絞罪器械図式（明治6年太政官布告第65号）において、被執行者の首に縄を巻いて、その縄を上方に固定し、本人が立っている場所の床面を開くことにより、本人の身体の重みにより絞首するといった事項が定められている。

死刑執行の手順の例は、おおむね以下のとおりである。

1　被執行者を教誨室に連行し、遺言の聴取、教誨師による教誨（希望がある場合）などを行う。

2　執行室の前室に移動し、所長による死刑執行の告知を行う。希望がある場合には、再度教誨師による教誨を行う。

3　目隠しと手錠を使用して執行室に連行し、被執行者を踏み板の上に立たせ、絞縄を首に掛け、両足を縛る。

4　刑務官が執行ボタンを押すことにより踏み板が開落し、被執行者が自重により落下する。

5　医師により死亡確認がなされてから5分間が経過した後、遺体を降ろして絞縄を解く。その後、遺体を清め、納棺する。

死刑廃止運動にアクセスする

廃止運動団体・フォーラム・ネットワークなど

2017—2018

死刑をめぐる状況

新たに寄せられた自己紹介文を掲載しています。
団体の自己紹介のないものに関しては前号あるいは前々号を参照して下さい。
今後も全国各地の情報をお寄せ下さいますようにお願いします。

アムネスティ・インターナショナル日本 死刑廃止ネットワーク

アムネスティ・インターナショナルはすべての人が人権を享受し、人間らしく、自分らしく生きることのできる世界を目指して、世界規模で活動している国際人権団体です。

現地調査に基づき、さまざまな国・地域で起きている人権侵害を告発し、主に署名という形で世界中の市民の参画を得て、状況改善のために各国政府や組織などに働きかける、というのが運動の基本的なアプローチです。

現在、世界中でほぼすべての国と地域の人びとがアムネスティの活動に参加しており、その数は七〇〇万人以上に上ります。この「数の力」と調査力で、人権侵害を受けている個人の救済から、世論の形成、人権侵害を助長する法や慣習などの廃止、人権を保護する法の導入などを成し遂げています。

また、現地調査で得た情報を活用して、国際人権法の観点から国連などの人権機関に提言したり、各国政府へのロビー活動なども行っています。

運動の出発点は、政治的意見や信念、人種、宗教などを理由に逮捕・拘禁されている人たちの釈放であり、現在では、さまざまな差別の廃止、難民・移民の保護、表現の自由、紛争下の人権侵害、企業による人権侵害など、多岐にわたるテーマで活動しています。

救援連絡センター

機関紙➡機関紙『救援』月刊。年間購読料＝開封四五〇〇円、密封五〇〇〇円。協力会費＝月一口一〇〇〇円（一口以上）

住所➡〒105-0004 東京都港区新橋二―八―一六 石田ビル五階（ＪＲ新橋駅日比谷口ＳＬ広場から徒歩三分）

TEL➡03-3591-1301 FAX➡03-3591-3583

E-mail ➡kyuen2013@gmail.com

HP➡http://kyuen.jp/

郵便振替 ➡00100-3-105440

その中で、「生きる」という基本的権利を否定する「死刑」の廃止は、根幹を成すテーマのひとつです。

死刑制度を持つ日本での活動は、毎年、死刑をめぐる世界動向をメディアに発表する等の情報発信に加え、死刑廃止について考えるセミナーの開催、死刑執行時の抗議活動、関連映画の上映などを、東京と大阪を拠点とする専門のチームが中心となって行っています。

二〇一七年は、被害者遺族であり加害者の家族でもある方に自身の体験と思いをお話しいただいた「僕の父は母を殺した」、ファシズム的な国家社会での国家の殺人について考える「ファシズムと死刑」などの講演会を開催しました。

連絡先➡公益社団法人アムネスティ・インターナショナル日本　東京事務所
住所➡〒101-0052　東京都千代田区神田小川町二―一二―一四　晴花ビル七階
TEL➡03-3518-6777　FAX➡03-3518-6778

死刑廃止国際条約の批准を求めるフォーラム90

一九九〇年春、前年国連で「死刑廃止国際条約」が採択されたのを機に、アムネスティ・インターナショナル、死刑執行停止連絡会議、ＪＣＣＤの三団体が、死刑廃止条約批准を求める運動を通して全国の廃止論者を顕在化させるフォーラム運動を呼びかけた。賛同人は全国で約五〇〇〇人。

二〇一七年は以下の行動を行った。

二月一八～二四日、第七回死刑映画週間（ユーロスペース）。

五月二〇日、「トランプ時代のアメリカの死刑」オサリバン太郎（シビック区民会議室）。

七月一日、加賀乙彦講演会「『死刑囚と無期囚の心理』をめぐって」（シビック区民会議室）。

七月一三日、執行抗議記者会見。

七月二七日、執行抗議集会（議員会館）。

一〇月七日響かせあおう死刑廃止の声２０１７（大和田伝承ホール）。

一二月二日～三日の死刑廃止全国合宿山口（内田博文さんを招いて）に参加。

一二月九日、「東直子と味わう死刑囚の詩歌の深み」（早稲田大学戸山キャンパス）。

一二月一七日、「上川陽子法務大臣の地元で死刑について考える集い」若林秀樹、山崎俊樹、袴田秀子、福島泰樹。

一二月一九日、執行抗議の記者会見。

フォーラム90のニュースレターは隔月で毎号四〇〇〇部発行、二〇一八年九月末で一六一号。

ホームページ内にある死刑廃止チャンネルには集会、映画週間のトークショーなどの動画を掲載している。

住所➡〒107-0052　東京都港区赤坂二―一四―一三　港合同法律事務所気付
TEL➡03-3585-2331　FAX➡03-3585-2330
HP➡http://www.jca.apc.org/stop-shikei/index.html

死刑廃止チャンネル➡http://forum90.net/

◉ユニテ

ユニテは獄外協力者と連携しつつ死刑の廃止、人権問題、処遇の改善などを目指し、罪の問い直しを自らに課し、その実現に一歩でも近づけるべく情報交換の場として機関誌『希望』を発行しております。

現在「ユニテ」では、弁護士も依頼できない仲間のため「再審学習会」を開催しており、『希望』はその活動、及び円滑化を図るため重要な役割をも担っております。

郵便振替➡00190-0-77306「ユニテ」

◉被拘禁者更生支援ネットワーク麦の会

住所➡〒359-0023 埼玉県所沢市東所沢和田一―二六―三一 聖ペトロ・パウロ労働宣教会内 麦の会事務局

TEL・FAX➡04-2945-0510

E-mail➡wakainet@gmail.com

◉都高教・死刑に反対する会

住所➡〒224-0007 横浜市都筑区荏田南一―二〇―一―四〇六 小笠原博綜

◉監獄人権センター（CPR）

刑事施設などの人権状況を国際水準に合致するよう改善していくこと、死刑制度の廃止などを目的に一九九五年に設立。

中心的事業である被収容者からの手紙相談は、二〇一七年中、約一〇〇〇件が寄せられ、ボランティアが随時対応しています。

七月の金田勝年法務大臣、十二月の上川陽子法務大臣による死刑執行に対しては抗議声明を日本語・英語で発表。アムネスティ日本、フォーラム90、死刑を止めよう宗教者ネットワークとの共同記者会見に参加しました。

そのほか、二月にロンドンで開催された「LUSHサミット」に日本のNGOとして唯一出展し、日本の絞首刑についての展示と解説を行いました。五月にウィーンで開催された「国連犯罪防止刑事司法委員会」に参加し、サイドイベントに登壇しました。六月、東京・新宿で人権セミナー「被収容者の心と体のヘルスケア」を開催しました。レディング大学（イギリス）と共同で、統計資料・論文・エッセイ・動画等の情報をウェブで提供することにより、死刑制度を含む日本の刑事司法制度に対する理解を高め、市民社会による諸問題への取組みの促進を目指すプロジェクト「CrimeInfo」（https://www.crimeinfo.jp/）を開始しました。

郵便送付先➡〒160-0022　東京都新宿区新宿二-三-十六 ライオンズマンション御苑前七〇三 TEL・FAX➡03-5379-5055

HP➡http://cpr.jca.apc.org/

CPR
2018/4/10
CPR News Letter No.94
監獄人権センター（Center for Prisoners' Rights）通信
刑務所の「いま」を知る写真展
監獄人権センターは、レディング大学（イギリス）との共同プロジェクトにより、ウェブサイト「CrimeInfo」（http://crimeinfo.jp/）を開設しました。
1

◯東京拘置所のそばで死刑について考える会（そばの会）

東京拘置所の最寄駅である綾瀬駅前で毎月一度のビラ配りを続けています。

二〇一七年の一年間のビラのタイトルを紹介します。

一月「死刑判決の場所・死刑執行の時間／死刑囚の姿が見えますか」、二月「オリンピックはできるかな?／人権問題をめぐる国際世論」、三月「トイレにも行かせない取り調べ／冤罪をつくって反省のない捜査機関」、四月「メロスってテロリスト?／「テロ」より怖い共謀罪」、五月「死刑の次の刑罰は?／無期懲役という「終身刑」の問題」、六月「刑罰を与えるばかりでなく／よりよく生かしあう司法」、七月「罪を認めても納得できない判決がある／再審請求中の死刑執行」、八月「「日本という国の死刑制度」／元検事総長の言い分」、九月「10月10日は世界死刑廃止デーです／世界に問われている日本の死刑」、一〇月「最高裁裁判官の国民審査／誰が「信任」できますか?」、一一月「多数決で決めること、

ABOLISH THE DEATH PENALTY
「容認」しますか?
大逆事件以来の13人もの死刑執行
死刑について考えてみませんか
東京拘置所のそばで死刑について考える会（そばの会）
東京都荒川区南千住1―59―6―302
http://sobanokai.my.coocan.jp/

日本の世論調査では大多数の人が「死刑を容認」しているとされています。「容認」とは辞書によると「（本来は認められないことを）よいと認めて許すこと。」となっています。「まあ、あってもしょうがないか」……ぐらいの気持でしょうか。

しかし、死刑という制度を一般的には「あってもしょうがない」と思っていても、具体的に死刑囚への執行を前にすれば「しょうがない、とはいうものの……」と逡巡す思いもありそうです。「本来は認められないこと」と考えていれば尚更です。

7月のオウム真理教の教祖を含む13人もの死刑執行は、多くの人にそんな思いをよび起こしたのではないでしょうか。**法務大臣＝法務省は、日本の死刑制度は世論によって支持されている、と言いますが、こんな乱暴な死刑執行まで同じように支持されていると考えてよいのでしょうか。**

7月27日に都内で行なわれた執行抗議集会には大勢の人たちが参加し、死刑制度の問題と、執行された人たち個々の状況を共有しました。**（この集会の模様は一部を除いて「死刑廃止国際条約の批准を求めるフォーラム90」のホームページからご覧になれます。）**以下、参加者一同による「抗議声明」を抜粋して紹介します。

★☆★

……私たちは、オウム関係者が引き起こした事件に強く反対するのと同じく、今回の一連の死刑執行に対しても強く反対します。私たちは、広く社会に向けて、あらためて、このような、殺戮の繰り返しや、命を奪うことによっては、何一つ問題は解決しないこと、そして、終身刑の導入など、死刑を執行しなくてもよい施策を真剣に検討することを呼びかけます。

安倍晋三内閣は、第一次で10名、第二、三、四次で34名、合計44名という、過去最多の死刑を執行した内閣となり、また、上川陽子法務大臣は、4回にわたり16名の死刑を執行するという過去最多の死刑を執行した法務大臣ということになり、オウム事件関係で、大逆事件の12名の処刑を超える13名の死刑を執行したということは、歴史上、まれにみる極めて強権的な内閣にして法務大臣であると断ぜざるを得ません。今後、安倍内閣が続く限り、また上川法務大臣が続く限り、死刑の執行が連続的に行われる危険があります。

とりわけ、今回処刑された、豊田さん・小池さん・広瀬さん・横山さんは、1回目の再審請求中でした。憲法32条は、「何人も、裁判所において裁判を受ける権利がある」と規定しており、再審請求中の執行は、この規定に真っ向から反するものであって、憲法違反です。同時に、司法の判断を待たずして刑を執行するという司法権への侵害であって、およそ許されるものではありません。

（中略）

さらに、7月6日の死刑執行後に、EU代表部およびEU加盟国の駐日大使らが「テロ行為は断じて非難するが、事件の重大性にかかわらず死刑執行には明白に反対し、犯罪抑止力がない」として、日本政府に死刑廃止と執行停止を呼びかけています。

内閣及び法務大臣は、これを機に、死刑廃止に向けて方針を転換すべきです。（後略）

決められないこと／「死刑」はどうでしょうか?」、一二月「無実でありながら死刑を執行された人はいないのか／飯塚事件の久間三千年さん」。

そばの会は活動をはじめて二一年になります。

毎月一度、駅前でお待ちしています。日時等、ホームページで御確認ください。

住所➡〒116-0003　東京都荒川区南千住一―五九―六―三〇二

HP➡http://sobanokai.my.coocan.jp/

◯TOKYO1351

TOKYO1351は、二〇一六年一二月に発足したボランティアグループです。

死刑制度について広く関心と議論を喚起すべく、ネットテレビを通じて、死刑制度についての討論番組を放送したり、ライブハウスを借り切って、ミュージシャンの方々と共に、死刑についてカジュアルに語るイベントを開催しています。

名称は、東京拘置所の住所、小菅1-35-1に因んでいます。

HP:http://www.tokyo1351.com/page-72/

二〇一七年の主な活動（以下、敬称略）

【TOKYO1351×ニコニコ生放送】

四月二日「死刑」を○△×で考える生放送　ジョー横溝、安田好弘、森達也、大谷昭宏、小林節、他

九月九日「死刑」を訴える被害者遺族の声を聞く～闇サイト殺人事件から10年～　青木理、小川原優之、磯谷富美子、高橋正人、上谷さくら、他

一二月一六日「岡山強姦バラバラ殺人事件」から二〇一七年の「死刑執行・判決」を考える　平野啓一郎、安田好弘、森炎、加藤裕司、他

【LIVE & TALK in 下北沢・風知空知】

四月八日　中村中、うじきつよし、安田好弘、森達也

八月一九日　山口洋、安田好弘、森達也、ジョー横溝

一一月一九日　高田漣、山口洋、岩瀬達哉、安田好弘、他

二〇一八年一月六日　佐々木亮介、東直子、山口洋、森達也、他

FB ➡https://m.facebook.com/TOKYO1351/

◉真宗大谷派死刑廃止を願う会

住所➡「願う会」事務局　〒432-8021　浜松市佐鳴台五―一七―二二―A一〇六　楯《たて》泰也気付

◉死刑廃止フォーラム・金沢

住所➡〒921-8111　金沢市若草町一五―八　志村恵

TEL・FAX➡076--280-3421

◉死刑廃止フォーラム・イン静岡

住所➡〒432-8021　浜松市佐鳴台五―一七―二二―A一〇六　笹原方　死刑廃止フォーラム・イン静岡事務局

◉死刑廃止フォーラムinなごや

死刑廃止フォーラムinなごやの活動はおよそ二五年に及びます。

この間、各年の平均的な活動として、高校生を主たる受講生とする七月のサマーセミナーへの出講（講師派遣）と春期と秋期に講演会等を開催してきました。また、死刑の執行があれば、その都度、法務大臣、総理大臣に対して抗議声明を発することも続けてきました。

現在の活動メンバーは一五名ほどです。専用のML（メーリングリスト）で情報交換を行いつつ、月に一回程度の頻度で会議（例会）を、開きます。例会には一〇名ほどのメンバーが参集し、行事や企画を相談したり、準備の作業を行います。

以下、二〇一七年度の活動の概況です。

同朋大学で開催されたサマーセミナーに「死刑廃止を考える」講座の開設を申込み、七月一五日：講師四人を派遣しました。講師は受講者（約三〇名）に対し、死刑制度の現状、死刑執行の状況、死刑囚との交流体験、冤罪の問題などをテーマとする講義をしました。

秋期には、死刑廃止デーに向けての行事として、「死刑囚の絵画展―獄中からの声」を企画し、九月二二日から二四日までの三日間、名古屋市市政資料館にて開催しました。展示した絵画は大道寺幸子・赤堀政夫基金からお借りした作品（約五〇点）が中心でした。三日間の来場者は、実に総計四三七人でした。死刑囚の絵画を見つめる多くの人たちの真剣なまなざしに感動を覚えました。

残念なことに、二〇一七年にも、七月一三日と一二月一九日の両日に死刑の執行がありました。私たちは、いずれの執行に対しても法務大臣と総理大臣に抗議し、死刑の廃止を求める声明を発しました。

私たちは死刑制度の廃止に向け、微力であっても、着実な歩みを続けます。

住所：〒461-0023 名古屋市東区徳川町1310 稲垣法律事務所

住所➡〒461-0023　名古屋市東区徳川町一三一〇　稲垣法律事務所

「死刑を止めよう」宗教者ネットワーク

発足の経緯

　イタリアの聖エジディオ共同体が主催した死刑廃止セミナー『生命のために連帯を』（二〇〇三年五月、東京・四谷）に参加した宗教者が、「死刑の執行を停止させ、死刑についての議論を広く行い、命について考える機会をできるだけ多く設けよう」という目的のもと、①情報交換や共同行動を行う、②一年に数回集会を行うことを目指して、二〇〇三年六月、超教派のネットワークを発足しました。

私たちの考え

　私たちは各宗教に共通する「命を大切にする価値観」に基づき、死刑に関わるさまざまな方々（死刑囚、被害者遺族、刑務官、教誨師など）のお話から学んで、死刑について次のように考えています。

◇

・どんな人の命も人の手で奪うことは許されないと考えます。

・どんな罪を犯した人であっても、悔い改める可能性があり、その機会を奪うことはできないと考えます。

・被害者の癒しは応報的な刑罰によってではなく、被害者への心理的・社会的支援に向けた努力によってなされるべきだと考えます。

・犯罪は、力によって押さえ込むのではなく、罪を犯した背景を考え、更生を社会全体で支えていくことによってこそ、抑止できると考えます。

◇

　マスコミによって連日のように凶悪犯罪が報道され、死刑判決が激増し、死刑の大量執行が定着しようとしている今こそ、少し立ち止まって、死刑について、罪とゆるし、癒しと和解について共に考える機会を提供できればと考え、活動しています。

住所➡〒600-8164　京都市下京区上柳町199しんらん交流館　真宗大谷派（東本願寺）解放運動推進本部　死刑を止めよう宗教者ネットワーク事務局／雨森慶為
TEL➡075-371-9247　FAX➡075-371-9224

死刑廃止を求める京都にんじんの会

京都にんじんの会はこれまで二度、映画館を借りて死刑映画の上映会を行ってきましたが、二〇一八年四月には龍谷大学犯罪学研究センター主催の「いま、もう一度、死刑を考える～『デッドマン・ウォーキング』を観て」に協力し、今後は一般の会場での死刑映画の上映と講演会を合わせて行うことを検討しています。

　また、二〇一八年一一月に死刑廃止全国交流合宿を京都で開催するため、「死刑を止めよう」宗教者ネットワーク、「京都から死刑制度廃止をめざす弁護士の会」とともに準備を進めています。

かたつむりの会

かたつむりの会は一九七九年、「死刑廃止関西連絡センター」を前身として発足。一九八九年芝居仕立ての集会「絞められて殺されて」、一九九一年「寒中死刑大会」、一九九二年からの連続講座が『殺すこと殺されること』『死刑の文化を問いなおす』インパクト出版会から書籍化。二〇〇八年「死刑廃止！殺すな！一〇五人デモ」等、その他学習会への参加など。大阪拘置所での死刑執行が予想される時の夜回りや、死刑執行された日の夜には大拘前に集まって、形に囚われない各自思い思いの抗議、死刑囚への激励を行なっています。

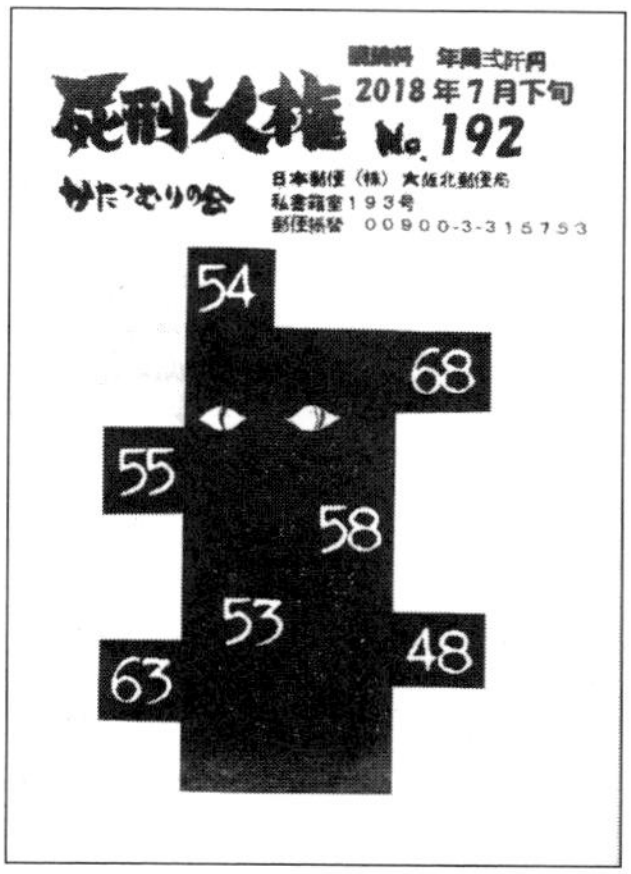

毎年四月には大拘近く、大川沿いの桜のある公園で死刑廃止の横断幕を広げ皆で恒例のお花見（花より酒！）＆夜回り。十月の世界死刑廃止デーの頃にも梅田にて死刑廃止を訴えてビラ配り、拘置所前夜回りを行っています。

会誌として年五回「死刑と人権」という冊子を編集・発行しており、全国の刑事収容施設に収監され不当な処遇を受けている当事者からの訴えや、その他の方々の寄稿から広く人権問題や学習会などの活動記録も掲載しています。

国家によって死刑の執行は繰り返され、多くの命が奪われ続けています。この現代において太古のいけにえの様に、死刑囚という人柱の上に私たちの社会はいつまで立たされ続けないといけないのでしょうか。まっぴらごめんやで！コ・ロ・ス・ナ！

「死刑と人権」購読料➡年間二千円（年五回発行）
郵便振替➡00900-3-315753
連絡先➡日本郵便（株）大阪北郵便局　私書箱室一九三号
E-mail➡saitoon@sea.plala.or.jp（齋藤）

◯死刑廃止フォーラムinおおさか

毎月一回の定例会をもち、春には大阪拘置所前花見。夏には和歌山カレー集会。秋は世界死刑廃止デーにあわせ、梅田でビラまき、大阪拘置所にて在監死刑確定囚に激励行動。冬は越年カンパ発送、千円、年賀ハガキ、絵ハガキと送付案内を発送者が手書きをして一二月中に送付しています。

大阪拘置所内に只今一九人。数年前からこの送付金を夏のカレー集会で当日参加の方々の志しを頂いて感謝しています。

二〇一七年は西川正勝さんが七・一三に再審請求中にもかかわらず、死刑執行。強硬なやり方に震えがとまりません。翌月の八月一日。数年ぶりに大阪拘置所との意見交換会を福島みずほさんが紹介議員で動いてくれ、実現。一時間という限られた中で、外部交通権をより開かれたものへと働きかけました。

写真上は拘置所前の花見、下は福島みずほ参議院議員を招いて大阪拘置所交渉

定例会はどなたでも参加できます。

住所➡〒530-0047 大阪市北区西天満一―一一―二〇 イトーピア西天満ソアーズタワー九〇四 中道法律事務所気付

公益社団法人アムネスティ・インターナショナル日本・死刑廃止ネットワークセンター大阪

アムネスティ・インターナショナルの大阪事務所を拠点として、死刑廃止を目指して一人でも多くの方に死刑制度の現状を知っていただき、関心を持っていただくために活動しているチームです。

毎月の定例ミーティングで各メンバーや他団体の活動状況とそれぞれの課題や計画を情報共有して今後の活動に生かしています。

定期的な活動としては、毎月第三木曜日と第三土曜日に、大阪事務所で誰でも参加できる「死刑廃止を考える入門セミナー」を開催しています。

また、半年ごとに死刑に関する世界の最新ニュースをはじめ、死刑の問題を扱った映画評や書評、様々な方からの寄稿を掲載した小冊子『死刑廃止ニュース・スペシャル』を発行しており、今年の五月には第五六号を発行しました。

また、毎年死刑廃止をテーマにした講演会などのイベントも開いています。

昨年は一月に開催した池田浩士さんの講演会「ファシズムと死刑」に続いて、九月には中村一成さんによる死刑を考える講演会「虚構で究極のリアルを考える」を開催しましたが、ともに多くの方にご参加いただいて有意義な時間を過ごすことができました。今年も九月に刑事弁護人として長い経験をお持ちの下村忠利弁護士による講演会「死刑弁護の現場から」を開催します。

究極の人権侵害である死刑制度の廃止について、関心をお持ちの方はぜひお声がけいただいて一緒に考え活動しましょ

う。

連絡先⬇公益社団法人　アムネスティ・インターナショナル日本　大阪事務所・死刑廃止ネットワークセンター大阪
〒541-0045　大阪市中央区道修町三―三―一〇　大阪屋道修町ビル三〇二
TEL⬇06-6227-8991　FAX⬇06-6227-8992
E-mail⬇shihaiamnesty@yahoo.co.jp

フォーラムひろしま

住所⬇〒733-0011　広島市西区横川町一―一〇―一八―二〇五　猪原薫方
TEL・FAX⬇082-294-2953
E-mail⬇ino-bri@cap.ocn.ne.jp

死刑廃止国際条約の批准を求める四国フォーラム

住所⬇〒791-0129　愛媛県松山市川の郷町今治谷
TEL・FAX⬇089-977-5340
E-mail⬇imabaridani@river.ocn.ne.jp

死刑廃止・タンポポの会

死刑廃止・タンポポの会」は一九八〇年代に活動を開始しました。

色々な状況の中で参加者の出入りはありますが、地道に月一回の例会を続けています。

二〇一七年一二月（通算七〇号）と二〇一八年七月（通算七一号）の通信を発行しました。

「一〇月一〇日世界死刑廃止デー」は前後都合の合う日に集会をやっています。

死刑執行があった時は、福岡天神でビラ情宣を行います。

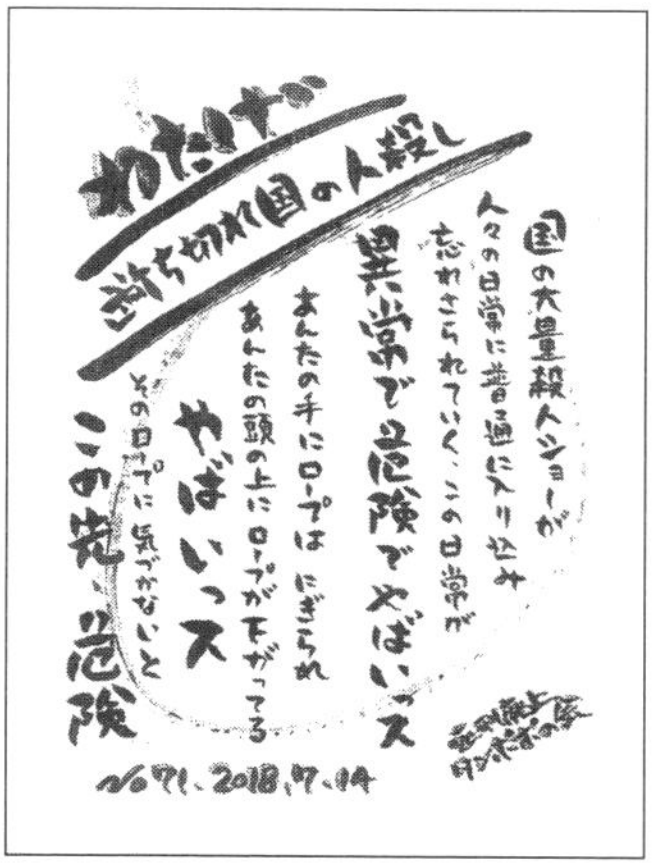

福岡拘置所での執行があった時は、拘置所の方へ抗議の申し入れをやってきました。

年末には福岡拘置所在監死刑囚の皆さんへ一〇〇〇〇円の差し入れをしています。

福岡拘置所在監死刑囚の再審請求支援にも取り組んでいます。

二〇一八年の「世界死刑廃止デー」の取り組みは一〇月一三日（土）に二件行います。

七月の〃平成〃の大虐殺への「怒りと悲しみと決意をこめた」死刑執行抗議のデモを福岡天神で昼一二時から行い、そ

の後二時から早良区・西福岡教会へ会場を移しテーマ「飯塚事件から死刑廃止を考える」で飯塚事件弁護団共同代表・徳田靖之弁護士にお話をしていただく集まりをします。

二〇一七年一二月一九日の東京拘置所での二人の執行への抗議は、当日夕方福岡天神でビラまきと参加者交代でマイクを握り死刑制度を止めようと訴えました。二〇一八年七月六日は抗議行動を行いましたが二六日は出来ませんでした。

再審請求中は刑の執行を止めることは出来ないという状況が去年くらいから酷くなっていましたが、このオウム真理教関係の人たちの処刑は日本という国が壊れていく象徴のようです。

住所➡〒812-0024　福岡市博多区網場町九―二八―七〇三　山崎方

TEL・FAX➡092-291-7896

◉個人救援会は除いています。今後も各地の情報をお寄せください。

死刑廃止国際条約の批准を求める

FORUM90

地球が決めた死刑廃止

〒107-0052 東京都港区赤坂2-14-13 港合同法律事務所気付
TEL：03-3585-2331　FAX：03-3585-2330
振替口座：郵便振替 00180-1-80456 加
入者名：フォーラム90

161号（2018.9.10）
もっと議論を！そのための情報公開を！　森達也
大逆事件の時代に戻った　安田好弘
抗議集会での発言＝河井匡秀、堀和幸、堀井準、吉田秀康、伊達俊二、永岡英子、海渡雄一
抗議集会へのメッセージ＝加城千波、大木和弘・宮田桂子、中川智正さんの支援者、新實智光さんの妻
無実を叫ぶ死刑囚たち―5件の死刑冤罪事件 大河内秀明、四宮啓、内山成樹、高遠あゆ子、小野順子

160号（2018.7.25）
7人同時執行を糾弾する！
抗議声明　執行された方の遺稿から
飯塚事件再審請求審高裁決定について　徳田靖之
シンポジウム　袴田事件・飯塚事件と死刑再審を考える　徳田靖之・小川秀世・安田好弘
東京拘置所を見学して　李怡修

159号（2018.5.20）
無実を叫ぶ死刑囚たち　狭き門のまえで
2017年の死刑判決と死刑執行　山口薫
死刑映画週間7年を振り返って　太田昌国
第7回死刑映画週間トークショー　7日間の報告　可知亮
2018年死刑映画週間アンケートから

158号（2018.3.10）
努力のボクサー　袴田巖　福島泰樹
12月19日、上川陽子法相は裁判所の判断を差し置いて、自分たちで再審事由がないと判断して死刑を執行した　安田好弘
東京拘置所の獄中から
国連「持続可能な開発目標」SDGsと死刑制度　若林秀樹
死刑囚の詩歌の深み　東直子

157号（2017.12.25）
上川陽子法務大臣の暴挙
渋谷スクランブル交差点に「死刑反対」の人文字！
映画フリークは死刑映画週間に期待する　越智あい
第13回死刑囚表現展応募作品をめぐって　池田浩士・加賀乙彦・香山リカ・坂上香・太田昌国

156号（2017.11.25）
上川陽子法務大臣の地元で死刑について考える集い
緊急ビラまきの話
最高裁はなぜ死刑制度を見直せないのか　木谷明・生田暉雄・岩瀬達哉・安田好弘
死刑廃止宣言から1年　加毛修

93年3.26以降の死刑確定囚（アミは被執行者及び獄死者）　（作成・フォーラム90）

氏名　拘置先 判決日	事件名（事件発生日） 生年月日	備　考
尾田　信夫　福岡 70.11.12 最高裁 70. 3.20 福岡高裁 68.12.24 福岡地裁	川端町事件 （66.12.5） 1946年9月19日生まれ	死因の一つとされる放火を否認して再審請求中。98.10.29 最高裁は再審請求棄却に対する特別抗告を棄却、その中で「一部無罪」も再審請求は可能と判断。
奥西　勝（享年89歳） 15.10. 4 八王子医療刑務所で病死 72. 6.15 最高裁 69. 9.10 名古屋高裁　死刑 64.12.23 津地裁　無罪	名張毒ぶどう酒事件 （61.3.28） 1926年1月1日生まれ	一審無罪、高裁で逆転死刑に。05年4月、7次再審が認められたが、検察の異議申立で06年12月再審開始取消決定。10年4月最高裁、名古屋高裁へ差戻決定。12年5月名古屋高裁、再審開始取消決定。13年10月最高裁特別抗告棄却。15年第9次再審請求中に病死。同年11月6日、妹が第10次再審請求。
冨山　常喜（享年86歳） 03. 9. 3 東京拘置所で病死 76. 4. 1 最高裁（藤林益三） 73. 7. 6 東京高裁（堀義次） 71.12.24 水戸地裁土浦支部（田上輝彦）	波崎事件 （63.8.26） 1917年4月26日生まれ	物証も自白も一切なし。 再審請求中に病死。
大濱　松三　東京 77. 4.16 控訴取下げ 75.10.20 横浜地裁小田原支部	ピアノ殺人事件 （74.8.28） 1928年6月4日生まれ	精神鑑定次第で減刑もありえた。本人控訴取下げで死刑確定。
近藤　清吉（享年55歳） 93. 3.26 仙台拘置支所にて執行 80. 4.25 最高裁（栗木一夫） 77. 6.28 仙台高裁 74. 3.29 福島地裁白河支部	山林売買強殺事件等 （70.7/71.5）	1件を否認、4回にわたって自力で再審請求。
袴田　巌　釈放 80.11.19 最高裁（宮崎梧一） 76. 5.18 東京高裁（横川敏雄） 68. 9.11 静岡地裁（石見勝四）	袴田事件 （66.6.30） 1936年3月10日生まれ	一審以来無実を主張。14年3月27日静岡地裁再審開始決定。同日釈放。18年6月11日、東京高裁、再審開始決定取り消し。ニュースとして「さいしん」「無罪」「袴田ネット通信」などがある。
小島　忠夫（享年61歳） 93.11.26 札幌拘置支所にて執行 81. 3.19 最高裁（藤崎万里） 77. 8.23 札幌高裁 75. 9.　釧路地裁	釧路一家殺人事件 （74.8.7）	責任能力の認定等で再審請求、棄却。
小野　照男（享年62歳） 99.12.17 福岡拘置所にて執行 81. 6.16 最高裁（環昌一） 79. 9.　福岡高裁 78. 9.　長崎地裁	長崎雨宿り殺人事件 （77.9.24）	最高裁から無実を主張、自力で18年にわたり再審請求。初めて弁護人がつき、再審請求を申し立てた4日後に執行。
立川修二郎（享年62歳） 93. 3.26 大阪拘置所にて執行 81. 6.26 最高裁（木下忠良） 79.12.18 高松高裁 76. 2.18 松山地裁	保険金目当実母殺人事件等 （71.1/72.7）	一部無実を主張。

関　　幸生（享年 47 歳） 93.11.26 東京拘置所にて執行 82. 9.　東京高裁（内藤丈夫） 79. 5.17 東京地裁（金隆史）	世田谷老女強殺事件 （77.12.3）	上告せず確定。
藤岡　英次（享年 40 歳） 95. 5.26 大阪拘置所にて執行 83. 4.14 徳島地裁（山田真也）	徳島老人殺人事件等 （78.11/12.16）	控訴せず確定。
出口　秀夫（享年 70 歳） 93.11.26 大阪拘置所にて執行 84. 4.27 最高裁（牧圭次） 80.11.28 大阪高裁 78. 2.23 大阪地裁（浅野芳朗）	大阪電解事件 （74.7.10/10.3）	
坂口　　徹（享年 56 歳） 93.11.26 大阪拘置所にて執行 84. 4.27 最高裁（牧圭次） 80.11.18 大阪高裁 78. 2.23 大阪地裁（浅野芳朗）	大阪電解事件 （74.7.10/10.3）	
川中　鉄夫（享年 48 歳） 93. 3.26 大阪拘置所にて執行 84. 9.13 最高裁（矢口洪一） 82. 5.26 大阪高裁（八木直道） 80. 9.13 神戸地裁（高橋通延）	広域連続殺人事件 （75.4.3 ～）	精神病の疑いがあるにもかかわらず執行。
安島　幸雄（享年 44 歳） 94.12. 1 東京拘置所にて執行 85. 4.26 最高裁（牧圭次） 80. 2.20 東京高裁（岡村治信） 78. 3. 8 前橋地裁（浅野達男）	群馬 3 女性殺人事件 （77.4.16）	養父母との接見交通禁止に対しての国賠訴訟中の処刑。
佐々木和三（享年 65 歳） 94.12. 1 仙台拘置支所にて執行 85. 6.17 青森地裁	青森旅館主人他殺人事件 （84.9.9）	弁護人控訴の翌日、本人取下げで確定。
須田　房雄（享年 64 歳） 95. 5.26 東京拘置所にて執行 87. 1　控訴取下げ確定 86.12.22 東京地裁（高島英世）	裕士ちゃん誘拐殺人事件 （86.5.9）	本人の控訴取下げで確定。
大道寺将司（享年 68 歳） 17. 5.24 東京拘置所にて病死 87. 3.24 最高裁（伊藤正己） 82.10.29 東京高裁（内藤丈夫） 79.11.12 東京地裁（簑原茂広）	連続企業爆破事件 （71.12 ～ 75.5） 1948 年 6 月 5 日生まれ	「共犯」は「超法規的措置」により国外へ。交流誌「キタコブシ」。著書『死刑確定中』、句集『鴉の目』『棺一基』『残の月』などがある。
益永　利明　　　　東京 87. 3.24 最高裁（伊藤正己） 82.10.29 東京高裁（内藤丈夫） 79.11.12 東京地裁（簑原茂広）	連続企業爆破事件 （71.12 ～ 75.5） 1948 年 6 月 1 日生まれ	旧姓片岡。「共犯」は「超法規的措置」により国外へ。国賠多数提訴。交流誌「ごましお通信」が出ていた。著書『爆弾世代の証言』がある。
井田　正道（享年 56 歳） 98.11.19 名古屋拘置所にて執行 87. 4.15 上告せず確定 87. 3.31 名古屋高裁（山本卓） 85.12. 5 名古屋地裁 （鈴木雄八郎）	名古屋保険金殺人事件 （79.11 ～ 83.12） 1942 年 6 月 27 日生まれ	上告せず確定。「共犯」の長谷川は 93 年に確定。
木村　修治（享年 45 歳） 95.12.21 名古屋拘置所にて執行 87. 7. 9 最高裁（大内恒夫） 83. 1.26 名古屋高裁（村上悦夫） 82. 3.23 名古屋地裁（塩見秀則）	女子大生誘拐殺人事件 （80.12.2） 1950 年 2 月 5 日生まれ	恩赦出願したが、その決定が代理人に通知されないままの処刑。著書に『本当の自分を生きたい』がある。

秋山　芳光（享年 77 歳） 06.12.25 東京拘置所にて執行 87. 7.17 最高裁（香川保一） 80. 3.27 東京高裁（千葉和郎） 76.12.16 東京地裁	秋山兄弟事件 （75.8.25）	殺人未遂等を否認して再審請求。棄却。
田中　重穂（享年 69 歳） 95. 5.26 東京拘置所にて執行 87.10.23 最高裁（香川保一） 81. 7. 7 東京高裁（市川郁雄） 77.11.18 東京地裁八王子支部	東村山署警察官殺人事件 （76.10.18） 1929 年 7 月 13 日生まれ	旧姓・小宅。
平田　直人（享年 63 歳） 95.12.21 福岡拘置所にて執行 87.12.18 最高裁（牧圭次） 82. 4.27 福岡高裁（平田勝雅） 80.10. 2 熊本地裁（辻原吉勝）	女子中学生誘拐殺人事件 （79.3.28） 1932 年 1 月 1 日生まれ	事実誤認があるとして再審請求、棄却。
浜田　武重（享年 90 歳） 17. 6.26 福岡拘置所にて病死 88. 3. 8 最高裁（伊藤正己） 84. 6.19 福岡高裁（山本茂） 82. 3.29 福岡地裁（秋吉重臣）	3 連続保険金殺人事件 （78.3 ～ 79.5） 1927 年 3 月 10 日生まれ	3 件中 2 件については無実を主張。
杉本　嘉昭（享年 45 歳） 96. 7.11 福岡拘置所にて執行 88. 4.15 最高裁（香川保一） 84. 3.14 福岡高裁（緒方誠哉） 82. 3.16 福岡地裁小倉支部 （佐野精孝）	福岡病院長殺人事件 （79.11.4）	被害者 1 人で 2 名に死刑判決。自力で再審請求をしていたらしいが、詳細は不明。
横山　一美（享年 59 歳） 96. 7.11 福岡拘置所にて執行 88. 4.15 最高裁（香川保一） 84. 3.14 福岡高裁（緒方誠哉） 82. 3.16 福岡地裁小倉支部 （佐野精孝）	福岡病院長殺人事件 （79.11.4）	被害者 1 人で 2 名に死刑判決。再審請求を準備していた。
綿引　誠（享年 74 歳） 13. 6.23 東京拘置所にて病死 88. 4.28 最高裁（角田礼次郎） 83. 3.15 東京高裁（菅野英男） 80. 2. 8 水戸地裁（大関隆夫）	日立女子中学生誘拐殺人事件 （78.10.16） 1939 年 3 月 25 日生まれ	再審請求中に病死。
篠原徳次郎（享年 68 歳） 95.12.21 東京拘置所にて執行 88. 6.20 最高裁（奥野久之） 85. 1.17 東京高裁（小野慶二） 83.12.26 前橋地裁（小林宣雄）	群馬 2 女性殺人事件 （81.10、82.7）	無期刑の仮釈放中の事件。
渡辺　清　大阪 88. 6. 2 最高裁（高島益郎） 78. 5.30 大阪高裁　死刑 （西村哲夫） 75. 8.29 大阪地裁　無期 （大政正一）	4 件殺人事件 （67.4.24 ～ 73.3） 1948 年 3 月 17 日生まれ	一審は無期懲役判決。4 件中 2 件は無実と主張。
石田三樹男（享年 48 歳） 96. 7.11 東京拘置所にて執行 88. 7. 1 最高裁（奥野久之） 84. 3.15 東京高裁（寺沢栄） 82.12. 7 東京地裁（大関規雄）	神田ビル放火殺人事件 （81.7.6）	起訴から高裁判決まで 1 年半というスピード裁判。

日高　安政（享年 54 歳） 97. 8. 1 札幌拘置支所にて執行 88.10.11 控訴取下げ 87. 3. 9 札幌地裁（鈴木勝利）	保険金目当て放火殺人事件 （84.5.5） 1944 年生まれ	恩赦を期待して控訴を取り下げた。放火は認めているが、殺意は否認。
日高　信子（享年 51 歳） 97. 8. 1 札幌拘置支所にて執行 88.10.11 控訴取下げ 87. 3. 9 札幌地裁（鈴木勝利）	保険金目当て放火殺人事件 （84.5.5） 1947 年生まれ	恩赦を期待して控訴を取り下げた。放火は認めているが、殺意は否認。
平田　光成（享年 60 歳） 96.12.20 東京拘置所にて執行 88.10.22 上告取下げ 82. 1.21 東京高裁（市川郁雄） 80. 1.18 東京地裁（小野幹雄）	銀座ママ殺人事件他 （78.5.21/6.10）	恩赦を期待して上告取下げ、死刑確定。「共犯」野口は 90 年 2 月死刑確定。
今井　義人（享年 55 歳） 96.12.20 東京拘置所にて執行 88.10.22 上告取下げ 85.11.29 東京高裁（内藤丈夫） 84. 6. 5 東京地裁（佐藤文哉）	元昭石重役一家殺人事件 （83.1.29）	事件から二審判決まで 2 年。恩赦を期待してか上告取下げ、死刑確定。
西尾　立昭（享年 61 歳） 98.11.19 名古屋拘置所にて執行 89. 3.28 最高裁（安岡満彦） 81. 9.10 名古屋高裁 80. 7. 8 名古屋地裁	日建土木事件 （77.1.7） 1936 年 12 月 18 日生まれ	「共犯」とされる山根は無実を主張したが、最高裁で異例の無期懲役に減刑判決。
石田　富蔵（享年 92 歳） 14. 4.19 東京拘置所にて病死 89. 6.13 最高裁（坂上寿夫） 82.12.23 東京高裁（菅間英男） 80. 1.30 浦和地裁（杉山英巳）	2 女性殺人事件 （73.8.4/74.9.13） 1921 年 11 月 13 日生まれ	1 件の強盗殺人事件の取り調べ中に他の傷害致死事件を自ら告白、これが殺人とされた。前者の強殺事件は冤罪を主張。再審請求中に病死。
藤井　政安　　　東京 89.10.13 最高裁（貞家克己） 82. 7. 1 東京高裁（船田三雄） 77. 3.31 東京地裁（林修）	関口事件 （70.10 ～ 73.4） 1942 年 2 月 23 日生まれ	旧姓関口。
神田　英樹（享年 43 歳） 97. 8. 1 東京拘置所にて執行 89.11.20 最高裁（香川保一） 86.12.22 東京高裁（萩原太郎） 86. 5.20 浦和地裁（杉山忠雄）	父親等 3 人殺人事件 （85.3.8）	控訴から二審判決まで半年、上告後 3 年で死刑確定。
宇治川　正（享年 62 歳） 13.11.15 東京拘置所にて病死 89.12. 8 最高裁（島谷六郎） 83.11.17 東京高裁（山本茂） 79. 3.15 前橋地裁（浅野達男）	2 女子中学生殺人事件等 （76.4.1） 1951 年 6 月 29 日生まれ	旧姓田村。覚醒剤の影響下での事件。再審請求中に病死。交流誌「ひよどり通信」。
野口　　悟（享年 50 歳） 96.12.20 東京拘置所にて執行 90. 2. 1 最高裁（四ツ谷巌） 82. 1.21 東京高裁（市川郁雄） 80. 1.18 東京地裁（小野幹雄）	銀座ママ殺人事件他 （78.5.21/6.10）	「共犯」の平田光成は上告取下げで 88 年に確定。
金川　　一　　　　福岡 90. 4. 3 最高裁（安岡満彦） 83. 3.17 福岡高裁 死刑（緒方誠哉） 82. 6.14 熊本地裁八代支部 無期（河上元康）	主婦殺人事件 （79.9.11） 1950 年 7 月 7 日生まれ	一審途中から無実を主張、一審は無期懲役判決。客観的証拠なし。

永山　則夫（享年 48 歳） 97. 8. 1 東京拘置所にて執行 90. 4.17 最高裁（安岡満彦） 87. 3.18 東京高裁　死刑 （石田穣一） 83. 7. 8 最高裁　無期破棄差戻 （大橋進） 81. 8.21 東京高裁　無期 （船田三雄） 79. 7.10 東京地裁　死刑	連続射殺事件 （68.10.11 ～ 11.5） 1949 年 6 月 27 日生まれ	犯行時 19 歳。『無知の涙』『人民をわすれたカナリアたち』『愛か無か』『動揺記』『反—寺山修司論』『木橋』『ソオ連の旅芸人』『捨て子ごっこ』『死刑の涙』『なぜか、海』『異水』『日本』『華』など多数の著作がある。没後永山子ども基金設立。ペルーの貧しい子どもたちに支援をつづける。
村竹　正博（享年 54 歳） 98. 6.25 福岡拘置所にて執行 90. 4.27 最高裁（藤島昭） 85.10.18 福岡高裁　死刑 （桑原宗朝） 83. 3.30 長崎地裁佐世保支部 無期（亀井義朗）	長崎 3 人殺人事件等 （78.3.21） 1944 年 3 月 30 日生まれ	一審の情状をくんだ無期判決が高裁で逆転、死刑判決に。
晴山　広元（享年 70 歳） 04. 6. 4 札幌刑務所で病死 90. 9.13 最高裁（角田礼次郎） 79. 4.12 札幌高裁　死刑 76. 6.24 札幌地裁岩見沢支部 無期	空知 2 女性殺人事件等 （72.5 ～ 74.5） 1934 年 5 月 8 日生まれ	自白のみで物証もなく、違法捜査による自白として無実を主張。一審は無期懲役判決。再審請求中に病死。
荒井　政男（享年 82 歳） 09. 9. 3 東京拘置所にて病死 90.10.16 最高裁（坂上寿夫） 84.12.18 東京高裁（小野慶二） 76. 9.25 横浜地裁横須賀支部 （秦不二雄）	三崎事件 （71.12.21） 1927 年 2 月 4 日生まれ	一審以来無実を主張。再審請求中に病死。家族が再審を引きつぐ。救援会の機関誌「潮風」。
武安　幸久（享年 66 歳） 98. 6.25 福岡拘置所にて執行 90.12.14 最高裁（中島敏次郎） 86.12. 2 福岡高裁 （永井登志彦）	直方強盗女性殺人事件 （80.4.23） 1932 年 6 月 20 日生まれ	無期刑の仮釈放中の事件。
諸橋　昭江（享年 75 歳） 07. 7.17 東京拘置所にて病死 91. 1.31 最高裁（四ツ谷巌） 86. 6. 5 東京高裁（寺沢栄） 80. 5. 6 東京地裁（小林充）	夫殺人事件他 （74.8.8/78.4.24） 1932 年 3 月 10 日生まれ	夫殺しは無実を主張。再審請求中に病死。
島津　新治（享年 66 歳） 98. 6.25 東京拘置所にて執行 91. 2. 5 最高裁（可部恒雄） 85. 7. 8 東京高裁（柳瀬隆治） 84. 1.23 東京地裁（田尾勇）	パチンコ景品商殺人事件 （83.1.16） 1931 年 12 月 28 日生まれ	無期刑の仮釈放中の事件。
津田　　暎（享年 59 歳） 98.11.19 広島拘置所にて執行 91. 6.11 最高裁（園部逸夫） 86.10.21 広島高裁（久安弘一） 85. 7.17 広島地裁福山支部 （雑賀飛龍）	学童誘拐殺人事件 （84.2.13） 1939 年 8 月 15 日生まれ	刑確定後、俳句の投稿を禁止された。
佐川　和男（享年 48 歳） 99.12.17 東京拘置所にて執行 91.11.29 最高裁（藤島昭） 87. 6.23 東京高裁（小野慶二） 82. 3.30 浦和地裁（米沢敏雄）	大宮母子殺人事件 （81.4.4） 1951 年 3 月 21 日生まれ	「共犯」者は逃亡中に病死。

佐々木哲也　　　東京 92. 1.31 最高裁（大堀誠一） 86. 8.29 東京高裁（石丸俊彦） 84. 3.15 千葉地裁（太田浩）	両親殺人事件 （74.10.30） 1952 年 9 月 14 日生まれ	無実を主張。
佐藤　真志（享年 62 歳） 99. 9.10 東京拘置所にて執行 92. 2.18 最高裁（可部恒雄） 85. 9.17 東京高裁（寺沢栄） 81. 3.16 東京地裁（松本時夫）	幼女殺人事件 （79.7.28） 1937 年 3 月 12 日生まれ	無期刑の仮釈放中の事件。
高田　勝利（享年 61 歳） 99. 9.10 仙台拘置支所にて執行 92. 7　控訴せず確定 92. 6.18 福島地裁郡山支部 （慶田康男）	飲食店女性経営者殺人事件 （90.5.2） 1938 年 4 月 27 日生まれ	無期刑の仮釈放中の事件。控訴せず確定。
森川　哲行（享年 69 歳） 99. 9.10 福岡拘置所にて執行 92. 9.24 最高裁（大堀誠一） 87. 6.22 福岡高裁（浅野芳朗） 86. 8. 5 熊本地裁（荒木勝己）	熊本母娘殺人事件 （85.7.24） 1930 年 4 月 10 日生まれ	無期刑の仮釈放中の事件。
名田　幸作（享年 56 歳） 07. 4.27 大阪拘置所にて執行 92. 9.29 最高裁（貞家克己） 87. 1.23 大阪高裁（家村繁治） 84. 7.10 神戸地裁姫路支部（藤原寛）	赤穂同僚妻子殺人事件 （83.1.19） 1950 年 6 月 17 日生まれ	
坂口　弘　　　東京 93. 2.19 最高裁（坂上寿夫） 86. 9.26 東京高裁（山本茂） 82. 6.18 東京地裁（中野武男）	連合赤軍事件 （71 ～ 72.2） 1946 年 11 月 12 日生まれ	「共犯」は「超法規的措置」により国外へ。著書『坂口弘歌稿』『あさま山荘 1972』、歌集『常しへの道』『暗黒世紀』など。
永田　洋子（享年 65 歳） 11. 2. 6 東京拘置所にて病死 93. 2.19 最高裁（坂上寿夫） 86. 9.26 東京高裁（山本茂） 82. 6.18 東京地裁（中野武男）	連合赤軍事件 （71 ～ 72.2） 1945 年 2 月 8 日生まれ	「共犯」は「超法規的措置」により国外へ。著書『十六の墓標』『私生きてます』など多数。再審請求中に病死。
澤地　和夫（享年 69 歳） 08.12.16 東京拘置所にて病死 93. 7　上告取下げ 89. 3.31 東京高裁（内藤丈夫） 87.10.30 東京地裁（中山善房）	山中湖連続殺人事件 （84.10） 1939 年 4 月 15 日生まれ	上告を取下げて、確定。『殺意の時』『東京拘置所　死刑囚物語』『なぜ死刑なのですか』など著書多数。「共犯」の猪熊は 95 年 7 月確定。再審請求中に病死。
藤波　芳夫（享年 75 歳） 06.12.25 東京拘置所にて執行 93. 9. 9 最高裁（味村治） 87.11.11 東京高裁（岡田満了） 82. 2.19 宇都宮地裁（竹田央）	覚醒剤殺人事件 （81.3.29） 1931 年 5 月 15 日生まれ	覚醒剤と飲酒の影響下で、元妻の家族を殺害。
長谷川敏彦（享年 51 歳） 01.12.27 名古屋拘置所にて執行 93. 9.21 最高裁（園部逸夫） 87. 3.31 名古屋高裁（山本卓） 85.12. 5 名古屋地裁 （鈴木雄八郎）	名古屋保険金殺人事件 （79.11 ～ 83.12）	旧姓竹内。「共犯」の井田は上告せず 87 年確定。最高裁判決で大野正男裁判官の補足意見が出る。事件の被害者遺族が死刑執行をしないでと上申書を提出して恩赦出願したが、98 年に不相当。

牧野　　正（享年 58 歳） 09. 1.29 福岡拘置所にて執行 93.11.16 控訴取下げ 93.10.27 福岡地裁小倉支部 （森田富人）	北九州母娘殺人事件 （90.3） 1950 年 3 月 18 日生まれ	無期刑の仮釈放中の事件。一審弁護人控訴を本人が取下げ、確定。二審弁護人不在のまま本人が取り下げたことが問題。公判再開請求が最高裁で棄却。
太田　勝憲（享年 55 歳） 99.11. 8 札幌拘置支所で自殺 93.12.10 最高裁（大野正男） 87. 5.19 札幌高裁（水谷富茂人） 84. 3.23 札幌地裁（安藤正博）	平取猟銃一家殺人事件 （79.7.18）	自殺。
藤原　清孝（享年 52 歳） 00.11.30 名古屋拘置所にて執行 94. 1.17 最高裁（小野幹雄） 88. 5.19 名古屋高裁 （吉田誠吾） 86. 3.24 名古屋地裁（橋本享典）	連続殺人 113 号事件 （72.9 ～ 82.10） 1948 年 8 月 29 日生まれ	旧姓、勝田。著書に『冥晦に潜みし日々』がある。
宮脇　　喬（享年 57 歳） 00.11.30 名古屋拘置所にて執行 94. 3.18 上告取下げ 90. 7.16 名古屋高裁 （吉田誠吾） 89.12.14 岐阜地裁（橋本達彦）	先妻家族 3 人殺人事件 （89.2.14） 1943 年 7 月 26 日生まれ	事件から二審判決まで 1 年 4 か月というスピード判決。3 人のうち 2 人は傷害致死を主張。上告を取下げ確定。
大森　勝久　　　　札幌 94. 7.15 最高裁（大西勝也） 88. 1.21 札幌高裁 （水谷富茂人） 83. 3.29 札幌地裁（生島三則）	北海道庁爆破事件 （76.3.2） 1949 年 9 月 7 日生まれ	一貫して無実を主張。
大石　国勝（享年 55 歳） 00.11.30 福岡拘置所にて執行 95. 4.21 最高裁（中島敏次郎） 89.10.24 福岡高裁（丸山明） 87. 3.12 佐賀地裁（早船嘉一）	隣家親子 3 人殺人事件 （82.5.16） 1945 年 1 月 10 日生まれ	事件当時「精神障害」だったとして責任能力について争ったが認められず。
藤島　光雄（享年 55 歳） 13.12.12 東京拘置所にて執行 95. 6. 8 最高裁（高橋久子） 88.12.15 東京高裁（石丸俊彦） 87. 7. 6 甲府地裁（古口満）	2 連続殺人事件 （86.3.6/3.11） 1958 年 4 月 22 日生まれ	事件から 1 年数か月で一審判決という拙速裁判。
猪熊　武夫　　　　東京 95. 7. 3 最高裁（大西勝也） 89. 3.31 東京高裁（内藤丈夫） 87.10.30 東京地裁（中山善房）	山中湖連続殺人事件 （84.10） 1949 年 7 月 2 日生まれ	「共犯」澤地は上告取下げで、93 年 7 月に死刑確定、08 年病死。
池本　　登（享年 75 歳） 07.12.07 大阪拘置所にて執行 96. 3. 4 最高裁（河合伸一） 89.11.28 高松高裁　死刑 （村田晃） 88.3.22 徳島地裁　無期 （山田真也）	猟銃近隣 3 人殺人事件 （86.6.3） 1932 年 12 月 22 日生まれ	一審は無期懲役判決、高裁で死刑判決。
山野静二郎　　　　大阪 96.10.25 最高裁（福田博） 89.10.11 大阪高裁（西村清治） 85. 7.22 大阪地裁（池田良兼）	不動産会社連続殺人事件 （82.3） 1938 年 7 月 31 日生まれ	重大な事実誤認を主張。著書『死刑囚の祈り』『死刑囚の叫び』。支援会誌「オリーブ通信」。

朝倉幸治郎（享年 66 歳） 01.12.27 東京拘置所にて執行 96.11.14 最高裁（高橋久子） 90. 1.23 東京高裁（高木典雄） 85.12.20 東京地裁（柴田孝夫）	練馬一家 5 人殺人事件 （83.6.28）	
向井　伸二（享年 42 歳） 03. 9.12 大阪拘置所にて執行 96.12.17 最高裁（尾崎行信） 90.10. 3 大阪高裁（池田良兼） 88. 2.26 神戸地裁（加藤光康）	母子等 3 人殺人事件 （85.11.29/12.3） 1961 年 8 月 17 日生まれ	
中元　勝義（享年 64 歳） 08. 4.10 大阪拘置所にて執行 97. 1.28 最高裁（可部恒雄） 91.10.27 大阪高裁（池田良兼） 85. 5.16 大阪地裁堺支部 （重富純和）	宝石商殺人事件 （82.5.20） 1943 年 12 月 24 日生まれ	殺人については無実を主張。再審請求、棄却。
松原　正彦（享年 63 歳） 08. 2. 1 大阪拘置所にて執行 97. 3. 7 最高裁（根岸重治） 92. 1.23 高松高裁（村田晃） 90. 5.22 徳島地裁（虎井寧夫）	2 主婦連続強盗殺人事件 （88.4.18/88.6.1） 1944 年 3 月 19 日生まれ	
大城　英明　　　　福岡 97. 9.11 最高裁（藤井正雄） 91.12. 9 福岡高裁（雑賀飛龍） 85. 5.31 福岡地裁飯塚支部 （松信尚章）	内妻一家 4 人殺人事件 （76.6.13） 1942 年 3 月 10 日生まれ	旧姓秋好。4 人のうち 3 人殺害は内妻の犯行と主張。島田荘司著『秋好事件』『秋好英明事件』。HP は「WS 刊島田荘司」上にある。
神宮　雅晴　　　　大阪 97.12.19 最高裁（園部逸夫） 93. 4.30 大阪高裁 （村上保之助） 88.10.25 大阪地裁（青木暢茂）	警察庁指定 115 号事件 （84.9.4 他） 1943 年 1 月 5 日生まれ	旧姓廣田。無実を主張。
春田　竜也（享年 36 歳） 02. 9.18 福岡拘置所にて執行 98. 4.23 最高裁（遠藤光男） 91. 3.26 福岡高裁（前田一昭） 88. 3.30 熊本地裁（荒木勝己）	大学生誘拐殺人事件 （87.9.14 ～ 9.25） 1966 年 4 月 18 日生まれ	旧姓田本。一審は異例のスピード審理。
浜田　美輝（享年 43 歳） 02. 9.18 名古屋拘置所にて執行 98. 6. 3 控訴取下げ 98. 5.15 岐阜地裁（沢田経夫）	一家 3 人殺人事件 （94.6.3）	本人控訴取り下げ、死刑確定。
宮崎　知子　　　　名古屋 98. 9. 4 最高裁（河合伸一） 92. 3.31 名古屋高裁金沢支部 （浜田武律） 88. 2. 9 富山地裁（大山貞雄）	富山・長野 2 女性殺人事件 （80.2.23 ～ 3.6）	真犯人は別人と主張。
柴嵜　正一　　　　東京 98. 9.17 最高裁（井嶋一友） 94. 2.24 東京高裁（小林充） 91. 5.27 東京地裁（中山善房）	中村橋派出所 2 警官殺人事件 （89.5.16） 1969 年 1 月 1 日生まれ	
村松誠一郎　　　　東京 98.10. 8 最高裁（小野幹雄） 92. 6.29 東京高裁（新谷一信） 85. 9.26 浦和地裁（林修）	宮代事件等 （80.3.21） 1956 年 5 月 17 日生まれ	宮代事件は無実を主張。

松本美佐雄　　東京 98.12. 1 最高裁（元原利文） 94. 9.29 東京高裁（小林充） 93. 8.24 前橋地裁高崎支部（佐野精孝）	2人殺人1人傷害致死、死体遺棄事件 （90.12/91.7） 1965年2月20日生まれ	1件の殺人について否認。他の1件については共犯者の存在を主張。
高田和三郎　　東京 99. 2.25 最高裁（小野幹雄） 94. 9.14 東京高裁（小泉祐康） 86. 3.28 浦和地裁（杉山忠雄）	友人3人殺人事件 （72.2～74.2） 1932年8月17日生まれ	真犯人は別人と主張。
嶋﨑　末男（享年59歳） 04. 9.14 福岡拘置所にて執行 99. 3. 9 最高裁（千種秀夫） 95. 3.16 福岡高裁　死刑（池田憲義） 92.11.30 熊本地裁　無期	熊本保険金殺人事件	一審は無期懲役判決。高裁で死刑判決。
福岡　道雄（享年64歳） 06.12.25 大阪拘置所にて執行 99. 6.25 最高裁（福田博） 94. 3. 8 高松高裁（米田俊昭） 88. 3. 9 高知地裁（田村秀作）	3件殺人事件 （78.12/80.4/81.1） 1942年7月13日生まれ	無実を主張。
松井喜代司（享年69歳） 17.12.19 東京拘置所にて執行 99. 9.13 最高裁（大出峻郎） 95.10. 6 東京高裁（小泉祐康） 94.11. 9 前橋地裁高崎支部（佐野精孝）	安中親子3人殺人事件 （94.2.13） 1948年1月23日生まれ	再審請求中に執行。
北川　　晋（享年58歳） 05. 9.16 大阪拘置所にて執行 00. 2. 4 最高裁（北川弘治） 95. 3.30 高松高裁（米田俊昭） 94. 2.23 高知地裁（隅田景一）	高知・千葉殺人事件 （83.8.16/86.2.6） 1947年5月21日生まれ	
日高　広明（享年44歳） 06.12.25 広島拘置所にて執行 00. 2. 9 広島地裁（戸倉三郎）	4女性強盗殺人事件 （96）	控訴せず確定。
小田　義勝（享年59歳） 07. 4.27 福岡拘置所にて執行 00. 3.15 福岡地裁（陶山博生）	2件保険金殺人事件	弁護人の控訴を00年3月30日に本人が取下げ確定。
松本　健次　　大阪 00. 4. 4 最高裁（奥田昌道） 96. 2.21 大阪高裁（朝岡智幸） 93. 9.17 大津地裁（土井仁臣）	2件強盗殺人事件 （90.9/91.9） 1951年2月3日生まれ	「主犯」の兄は事件後自殺。
田中　政弘（享年42歳） 07. 4.27 東京拘置所にて執行 00. 9. 8 最高裁（河合伸一） 95.12.20 東京高裁（佐藤文哉） 94. 1.27 横浜地裁（上田誠治）	4人殺人事件 （84.11/88.3/89.6/91.3） 1964年9月12日生まれ	旧姓宮下。4人のうち2人の殺人を否認。再審請求が棄却され恩赦出願を準備中に執行。
竹澤一二三（享年69歳） 07. 8.23 東京拘置所にて執行 00.12. 11 東京高裁（高橋省吾） 98. 3.24 宇都宮地裁（山田公一）	栃木県3人殺人事件 （90.9.13/93.7.28）	嫉妬妄想による犯行と弁護側主張。上告せず死刑が確定。

瀬川　光三（享年60歳） 07. 8.23 名古屋拘置所にて執行 01. 1.30 最高裁（元原利文） 97. 3.11 名古屋高裁金沢支部 （高木實） 93. 7.15 富山地裁（下山保男）	富山夫婦射殺事件 （91.5.7）	
岩本　義雄（享年63歳） 07. 8.23 東京拘置所にて執行 01. 2. 1 東京地裁（木村烈）	2件強盗殺人事件 （96.6/97.7）	弁護人が控訴したが、本人が控訴を取下げ、死刑確定。
上田　大（享年33歳） 03. 2.28 名古屋拘置所で病死 01. 9.20 最高裁（藤井正雄） 96. 7. 2 名古屋高裁 （松本光雄） 94. 5.25 名古屋地裁一宮支部 （伊藤邦晴）	愛知2件殺人事件 （93.2.16/3.3）	
S・T（享年44歳） 17.12.19 東京拘置所にて執行 01.12. 3 最高裁（亀山継夫） 96. 7. 2 東京高裁（神田忠治） 94. 8. 8 千葉地裁（神作良二）	市川一家4人殺人事件 （92.3.5） 1973年1月30日生まれ	犯行時19歳の少年。再審請求中に執行。
萬谷　義幸（享年68歳） 08. 9.11 大阪拘置所にて執行 01.12. 6 最高裁（深沢武久） 97. 4.10 大阪高裁（内匠和彦） 91. 2. 7 大阪地裁（米田俊昭）	地下鉄駅短大生殺人事件 （88.1.15） 1940年1月24日生まれ	無期刑の仮釈放中の事件。
陳　代　偉　　東京 02. 6.11 最高裁（金谷利広） 98. 1.29 東京高裁（米沢敏雄） 95.12.15 東京地裁八王子支部 （豊田建）	パチンコ店強盗殺人事件 （92.5.30） 1961年2月13日生まれ	中国国籍。定住以外の外国人の死刑確定は戦後初めて。主犯格国外逃亡中。取調べ時拷問を受け、自白を強要された。強盗殺人の共謀と殺意の不在を主張。通訳の不備が問題となる。
何　力　　東京 02. 6.11 最高裁（金谷利広） 98. 1.29 東京高裁（米沢敏雄） 95.12.15 東京地裁八王子支部 （豊田建）	パチンコ店強盗殺人事件 （92.5.30） 1964年10月3日生まれ	同上。
横田　謙二　　東京 02.10. 5 上告取下げ 02. 9.30 東京高裁（高橋省吾） 01. 6.28 さいたま地裁　無期	知人女性殺人事件 （99.1） 1949年5月23日生まれ	無期刑の仮釈放中の事件。一審は無期懲役判決。弁護人の上告を本人が取下げ。
府川　博樹（享年42歳） 07.12. 7 東京拘置所にて執行 03. 1. 5 上告取下げ 01.12.19 東京高裁（高橋省吾） 01. 3.21 東京地裁（木村烈）	江戸川老母子強盗殺人事件 （99.4）	異例のスピード裁判。上告を取下げ死刑確定。
宅間　守（享年40歳） 04. 9.14 大阪拘置所にて執行 03. 9.26 控訴取下げ 03. 8.28 大阪地裁（川合昌幸）	池田小児童殺傷事件 （01.6.8）	一審弁護人の控訴を本人が取下げて、死刑確定。確定から執行までわずか1年。
黄　奕　善　　東京 04. 4.19 最高裁（島田仁郎） 98. 3.26 東京高裁（松本時夫） 96. 7.19 東京地裁（阿部文洋）	警視庁指定121号事件 （93.10.27 ～ 12.20） 1968年12月14日生まれ	中国系のマレーシア国籍。「共犯」の松沢は05年9月確定。強盗殺人の共謀と殺意の不存在を主張。

石橋　栄治（享年72歳） 09.10.27 東京拘置所にて病死 04. 4.27 最高裁（藤田宙靖） 99. 4.28 東京高裁　死刑 （佐藤文哉） 96. 3. 8 横浜地裁小田原支部 無期　（萩原孟）	神奈川2件強盗殺人事件 （88.12.28/89.1.1） 1937年10月25日生まれ	一審では、2件のうち1件を無罪として無期懲役判決。再審請求中に病死。
藤間　静波（享年47歳） 07.12. 7 東京拘置所にて執行 04. 6.15 最高裁（浜田邦夫） 00. 1.24 東京高裁（荒木友雄） 88. 3.10 横浜地裁（和田保）	母娘他5人殺人事件 （81.5/82.5/82.6） 1960年8月21日生まれ	本人が控訴を取下げたが弁護人が異議申立。特別抗告が認められ「控訴取下は無効」とされ、控訴審が再開された。
岡﨑　茂男（享年60歳） 14. 6.24 東京拘置所にて病死 04. 6.25 最高裁（北川弘治） 98. 3.17 仙台高裁（泉山禎治） 95. 1.27 福島地裁 （井野場明子）	警察庁指定118号事件 （86.7/89.7/91.5） 1953年6月30日生まれ	殺人の被害者2人で3人に死刑判決。再審請求中に病死。
迫　　康裕（享年73歳） 13. 8.15 仙台拘置支所にて病死 04. 6.25 最高裁（北川弘治） 98. 3.17 仙台高裁（泉山禎治） 95. 1.27 福島地裁 （井野場明子）	警察庁指定118号事件 （86.7/89.7/91.5） 1940年7月25日生まれ	殺人の被害者2人で3人に死刑判決。殺人に関しては無罪主張。再審請求中に病死。
熊谷　昭孝（享年67歳） 11. 1.29 入院先の病院で病死 04. 6.25 最高裁（北川弘治） 98. 3.17 仙台高裁（泉山禎治） 95. 1.27 福島地裁 （井野場明子）	警察庁指定118号事件 （86.7/89.7/91.5） 1943年2月10日生まれ	殺人の被害者2人で3人に死刑判決。再審請求中に病死。
名古　圭志（享年37歳） 08. 2. 1 福岡拘置所にて執行 04. 8.26 控訴取下げ 04. 6.18 鹿児島地裁（大原英雄）	伊仙母子殺傷事件 （02.8.16） 1970年5月7日生まれ	本人控訴取下げで死刑確定。
中村　正春（享年61歳） 08. 4.10 大阪拘置所にて執行 04. 9. 9 最高裁（島田仁郎） 99.12.22 大阪高裁（河上元康） 95. 5.19 大津地裁（中川隆司）	元同僚ら2人殺人事件 （89.10.10/12.26） 1947年3月11日生まれ	
岡本　啓三　　　大阪 04. 9.13 最高裁（福田博） 99. 3. 5 大阪高裁（西田元彦） 95. 3.23 大阪地裁（谷村充祐）	コスモ・リサーチ殺人事件 （88.1.29） 1958年9月3日生まれ	旧姓河村。著書に『こんな僕でも生きてていいの』『生きる』『落伍者』がある。
末森　博也　　　大阪 04. 9.13 最高裁（福田博） 99. 3. 5 大阪高裁（西田元彦） 95. 3.23 大阪地裁（谷村充祐）	コスモ・リサーチ殺人事件 （88.1.29） 1951年9月16日生まれ	
持田　孝（享年65歳） 08. 2. 1 東京拘置所にて執行 04.10.13 最高裁（滝井繁男） 00. 2.28 東京高裁　死刑 （仁田陸郎） 99. 5.27 東京地裁　無期 （山室恵）	前刑出所後、被害届を出した女性への逆恨み殺人事件 （97.4） 1942年5月15日生まれ	一審は無期懲役判決。

坂本　正人（享年 41 歳） 08. 4.10 東京拘置所にて執行 04.11.13 上告せず確定 04.10.29 東京高裁死刑（白木勇） 03.10.09 前橋地裁　無期 （久我泰博）	群馬女子高生誘拐殺人事件 （02.7.19） 1966 年 5 月 19 日生まれ	一審は無期懲役判決。上告せず、死刑確定。被害者は 1 名。
坂本　春野（享年 83 歳） 11. 1.27 大阪医療刑務所にて病死 04.11.19 最高裁（津野修） 00. 9.28 高松高裁（島敏男） 98. 7.29 高知地裁（竹田隆）	2 件保険金殺人事件 （87.1.17/92.8.19） 1927 年 6 月 21 日生まれ	確定判決時 77 歳。無実を主張。病死。
倉吉　政隆　　福岡 04.12. 2 最高裁（泉徳治） 00. 6.29 福岡高裁（小出錞一） 99. 3.25 福岡地裁（仲家暢彦）	福岡・大牟田男女 2 人殺人事件他 （95.4） 1951 年 7 月 2 日生まれ	
森本　信之　　名古屋 04.12.14 最高裁（金谷利広） 01. 5.14 名古屋高裁 （堀内信明） 00. 3. 1 津地裁（柴田秀樹）	フィリピン人 2 女性殺人事件 （98.12） 1953 年 12 月 14 日生まれ	2 人の共犯のうち、1 人は公判途中で死亡。もう 1 人は二審で無期懲役に減刑。
山崎　義雄（享年 73 歳） 08. 6.17 大阪拘置所にて執行 05. 1.25 最高裁（上田豊三） 00.10.26 高松高裁死刑（島敏男） 97. 2.18 高松地裁　無期 （重古孝郎）	保険金殺人事件（仙台・高松） （85.11/90.3） 1935 年 6 月 10 日生まれ	一審は無期懲役判決。
間中　博巳　　東京 05. 1.27 最高裁（才口千晴） 01. 5. 1 東京高裁（河辺義正） 94. 7. 6 水戸地裁下妻支部 （小田部米彦）	同級生 2 人殺人事件 （89.8/9.13） 1967 年 12 月 6 日生まれ	
秋永　　香（享年 61 歳） 08. 4.10 東京拘置所にて執行 05. 3. 3 最高裁（泉徳治） 01. 5.17 東京高裁死刑（吉本徹也） 99. 3.11 東京地裁　無期 （山崎学）	資産家老女ら 2 人殺人事件 （89.10） 1946 年 12 月 14 日生まれ	旧姓岡下。一審は無期懲役判決。1 件については否認。歌集に『終わりの始まり』がある。
宮前　一明 (享年 57 歳) 18. 7.26 名古屋拘置所にて執行 05. 4. 7 最高裁（島田仁郎） 01.12.13 東京高裁（河辺義正） 98.10.23 東京地裁（山室恵）	坂本弁護士一家殺人事件等 （89.11.4 他） 1960 年 10 月 8 日生まれ	旧姓佐伯→岡﨑。自首は認めたが減刑せず。2018 年 3 月、名古屋へ移送。
西川　正勝（享年 61 歳） 17. 7.13 大阪拘置所にて執行 05. 6. 7 最高裁（浜田邦夫） 01. 6.20 大阪高裁（河上元康） 95. 9.12 大阪地裁（松本芳希）	警察庁指定 119 号事件 （91.11.13 ～ 92.1.5） 1956 年 1 月 14 日生まれ	強盗殺人は否認、強盗殺人未遂は殺意を否認。再審請求中の執行。
鎌田　安利（享年 75 歳） 16. 3.25 大阪拘置所にて執行 05. 7. 8 最高裁（福田博） 01. 3.27 大阪高裁（福島裕） 99. 3.24 大阪地裁（横田伸之）	警察庁指定 122 号事件 5 人女性殺人 （85 ～ 94） 1940 年 7 月 10 日生まれ	2 件に分けてそれぞれに死刑判決。一部無実を主張。

高根沢智明　東京 05. 7.13 控訴取下げ 04. 3.26 さいたま地裁 （川上拓一）	パチンコ店員連続殺人事件 （03.2.23/4.1）	「共犯」の小野川は09年6月確定。本人の控訴取下げに弁護人が異議申立。05年11月30日に確定。
松沢　信一　東京 05. 9.16 最高裁（中川了滋） 01. 5.30 東京高裁（龍岡資晃） 98. 5.26 東京地裁（阿部文洋）	警視庁指定121号事件 （93.10.27 ～ 12.20）	旧姓下山。判決では主導的役割を認定された。「共犯」の黄は04年4月確定。
堀江　守男　仙台 05. 9.26 最高裁（今井功） 91. 3.29 仙台高裁（小島達彦） 88. 9.12 仙台地裁（渡辺建夫）	老夫婦殺人事件 （86.2.20） 1950年12月29日生まれ	被告が心神喪失状態にあるか否かが争点となり、5年の公判停止後、訴訟能力ありとして公判が再開された。
陸田　真志（享年37歳） 08. 6.17 東京拘置所にて執行 05.10.17 最高裁（泉徳治） 01. 9.11 東京高裁（高木俊夫） 98. 6. 5 東京地裁（岩瀬徹）	ＳＭクラブ連続殺人事件 （95.12.21） 1970年9月24日生まれ	著書に『死と生きる—獄中哲学対話』（池田晶子と共著）がある。
上田　宜範　大阪 05.12.15 最高裁（横尾和子） 01. 3.15 大阪高裁（栗原宏武） 98. 3.20 大阪地裁（湯川哲嗣）	愛犬家ら5人連続殺人事件 （92 ～ 93） 1954年8月14日生まれ	無実を主張。
宮崎　勤（享年45歳） 08. 6.17 東京拘置所にて執行 06. 1.17 最高裁（藤田宙靖） 01. 6.28 東京高裁（河辺義正） 97. 4.14 東京地裁（田尾健二郎）	埼玉東京連続幼女殺人事件 （88.8 ～ 89.6） 1962年8月21日生まれ	著書に『夢のなか』『夢のなか、いまも』がある。
田中　毅彦　大阪 06. 2.14 最高裁（上田豊三） 01.12.25 大阪高裁　死刑 （池田真一） 00. 3.16 大阪地裁　無期 （古川博）	右翼幹部らと2人殺人事件 （92.2/94.4） 1963年7月13日生まれ	一審は無期懲役判決。旧姓久堀。
山口　益生　名古屋 06. 2.24 最高裁（今井功） 01. 6.14 名古屋高裁　死刑 （小島裕史） 99. 6.23 津地裁差戻審　無期 （柴田秀樹） 97. 9.25 名古屋高裁（土川孝二） 死刑判決破棄差戻し 97. 3.28 津地裁四日市支部 死刑（柄多貞介）	古美術商ら2人殺人事件 （94.3 ～ 95.3） 1949年11月16日生まれ	「共犯」は、02年、上告中に病死。第1次名古屋高裁判決は、利害の反する2人の被告に1人の弁護人では訴訟手続上不備として、支部判決を破棄、差戻審は無期懲役判決。その後第2次名古屋高裁判決で2人に死刑判決。
豊田　義己　名古屋 06. 3. 2 最高裁（横尾和子） 02. 2.28 名古屋高裁（堀内信明） 00. 7.19 名古屋地裁（山本哲一）	静岡、愛知2女性殺害事件 （96.8/97.9） 1944年1月31日生まれ	静岡の事件は否認。
山本　峰照（享年68歳） 08. 9.11 大阪拘置所にて執行 06. 3.21 控訴取下げ 06. 3.20 神戸地裁（笹野明義）	老夫婦強盗殺人事件 （04.7.22） 1940年4月2日生まれ	期日間整理手続きが適用され4回の公判で死刑判決。弁護人が控訴したが、翌日本人が取り下げ。06年4月4日に確定。
高橋　和利　東京 06. 3.28 最高裁（堀籠幸男） 02.10.30 東京高裁（中西武夫） 95. 9. 7 横浜地裁（上田誠治）	横浜金融業夫婦殺人事件 （88.6.20） 1934年4月28日生まれ	無罪を主張。「死刑から高橋和利さんを取り戻す会」の会報がある。著書に『「鶴見事件」抹殺された真実』がある。

川村　幸也（享年 44 歳） 09. 1.29 名古屋拘置所にて執行 06. 6. 9 最高裁（今井功） 03. 3.12 名古屋高裁（川原誠） 02. 2.21 名古屋地裁（片山俊雄）	2 女性ドラム缶焼殺事件 (00.4.4) 1964 年 3 月 23 日生まれ	4 人に死刑求刑、2 名は無期懲役。再審請求、棄却。
佐藤　哲也（享年 39 歳） 09. 1.29 名古屋拘置所にて執行 06. 6. 9 最高裁（今井功） 03. 3.12 名古屋高裁（川原誠） 02. 2.21 名古屋地裁（片山俊雄）	2 女性ドラム缶焼殺事件 (00.4.4) 1969 年 10 月 17 日生まれ	旧姓野村。4 人に死刑求刑、2 名は無期懲役。08 年 7 月、再審請求取り下げ。
中山　　進（享年 66 歳） 14. 5.15 大阪拘置所にて病死 06. 6.13 最高裁（堀籠幸男） 03.10.27 大阪高裁（浜井一夫） 01.11.20 大阪地裁（氷室真）	豊中 2 人殺人事件 (98.2.19) 1948 年 1 月 13 日生まれ	無期刑の仮釈放中の事件。再審請求中に病死。
陳　　徳通（享年 40 歳） 09. 7.28 東京拘置所にて執行 06. 6.27 最高裁（藤田宙靖） 03. 2.20 東京高裁（須田贒） 01. 9.17 横浜地裁川崎支部 （羽渕清司）	川崎中国人 3 人殺人事件 (99.5.25) 1968 年 4 月 20 日生まれ	中国国籍。重大な事実誤認があり、強盗殺人の殺意の不在を主張。
平野　　勇（享年 61 歳） 08. 9.11 東京拘置所にて執行 06. 9. 1 最高裁（中川了滋） 02. 7. 4 東京高裁（安弘文夫） 00. 2.17 宇都宮地裁 （肥留間健一）	夫婦殺人放火事件 (94.12) 1948 年 2 月 10 日生まれ	放火と殺意について否認。
江東　　恒　　　　大阪 06. 9. 7 最高裁（甲斐中辰夫） 03. 1.20 大阪高裁（那須彰） 01. 3.22 大阪地裁堺支部 （湯川哲嗣）	堺夫婦殺人事件 (97.10.30) 1942 年 7 月 21 日生まれ	
久間三千年（享年 70 歳） 08. 10.28 福岡拘置所にて執行 06. 9. 8 最高裁（滝井繁男） 01.10.10 福岡高裁（小出錞一） 99. 9.29 福岡地裁（陶山博生）	飯塚 2 女児殺人事件 (92.2) 1938 年 1 月 9 日生まれ	一貫して無実を主張。09 年 10 月、家族が再審請求。
松本智津夫（享年 63 歳） 18. 7. 6 東京拘置所にて執行 06. 9.15 最高裁特別抗告棄却 06. 5.29 東京高裁異議申立棄却 06. 3.27 東京高裁控訴棄却決定 （須田贒） 04. 2.27 東京地裁（小川正持）	坂本事件、松本・地下鉄サリン事件等 (89.2 ～ 95.3) 1955 年 3 月 2 日生まれ。	オウム真理教「教祖」麻原彰晃。弁護団の控訴趣意書の提出遅延を理由に、抜き打ちで控訴棄却決定。一審の審理のみで死刑が確定。第四次再審請求中の執行。
石川　恵子　　　　福岡 06. 9.21 最高裁（甲斐中辰夫） 03. 3.27 福岡高裁宮崎支部 （岩垂正起） 01. 6.20 宮崎地裁（小松平内）	宮崎 2 女性殺人事件 (96.8/97.6) 1958 年 5 月 23 日生まれ	一部無罪を主張。
小林　　薫（享年 44 歳） 13. 2. 21 大阪拘置所にて執行 06.10.10 控訴取下げ 06. 9.26 奈良地裁（奥田哲也）	奈良市女児誘拐殺人事件 (04.11.17) 1968 年 11 月 30 日生まれ	本人控訴取下げ。弁護人が 07 年 6 月 16 日控訴取下げ無効の申立。08 年 4 月棄却。恩赦不相当の 2 週間後の執行。

長　勝久　東京 06.10.12 最高裁（才口千晴） 03. 9.10 東京高裁（白木勇） 01.12.18 宇都宮地裁 （比留間健一）	栃木・妻と知人殺人事件 （88.10 ～ 89.11） 1966 年 9 月 11 日生まれ	無実を主張。
高橋　義博　東京 06.10.26 最高裁（島田仁郎） 03. 4.15 東京高裁（須田贒） 00. 8.29 横浜地裁（矢村宏）	医師ら 2 人強盗殺人事件 （92.7） 1949 年 9 月 16 日生まれ	殺人に関しては無罪を主張。実行犯 3 人は無期懲役。
朴　日光（享年 61 歳） 09. 1. 4 福岡拘置所にて病死 06.11.24 最高裁（中川了滋） 03. 3.28 福岡高裁（虎井寧夫） 99. 6.14 福岡地裁（仲家暢彦）	タクシー運転手殺人事件他 （95.1.12/1.28） 1946 年 12 月 7 日生まれ	名古屋の事件は知人の犯行、福岡の事件は薬物の影響による心神喪失等を主張。再審請求中に病死。
高塩　正裕（享年 55 歳） 08. 10.28 仙台拘置支所にて執行 06.12.20 上告取下げ 06.12. 5 仙台高裁（田中亮一） 死刑 06. 3.22 福島地裁いわき支部 （村山浩昭）無期	いわき市母娘強盗殺人事件 （04.3.18）	一審は無期懲役判決。上告を取り下げて確定。
西本正二郎（享年 32 歳） 09. 1.29 東京拘置所にて執行 07. 1.11 控訴取下げ 06. 5.17 長野地裁（土屋靖之）	愛知・長野連続殺人事件 （04.1.13 ～ 9.7） 1976 年 10 月 22 日生まれ	本人控訴取下げ。
松本　和弘　名古屋 07. 1.30 最高裁（上田豊三） 03. 7. 8 名古屋高裁（小出錞一） 02. 1.30 名古屋地裁一宮支部 （丹羽日出夫）	マニラ連続保険金殺人事件 （94.12 ～ 95.6） 1954 年 6 月 25 日生まれ	双子の兄弟と友人の 3 人が共謀したとされるが、3 人とも「病死」を主張してマニラの事件を否認。
松本　昭弘（享年 61 歳） 16. 1.22 名古屋拘置所にて病死 07. 1.30 最高裁（上田豊三） 03. 7. 8 名古屋高裁（小出錞一） 02. 1.30 名古屋地裁一宮支部 （丹羽日出夫）	マニラ連続保険金殺人・長野殺人事件 （94.12 ～ 96.5） 1954 年 6 月 25 日生まれ	同上。病死。
下浦　栄一　大阪 07. 1.30 最高裁（上田豊三） 03. 7. 8 名古屋高裁（小出錞一） 02. 1.30 名古屋地裁一宮支部 （丹羽日出夫）	マニラ連続保険金殺人・長野殺人事件 （94.12 ～ 96.5） 1971 年 3 月 9 日生まれ	同上。
松田　康敏（享年 44 歳） 12. 3.29 福岡拘置所にて執行 07. 2. 6 最高裁（那須弘平） 04. 5.21 福岡高裁宮崎支部 （岡村稔） 03. 1.24 宮崎地裁（小松平内）	宮崎 2 女性強盗殺人事件 （01.11.25/12.7） 1968 年 2 月 23 日生まれ	
篠澤　一男（享年 59 歳） 10. 7.28 東京拘置所にて執行 07. 2.20 最高裁（那須弘平） 03. 4.23 東京高裁（高橋省吾） 02. 3.19 宇都宮地裁 （肥留間健一）	宇都宮宝石店 6 人放火殺人事件 （00.6.11） 1951 年 3 月 13 日生まれ	

加納　恵喜（享年62歳） 13. 2.21 名古屋拘置所にて執行 07. 3.22 最高裁（才口千晴） 04. 2. 6 名古屋高裁　死刑 （小出錞一） 03. 5.15 名古屋地裁　無期 （伊藤新一）	名古屋スナック経営者殺人事件 （02.3.14） 1950年3月12日生まれ	旧姓武藤。一審は無期懲役判決。
小林　光弘（享年56歳） 14. 8.29 仙台拘置支所にて執行 07. 3.27 最高裁（上田豊三） 04. 2.19 仙台高裁（松浦繁） 03. 2.12 青森地裁（山内昭善）	弘前武富士放火殺人事件 （01.5.8） 1958年5月19日生まれ	第三次再審特別抗告棄却の3週間後の執行。
西山　省三　広島 07. 4.10 最高裁（堀籠幸男） 04. 4.23 広島高裁　死刑 （久保真人） 99.12.10 最高裁、検事上告を受けて高裁に差し戻し 97. 2. 4 広島高裁　無期 94. 9.30 広島地裁　無期	老女殺人事件 （92.3.29） 1953年1月13日生まれ	無期刑の仮釈放中の事件。一・二審は無期懲役判決。97～98年の5件の検察上告中、唯一高裁差し戻しとなったケース。
造田　博　東京 07. 4.19 最高裁（横尾和子） 03. 9.29 東京高裁（原田国男） 02. 1.18 東京地裁 （大野市太郎）	東京・池袋「通り魔」殺傷事件 （99.9.8）	
山地悠紀夫（享年25歳） 09. 7.28 大阪拘置所にて執行 07. 5.31 控訴取下げ 06.12.13 大阪地裁（並木正男）	大阪市姉妹強盗殺人事件 （05.11.17） 1983年8月21日生まれ	本人控訴取下げ。
中原　澄男　福岡 07. 6.12 最高裁（上田豊三） 05. 4.12 福岡高裁（虎井寧夫） 03. 5. 1 福岡地裁（林秀文）	暴力団抗争連続殺人事件 （97.10.6/10.13） 1947年6月3日生まれ	無罪を主張。
薛　松　東京 07. 6.19 最高裁（藤田宙靖） 04. 1.23 東京高裁（白木勇） 02. 2.22 さいたま地裁 （川上拓一）	春日部中国人夫婦殺人事件 （00.9）	中国国籍。事実誤認あり、量刑不当を主張。
浜川　邦彦　名古屋 07. 7. 5 最高裁（甲斐中辰夫） 04. 3.22 名古屋高裁（小出一） 02.12.18 津地裁（天野登喜治）	三重男性2人射殺事件 （94.7.19/11.20） 1960年4月10日生まれ	無実を主張。
前上　博（享年40歳） 09. 7.28 大阪拘置所にて執行 07. 7. 5 控訴取下げ 07. 3.28 大阪地裁（水島和男）	自殺サイト利用3人連続殺人事件（05.2.19～6月） 1968年8月20日生まれ	本人控訴取下げ。
尾形　英紀（享年33歳） 10. 7.28 東京拘置所にて執行 07. 7.18 控訴取下げ 07. 4.26 さいたま地裁 （飯田喜信）	熊谷男女4人拉致殺傷事件 （03.8.18） 1977年7月20日生まれ	本人控訴取下げ。

横山　真人（享年 54 歳） 18. 7.26 名古屋拘置所にて執行 07. 7.20 最高裁（中川了滋） 03. 5.19 東京高裁（原田国男） 99. 9.30 東京地裁（山崎学）	地下鉄サリン事件等 （95.3.20 他） 1963 年 10 月 19 日生まれ	18 年 3 月、東京から名古屋に移送。第一次再審請求即時抗告中の執行。
後藤　良次　　　　東京 07. 9.28 最高裁（津野修） 04. 7. 6 東京高裁（山田利夫） 03. 2.24 宇都宮地裁（飯渕進）	宇都宮・水戸殺人事件 （00.7.30/8.20） 1958 年 7 月 24 日生まれ	05 年 10 月に、99 ～ 00 年に他の 3 件の殺人事件に関わったと上申書で告白。その事件では 09 年 6 月 30 日水戸地裁で懲役 20 年、12 年最高裁で確定。
端本　　悟（享年 51 歳） 18. 7.26 東京拘置所にて執行 07.10.26 最高裁（津野修） 03. 9.18 東京高裁（仙波厚） 00. 7.25 東京地裁（永井敏雄）	坂本弁護士一家殺人事件 松本サリン事件等 （89.11/95.3.20 他） 1967 年 3 月 23 日生まれ	
畠山　鐵男（享年 74 歳） 17. 9.16 東京拘置所にて病死 07.11. 1 控訴取下げ 07. 3.22 千葉地裁（根本渉）	警視庁指定 124 号事件 （04.8.5 ～ 11.22） 1943 年 4 月 17 日生まれ	旧姓小田島。控訴を取下げ確定。「共犯」の守田は 11 年 11 月に死刑確定。
庄子　幸一　　　　東京 07.11. 6 最高裁（藤田宙靖） 04. 9. 7 東京高裁（安広文夫） 03. 4.30 横浜地裁（田中亮一）	大和連続主婦殺人事件 （01.8.29/9.19） 1954 年 10 月 28 日生まれ	共犯者は無期判決（死刑求刑）。
古澤　友幸（享年 46 歳） 12. 3.29 東京拘置所にて執行 07.11.15 最高裁（甲斐中辰夫） 05. 5.24 東京高裁（安広文夫） 04. 3.30 横浜地裁（小倉正三）	横浜一家 3 人刺殺事件 （02.7.31） 1965 年 4 月 7 日生まれ	
宇井鍷次（享年 68 歳） 08. 2. 7 大阪医療刑務所で病死 07.11.15 最高裁（甲斐中辰夫） 04. 2.25 広島高裁岡山支部 （安原浩） 03. 5.21 岡山地裁（榎本巧）	女性殺人事件 （01.8.9）	無期刑の仮釈放中の事件。病死。
外尾　計夫　　　　福岡 08. 1.31 最高裁（涌井紀夫） 04. 5.21 福岡高裁（虎井寧夫） 03. 1.31 長崎地裁（山本恵三）	父子保険金殺人事件 （92.9.11/98.10.27） 1947 年 7 月 11 日生まれ	「共犯」は一審死刑判決だったが、高裁で無期に。
小池　泰男（享年 60 歳） 18. 7.26 仙台拘置支所にて執行 08. 2.15 最高裁（古田佑紀） 03.12. 5 東京高裁（村上光鵄） 00. 6.29 東京地裁（木村烈）	松本・地下鉄サリン事件等 （94.6.27/95.3.20 他） 1957 年 12 月 15 日生まれ	旧姓林。18 年 3 月、東京から仙台へ移送。第一次再審請求の特別抗告中に執行。
服部　純也（享年 40 歳） 12. 8. 3 東京拘置所にて執行 08. 2.29 最高裁（古田佑紀） 05. 3.29 東京高裁　死刑 （田尾健二郎） 04. 1.15 静岡地裁沼津支部 無期（高橋祥子）	三島短大生焼殺事件 （02.1.23） 1972 年 2 月 21 日生まれ	一審は無期懲役判決。
長谷川静央　　　　東京 08. 3.17 上告取下げ 07. 8.16 東京高裁（阿部文洋） 07. 1.23 宇都宮地裁 （池本寿美子）	宇都宮実弟殺人事件 （05.5.8） 1942 年 8 月 6 日生まれ	無期刑の仮釈放中の事件。上告を取下げ確定。

松村恭造（享年 31 歳） 12. 8. 3 大阪拘置所にて執行 08. 4. 8 控訴取下げ 08. 3.17 京都地裁（増田耕兒）	京都・神奈川親族殺人事件 （07.1.16/1.23） 1981 年 8 月 3 日生まれ	控訴を取下げ確定。
山本　開一（享年 62 歳） 10. 1. 2 東京拘置所にて病死 08. 4.24 最高裁（才口千晴） 06. 9.28 東京高裁（阿部文洋） 05. 9. 8 さいたま地裁 （福崎伸一郎）	組員 5 人射殺事件 （03.12.14） 1947 年 4 月 2 日生まれ	病死。
加賀　聖商　　　東京 08. 6. 5 最高裁（才口千晴） 05. 7.19 東京高裁（須田賢） 04. 2. 4 横浜地裁（小倉正三）	伊勢原母子殺人事件 （01.8.4） 1961 年 4 月 30 日生まれ	
上部　康明（享年 48 歳） 12. 3.29 広島拘置所にて執行 08. 7.11 最高裁（今井功） 05. 6.28 広島高裁（大渕敏和） 02. 9.20 山口地裁下関支部 （並木正男）	下関駅 5 人殺害 10 人傷害事件 （99.9.29） 1964 年 3 月 6 日生まれ	一審の精神鑑定では、心神耗弱とするものと責任能力があるとするものに結果が分かれたが、判決は責任能力を認めた。
八木　　茂　　　東京 08. 7.17 最高裁（泉徳治） 05. 1.13 東京高裁（須田賢） 02.10. 1 さいたま地裁 （若原正樹）	埼玉保険金殺人（2 件） 同未遂事件（1 件） （95.6.3 ～ 99.5.29） 1950 年 1 月 10 日生まれ	無実を主張。共犯者の調書が有罪の証拠とされた。
江藤　幸子（享年 65 歳） 12. 9. 27 仙台拘置支所にて執行 08. 9.16 最高裁（藤田宙靖） 05.11.22 仙台高裁（田中亮一） 02. 5.10 福島地裁（原啓）	福島県祈祷による信者 6 人殺人事件（94.12 ～ 95.6） 1947 年 8 月 21 日生まれ	
藥科　　稔（享年 56 歳） 09. 5. 2 入院先の病院で死亡 09. 1.22 最高裁（涌井紀夫） 06. 2.16 名古屋高裁金沢支部 （安江勤） 04. 3.26 富山地裁（手崎政人）	高岡組長夫婦射殺事件 （00.7.13）	旧姓伊藤。「首謀者」として死刑求刑された副組長は、06 年 11 月一審で無罪判決。病死。
幾島　賢治（享年 67 歳） 14. 7.16 名古屋拘置所にて病死 09. 3.23 最高裁（今井功） 06.10.12 名古屋高裁金沢支部 （安江勤） 05. 1.27 富山地裁（手崎政人）	高岡組長夫婦射殺事件 （00.7.13） 1947 年 3 月 15 日生まれ	旧姓大田。「共犯」の藥科は病死。「首謀者」として死刑求刑された副組長は、06 年 11 月一審で無罪判決。再審請求中に病死。
松田　幸則（享年 39 歳） 12. 9.27 福岡拘置所にて執行 09. 4. 3 上告取下げ 07.10. 3 福岡高裁（仲家暢彦） 06. 9.21 熊本地裁（松下潔）	熊本県松橋町男女強盗殺人事件（03.10.16） 1973 年 5 月 26 日生まれ	上告を取り下げ確定。
神田　司（享年 44 歳） 15. 6.25 名古屋拘置所にて執行 09. 4.13 控訴取下げ 09. 3.18 名古屋地裁（近藤宏子）	名古屋闇サイト殺人事件 （07.8.24 ～ 25） 1971 年 3 月 9 日生まれ	一審では被害者 1 人で 2 人に死刑判決。控訴を取り下げ確定。共犯者は 11 年 4 月無期に減刑。

林　眞須美　　　　　大阪 09. 4.21 最高裁（那須弘平） 05. 6.28 大阪高裁（白井万久） 02.12.11 和歌山地裁（小川育央）	和歌山毒カレー事件等 （98.7.25 他） 1961 年 7 月 22 日生まれ	一審は黙秘。二審ではカレー事件について無実を主張。著書に『死刑判決は「シルエット・ロマンス」を聴きながら』『和歌山カレー事件――獄中からの手紙』（共著）。
関根　　元（享年 75 歳） 17. 3.27 東京拘置所にて病死 09. 6. 5 最高裁（古田佑紀） 05. 7.11 東京高裁（白木勇） 01. 3.21 浦和地裁（須田贒）	埼玉連続 4 人殺人事件 （93） 1942 年 1 月 2 日生まれ	病死。
風間　博子　　　　　東京 09. 6. 5 最高裁（古田佑紀） 05. 7.11 東京高裁（白木勇） 01. 3.21 浦和地裁（須田贒）	埼玉連続 4 人殺人事件 （93） 1957 年 2 月 19 日生まれ	殺人には関与していないと主張。交流誌「ふうりん通信」。
小野川光紀　　　　　東京 09. 6. 9 最高裁（堀籠幸男） 06. 9.29 東京高裁（白木勇） 04. 3.26 さいたま地裁 （川上拓一）	パチンコ店員連続殺人事件 （03.2.23/4.1） 1977 年 4 月 20 日生まれ	「共犯」の高根沢は控訴を取下げ 05 年に確定。
宮城　吉英（享年 56 歳） 13. 4.26 東京拘置所にて執行 09. 6.15 最高裁（今井功） 06.10. 5 東京高裁（池田修） 05.12.12 千葉地裁（金谷暁）	市原ファミレス 2 人射殺事件 （05.4.25） 1956 年 8 月 15 日生まれ	「共犯」の濱崎は 11 年 12 月に死刑確定。
高橋　　秀　　　　　仙台 09. 6.23 最高裁（堀籠幸男） 05. 7.26 仙台高裁（田中亮一） 04. 3.25 仙台地裁（本間栄一）	貸金業者ら 2 人殺人事件 （01.1.8/2.3） 1963 年 6 月 10 日生まれ	旧姓石川。
小日向将人　　　　　東京 09. 7.10 最高裁（竹内行夫） 06. 3.16 東京高裁（仙波厚） 05. 3.28 前橋地裁（久我泰博）	前橋スナック乱射事件 （03.1.25） 1969 年 8 月 18 日生まれ	「共犯」の山田は 13 年 6 月、矢野は 14 年 3 月に確定。
早川紀代秀（享年 68 歳） 18. 7.26 福岡拘置所にて執行 09. 7.17 最高裁（中川了滋） 04. 5.14 東京高裁（中川武隆） 00. 7.28 東京地裁（金山薫）	坂本弁護士一家殺人事件等 （89.11 ～） 1949 年 7 月 14 日生まれ	18 年 3 月、東京から福岡へ移送。第三次再審請求中の執行。
豊田　　亨（享年 50 歳） 18..7.26 東京拘置所にて執行 09.11.6 最高裁（竹内行夫） 04. 7.28 東京高裁（高橋省吾） 00. 7.18 東京地裁（山崎学）	地下鉄サリン事件等 （95.3.20 他） 1968 年 1 月 23 日生まれ	第一次再審請求の即時抗告中に執行。
広瀬　健一（享年 54 歳） 18. 7.26 東京拘置所にて執行 09.11.6 最高裁（竹内行夫） 04. 7.28 東京高裁（高橋省吾） 00. 7.18 東京地裁（山崎学）	地下鉄サリン事件等 （95.3.20 他） 1964 年 6 月 12 日生まれ	第一次再審請求中の執行
窪田　勇次　　　　　札幌 09.12. 4 最高裁（古田佑紀） 05.12. 1 札幌高裁（長島孝太郎） 04. 3. 2 釧路地裁北見支部 （伊東顕）	北見夫婦殺人事件 （88.10） 1945 年 1 月 1 日生まれ	13 年余逃亡し時効成立の 10 か月前に逮捕された。無罪を主張。

井上　嘉浩（享年48歳） 18. 7. 6 大阪拘置所にて執行 09.12.10 最高裁（金築誠志） 04. 5.28 東京高裁　死刑 （山田利夫） 00. 6. 6 東京地裁　無期 （井上弘道）	地下鉄サリン事件、仮谷事件等 （94.1 ～ 95.3） 1969年12月28日生まれ	一審は無期懲役判決。 18年3月、東京から大阪へ移送。 第一次再審請求中の執行。
菅　峰夫　福岡 09.12.11 最高裁（古田佑紀） 06. 5.24 福岡高裁（虎井寧夫） 04. 3.11 福岡地裁（林秀文）	福岡庄内連続殺人事件 （96.6.8/11.19） 1950年10月4日生まれ	
手柴　勝敏（享年66歳） 10. 4.14 福岡拘置所にて病死 09.12.11 最高裁（古田佑紀） 06. 5.24 福岡高裁　死刑 （虎井寧夫） 04. 3.11 福岡地裁　無期 （林秀文）	福岡庄内連続殺人事件 （96.6.8/11.19）	一審は無期懲役判決。病死。
金川真大（享年29歳） 13. 2.21 東京拘置所にて執行 09.12.28 控訴取り下げ 09.12.18 水戸地裁（鈴嶋晋一）	土浦連続殺傷事件 （08.3.19 ～ 3.23） 1983年10月13日生まれ	控訴を取り下げ、確定。
新實　智光（享年54歳） 18. 7. 6 大阪拘置所にて執行 10. 1.19 最高裁（近藤崇晴） 06. 3.15 東京高裁（原田国男） 02. 6.26 東京地裁 （中谷雄二郎）	坂本弁護士一家殺人事件、松本・地下鉄サリン事件等 （89.11/94.6.27/95.3.20 他） 1964年3月9日生まれ	18年3月、東京から大阪へ移送。 第二次再審請求中、恩赦申立中の執行。
大橋　健治　大阪 10. 1.29 最高裁（竹内行夫） 07. 4.27 大阪高裁（陶山博生） 06.11. 2 大阪地裁（中川博之）	大阪・岐阜連続女性強盗殺人事件 （05.4.27/5.11） 1940年12月3日生まれ	
吉田　純子（享年56歳） 16. 3.25 福岡拘置所にて執行 10. 1.29 最高裁（金築誠志） 06. 5.16 福岡高裁（浜崎裕） 04. 9.24 福岡地裁（谷敏行）	看護師連続保険金殺人事件 （98.1.24 ～ 99.3.27） 1959年7月10日生まれ	
高尾　康司　東京 10. 9.16 最高裁（横田尤孝） 06. 9.28 東京高裁（須田賢） 05. 2.21 千葉地裁（土屋靖之）	千葉館山連続放火事件 （03.12.18） 1963年10月3日生まれ	
藤崎　宗司　東京 10.10.14 最高裁（桜井龍子） 06.12.21 東京高裁（河辺義正） 05.12.22 水戸地裁（林正彦）	鉾田連続強盗殺人事件 （05.1.21 ～ 1.28） 1961年8月31日生まれ	
尾崎　正芳　福岡 10.11. 8 最高裁（須藤正彦） 07. 1.16 福岡高裁（浜崎裕） 05. 5.16 福岡地裁小倉支部 （野島秀夫）	替え玉保険金等殺人事件 （02.1.8 ～ 31） 1974年5月16日生まれ	旧姓竹本。一部無罪を主張。
原　正志　福岡 10.11. 8 最高裁（須藤正彦） 07. 1.16 福岡高裁（浜崎裕） 05. 5.16 福岡地裁小倉支部 （野島秀夫）	替え玉保険金等殺人事件 （02.1.8 ～ 31） 1957年8月12日生まれ	旧姓竹本。

土谷　正実（享年53歳） 18. 7. 6 東京拘置所にて執行 11. 2.15 最高裁（那須弘平） 06. 8.18 東京高裁（白木勇） 04. 1.30 東京地裁（服部悟）	松本・地下鉄サリン事件等（94.6 ～ 95.3） 1965年1月6日生まれ	
熊谷　徳久（享年73歳） 13. 9.12 東京拘置所にて執行 11. 3. 1 最高裁（田原睦夫） 07. 4.25 東京高裁（高橋省吾）死刑 06. 4.17 東京地裁（毛利晴光）無期	横浜中華街店主銃殺事件等（04.5.29） 1940年5月8日生まれ（戦災孤児で、もう一つの戸籍では、1938年1月25日生まれ）	一審は無期懲役判決。著書に『奈落――ピストル強盗殺人犯の手記』がある。
鈴木　泰徳　　福岡 11. 3. 8 最高裁（岡部喜代子） 07. 2. 7 福岡高裁（正木勝彦） 06.11.13 福岡地裁（鈴木浩美）	福岡3女性連続強盗殺人事件（04.12.12 ～ 05.1.18）	
小林　正人　　東京 11. 3.10 最高裁（桜井龍子） 05.10.14 名古屋高裁（川原誠） 01. 7. 9 名古屋地裁（石山容示）	木曽川・長良川殺人事件（94.9 ～ 10） 1975年3月19日生まれ	少年3人に死刑が求刑され、他の2人には一審では無期懲役判決、二審で3人に死刑判決。
黒澤　淳　　名古屋 11. 3.10 最高裁（桜井龍子） 05.10.14 名古屋高裁　死刑（川原誠） 01. 7. 9 名古屋地裁　無期（石山容示）	木曽川・長良川殺人事件（94.9 ～ 10） 1975年7月21日生まれ	旧姓小森。一審は無期懲役、高裁で死刑判決。複数の少年に死刑が確定するのは初めて。
K・T　　名古屋 11. 3.10 最高裁（桜井龍子） 05.10.14 名古屋高裁　死刑（川原誠） 01. 7. 9 名古屋地裁　無期（石山容示）	木曽川・長良川殺人事件（94.9 ～ 10） 1975年10月23日生まれ	一審は無期懲役、高裁で死刑判決。複数の少年に死刑が確定するのは初めて。
片岡　清（享年84歳） 16. 2.14 広島拘置所にて病死 11. 3.24 最高裁（桜井龍子） 08. 2.27 広島高裁岡山支部（小川正明）死刑 06. 3.24 岡山地裁（松野勉）無期	広島・岡山強盗殺人事件（03.9.28/04.12.10）	一審は無期懲役判決。病死。
小林　竜司　　大阪 11. 3.25 最高裁（千葉勝美） 08. 5.20 大阪高裁（若原正樹） 07. 5.22 大阪地裁（和田真）	東大阪大生リンチ殺人事件（06.6.19 ～ 20） 1984年12月22日生まれ	
大倉　修　　東京 11. 4.11 最高裁（古田佑記） 08. 3.25 東京高裁（安広文夫） 07. 2.26 静岡地裁（竹花俊德）	同僚・妻連続殺人事件（04.9.16/05.9.9）	旧姓滝。
渕上　幸春　　福岡 11. 4.19 最高裁（田原睦夫） 07. 1.23 福岡高裁宮崎支部（竹田隆） 03. 5.26 宮崎地裁（小松平内）	宮崎連続殺人事件（99.3.25/9.20） 1969年1月23日生まれ	1件は無罪、1件は事実誤認を主張。筋ジストロフィー（両上下肢および体幹の機能障害）

大山　清隆　　　　　広島 11. 6. 7 最高裁（大谷剛彦） 07.10.16 広島高裁（楢崎康英） 05. 4.27 広島地裁（岩倉広修）	広島連続殺人事件 （98.10/00.3.1）	
津田寿美年（享年 63 歳） 15.12.18 東京拘置所にて執行 11. 7. 4 控訴取下げ 11. 6.17 横浜地裁（秋山敬）	川崎アパート 3 人殺人事件 （09.5.30）	裁判員裁判。控訴取下げで確定。裁判員裁判での死刑確定者で初の執行。
北村　真美　　　　　福岡 11.10.3 最高裁（須藤正彦） 07.12.25 福岡高裁（正木勝彦） 06.10.17 福岡地裁久留米支部（高原正良）	大牟田市 4 人連続殺人事件 （04.9.16 ～ 17）	共犯の北村実雄被告、孝被告とは分離して公判。
井上　孝紘　　　　　福岡 11.10.3 最高裁（須藤正彦） 07.12.25 福岡高裁（正木勝彦） 06.10.17 福岡地裁久留米支部（高原正良）	大牟田市 4 人連続殺人事件 （04.9.16 ～ 17）	旧姓北村。共犯の北村実雄被告、孝被告とは分離して公判。
北村　実雄　　　　　広島 11.10.17 最高裁（白木勇） 08. 3.27 福岡高裁（正木勝彦） 07. 2.27 福岡地裁久留米支部（高原正良）	大牟田市 4 人連続殺人事件 （04.9.16 ～ 17）	共犯の北村真美被告、井上孝紘被告とは分離して公判。
北村　　孝　　　　　大阪 11.10.17 最高裁（白木勇） 08. 3.27 福岡高裁（正木勝彦） 07. 2.27 福岡地裁久留米支部（高原正良）	大牟田市 4 人連続殺人事件 （04.9.16 ～ 17）	共犯の北村真美被告、井上孝紘被告とは分離して公判。
魏　巍　　　　　　　福岡 11.10.20 最高裁（白木勇） 07. 3. 8 福岡高裁（浜崎裕） 05. 5.19 福岡地裁（川口宰護）	福岡一家 4 人殺害事件 （03.6.20）	共犯のうち 2 名は中国で逮捕・訴追され、王亮被告は無期懲役、楊寧被告は 05 年 7 月 12 日死刑執行。
中川　智正（享年 55 歳） 18. 7. 6 広島拘置所にて執行 11.11.18. 最高裁（古田佑紀） 07. 7.13 東京高裁（植村立郎） 03.10.29 東京地裁（岡田雄一） 遠藤　誠一（享年 58 歳） 18. 7. 6 東京拘置所にて執行。 11.11.21 最高裁（金築誠志） 07. 5.31 東京高裁（池田修） 02.10.11 東京地裁（服部悟）	坂本弁護士一家殺人事件、松本・地下鉄サリン事件等（89.11 ～ 95.3） 1962 年 10 月 25 日生まれ 松本・地下鉄サリン事件等 （94.5/94.6.27/95.3.20 他） 1960 年 6 月 5 日生まれ。	二審鑑定で入信直前から犯行時に解離性障害ないし祈祷性精神病と診断。判決は完全責任能力を認定。18 年 3 月東京から広へ移送。再審請求中の執行。 再審請求中の執行。
守田　克実　　　　　東京 11.11.22 最高裁（寺田逸郎） 08. 3. 3 東京高裁（中川武隆） 06.12.19 千葉地裁（根本渉）	警視庁指定 124 号事件 （05.8.5 ～ 11.22）	「共犯」の畠山は控訴を取下げて 07 年 11 月確定。
兼岩　幸男　　　　　名古屋 11.11.29 最高裁（那須弘平） 08. 9.12 名古屋高裁（片山俊雄） 07. 2.23 岐阜地裁（土屋哲夫）	交際 2 女性バラバラ殺人事件 （99.8.15/03.5.25） 1957 年 10 月 30 日生まれ	
松永　　太　　　　　福岡 11.12.12 最高裁（宮川光治） 07. 9.26 福岡高裁（虎井寧夫） 05. 9.28 福岡地裁小倉支部（若宮利信）	北九州 7 人連続殺人事件 （96.2.26 ～ 98.6.7）	「共犯」は二審で無期に減刑。

濱崎　勝次（享年 64 歳） 13. 4.26 東京拘置所にて執行 11.12.12 最高裁（横田尤孝） 08. 9.26 東京高裁（安広文夫） 07.10.26 千葉地裁（古田浩）	市原ファミレス 2 人射殺事件 （05.4.25） 1948 年 9 月 18 日生まれ	確定から執行まで 1 年 4 か月。「共犯」の宮城は 09 年 6 月に死刑確定。
若林　一行（享年 39 歳） 15.12.18 仙台拘置支所にて執行 12. 1.16 最高裁（宮川光治） 09. 2. 3 仙台高裁（志田洋） 07. 4.24 盛岡地裁（杉山慎治）	岩手県洋野町母娘強盗殺人事件（06.7.19）	二審から無罪を主張。
Ｆ・Ｔ　広島 12. 2.20 最高裁（金築誠志） 08. 4.22 広島高裁（楢崎康英） 死刑 06. 5.20 最高裁（浜田邦夫） 高裁差し戻し 02. 3.14 広島高裁（重吉孝一郎） 無期 00. 3.22 山口地裁（渡辺了造） 無期	光市事件 （99.4.14） 1981 年 3 月 16 日生まれ	犯行当時 18 歳。一審・二審無期。検察上告により最高裁が広島高裁に差戻し。差戻し審で死刑。
岩森　稔　東京 12. 3. 2 最高裁（竹内行夫） 09. 3.25 東京高裁（若原正樹） 死刑 08. 3.21 さいたま地裁 （飯田喜信）無期	埼玉本庄夫婦殺害事件 （07.7.21） 1945 年 4 月 28 日生まれ	一審は無期懲役判決。
川崎　政則（享年 68 歳） 14. 6.26 大阪拘置所にて執行 12. 7.12 最高裁（白木勇） 09.10.14 高松高裁（柴田秀樹） 09. 3.16 高松地裁（菊地則明）	坂出祖母孫 3 人殺人事件 （07.11.16） 1946 年 1 月 20 日生まれ	
加賀山領治（享年 63 歳） 13.12.12 大阪拘置所にて執行 12. 7.24 最高裁（寺田逸郎） 09.11.11 大阪高裁（湯川哲嗣） 09. 2.27 大阪地裁（細井正弘）	中国人留学生強盗殺人事件 ＤＤハウス事件 （00.7.29/08.2.1） 1950 年 1 月 3 日生まれ	確定から執行まで 1 年 4 か月。
池田　容之　東京 12. 7　確定 11. 6.16 本人控訴取下げ 10.11.16 横浜地裁（朝山芳史）	横浜沖バラバラ強殺事件他（09.6.18 ～ 19）	裁判員裁判で初の死刑判決。控訴取下げに対し弁護人による審理継続申立。2012 年 7 月確定処遇に。
田尻　賢一（享年 45 歳） 16.11.11 福岡拘置所にて執行 12. 9.10 上告取下げ確定 12. 4.11 福岡高裁（陶山博生） 11.10.25 熊本地裁（鈴木浩美）	熊本 2 人強盗殺人事件 （04. 3.13、11. 2.23）	裁判員裁判での死刑判決。上告を取り下げ死刑確定。
謝　依　俤　東京 12.10.19 最高裁（須藤正彦） 08.10. 9 東京高裁（須田贒） 06.10. 2 東京地裁（成川洋司）	品川製麺所夫婦強殺事件 （02.8.31） 1977 年 9 月 7 日生まれ	中国国籍。
高見澤　勤（享年 59 歳） 14. 8.29 東京拘置所にて執行 12.10.23 最高裁（大谷剛彦） 08.12.12 東京高裁（安広文夫） 08. 2. 4 前橋地裁（久我泰博）	暴力団 3 人殺害事件 （01.11 ～ 05.9） 1955 年 4 月 20 日生まれ	

阿佐　吉廣　　　　東京 12.12.11 最高裁（田原睦夫） 08. 4.21 東京高裁（中川武隆） 06.10.11 甲府地裁（川島利夫）	都留市従業員連続殺人事件（97.3/00.5.14） 1949 年 5 月 21 日生まれ	無罪を主張。
野崎　浩　　　　東京 12.12.14 最高裁（小貫芳信） 10.10. 8 東京高裁（長岡哲次） 死刑 09.12.16 東京地裁（登石郁朗） 無期	フィリピン女性 2 人殺人事件 （99.4.22/08.4.3）	一審は無期懲役判決。
渡辺　純一　　　　東京 13. 1.29 最高裁（岡部喜代子） 09. 3.19 東京高裁（長岡哲次） 死刑 07. 8. 7 千葉地裁（彦坂孝孔） 無期	架空請求詐欺グループ仲間割れ事件（04.10.13 ～ 16）	一審は無期懲役判決。一部無実を主張。
清水　大志　　　　東京 13. 1.29 最高裁（岡部喜代子） 09. 5.12 東京高裁（長岡哲次） 07. 8. 7 千葉地裁（彦坂孝孔）	架空請求詐欺グループ仲間割れ事件（04.10.13 ～ 16）	
伊藤　玲雄　　　　東京 13. 2.28 最高裁（桜井龍子） 09. 8.28 東京高裁（長岡哲次） 07. 5.21 千葉地裁（彦坂孝孔）	架空請求詐欺グループ仲間割れ事件（04.10.13 ～ 16）	
住田　紘一（享年 34 歳） 17. 7.13 広島拘置所にて執行 13. 3.28 控訴取り下げ 13. 2.14 岡山地裁（森岡孝介）	岡山元同僚女性殺人事件（11.9.30） 1982 年 9 月 29 日生まれ	裁判員裁判。被害者 1 名。本人控訴取り下げ、確定。
山田健一郎　　　　東京 13. 6. 7 最高裁（千葉勝美） 09. 9.10 東京高裁（長岡哲次） 08. 1.21 前橋地裁（久我泰博）	前橋スナック乱射事件（03.1.25） 1966 年 8 月 23 日生まれ	「共犯」の小日向は 09 年 7 月、矢野は 14 年 3 月に死刑確定。
高柳　和也　　　　大阪 13.11.25 最高裁（金築誠志） 10.10.15 大阪高裁（湯川哲嗣） 09. 3.17 神戸地裁姫路支部 （松尾嘉倫）	姫路 2 女性殺人事件（05.1.9） 1966 年 1 月 10 日生まれ	
沖倉　和雄（享年 66 歳） 14. 7. 2 東京拘置所にて病死 13.12.17 最高裁（木内道祥） 10.11.10 東京高裁（金谷暁） 09. 5.12 東京地裁立川支部 （山崎和信）	あきる野市資産家姉弟強盗殺人事件（08.4.9 ～ 13）	病死。
小川　和弘　　　　大阪 14. 3. 6 最高裁（横田尤孝） 11. 7.26 大阪高裁（的場純男） 09.12. 2 大阪地裁（秋山敬）	大阪個室ビデオ店放火事件（08.10.2）	
矢野　治　　　　東京 14. 3.14 最高裁（鬼丸かおる） 09.11.10 東京高裁（山崎学） 07.12.10 東京地裁（朝山芳史）	組長射殺事件、前橋スナック乱射事件等 （02.2 ～ 03.1） 1948 年 12 月 20 日生まれ	「共犯」の小日向は 09 年 7 月、山田は 13 年 6 月に死刑確定。17 年 4 月 10 日、7 月 4 日、それぞれ別の殺人容疑で逮捕。

小泉　毅　東京 14. 6.13 最高裁（山本庸幸） 11.12.26 東京高裁 (八木正一) 10. 3.30 さいたま地裁（伝田喜久）	元厚生次官連続殺傷事件 （08.11.17 ～ 11.18） 1962 年 1 月 26 日生まれ	
松原　智浩　東京 14. 9. 2 最高裁（大橋正春） 12. 3.22 東京高裁（井上弘通） 11. 3.25 長野地裁（高木順子）	長野一家 3 人強殺事件 （10. 3.24 ～ 25）	裁判員裁判で死刑判決を受け、最高裁で確定したのは初めて。
奥本　章寛　福岡 14.10.16 最高裁（山浦善樹） 12. 3.22 福岡高裁宮崎支部（榎本巧） 10.12. 7 宮崎地裁（高原正良）	宮崎家族 3 人殺人事件 （10.3.1） 1988 年 2 月 13 日生まれ	裁判員裁判。
桑田　一也　東京 14.12. 2 最高裁（大谷剛彦） 12. 7.10 東京高裁（山崎学） 11. 6.21 静岡地裁沼津支部（片山隆夫）	交際女性・妻殺人事件 （05.10.26、10. 2.23） 1966 年 6 月 26 日生まれ	裁判員裁判。
加藤　智大　東京 15. 2. 2 最高裁（桜井龍子） 12. 9.12 東京高裁（飯田喜信） 11. 3.24 東京地裁（村山浩昭）	秋葉原無差別殺傷事件 （08. 6. 8） 1982 年 9 月 28 日生まれ	著書に『解』『解＋』『東拘永夜抄』『殺人予防』がある。
藤城　康孝　大阪 15. 5.25 最高裁（千葉勝美） 13. 4.26 大阪高裁（米山正明） 09. 5.29 神戸地裁（岡田信）	加古川 7 人殺人事件 （04.8.2）	
新井　竜太　東京 15.12. 4 最高裁（鬼丸かおる） 13. 6.27 東京高裁（井上弘通） 12. 2.24 さいたま地裁（田村真）	埼玉深谷男女 2 人殺害事件（08.3.13/09.8. 7） 1969 年 6 月 6 日生まれ	裁判員裁判。
高見　素直　大阪 16. 2.23 最高裁（和田真） 13. 7.31 大阪高裁（中谷雄二郎） 11.10.31 大阪地裁（和田真）	大阪パチンコ店放火殺人事件（09.7.5） 1968 年 1 月 4 日生まれ	裁判員裁判。絞首刑違憲論が争われる。
髙橋　明彦　仙台 16. 3. 8 最高裁（木内道祥） 14. 6. 3 仙台高裁（飯渕進） 13. 3.14 福島地裁郡山支部（有賀貞博）	会津美里夫婦殺人事件 （12.7.26） 1966 年 9 月 12 日生まれ	裁判員裁判。旧姓横倉。
伊藤　和史　東京 16. 5.26 最高裁（大橋正春） 14. 2.20 東京高裁（村瀬均） 11.12.27 長野地裁（高木順子）	長野一家 3 人殺人事件 （10.3.24 ～ 25） 1979 年 2 月 16 日生まれ	裁判員裁判。
浅山　克己　東京 16. 6.13 最高裁（千葉勝美） 14.10. 1 東京高裁（八木正一） 13. 6.11 東京地裁（平木正洋）	山形・東京連続放火殺人事件（10.10.2/11.11.24）	裁判員裁判。
C・Y　仙台 16. 6.16 最高裁（大谷直人） 14. 1.31 仙台高裁（飯渕進） 10.11.25 仙台地裁（鈴木信行）	石巻 3 人殺傷事件 （10.2.10） 1991 年 7 月 2 日生まれ	裁判員裁判。 事件当時 18 歳 7 か月。

筒井　郷太　　　　福岡 16. 7.21 最高裁（池上政幸） 14. 6.24 福岡高裁（古田浩） 13. 6.14 長崎地裁（重富朗）	長崎ストーカー殺人事件 （11.12.16） 1984年11月4日生まれ	裁判員裁判。無罪を主張。
井上　佳苗　　　　東京 17. 4.14 最高裁（大貫芳信） 14. 3.12 東京高裁（八木正一） 12. 4.13 さいたま地裁 （大熊一之）	首都圏連続不審死事件等 （08.9 ～ 09.9） 1974年11月27日生まれ	裁判員裁判。無罪を主張。旧姓木嶋。
上田美由紀　　　　広島 17. 7.27 最高裁（小池裕） 13. 3.20 広島高裁松江支部 （塚本伊平） 12.12. 4 鳥取地裁（野口卓志）	鳥取連続不審死事件 （09.4.23/10.6） 1973年12月21日生まれ	裁判員裁判。無罪を主張。
鈴木　勝明　　　　大阪 17.12. 8 最高裁（戸倉三郎） 14.12.19 大阪高裁（笹野明義） 13. 6.26 大阪地裁堺支部 （畑山靖）	大阪ドラム缶遺体事件 （04.12.3） 1967年5月13日生まれ	裁判員裁判。無罪を主張。
林　振華　　　　名古屋 18. 9. 6 最高裁（木沢克之） 15.10.14 名古屋高裁（石山容示） 15.2.20 名古屋地裁（松田俊哉）	愛知県蟹江町母子殺傷事件 （09.5.1）	中国籍。裁判員裁判。

最高裁係属中の死刑事件

氏名　　　　拘置先 判決日	事件名（事件発生日） 生年月日	備　考
渡辺　剛　　　　東京 16. 3.16 東京高裁（藤井敏明） 14. 9.19 東京地裁（田辺美保子）	資産家夫婦殺人事件 （12.12.7）	裁判員裁判。殺害は否認。
保見　光成　　　　広島 16.9.13 広島高裁（多和田隆史） 15. 7.28 山口地裁（大寄淳）	周南市連続殺人放火事件 （13.7.21 ～ 22）	裁判員裁判。
西口　宗宏　　　　大阪 16.9.14 大阪高裁（後藤真理子） 14. 3.10 大阪地裁堺支部 （森浩史）	堺市連続強盗殺人事件 1961年8月26日生まれ	裁判員裁判。
堀　慶末　　　　名古屋 16.11. 8 名古屋高裁（山口裕之） 15.12.15 名古屋地裁（景山太郎）	碧南市夫婦強盗殺人事件（98.6.28）、守山強盗傷害事件（06.7.20）	裁判員裁判。
土屋　和也　　　　東京 18. 2.14 東京高裁（栃木力） 16. 7.20 前橋地裁（鈴木秀行）	前橋連続強盗殺傷事件 （14.11.10/11.16）	裁判員裁判。
肥田　公明　　　　東京 18. 7.30 東京高裁（大島隆明） 16.11.24 静岡地裁沼津支部 （斎藤千恵）	伊東市干物店強盗殺人事件 （12.12.18）	裁判員裁判。無実を主張。

高裁係属中の死刑事件

氏名　拘置先 判決日	事件名（事件発生日） 生年月日	備　考
平野 達彦 大阪 17. 3.22 神戸地裁 (長井秀典)	洲本５人刺殺事件 (15.3.9)	裁判員裁判。
岩間 俊彦 17. 8.25 甲府地裁 (丸山哲巳)	マニラ邦人保険金殺人事件 (14.10/15.8 ～ 9)	裁判員裁判。
筧 千佐子 大阪 17.11. 7 京都地裁 (中川綾子)	青酸連続殺人事件 (07.12 ～ 13.12)	裁判員裁判。
川崎　竜弥 18. 2.23 静岡地裁（佐藤正信）	浜名湖連続殺人事件 (16.1.29 ～ 7.8)	裁判員裁判。
ナカダ・ルデナ・バイロン・ジョナタン 18. 3. 9 さいたま地裁 （佐々木直人）	熊谷６人殺害事件 (15.9.14 ～ 9.16)	裁判員裁判。
今井 隼人 18. 3.22 横浜地裁 (渡辺英敬)	川崎市老人ホーム連続転落死事件 (15.11.4 ～ 12.31)	裁判員裁判。

※礒飛《いそひ》京三さん（2015 年 6 月 25 日、大阪地裁で死刑判決）は、2017 年 3 月 9 日、大阪高裁（中川博之）で一審破棄、無期懲役に。検察、被告ともに上告中。
※君野康弘さん（2016 年 3 月 18 日、神戸地裁で死刑判決）は、2017 年 3 月 10 日、大阪高裁（樋口裕晃）で一審破棄、無期懲役に。検察は上告した。

死刑確定者の獄死者

死亡年月日	名前	年齢	拘置所
2003年 2月28日	上田　大	33歳	名古屋
2003年 9月 3日	冨山常喜	86歳	東京
2004年 6月 4日	晴山広元	70歳	札幌刑務所
2007年 7月17日	諸橋昭江	75歳	東京
2008年 2月 7日	宇井錂次	68歳	大阪医療刑務所
2008年12月16日	澤地和夫	69歳	東京
2009年 1月 4日	朴　日光	61歳	福岡
2009年 5月 2日	藁科　稔	56歳	名古屋の病院で
2009年 9月 3日	荒井政男	82歳	東京
2009年10月27日	石橋栄治	72歳	東京
2010年 1月 2日	山本開一	62歳	東京
2010年 4月14日	手柴勝敏	66歳	福岡
2011年 1月27日	坂本春野	83歳	大阪医療刑務所
2011年 1月29日	熊谷昭孝	67歳	仙台の病院で
2011年 2月 6日	永田洋子	65歳	東京
2013年 6月23日	綿引　誠	74歳	東京
2013年 8月15日	迫　康裕	73歳	仙台
2013年11月15日	宇治川正	62歳	東京
2014年 4月19日	石田富蔵	92歳	東京
2014年 5月15日	中山　進	66歳	大阪
2014年 6月24日	岡﨑茂男	60歳	東京
2014年 7月 2日	沖倉和雄	66歳	東京
2014年 7月16日	幾島賢治	67歳	名古屋
2015年10月 4日	奥西　勝	89歳	八王子医療刑務所
2016年 1月22日	松本昭弘	61歳	名古屋
2016年 2月14日	片岡　清	84歳	広島
2017年 3月27日	関根　元	75歳	東京
2017年 5月24日	大道寺将司	68歳	東京
2017年 6月26日	浜田武重	90歳	福岡
2017年 9月16日	畠山鐵男	74歳	東京

死刑確定者の自殺者

1999年11月 8日	太田勝憲	55歳	札幌

(2018年10月1日現在)

※事件時未成年で、実名表記の了解の得られなかった方についてはイニシャルにしました。

法務大臣別死刑執行記録

この表は死刑の執行がどのような政治的、社会的状況下で行われているかを分析するための資料として製作された。1993年以前の記録は不備な項目もあるが参考までに掲載した。

※法務大臣就任時に〔衆〕は衆議院議員、〔参〕は参議院議員であることを、〔民間〕は国会議員でないことを示す。

首相	法相（就任年月日）	執行年月日（曜日）	死刑囚名	年齢	拘置所	執行前後の状況	年間執行数
中曽根康弘	住 栄作〔衆〕（83・12・27）	84・10・30（火）	中山 実		東京		84年＝1人
	嶋崎 均〔参〕（84・11・1）	85・5・31（木）	大島 卓士		名古屋		85年＝3人
			古谷 惣吉		大阪		
		85・7・25（木）	阿部 利秋		福岡		
	鈴木 省吾〔参〕（85・12・28）	86・5・20（火）	木村 繁治		東京		86年＝2人
			徳永 励一		東京		
	遠藤 要〔参〕（86・7・22）	87・9・30（水）	大坪 清隆		大阪		87年＝2人
			矢部 光男		東京		
竹下 登	林田悠紀夫〔参〕（87・11・6）	88・6・16（木）	松田 吉孔		大阪		88年＝2人
			渡辺 健一		大阪		
	長谷川 峻〔衆〕（88・12・27）	—				＊リクルートからの政治献金が発覚し、在任期間4日で辞任。	
	高辻 正己〔民間〕（88・12・30）	—				＊73～80年最高裁判事。法相就任前は国家公安委員会委員。	
宇野 宗佑	谷川 和穂〔衆〕（89・6・3）	—				＊宇野内閣が69日で退陣になり、法相退任。	
海部 俊樹	後藤 正夫〔参〕（89・8・10）	89・11・10（金）	近藤 武数		福岡		89年＝1人
	長谷川 信〔参〕（90・2・28）	—				＊病気のため任期途中で辞任。10月死去。	90年＝0人
	梶山 静六〔衆〕（90・9・13）	—					91年＝0人
	左藤 恵〔衆〕（90・12・29）	—				＊第2次海部内閣の改造内閣で就任。真宗大谷派の僧侶。	92年＝0人

宮澤　喜一	田原　隆〔衆〕（91・11・5）	—					
	後藤田正晴〔衆〕（92・12・12）	93・3・26（金）	立川修二郎	62	大阪	執行再開。26年ぶりの3名同時執行。川中氏は精神分裂症。法相「このままでは法秩序が維持できない。（執行しなかった法相は）怠慢である」と発言。	93年＝7人
			川中　鉄夫	48	大阪		
			近藤　清吉	55	仙台		
細川　護熙	三ケ月　章〔民間〕（93・8・9）	93・11・26（金）	出口　秀夫	70	大阪	戦後初の4人同時執行。出口氏は70歳の高齢者。11月5日国連規約人権委員会から日本政府への勧告が出たばかり。9月21日の最高裁死刑判決で大野正男判事の補足意見。	
			坂口　徹	56	大阪		
			関　幸生	47	東京		
			小島　忠夫	61	札幌		
羽田　孜	永野　茂門〔参〕（94・4・28）	—				＊「南京大虐殺はでっち上げ」発言が問題となり、在任期間11日で辞任。	
	中井　洽〔衆〕（94・5・8）	—				＊羽田内閣が64日で総辞職になったため法相退任。	
村山　富市	前田　勲男〔参〕（94・6・30）	94・12・1（木）	安島　幸雄	44	東京	執行ゼロの年を回避。自社さ連立政権下の執行。11月7日国連総会で死刑廃止が議題に。11月26日に世論調査発表。	94年＝2人
			佐々木和三	65	仙台		
		95・5・26（金）	藤岡　英次	40	大阪	オウム事件を背景にした執行。	95年＝6人
			須田　房雄	64	東京		
			田中　重穂	69	東京		
	田沢　智治〔参〕（95・8・8）	—					
	宮澤　弘〔参〕（95・10・9）	95・12・21（木）	木村　修治	45	名古屋	オウム破防法手続き問題の時期。	
			平田　直人	63	福岡		
			篠原徳次郎	68	東京		
橋本龍太郎	長尾　立子〔民間〕（96・1・11）	96・7・11（木）	石田三樹男	48	東京	麻原彰晃（松本智津夫氏）全17件の事件が審理入り。オウム解散を公安審査委員会に請求。	96年＝6人
			横山　一美	59	福岡		
			杉本　嘉昭	45	福岡		
	松浦　功〔参〕（96・11・7）	96・12・20（金）	今井　義人	55	東京	法務大臣就任1カ月半後の執行。執行の有無を記者に答えると明言。ペルー大使館占拠事件（12月17日〜）。	
			平田　光成	60	東京		
			野口　悟	50	東京		

	松浦　功〔参〕	97・8・1（金）	日高　安政 日高　信子 永山　則夫 神田　英樹	54 51 48 43	札幌 札幌 東京 東京	執行の事実を法務大臣認める。 神戸小学生殺傷事件、オウム事件を背景にした執行。 奈良県月ヶ瀬村中2生徒殺害事件で被疑者供述。	97年＝4人
	下稲葉耕吉〔参〕（97・9・11）	98・6・25（木）	島津　新治 村竹　正博 武安　幸久	66 54 66	東京 福岡 福岡	国会終了直後。参議院選挙公示日。	
小渕　恵三	中村正三郎〔衆〕（98・7・30）	98・11・19（木）	津田　暎 西尾　立昭 井田　正道	59 61 56	広島 名古屋 名古屋	法務省から執行の事実・人数を公表。 11月4日の記者会見で執行の事実を公表すると表明していた。	98年＝6人
	陣内　孝夫〔参〕（99・3・8）	99・9・10（金）	佐藤　真志 高田　勝利 森川　哲行	62 61 69	東京 仙台 福岡	法務省が記者クラブに「本日9月10日（金）死刑確定囚3名に対して死刑の執行をしました」と初めてＦＡＸ。3名とも仮釈放後の再殺人で死刑。 人身保護請求を行い、8月に棄却後の執行。	
	臼井日出男〔衆〕（99・10・5）	99・12・17（金）	佐川　和男 小野　照男	48 62	東京 福岡	佐川氏人身保護請求中。小野氏再審請求中。法相「再審請求は重要な理由だが、幾度もやっている場合は考慮しきれない」。 ＊小渕首相が緊急入院したための「居抜き内閣」。	99年＝5人
森　喜朗	臼井日出男〔衆〕（00・4・5）	―					
	保岡　興治〔衆〕（00・7・4）	00・11・30（木）	勝田　清孝 宮脇　喬 大石　国勝	52 57 55	名古屋 名古屋 福岡	臨時国会閉会前日の執行であり、内閣改造直前のかけ込み執行。	00年＝3人
	高村　正彦〔衆〕（00・12・5）	―					
小泉純一郎	森山　眞弓〔衆〕（01・4・26）	01・12・27（木）	朝倉幸治郎 長谷川敏彦	66 51	東京 名古屋	仕事納め前日の執行。宅間守被告初公判。 オウム関連被告への求刑日。	01年＝2人
		02・9・18（水）	田本　竜也 浜田　美輝	36 43	福岡 名古屋	小泉首相が訪朝するという大きな報道の中での執行。国会閉会中。水曜日の執行は93年3月以降、初めて。	02年＝2人
		03・9・12（金）	向井　伸二	42	大阪	宅間守被告への死刑判決直後の執行。	03年＝1人
	野沢　太三〔参〕（03・9・22）	04・9・14（火）	嶋﨑　末男 宅間　守	59 40	福岡 大阪	法相引退直前。火曜日の執行は93年3月以降初めて。 宅間氏、自ら控訴を取り下げ。確定後一年未満、異例の早期執行。	04年＝2人

小泉純一郎	南野知恵子〔参〕（04・9・27）	05・9・16（金）	北川　晋	58	大阪	退任直前、国会閉会中。異例の1人のみの執行。	05年＝1人
	杉浦　正健〔衆〕（05・10・31）	―				＊真宗大谷派の信徒であることから就任時に「死刑執行のサインはしない」と発言（直後に撤回）。	06年＝4人
安倍晋三	長勢　甚遠〔衆〕（06・9・26）	06・12・25（月）	秋山　芳光	77	東京	執行ゼロの年を作らぬため。確定死刑囚98人時点での4人執行。	
			藤波　芳夫	75	東京	藤波氏は車椅子生活。77歳、75歳の高齢者の執行。	
			福岡　道雄	64	大阪		
			日高　広明	44	広島		
		07・4・27（金）	名田　幸作	56	大阪	国会会期中の執行。	07年＝9人
			小田　義勝	59	福岡		
			田中　政弘	42	東京		
		07・8・23（木）	竹澤一二三	69	東京	法相退陣直前の執行。二桁執行を公言。	
			瀬川　光三	60	名古屋		
			岩本　義雄	63	東京		
	鳩山　邦夫〔衆〕（07・8・27）	―				＊第1次安倍改造内閣で就任したが約30日で内閣総辞職となり退任。	
福田康夫	鳩山　邦夫（07・9・26）	07・12・7（金）	池本　登	75	大阪	被執行者の氏名や事件内容を法務省が初めて発表する。法相、9月25日に「法相が署名をしなくても死刑執行できる方法を考えるべきだ」、ベルトコンベアー発言が問題に。	
			府川　博樹	42	東京		
			藤間　静波	47	東京		
		08・2・1（金）	松原　正彦	63	大阪	前夜に執行予定の情報が流れる。	
			名古　圭志	37	福岡		
			持田　孝	65	東京		
		08・4・10（木）	中元　勝義	64	大阪	4月22日には光市事件差戻控訴審判決。	
			中村　正春	61	大阪		
			坂本　正人	41	東京		
			秋永　香	61	東京		
		08・6・17（火）	山崎　義雄	73	大阪	7月洞爺湖サミットを前にしての執行。	
			陸田　真志	37	東京		
			宮崎　勤	45	東京		

	保岡　興治〔衆〕（08・8・2）	08・9・11（木）	萬谷　義幸	68	大阪	法相就任1カ月での執行。9月1日には福田首相が辞意を表明していた。	
			山本　峰照	68	大阪		
			平野　勇	61	東京		
麻生太郎	森　英介〔衆〕（08・9・24）	08・10・28（火）	久間三千年	70	福岡	無実主張、足利事件DNA鑑定で釈放直後の執行。	
			高塩　正裕	55	仙台	一審無期、二審で死刑判決。上告取り下げ確定。	08年＝15人
		09・1・29（木）	牧野　正	58	福岡	公判再開請求が最高裁で棄却後の執行。	
			川村　幸也	44	名古屋	前年12月、再審請求棄却後の執行。	
			佐藤　哲也	39	名古屋	本人が再審請求を取り下げ。	
			西本正二郎	32	東京	控訴取り下げにより確定。	
		09・7・28（火）	陳　徳通	41	東京	中国国籍。政権交代直前の駆け込み執行。	
			前上　博	40	大阪	控訴取り下げにより確定。	
			山地悠紀夫	25	大阪	控訴取り下げにより確定。	
鳩山由紀夫	千葉　景子〔参〕（09・9・16）	―					09年＝7人
菅　直人	千葉　景子〔参〕（10・6・8）	10・7・28（水）	篠澤　一男	59	東京	政権交代後初の執行、法相執行に立ち会う。元廃止議連メンバー。	
			尾形　英紀	33	東京	控訴取り下げにより確定。	
	柳田　稔〔参〕（10・9・17）	―				＊「法務大臣は二つ覚えておけばいい。『個別の事案についてはお応えを差し控えます』と『法と秩序に基づいて適切にやっている』だ」と発言して辞任。	
	仙谷　由人〔衆〕（10・11・22）	―					10年＝2人
	江田　五月〔参〕（11・1・14）	―					
野田佳彦	平岡　秀夫〔衆〕（11・9・2）	―					11年＝0人
	小川　敏夫〔参〕（12・1・13）	12・3・29（木）	松田　康敏	44	福岡	2011年は執行ゼロだったが、年度内ギリギリで執行。	
			上部　康明	48	広島		
			古澤　友幸	46	東京		
	滝　実〔衆〕（12・6・4）	12・8・3（金）	服部　純也	40	東京	法相就任2カ月での執行。	
			松村　恭造	31	大阪		

野田佳彦	滝 実	12・9・27（木）	松田 幸則	39	福岡	内閣改造で退任希望を表明した直後の執行。	12年＝7人
			江藤 幸子	65	仙台		
	田中 慶秋〔衆〕（12・10・1）	―				＊法相就任から3週間で「体調不良」を理由に辞任。	
	滝 実〔衆〕（12・10・24）	―					
安倍晋三	谷垣 禎一〔衆〕（12・12・26）	13・2・21（木）	金川 真大	29	東京	法相就任2カ月足らずでの執行。金川・小林氏は一審のみで死刑に。加納氏は一審無期。	13年＝8人
			小林 薫	44	大阪		
			加納 恵喜	62	名古屋		
		13・4・26（金）	宮城 吉英	56	東京	濱崎氏は確定から1年4カ月での執行。	
			濱崎 勝次	64	東京		
		13・9・12（木）	熊谷 徳久	73	東京	オリンピック東京招致決定直後の執行。	
		13・12・12（木）	藤島 光雄	55	東京		
			加賀山領治	63	大阪		
		14・6・26（木）	川﨑 正則	68	大阪		14年＝3人
		14・8・29（金）	小林 光弘	56	仙台	法相退任直前の執行。再審請求準備中の二人の執行。	
			高見澤 勤	59	東京		
	松島みどり〔衆〕（14・9・3）	―				＊法相就任後「うちわ」配布が問題となり辞任。	
	上川 陽子〔衆〕（14・10・21）	15・6・25（木）	神田 司	44	名古屋		15年＝3人
	岩城 光英〔参〕（15・10・7）	15・12・18（金）	津田寿美年	63	東京	法相就任2カ月余りでの執行。裁判員裁判で死刑判決を受けた者（津田氏）への初の執行	
			若林 一行	39	仙台		
		16・3・25（金）	鎌田 安利	75	大阪	岩城光英法相は7月の参議院選挙で落選。	16年＝3人
			吉田 純子	56	福岡		
	金田 勝年〔衆〕（16・8・3）	16・11・11（金）	田尻 賢一	45	福岡		
		17・7・13（木）	西川 正勝	61	大阪	西川氏は再審請求中の執行。法相「再審請求を行っているから執行しないという考えはとっていない」。住田氏は被害者一人、一審のみで確定。	17年＝4人
			住田 紘一	34	広島		
	上川 陽子〔衆〕（17・8・3）	17・12・19（火）	松井喜代司	69	東京	二人とも再審請求中。一人は事件当時少年。	
			関 光彦	44	東京		

安倍晋三					
上川　陽子（衆）	18・7・6（金）	松本智津夫	63	東京	これまでにない大量執行。再審請求中、恩赦申立中など一切無視し、確定順の執行という慣例をかなぐり捨てて、元オウム真理教幹部を一挙に執行した。 松本氏は再審請求中の執行。心神喪失状態だった。 早川氏は再審請求中の執行。 井上氏は一審無期懲役であり、第一次再審請求中の執行。 新實氏、中川氏は再審請求中の執行。 遠藤氏は第一次再審請求中の執行。 土谷氏は心神喪失状態だった可能性が高い。
		早川紀代秀	68	福岡	
		井上　嘉浩	48	大阪	
		新實　智光	54	大阪	
		土谷　正実	53	東京	
		中川　智正	55	広島	
		遠藤　誠一	58	東京	
	18・7・26（木）	宮前　一明	57	名古屋	前回執行から20日目に、6名を執行。オウム死刑囚13名全員が抹殺された。 横山氏、小池氏、豊田氏、広瀬氏は第一次再審請求中の執行。
		横山　真人	54	名古屋	
		端本　悟	51	東京	
		小池　泰男	60	仙台	
		豊田　亨	50	東京	
		広瀬　健一	54	東京	
18年＝13人					

死刑をめぐる状況

死刑廃止年表 二〇一七

2017—2018

死刑をめぐる動き

一月

二月

三月

七日付　再審請求中の林眞須美さんの「裁判官忌避申立」、最高裁判所（小池裕裁判長）は特別抗告を棄却。

死刑廃止への動き

一月

七日　「ファシズム的な国家社会における国家の殺人について考えてみる」池田浩士、ドーンセンター　主催：アムネスティインターナショナル日本

二九日　無実の袴田さんに無罪判決を1・29清水集会　清水テルサ　袴田巌さんを救援する清水・静岡市民の会

二月

四日　和歌山カレー事件「林眞須美さんは無実！　再審を開始しろ！」ドーンセンター　あおぞらの会

一八日～二四日　第六回死刑映画週間　ユーロスペース

～二八日　「命みつめて～描かずにはいられない」死刑囚絵画展　にしぴりかの美術館（二〇一六年一一月二一日～）

三月

三〇日　門間ゴスペルファミリー、袴田秀子　真生会館B1岩下ホール　主催・無実の袴田巌さんを救う会

九日　大阪高裁は礒飛京三さんの一審死刑判決を破棄、無期懲役に。

一〇日　大阪高裁は君野康弘さんの一審死刑判決を破棄、無期懲役判決に。

一四日　「犯罪被害者支援弁護士フォーラム」の弁護士らが礒飛京三さんの死刑を破棄し無期懲役とした大阪高裁判決は不当だと、大阪高検に上告するよう申し入れる。

一四日　高橋シズヱさんが、松本智津夫さんら教団元幹部一〇人の死刑執行立ち会いや面会を求める要望書を法務省に提出。

一六日　大阪高検は、森健充さんを無罪とした大阪高裁の差し戻し控訴審判決に対する上告を断念。無罪が確定。

一七日　礒飛京三さんへの死刑を破棄し無期懲役判決を出した大阪高裁判決に対して、被害者の妻の代理人弁護士らが最高検を訪れ、大阪高検に対して上告を指示するよう申し入れる。

二三日　神戸地裁（長井秀典裁判長）は平野達彦さんに死刑判決。

二三日　一審死刑二審で無期になった君野康弘さん、礒飛京三さんに対して大阪高検が上告。

二七日　関根元さん、東京拘置所で多臓器不全で死去（享年七五歳）。

四月

一〇日　死刑確定者の矢野治さん、別件の殺人容疑事件で警視庁に逮捕される。

一四日　最高裁第二法小法廷（小貫芳信裁判長）は木嶋（現姓・土井）

二日　ニコニコ生放送×ＴＯＫＹＯ１３５１　死刑を考える生放送

八日　《TOKYO1351 LIVE & TALK Vol.1》ライブ：中村中　トーク：中村中＋うじきつよし＋森達也＋安田好弘　ＭＣ：

佳苗さんの上告棄却、死刑確定へ。（五月九日付確定）

ジョー横溝　会場：風知空知

九日　大阪拘置所前花見

一八日　事件発生から70年「福岡事件」から冤罪と死刑を考える　日本カトリック正義と平和協議会「死刑廃止を求める部会」

二二日　アースデー会場で死刑存廃のアンケート実施

五月

二四日　ＮＨＫが三月に行った世論調査で、「死刑制度は維持すべきだ」が七八％、「そうは思わない」が一五％、一九九二年の結果と比べると、「そう思う」が一六ポイント増え、「そうは思わない」が一四ポイント減った。

大道寺将司さん、東京拘置所にて多発生骨髄腫で死去、享年六八歳。

一三日　東アジア反日武装戦線と私たちの来た道、行く道　五年連続集会「虹の彼方へ　救援すること／されること　浴田由紀子さんを迎えて」文京区民センター

一五日　シンポジウム「死刑廃止後の最高刑・代替刑を考える」弁護士会館　日弁連

二〇日　「トランプ時代のアメリカの死刑」オサリバン太郎　シビック区民会議室

六月

二六日　浜田武重さん、福岡拘置所にて吐瀉物を喉につまらせ窒息死、享年九〇歳。

二五日　無実の袴田さんに無罪判決を6・25清水集会

二八日　「死刑を止めよう」宗教者ネットワーク　第二五回死刑廃止セミナー　日本基督教団室町教会。講演・古川龍樹

七月

四日　一九九六年の伊勢原市の男性殺人容疑で確定死刑囚・矢野治さん、再逮捕。

一三日　西川正勝さん（大阪拘置所）、住田紘一さん（広島拘置所）、死刑執行。

一日　加賀乙彦講演会『死刑囚と無期囚の心理』をめぐって　シビック区民会議室

五日〜一〇日　処刑から20年　ながやまのりおが、のこしたもの〜　直筆ノート展示　おはなし　鎌田慧さん　ミニライブ　森田智

八月

二五日　甲府地裁（丸山哲巳裁判長）は岩間俊彦さんに死刑判決。

二五日付　日本弁護士連合会は、高橋和利さんの再審請求支援を決定。

二九日　憲法違反の特別法廷で審理された菊池事件を、検察が再審請求しないのは不当だとして、国立療養所「菊池恵楓園」の入所者ら六人が、国賠提訴。

九月

一一日　最高裁は松原智浩さんの第一次再審請求の特別抗告を棄却。

一六日　畠山鐵男さん、東京拘置所で食道がんで死去、享年七四歳。

子さん　青猫書房

一三日　執行抗議記者会見（議員会館）、天神コア前でビラ撒き（福岡）

一七日　大阪拘置所正門前、死刑執行抗議行動

二二日　『僕の父は母を殺した』大山寛人さん講演会　韓国YMCA　アムネスティ・インターナショナル日本

二二日　和歌山カレー集会

二七日　執行抗議集会（衆議院第二議員会館）

二九日　ペルーの働く子どもたちへ　第一四回チャリティトーク&コンサート　三上寛　主催　永山子ども基金

二九日～九月三日　極限芸術～死刑囚は描く～展　渋谷アツコバルー

八月

一日　大阪拘置所と意見交換会。福島みずほさんとともに

一九日　『TOKYO1351 LIVE & TALK』第二弾

九月

九日　ニコニコ生放送「被害者遺族が訴える死刑」磯谷富美子、高橋正人、山田廣、小川原優之、青木理、森達也他

二二～二四日　死刑囚の絵画展〝獄中からの声〟名古屋市市政資料館　死

刑廃止フォーラムin名古屋

一〇日　グテレス国連事務総長は、「21世紀に居場所はない」と死刑制度廃止を各国に呼び掛けた。

一〇月

七日　響かせあおう死刑廃止の声2017 チャリT企画、最高裁がサイテーだった 岩瀬達哉、生田暉雄、木谷明、安田好弘。幸子基金選考委員　渋谷区総合文化センター大和田伝承ホール

七日　死刑廃止・タンポポの会2017年世界死刑廃止デー企画 ふくふくプラザ「無実の死刑囚・金川一さんを知っていますか?」庄山巧、金川さんの絵画展示 タンポポの会

七日　シンポジウム「デリダと死刑を考える」慶應義塾大学日吉キャンパス 主催:「デリダと死刑を考える」

八日　世界死刑廃止デー、梅田から大阪拘置所

二〇日　死刑執行は正しかったのか 飯塚事件の再審を求める東京集会 全水道会館 徳田靖之・岩田努・厳島行雄 飯塚事件の再審を求める集会実行委員会死刑執行は正しかったのか飯塚事件の再審を求める東京集会 全水道会館 徳田靖之・岩田努・厳島行雄 飯塚事件の再審を求める集会実行委員会

二五日　死刑執行停止を求める諸宗教による祈りの集い2017 inカトリック麹町聖イグナチオ教会 ミニコンサート「死刑を止めよう」宗教者ネットワーク

二八日　緊急ビラ撒き行動 四谷

二八日　世界の死刑廃止について語ろう！　岐部ホール・クァットルッチ　日本カトリック正義と平和協議会「死刑廃止を求める部会」

三〇日　聖エジディオ共同体　東京イタリア文化会館

一一月

七日　京都地裁（中川綾子裁判長）は筧千佐子さん（七〇歳）に死刑判決。

一六日　国連人権理事会は、日本の人権状況の定期審査で各国から出た勧告をまとめた報告書案を公表。欧州諸国は、日本に対し死刑の廃止や一時停止、死刑囚の待遇改善を求め勧告。

一一日　受刑者・死刑囚のための特別ミサ　麹町聖イグナチオ教会マリア聖堂　日本カトリック正義と平和協議会「死刑廃止を求める部会」

一一日　和歌山カレー事件学習会「カレーヒ素事件の鑑定と、研究や学会の目的」クレオ大阪　河合潤

一九日　『TOKYO1351 LIVE & TALK』第三回　高田漣、岩瀬達哉、森達也、安田好弘。MCジョー横溝

二〇日　死刑廃止の実現を考える日　日弁連会館　日弁連

一二月

八日　名古屋高裁（山口裕之裁判長）は、名張事件第一〇次再審請求を棄却決定。

八日　最高裁第三小法廷（戸倉三郎裁判官）は鈴木勝明さんの上告を棄却、死刑確定へ。

一九日　松井喜代司さん、S・Mさん、死刑執行。

二日～三日　死刑廃止全国合宿山口　講演　内田博文

九日　東直子と味わう死刑囚の詩歌の深み　早稲田大学

一〇日　渋谷スクランブル交差点に「死刑反対」の人文字！

一五日　「死刑を止めよう」宗教者ネットワーク　第26回死刑廃止セミナー　カトリック河原町教会。講演・大山寛人

一七日　上川陽子法務大臣の地元静岡で死刑について考える集い　江崎ホール、若林秀樹・山崎俊樹・袴田秀子・福島泰樹

一九日　執行抗議記者会見（議員会館）、天神コア前ビラ撒き（タンポポの会）

編集後記

ある死刑囚が次のように書いてきた。

「一カ月で一三人もの方が処刑されたこともそうなのですが、それ以上に、一三人が処刑されても何も変わらないという現実に衝撃を受け恐ろしくなりました。（中略）執行があってから個人教誨の日にその（執行された人の）部屋の前を通ると、あたり前ですが電灯が消えていて、空室のプレートがかかっていました。あれはほんとに切なかったです。もういないという現実がそこに広がっているようでした。」

朝日新聞に以下のような感想が複数寄せられたという。

「オウム死刑から考え方が変わった。死刑について嫌悪感を感じるようになった。理屈ではない」（九月二九日）。

大量処刑後のいま、何も変わらなく見えても、こうしたまっとうな思いがじわじわと広がっているに違いない。

今回の執行には一三人という数の多さ以上に様々な問題がある。それは法務省が積み重ねてきた慣例や法を省みず、執行へのプロセスを大きく変えてしまったことだ。再審請求中や恩赦申立中、重篤な心神喪失者を執行したこと、そしてそうした人を除いてほぼ確定順という慣例を破って7月段階で確定順30番の宮前さんから93番の遠藤さんまでオウム死刑囚を法律に裏付けられた正当な理由もなく選び出して、教団の旧省庁の「大臣」を最初に執行している。再審をめぐって裁判所との協議が入っている者までも執行しているのだ。それは国家に歯向かったオウムへの報復が政権の意思であることの宣言だ。そして一度行使されたこの暴力はいつでも恣意的に使われることになるだろう。安倍政権は世界の趨勢に背を向け死刑大国の道に大きく踏み込んだのである。私たちはこんなやり方に屈することはできない。そしてこの権力の殺人に嫌悪感を感じる人は少なくはない。私たちは今すぐに死刑制度廃止を実現させる力は持たないが、迂遠に見えようと一つ一つ廃止へ向けての活動を積み上げていきたいと思う。（深田卓）

オウム死刑囚からあなたへ
年報・死刑廃止 2018

2018 年 10 月 25 日　第 1 刷発行

編集委員
岩井 信
可知 亮
笹原 恵
島谷直子
高田章子
永井 迅
安田好弘
（以上 50 音順）
深田卓［インパクト出版会］

装幀・本文レイアウト
宗利淳一デザイン

協力
死刑廃止国際条約の批准を求めるフォーラム 90
死刑廃止のための大道寺幸子・赤堀政夫基金
国分葉子
深瀬暢子
岡本真菜

宣伝ビデオ作成
可知亮

編集
年報・死刑廃止編集委員会

発行
インパクト出版会
東京都文京区本郷 2-5-11　服部ビル
TEL03-3818-7576　FAX03-3818-8676
E-mail：impact@jca.apc.org

死刑を考える必読書◎インパクト出版会

免田栄 獄中ノート　私の見送った死刑囚たち

免田栄 著　四六判上製 243 頁　1900 円＋税
ISBN978-4-7554-0143-5

獄中 34 年 6 ヶ月、無実の死刑囚・免田栄は処刑台に引かれていく 100 人近い死刑囚たちを見送った。冤罪を訴えた人も少なくなかったという。雪冤に向けてつづったノートを引きながら、死刑の実態、そして日本の司法制度を鋭く告発する自伝。

死刑の［昭和］史

池田浩士著　A5 判上製 381 頁　3500 円＋税
ISBN978-4-7554-0026-1

大逆事件から「連続幼女殺人事件」まで、［昭和］の重大事件を読み解くなかから、死刑と被害者感情、戦争と死刑、マスコミと世論、罪と罰など、死刑をめぐるさまざまな問題を万巻の資料に基づいて思索した大著。本書は死刑問題を考えるにあたっての思想の宇宙である。

死刑文学を読む

池田浩士・川村湊 著　四六判上製 275 頁　2400 円＋税
ISBN978-4-7554-0148-0

文学は死刑を描けるか。永山則夫から始まり、ユーゴー、カフカ、加賀乙彦、山田風太郎などの古今東西の死刑文学や「少年死刑囚」「絞死刑」などの映画を縦横に論じる中から、死刑制度の本質に肉薄する。網走から始まり、二年六回に及ぶ白熱の討論。世界初の死刑文学論。

少年死刑囚

中山義秀 著　池田浩士 解説　インパクト選書⑥　1600 円＋税　ISBN 978-4-7554-0222-7

死刑か、無期か？　翻弄される少年殺人者の心の動きを描き、刑罰とは何かを問う傑作ドキュメンタリー小説。解説者・池田浩士はこの作品とほぼ同量の長編論考で、この作品のモデルとなった敗戦直後の鹿児島雑貨商殺害事件の少年のその後を追い、衝撃的な事実を発掘する。そして私たちに、あまりにも残酷なこの国の刑罰制度の現実を突きつけるのだ。

死刑・いのち絶たれる刑に抗して

日方ヒロコ 著　A5 判 400 頁　2500 円＋税　ISBN978-4-7554-0212-8

木村修治死刑囚の母と養子縁組をすることで修治さんの姉となり、世間の矢面にたち精神的に追いつめられながら迫り来る死刑執行と対峙する。死刑執行前後の家族が直面させられた現実が、そして教誨師に聞いた死刑執行の現実があますことなく描かれたドキュメンタリー。

死刑を止めた国・韓国

朴秉植 著　A5 判並製 150 頁　1400 円＋税　ISBN 978-4-7554-0228-9

1997 年 12 月 30 日、23 人を一挙に死刑執行してから韓国では死刑の執行がない。死刑制度はあるが、執行はなく、実質的な死刑廃止国となった。どうして韓国は死刑を葬り去り、人権大国への道を歩めたのか。韓国の経験から学ぶための最良の書。

光市事件　弁護団は何を立証したのか

光市事件弁護団 編著　1300 円＋税　ISBN978-4-7554-0188-6

マスメディアの総攻撃に抗して、差戻控訴審での 21 人の弁護団が明かす事件の真実。少年による不幸にして偶発的な事件を、検察官は凶悪な強姦・殺人事件としてねつ造した。司法は制度疲労の中にあって、危機的な状態にある。いま問われているのは司法の頽廃である！　付・被告人少年の謝罪の手紙。

死刑囚の書いた書物　インパクト出版会刊

こんな僕でも生きてていいの

河村啓三 著　1900 円＋税　ISBN 978-4-7554-0163-3

死刑廃止のための大道寺幸子基金第一回死刑囚表現展受賞作。大阪・西成区に生まれ、非行少年から夜の世界へ。消費者金融を経て、コスモリサーチ事件——誘拐、現金強奪、殺人、遺体処理へと、破滅へ向かってひた走った半生を冷徹に描写。新しい犯罪文学の登場。

生きる　大阪拘置所・死刑囚房から

河村啓三 著　1700 円＋税　ISBN978-4-7554-0194-7

春には花見でにぎわう大川沿い、高層マンションに隣接して大阪拘置所がある。ここで次々と処刑されていく死刑囚たちを記憶に刻み、この瞬間を生きる。死刑囚が語る生と死の哲学。

落伍者

河村啓三著　1700 円＋税　ISBN978-4-7554-0220-3

加賀乙彦推薦「死刑囚のおかれている所内の生活がそのまま書かれている貴重な文献。虜囚の身で、権力者と徒手空拳で渡り合っている感じが読んでいて爽快感を誘う。死刑囚の中にもいろんな死刑囚がいて、その何人かの死刑囚は非常に印象の残る描写で書かれている。」

本当の自分を生きたい　死刑囚・木村修治の手記

木村修治著　2330 円＋税　ISBN978-4-7554-0045-2

自らの犯した罪の大きさに打ちひしがれ、死んで償うことのみを考えていた著者は、獄中で「水平社宣言」と日本死刑囚会議・麦の会に出会う。そして自分の半生を振り返り、罪を見つめ続け、本当の自分を生きよう、生きて償いたいと思う。本書は彼の魂の再生の記録である。

「鶴見事件」抹殺された真実

高橋和利 著　1800 円＋税　ISBN 978-4-7554-0214-2

警察・検察はどのように人一人を殺人犯に仕立て上げるのか。ずさんな捜査、予断による犯人視、強権的な取り調べの過程を克明に記述した体験記。「私は殺してはいない」という獄中からの怒りの激白である。大道寺幸子基金第５回死刑囚表現展奨励賞受賞作品。

命の灯を消さないで　死刑囚からあなたへ

死刑廃止国際条約の批准を求めるフォーラム 90 編 1300 円＋税　ISBN978-4-7554-0197-8

2008 年フォーラム 90 が死刑確定者 105 人に対して行なったアンケートに 78 人の死刑囚が解答を寄せた。そこには死刑囚たちの 78 通りの思いが、あたかも遺書のごとく吐露されている。８名はすでに亡い。死刑の実態を知るための必読書。

死刑囚 90 人　とどきますか、獄中からの声

死刑廃止国際条約の批准を求めるフォーラム 90 編 1800 円＋税　ISBN978-4-7554-0224-

2011 年フォーラム 90 が死刑確定者対して行なったアンケートの報告書。2018 年のアンケートは年報・死刑廃止 2015 に掲載。

死刑囚からあなたへ①②

日本死刑囚会議・麦の会 編著　A5 判　各 2427 円＋税

国家による殺人＝死刑を拒否し、生きて償いたいと主張する死刑囚による日本初の死刑廃止団体麦の会編集の死刑囚たちのメッセージ集であり、死刑廃止運動にとって歴史的な著作だ。① 18 名② 15 名の死刑判決を受けた人が執筆しているが、その多くのかたは執行や病で命を落とした。①は 1987 年②は 1990 年に刊行され、現在在庫僅少。

年報・死刑廃止　インパクト出版会刊

少年事件と死刑　年報・死刑廃止 2012　2300 円＋税
更生ではなく厳罰へ、抹殺へとこの国は向かう。少年事件と死刑をめぐり徹底検証。

震災と死刑　年報·死刑廃止 2011　2300 円＋税
あれだけの死者が出てもなぜ死刑はなくならないのか。震災後の今、死刑を問い直す。

日本のイノセンス・プロジェクトをめざして　年報・死刑廃止 2010　2300 円＋税
DNA 鑑定により米国で無実の死刑囚多数を救出したプロジェクトは日本でも可能か。

死刑 100 年と裁判員制度　年報・死刑廃止 2009　2300 円＋税
足利事件・菅家利和さん、佐藤博史弁護士に聞く。

犯罪報道と裁判員制度　年報・死刑廃止 2008　2300 円＋税
光市裁判報道へのＢＰＯ意見書全文掲載。

あなたも死刑判決を書かされる　年報・死刑廃止 2007　2300 円＋税
21 世紀の徴兵制・裁判員制度を撃つ。

光市裁判　年報·死刑廃止 2006　2200 円＋税
なぜメディアは死刑を求めるのか。

オウム事件 10 年　年報·死刑廃止 2005　2500 円＋税
特集２・名張事件再審開始決定／再審開始決定書全文を一挙掲載。

無実の死刑囚たち　年報·死刑廃止 2004　2200 円＋税
誤判によって死を強要されている死刑囚は少なくはない。

死刑廃止法案　年報·死刑廃止 2003　2200 円＋税
上程直前だった死刑廃止議員連盟の廃止法案と 50 年前の死刑廃止法案。

世界のなかの日本の死刑　年報·死刑廃止 2002　2000 円＋税
死刑廃止は世界の流れだ。第 1 回世界死刑廃止大会のレポートなど。

終身刑を考える　年報·死刑廃止 2000 ～ 2001　2000 円＋税
終身刑は死刑廃止への近道なのか。

死刑と情報公開　年報·死刑廃止 99　2000 円＋税
死刑についてのあらゆる情報はなぜ隠されるのか。

犯罪被害者と死刑制度　年報·死刑廃止 98　2000 円＋税
犯罪被害者にとって死刑は癒しになるのか。

死刑─存置と廃止の出会い　年報·死刑廃止 97　2000 円＋税
初めて死刑存置派と廃止派が出会い、議論をした記録。

「オウムに死刑を」にどう応えるか　年報·死刑廃止 96　2000 円＋税
死刑廃止運動の理論と情報を共有することを目指し創刊された年報・死刑廃止の創刊号。創刊特集は『凶悪とはなにか？　90 ～ 95 年の死刑廃止運動の記録。なお 90 年以前の廃止運動の情報は小社刊『死刑囚からあなたへ』①②に詳しい。

ポピュリズムと死刑

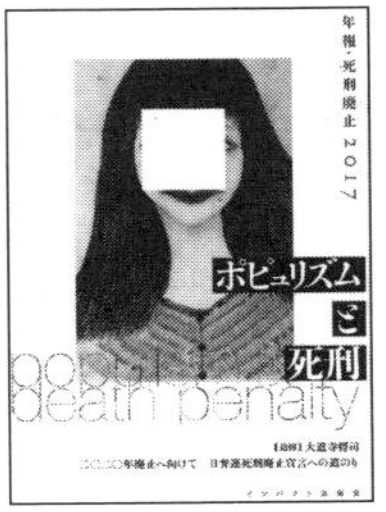

年報・死刑廃止 2017　2300 円＋税　ISBN 978-4-7554-0280-7
トランプ、安倍、ドゥテルテ、世界を席巻するポピュリズムと死刑とは。鵜飼哲、保坂展人、安田好弘、など。小特集・追悼・大道寺将司。2017 年 5 月に東京拘置所で病死した大道寺将司さんを、死刑廃止運動の視点から跡づけ、追悼する。大道寺ちはる、浴田由紀子。2020 年廃止へ向けて日弁連死刑廃止宣言への道のりなど。

死刑と憲法

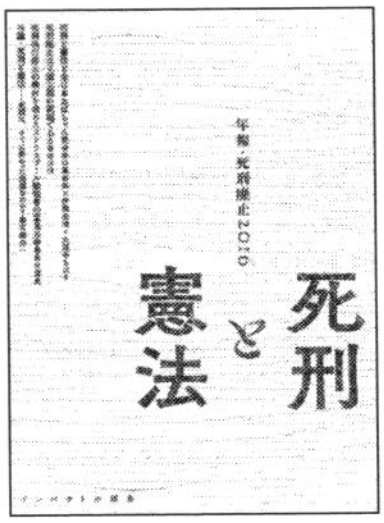

年報・死刑廃止 2016　2300 円＋税　ISBN 978-4-7554-0269-2
憲法 36 条に「公務員による拷問及び残虐な刑罰は、絶対にこれを禁ずる」とあるにもかかわらず、なぜ命を奪う死刑制度が温存されているのか。1948 年の最高裁死刑合憲判決はなぜ今もあたりまえのように通用するのか。これまでの死刑違憲裁判を跡づけながら死刑と憲法を再考する。

死刑囚監房から

年報・死刑廃止 2015　2300 円＋税　ISBN 978-4-7554-0261-6
「死刑廃止国際条約の批准を求めるフォーラム 90」が 2008 年、11 年に続き、15 年に実施した 3 度目の死刑確定者アンケートへの 73 人の回答を掲載。巻頭座談会は「地下鉄サリン事件から二〇年—オウム事件オウム事件とは何だったのか」大田俊寛・松本麗華・安田好弘・岩井信。

袴田再審から死刑廃止へ

年報・死刑廃止 2014　2300 円＋税　ISBN978-4-7554-0249-4
48 年間、無実の罪で幽閉され死刑確定により精神の均衡を失った袴田巌さん。袴田冤罪事件の存在は死刑制度があってはならないことを示している。袴田ひで子さんと巌さんインタビュー、袴田弁護団座談会や無実で執行された飯塚弁護団との鼎談など収載。

極限の表現 死刑囚が描く

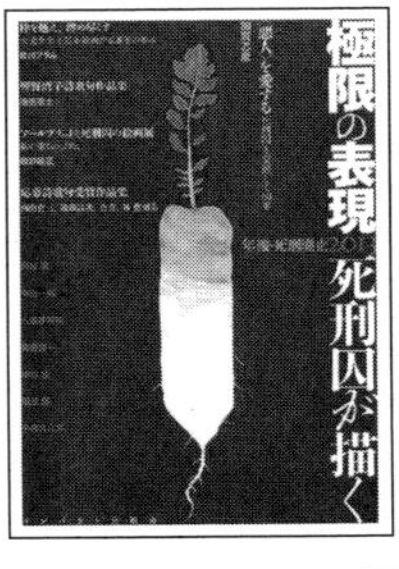

年報・死刑廃止 2013　2300 円＋税　ISBN978-4-7554-0240-1
絵画、詩歌句、小説、自伝など多くの死刑囚たちが作品を作り続ける。極限で描かれたこれらの作品は何を訴えるのか。そこから私たちとかわらぬ人間の姿が立ち上がってくる。大道寺幸子基金表現展のすべて。加賀乙彦「〈悪人〉を愛する」、北川フラム「枠を超え埋め尽くす」、池田浩士編「響野湾子詩歌句作品集」、櫛野展正「アールリュットと死刑囚の絵画展」、大道寺将司、坂口弘。作品多数収載。